STUDENT ACTIVITIES MANUAL

(Workbook/Laboratory Manual/Video Manual)

VISTAS

Introducción a la lengua española

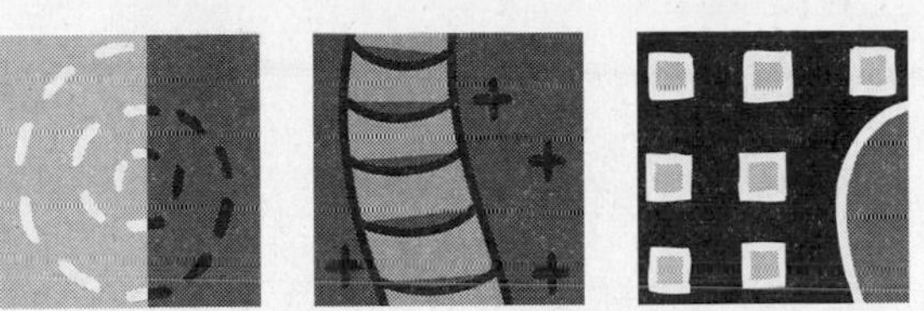
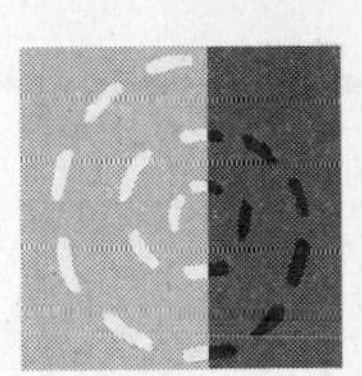
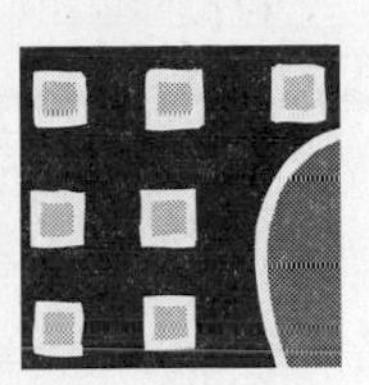

Blanco • Dellinger • Donley • García

Boston, Massachusetts

ISBN 1-931100-03-9

2 3 4 5 6 7 8 9 VH 05 04 03 02

Contenido

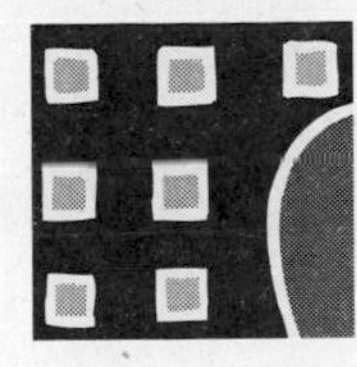

WORKBOOK

LAB MANUAL

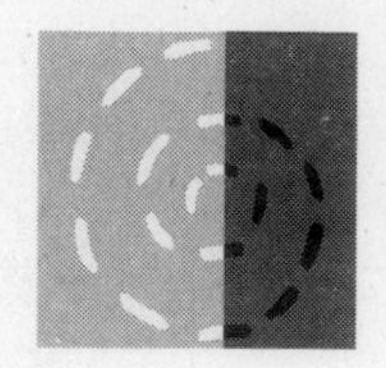

VIDEO MANUAL

ANSWER KEY

Introduction

Completely coordinated with the **VISTAS** student textbook, the Student Activities Manual (SAM) for **VISTAS** provides you with additional practice of the vocabulary, grammar, and language functions presented in each of the textbook's eighteen lessons. The SAM will also help you to continue building your Spanish language skills—listening, speaking, reading, and writing—both as a stand-alone supplement and in conjunction with certain components of the **VISTAS** program.

The SAM for **VISTAS** combines three major learning tools in a single volume: the Workbook, the Laboratory Manual and the Video Manual. Icons and page references in the **recursos** boxes of the **VISTAS** student textbook correlate these learning tools to your textbook, letting you know when exercises and activities are available for use. The final section of the Student Activities Manual is the Answer Key, which contains the answers to the workbook, laboratory, and video activities.

The Workbook

Each lesson's workbook activities focus on developing your reading and writing skills as they recycle the language of the corresponding textbook lesson. Exercise formats include, but are not limited to, true/false, multiple choice, fill-in-the-blanks, sentence completions, fleshing out sentences from key elements, and answering questions. You will also find activities based on drawings, photographs, and maps.

Reflecting the overall organization of the textbook lessons, each workbook lesson consists of **Contextos, Estructura,** and **Panorama** sections. As in the textbook, each **Estructura** section ends with a **Síntesis** activity that pulls together all of the lesson's grammar points. After every three lessons, a **Repaso** section appears, providing cumulative practice of the grammar and vocabulary you learned over previous lessons.

The Laboratory Manual

The laboratory activities are designed for use with the **VISTAS** Lab Cassettes or Lab CDs. They focus on building your listening comprehension, speaking, and pronunciation skills in Spanish, as they reinforce the vocabulary and grammar of the corresponding textbook lesson. The laboratory manual guides you through the Lab Cassettes/CDs, providing the written cues--direction lines, models, charts, drawings, etc.--you will need in order to follow along easily. You will hear statements, questions, mini-dialogues, conversations, monologues, commercials, and many other kinds of listening passages, all recorded by native Spanish speakers. You will encounter a wide range of activities such as listening-and-repeating exercises, listening-and-speaking practice, listening-and-writing activities, illustration-based work, and dictations.

Each laboratory lesson contains a **Contextos** section that practices the active vocabulary taught in the corresponding textbook lesson. In **Lecciones 1-9**, a **Pronunciación** section follows; it parallels the one found in your textbook and, in addition, offers a dictation exercise. In **Lecciones 10-18**, the **Pronunciación** sections are unique to the Student Activities Manual and the Lab Cassettes/CDs since, in those lessons, your textbook features **Ortografía** sections instead of **Pronunciación**. Each laboratory lesson then continues with an **Estructura** section and closes with a **Vocabulario** section that allows you to listen to and repeat the active vocabulary listed on the final page of the corresponding lesson in the student textbook.

The Video Manual

The **VISTAS** video offers from 5 to 7 minutes of footage for each of the eighteen lessons in the student textbook. Each module tells the continuing story of four college students from various Spanish-speaking countries who are studying at the **Universidad San Francisco de Quito in Ecuador.** They have all decided to spend their vacation break taking a bus tour of the Ecuadorian countryside with the ultimate goal of climbing up a volcano. The video, shot in a variety of locations throughout Ecuador, tells their story and the story of the tour bus driver who accompanies them.

The video modules contain three distinct elements. First, you will see a dramatic episode that brings the themes, vocabulary, grammar, and language functions of the corresponding textbook lesson alive. These vignettes are always expanded versions of the ones featured in the **Fotonovela** sections of your textbook. Within virtually every episode, one of the main characters reminisces about where he or she is from. During these flashbacks, you will see collages of cultural images specially shot in Spain, Mexico, Puerto Rico, and Ecuador that will give you additional insights into the everyday life of Spanish speakers in several areas of the world. Finally, each module ends with a **Resumen** section in which a main character recaps the dramatic episode, emphasizing the grammar and vocabulary of the corresponding textbook lesson within the context of the episode's key events.

The video activities will guide you through the video modules. **Antes de ver el video** offers previewing activities to prepare you for successful video viewing experiences. **Mientras ves el video** contains while-viewing activities that will track you through each module, homing in on key ideas and events in the dramatic episodes, flashbacks, and **Resumen** sections. Lastly, **Después de ver el video** provides post-viewing activities that check your comprehension and ask you to apply these materials to your own life or offer your own opinions.

We hope that you will find the Student Activities Manual to be a useful language learning resource and that it will help you to increase your Spanish language skills in a productive, enjoyable fashion.

The VISTAS authors and the Vista Higher Learning editorial staff

Nombre ____________________ Fecha ____________________

contextos

Lección 1

1

Saludos For each question or expression, write the appropriate answer from the box in each blank.

Nos vemos.	El gusto es mío.	Soy de Ecuador.	De nada.
Me llamo Pepe.	Muy bien, gracias.	Nada.	Encantada.

1. ¿Cómo te llamas? ____________________
2. ¿Qué hay de nuevo? ____________________
3. ¿De dónde eres? ____________________
4. Adiós. ____________________
5. ¿Cómo está usted? ____________________
6. Mucho gusto. ____________________
7. Te presento a la señora Díaz. ____________________
8. Muchas gracias. ____________________

2

Conversación Complete this conversation by writing one word in each blank.

ANA Buenos días, Sr. González. ¿Cómo ______ (1) ______ (2)?

SR. GONZÁLEZ ______ (3) bien, gracias. ¿Y tú, ______ (4) estás?

ANA Así, así. ______ (5) presento a Antonio.

SR. GONZÁLEZ Mucho ______ (6), Antonio.

ANTONIO El gusto ______ (7) ______ (8).

SR. GONZÁLEZ ¿De dónde ______ (9), Antonio?

ANTONIO ______ (10) ______ (11) México.

ANA ______ (12) luego, Sr. González.

SR. GONZÁLEZ Nos ______ (13), Ana.

ANTONIO ______ (14), Sr. González.

3

Saludos, despedidas y presentaciones Complete these phrases with the missing words. Then write each phrase in the correct column of the chart.

1. ¿______ pasa?
2. ______ luego.
3. ______ gusto.
4. Te ______ a Irene.
5. ¿______ estás?
6. ______ días.
7. El ______ es mío.
8. Nos ______.

Saludos	Despedidas	Presentaciones

Nombre ______________________ Fecha ______________________

4 **Los países** Fill in the blanks with the name of the Spanish-speaking country that is highlighted in each map.

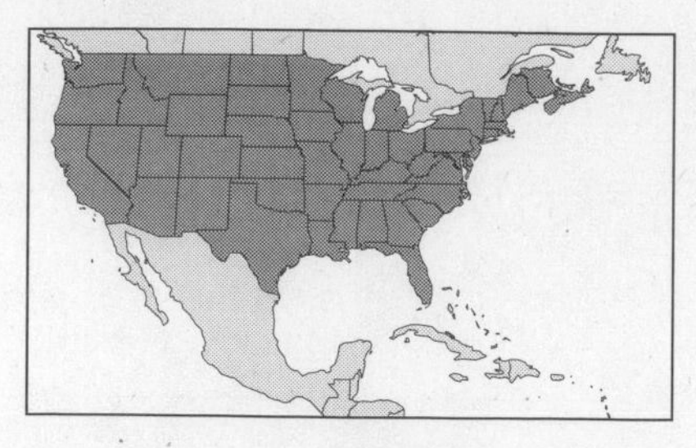

1. ______________________

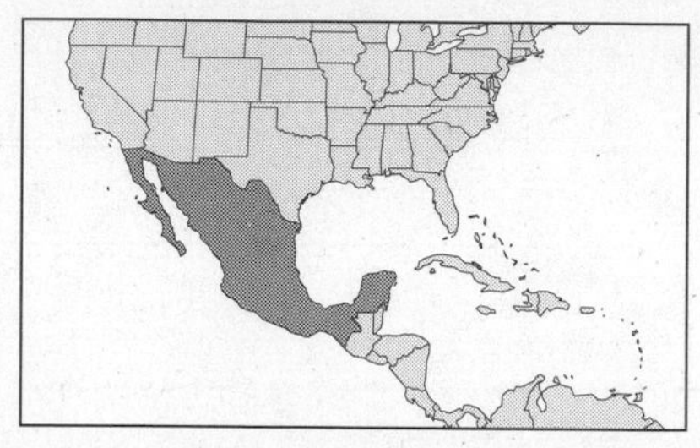

2. ______________________

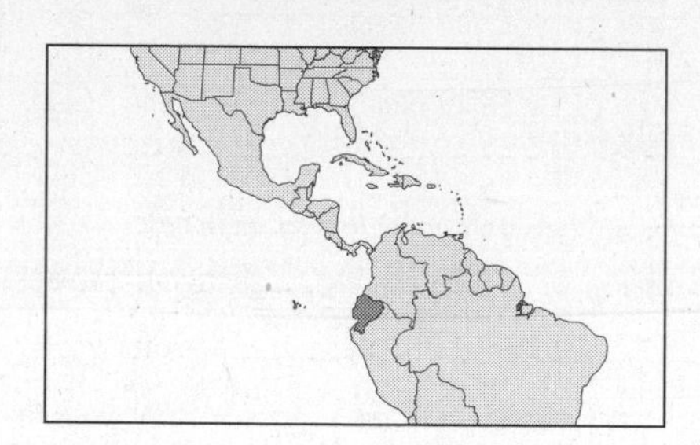

3. ______________________

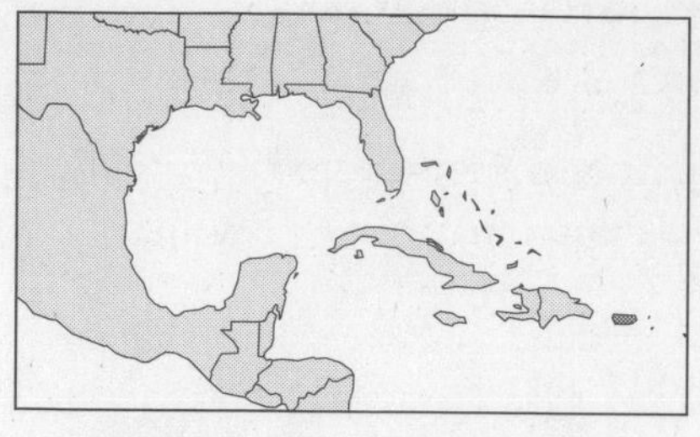

4. ______________________

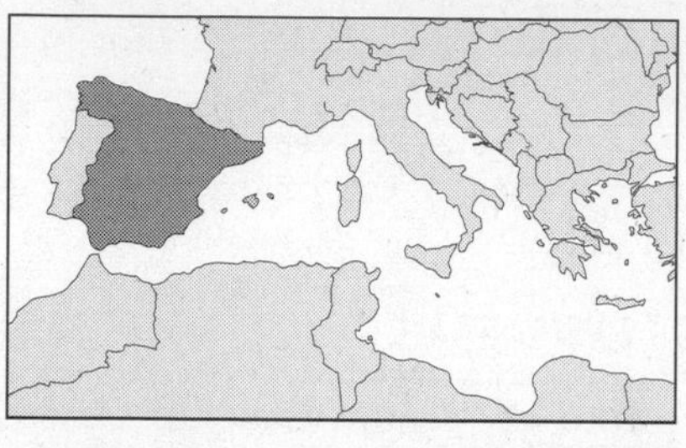

5. ______________________

5 **Diferente** Write the word or phrase that does not belong in each group.

1. Hasta mañana.
   Nos vemos.
   Buenos días.
   Hasta pronto.

   ____

2. ¿Qué tal?
   Regular.
   ¿Qué pasa?
   ¿Cómo estás?

   ____

3. Ecuador
   Washington
   México
   Estados Unidos

   ____

4. Muchas gracias.
   Muy bien, gracias.
   Así, así.
   Regular.

   ____

5. ¿De dónde eres?
   ¿Cómo está usted?
   ¿De dónde es usted?
   ¿Cómo se llama usted?

   ____

6. Chau.
   Buenos días.
   Hola.
   ¿Qué tal?

   ____

Nombre ______________________ Fecha ______________________

estructura

1.1 Nouns and articles

1 **¿Masculino o femenino?** Write the correct definite article before each noun. Then write each article and noun in the correct column.

________ hombre	________ pasajero	________ chico
________ profesora	________ mujer	________ pasajera
________ chica	________ conductora	________ profesor

Masculino	**Femenino**
________	________
________	________
________	________
________	________
________	________

2 **¿El, la, los o las?** Write the correct definite article before each noun.

1. ________ autobús
2. ________ maleta
3. ________ lápices
4. ________ diccionario
5. ________ palabras
6. ________ mano
7. ________ país
8. ________ problema
9. ________ cosas
10. ________ diarios

3 **Singular y plural** Give the plural form of each singular article and noun and the singular form of each plural article and noun.

1. unas capitales ________
2. un día ________
3. un cuaderno ________
4. unos números ________
5. una computadora ________
6. unas escuelas ________
7. unos mapas ________
8. un programa ________
9. unos autobuses ________
10. una palabra ________

4 **Las cosas** For each picture, provide the noun with its corresponding definite and indefinite articles.

1. ________

2. ________

3. ________

4. ________

Nombre ______________________ Fecha ______________________

1.2 Numbers 0–30

1 **Los números** Solve the math problems to complete the crossword puzzle.

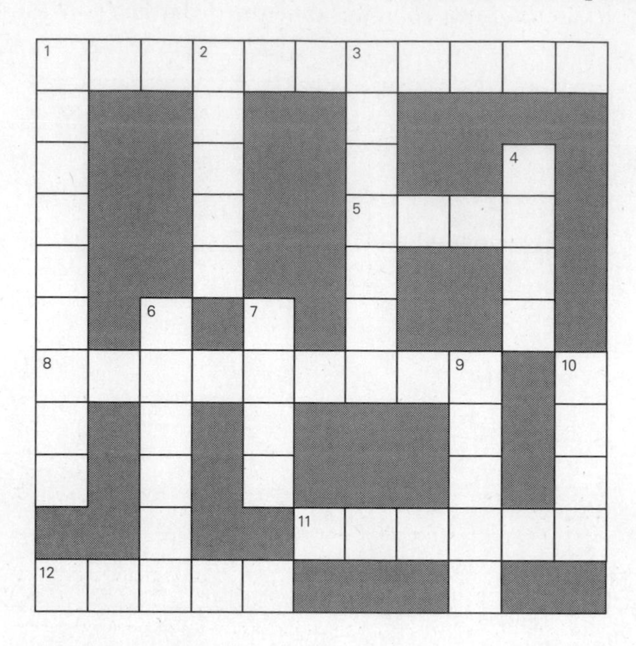

1. (*horizontal*) veinte más cinco
1. (*vertical*) once más once
2. seis más tres
3. diez más cuatro
4. trece menos trece
5. veintiséis menos quince
6. doce más ocho
7. veintinueve menos diecinueve
8. treinta menos catorce
9. veintitrés menos dieciséis
10. siete más uno
11. veinticinco menos veintiuno
12. once más dos

2 **¿Cuántos hay?** Write sentences that indicate how many items there are. Write out the numbers.

modelo

2 cuadernos

Hay *dos cuadernos.*

1. 3 diccionarios ______________________
2. 12 estudiantes ______________________
3. 10 lápices ______________________
4. 7 maletas ______________________
5. 25 palabras ______________________
6. 21 países ______________________
7. 13 grabadoras ______________________
8. 18 pasajeros ______________________
9. 15 computadoras ______________________
10. 27 pasajeros ______________________

Nombre ______________________ Fecha ______________________

1.3 Present tense of the verb **ser**

1 **Los pronombres** In the second column, write the subject pronouns that you would use when addressing the people listed in the first column. In the third column, write the pronouns you would use when talking about them.

Personas	Addressing them	Talking about them
1. el señor Varela		
2. Claudia, Eva y Ana		
3. un hombre y dos mujeres		
4. la profesora		
5. un estudiante		
6. el director de una escuela		
7. tres chicas		
8. un pasajero de autobús		
9. Antonio y Miguel		
10. una turista		

2 **Son y somos** Complete these sentences with the correct forms of **ser**.

1. Los pasajeros ______________ de Estados Unidos.
2. Nosotros ______________ profesores.
3. La computadora ______________ de Marisol.
4. La profesora ______________ Elsa Jiménez.
5. Yo ______________ de San Antonio.
6. ¿Quién ______________ el conductor?
7. Tú ______________ estudiante.
8. ¿De quiénes ______________ las maletas?

3 **Nosotros somos...** Rewrite each sentence with the new subject. Change the verb **ser** as necessary.

modelo
Ustedes son profesores.
Nosotros *somos profesores.*

1. Nosotros somos estudiantes. Ustedes ______________.
2. Usted es de Puerto Rico. Ella ______________.
3. Nosotros somos conductores. Ellos ______________.
4. Yo soy estudiante. Tú ______________.
5. Ustedes son del Ecuador. Nosotras ______________.
6. Ella es profesora. Yo ______________.
7. Tú eres de España. Él ______________.
8. Ellos son de México. Ellas ______________.

Nombre ______________________ Fecha ______________________

4 **¿De quién es?** Use **ser** + **de** (or **del**) to indicate that the object belongs to the person or people listed.

modelo
grabadora / el hombre
Es la grabadora del hombre.

1. diccionario / el estudiante ______________________
2. cuadernos / las chicas ______________________
3. mano / Manuel ______________________
4. maletas / la turista ______________________
5. mapas / los profesores ______________________
6. autobús / el conductor ______________________
7. lápices / la joven ______________________
8. fotografía / los chicos ______________________
9. computadora / la directora ______________________
10. país / Daniela ______________________

5 **¿De dónde son?** Use **ser** + **de** to indicate where the people are from.

modelo
Ustedes / Costa Rica
Ustedes son de Costa Rica.

1. Lina y María / Colombia ______________________
2. El profesor / México ______________________
3. Tú y los jóvenes / Argentina ______________________
4. Las estudiantes / Estados Unidos ______________________
5. Ellos / Ecuador ______________________
6. La mujer / Puerto Rico ______________________
7. Los turistas / España ______________________
8. Él y yo / Chile ______________________
9. Nosotras / Cuba ______________________
10. Usted / Venezuela ______________________

6 **¿De quién?** Write questions for these answers.

modelo
¿De dónde son ellos?
Ellos son de España.

1. ______________________
   Los lápices son de Ramón.
2. ______________________
   Lilia es del Ecuador.
3. ______________________
   Es una foto.
4. ______________________
   Ellas son Marisa y Susana.

Nombre ______________________ Fecha ______________________

1.4 Telling time

1 **La hora** Give the time shown on each clock using complete sentences.

1. ______________________

2. ______________________

3. ______________________

4. ______________________

5. ______________________

6. ______________________

2 **¿Qué hora es?** Use complete sentences to tell the time.

1. 3:40 p.m. ______________________
2. 6:00 a.m. ______________________
3. 9:15 p.m. ______________________
4. 12:00 a.m. ______________________
5. 1:10 p.m. ______________________
6. 10:45 a.m. ______________________
7. 5:05 p.m. ______________________
8. 11:50 p.m. ______________________
9. 1:30 a.m. ______________________
10. 10:00 p.m. ______________________

Nombre ______________________ Fecha ______________________

3 **El día de Marta** Use the schedule to answer the questions in complete sentences.

8:45 a.m.	Biología
11:00 a.m.	Cálculo
12:00 p.m.	Almuerzo
2:00 p.m.	Literatura
4:15 p.m.	Yoga
10:30 p.m.	Programa especial

1. ¿A qué hora es la clase de biología? ______________________
2. ¿A qué hora es la clase de cálculo? ______________________
3. ¿A qué hora es el almuerzo (*lunch*)? ______________________
4. ¿A qué hora es la clase de literatura? ______________________
5. ¿A qué hora es la clase de yoga? ______________________
6. ¿A qué hora es el programa especial? ______________________

Síntesis

¿Y tú? Answer the questions about yourself and your class using complete sentences.

1. ¿Cómo te llamas? ______________________
2. ¿De dónde eres? ______________________
3. ¿Qué hay de nuevo? ______________________
4. ¿Qué hora es? ______________________
5. ¿A qué hora es la clase de español? ______________________
6. ¿Cuántos estudiantes hay en la clase de español? ______________________
7. ¿Hay estudiantes de México en la clase? ______________________
8. ¿A qué hora es tu (*your*) programa de televisión favorito? ______________________

Nombre ______________________ Fecha ______________________

panorama

Estados Unidos

1 **¿Cierto o falso?** Indicate if each statement is **cierto** or **falso.** Then correct the false statements.

1. La mayor parte de la población hispana de Estados Unidos es de origen mexicano.

____

2. Hay más (*more*) hispanos en Illinois que (*than*) en Texas.

____

3. El estado con la mayor población hispana de los Estados Unidos es California.

____

4. La ciudad de Estados Unidos con la mayor población hispana es Miami.

____

5. Colorado significa "de color rojo" en español.

____

6. Los hispanos van a ser el grupo minoritario más grande de los Estados Unidos.

____

7. Los tacos, las enchiladas y los burritos son platos cubanos.

____

8. En Estados Unidos la comida mexicana es popular.

____

9. Un barrio cubanoamericano importante de Miami se llama la Pequeña Cuba.

____

10. Los puertorriqueños de Nueva York celebran su origen con un desfile.

____

2 **Los estados** Choose from the box the Spanish meaning of each state name. Then write the meaning next to the state.

tierra de flores	**de color rojo**	**tormenta de nieve**
montaña	**cañaveral**	

1. Cape Canaveral ______________________
2. Florida ______________________
3. Montana ______________________
4. Colorado ______________________
5. Nevada ______________________

Nombre ______________________ Fecha ______________________

3 **Un mapa** Write the name of each city numbered on the map and provide its Hispanic population.

1. ______________________ (______________ millones de hispanos)
2. ______________________ (______________ millones de hispanos)
3. ______________________ (______________ millones de hispanos)
4. ______________________ (______________ millones de hispanos)
5. ______________________ (______________ millones de hispanos)

4 **¿De dónde es?** Write the origin of each item listed (**mexicano, cubano,** or **puertorriqueño**).

	Origen
1. desfile en Nueva York	______________
2. enchiladas, tacos y burritos	______________
3. Pequeña Habana	______________
4. comida tex-mex y cali-mex	______________
5. mayor población hispana de EE.UU.	______________

Nombre ______________________ Fecha ______________________

contextos

Lección 2

1 **Categorías** Read each group of items. Then write the word from the list that describes a category for the group.

materias	cafetería	ciencias
laboratorio	clase	geografía

1. sándwiches, tacos, sodas, bananas ______________________
2. mapas, capitales, países, nacionalidades ______________________
3. literatura, matemáticas, geografía, lenguas extranjeras ______________________
4. microscopios, experimentos, ciencias, elementos ______________________
5. física, química, biología, astronomía ______________________
6. pizarras, tiza, borrador, profesora, escritorios ______________________

2 **Buscar** (*Search*) Find school-related words in the grid, looking horizontally and vertically. Circle them in the puzzle, and write the words in the blanks.

S	P	F	I	S	I	C	A	B	Q	G	Ñ	E
O	E	S	P	A	Ñ	O	L	E	U	S	B	R
C	X	B	E	C	O	N	O	M	I	A	I	M
I	A	R	T	E	G	Q	F	A	M	F	O	I
O	M	C	A	C	L	O	U	R	I	V	L	N
L	E	P	R	U	E	B	A	A	C	D	O	G
O	N	U	E	O	N	E	Z	H	A	U	G	L
G	Ñ	D	A	M	C	L	A	S	E	T	I	E
I	E	J	I	L	C	I	E	N	C	I	A	S
A	P	E	R	I	O	D	I	S	M	O	P	I
D	S	T	H	O	R	A	R	I	O	Q	X	A
H	U	M	A	N	I	D	A	D	E	S	M	O

______________________ ______________________

______________________ ______________________

______________________ ______________________

______________________ ______________________

______________________ ______________________

______________________ ______________________

______________________ ______________________

______________________ ______________________

3 **El calendario** Use the calendar to answer these questions with complete sentences.

marzo

L	M	M	J	V	S	D
		1	2	3	4	5
6	7	8	9	10	11	12
13	14	15	16	17	18	19
20	21	22	23	24	25	26
27	28	29	30	31		

abril

L	M	M	J	V	S	D
					1	2
3	4	5	6	7	8	9
10	11	12	13	14	15	16
17	18	19	20	21	22	23
24	25	26	27	28	29	30

modelo

¿Qué día de la semana es el 8 de abril (*April*)?
El 8 de abril es sábado./Es sábado.

1. ¿Qué día de la semana es el 21 de marzo (*March*)? ______
2. ¿Qué día de la semana es el 7 de abril? ______
3. ¿Qué día de la semana es el 2 de marzo? ______
4. ¿Qué día de la semana es 28 de marzo? ______
5. ¿Qué día de la semana es el 19 de abril? ______
6. ¿Qué día de la semana es el 12 de marzo? ______
7. ¿Qué día de la semana es el 3 de abril? ______
8. ¿Qué día de la semana es el 22 de abril? ______
9. ¿Qué día de la semana es el 31 de marzo? ______
10. ¿Qué día de la semana es el 9 de abril? ______

4 **Completar** Complete these sentences using words from the word bank.

biblioteca	universidad	laboratorio	computación	horario
ciencias	examen	geografía	arte	tarea

1. La biología, la química y la física son ______.
2. El ______ dice (*says*) a qué hora son las clases.
3. A las once hay un ______ de biología.
4. Martín es artista y toma (*takes*) una clase de ______.
5. Hay veinte computadoras en la clase de ______.
6. Los experimentos se hacen (*are made*) en el ______.
7. Hay muchos libros en la ______.
8. Los mapas son importantes en el curso de ______.

Nombre ____________________ Fecha ____________________

estructura

2.1 The present tense of regular **–ar** verbs

1 **Tabla** (*Chart*) de verbos Write the missing forms of each verb.

Present tense					
Infinitivo	**yo**	**tú**	**Ud., él, ella**	**nosotros/as**	**Uds., ellos**
1. cantar	________	________	________	________	________
2. ________	pregunto	________	________	________	________
3. ________	________	contestas	________	________	________
4. ________	________	________	practica	________	________
5. ________	________	________	________	deseamos	________
6. ________	________	________	________	________	llevan

2 **Completar** Complete these sentences using the correct form of the verb in parentheses.

1. (viajar) Los turistas ____________________ en un autobús.
2. (hablar) Elena y yo ____________________ español en clase.
3. (llegar) Los estudiantes ____________________ a la residencia estudiantil.
4. (dibujar) Yo ____________________ un reloj en la pizarra.
5. (comprar) La señora García ____________________ libros en la librería de la universidad.
6. (regresar) Francisco y tú ____________________ de la biblioteca.
7. (terminar) El semestre ____________________ en mayo (*May*).
8. (buscar) Tú ____________________ a tus (*your*) compañeros de clase en la cafetería.

3 **¿Quién es?** Complete these sentences with the correct verb form so that the sentence makes sense.

busco	esperan	trabaja	regresamos
enseña	conversas	toman	compran

1. Nosotras ____________________ a las seis de la tarde.
2. Muchos estudiantes ____________________ el curso de periodismo.
3. Rosa y Laura no ____________________ a Manuel.
4. Tú ____________________ con los chicos en la residencia estudiantil.
5. El compañero de cuarto de Jaime ____________________ en el laboratorio.
6. Yo ____________________ un libro en la biblioteca.
7. Rebeca y tú ____________________ unas maletas para viajar.
8. La profesora Reyes ____________________ el curso de español.

4 **Usar los verbos** Form sentences using the words provided. Use the correct present tense or infinitive form of each verb.

1. Una estudiante / desear / hablar / con su profesora de biología.
2. Mateo / bailar / en la cafetería de la universidad.
3. Los profesores / contestar / las preguntas (*questions*) de los estudiantes.
4. (Nosotros) / esperar / viajar / a Madrid.
5. Ella / hablar / de (*about*) la economía con su compañera de cuarto.
6. (Yo) / necesitar / practicar / los verbos en español.

5 **Negativo** Rewrite these sentences to make them negative.

1. Juanita y Raúl trabajan en la biblioteca.
2. El conductor llega al mediodía.
3. Deseo comprar tres cuadernos.
4. El estudiante espera a la profesora.
5. Estudiamos a las seis de la mañana.
6. Tú necesitas usar (*use*) la computadora.

6 **¿Y tú?** Use complete sentences to answer these yes or no questions.

modelo

¿Bailas el tango?

No, no bailo el tango.

1. ¿Estudias ciencias en la universidad?
2. ¿Conversas mucho con los compañeros de clase?
3. ¿Esperas estudiar administración de empresas?
4. ¿Necesitas descansar después de (*after*) los exámenes?
5. ¿Compras los libros en la librería?
6. ¿Escuchas música jazz?

2.2 Forming questions in Spanish

1 **Las preguntas** Make questions out of these statements by inverting the word order.

1. Uds. son de Puerto Rico.
2. El estudiante dibuja un mapa.
3. Los turistas llegan en autobús.
4. La clase termina a las dos de la tarde.
5. Samuel trabaja en la biblioteca.
6. Los chicos miran un programa de televisión.
7. El profesor Miranda enseña la clase de humanidades.
8. Isabel compra cinco libros de historia.
9. Mariana y Javier estudian para (*for*) el examen.
10. Ellas conversan en la cafetería de la universidad.

2 **Seleccionar** Choose an interrogative word from the list to write a question that corresponds with each response.

Dónde	Cuándo	Cuántos	Adónde
Quién	Qué	Por qué	

1. ______
Paco y Rosa caminan a la biblioteca.
2. ______
El profesor de español es de México.
3. ______
Hay quince estudiantes en la clase.
4. ______
El compañero de cuarto de Jaime es Manuel.
5. ______
La clase de física es en el laboratorio.
6. ______
Julia lleva una computadora portátil.
7. ______
El programa de televisión termina a las diez.
8. ______
Estudio biología porque (*because*) me gustan las ciencias.

3 **Muchas preguntas** Form four different questions from each statement.

1. Sara canta en el coro (*choir*) de la universidad.

____

____

____

____

2. La estudiante busca el libro de arte.

____

____

____

____

3. La profesora Gutiérrez enseña contabilidad.

____

____

____

____

4. Uds. necesitan hablar con el profesor de economía.

____

____

____

____

4 **¿Qué palabra?** Write the interrogative word that makes sense in each question.

1. ¿______________________ es la clase de administración de empresas?
   Es en la biblioteca.
2. ¿______________________ estudias para los exámenes de matemáticas?
   Estudio por la noche (*at night*).
3. ¿______________________ es el profesor de inglés?
   Es de Estados Unidos.
4. ¿______________________ libros hay en la clase de biología?
   Hay diez libros.
5. ¿______________________ caminas con (*with*) Olga?
   Camino a la clase de biología con Olga.
6. ¿______________________ enseña el profesor Hernández en la universidad?
   Enseña literatura.
7. ¿______________________ llevas cinco libros en la mochila?
   Porque regreso de la biblioteca.
8. ¿______________________es la profesora de física?
   Es la señora Caballero.

Nombre ______________________ Fecha ______________________

2.3 The present tense of **estar**

1 **Están en...** Answer the questions based on the pictures. Write complete sentences.

1. ¿Dónde están Cristina y Bruno?

____

2. ¿Dónde están la profesora y el estudiante?

____

3. ¿Dónde está la puerta?

____

4. ¿Dónde está la mochila?

____

5. ¿Dónde está el pasajero?

____

6. ¿Dónde está José Miguel?

____

2 **¿Dónde están?** Use these cues and the correct form of estar to write complete sentences. Add any missing words.

1. libros / cerca / escritorio

____

2. Uds. / al lado / puerta

____

3. diccionario / entre / computadoras

____

4. lápices / sobre / cuaderno

____

5. estadio / lejos / residencias

____

6. mochilas / debajo / mesa

____

7. tú / en / clase de psicología

____

8. reloj / a la derecha / ventana

____

9. Rita / a la izquierda / Julio

____

3 **¿Ser o estar?** Complete these sentences with the correct present-tense form of the verb **ser** or **estar.**

1. Sonia ____________________ muy bien hoy.
2. Las sillas ____________________ delante del escritorio.
3. Ellos ____________________ estudiantes de sociología.
4. Alma ____________________ de un pueblo (*town*) de España.
5. ____________________ las diez y media de la mañana.
6. Nosotras ____________________en la biblioteca.

4 **Las llaves** Complete this cell phone conversation with the correct forms of **estar.**

GUSTAVO Hola, Pablo. ¿______(1)______ en la residencia estudiantil?

PABLO Sí, ______(2)______ en la residencia.

GUSTAVO Necesito el libro de física.

PABLO ¿Dónde ______(3)______ el libro?

GUSTAVO El libro ______(4)______ en mi cuarto (*room*), al lado de la computadora.

PABLO ¿Dónde ______(5)______ la computadora?

GUSTAVO La computadora ______(6)______ está encima del escritorio.

PABLO ¡Aquí (*Here*) ______(7)______ el libro de física!

5 **Conversación** Complete this dialogue with the correct forms of **ser** and **estar**.

PILAR Hola, Irene. ¿Cómo ______(1)______?

IRENE Muy bien, ¿y tú? ¿Qué tal?

PILAR Bien, gracias. Te presento a Pablo.

IRENE Encantada, Pablo.

PILAR Pablo ______(2)______ de México.

IRENE ¿De dónde en México ______(3)______?

PABLO ______(4)______ de Monterrey. ¿Y tú, de dónde ______(5)______?

IRENE ______(6)______ de San Juan, Puerto Rico.

PILAR ¿Dónde ______(7)______ Claudia, tu (*your*) compañera de cuarto?

IRENE ______(8)______ en la residencia de estudiantes.

PABLO Nosotros vamos a (*are going to*) la librería ahora.

PILAR Necesitamos comprar el manual del laboratorio de física.

IRENE ¿A qué hora ______(9)______ la clase de física?

PABLO ______(10)______ a las doce del mediodía. ¿Qué hora ______(11)______ ahora?

PILAR ______(12)______ las once y media.

IRENE ¡Menos mal que (*fortunately*) la librería ______(13)______ cerca del laboratorio!

PILAR Sí, no ______(14)______ lejos de la clase. Nos vemos.

IRENE Hasta luego

PABLO Chau.

Nombre ______________________ Fecha ______________________

2.4 Numbers 31–100

1 **Números de teléfono** Provide the words for these telephone numbers.

modelo
968-3659
nueve, sesenta y ocho, treinta y seis, cincuenta y nueve

1. 776-7799
2. 543-3162
3. 483-4745
4. 352-5073
5. 888-7540
6. 566-3857
7. 492-6033
8. 780-5770

2 **¿Cuántos hay?** Use the inventory list to answer these questions about the amount of items in stock at the school bookstore. Use complete sentences and write out the Spanish words for numbers.

Inventario

lápices	91	mochilas	31
plumas	85	diccionarios	43
grabadoras	72	computadoras	30
cuadernos	50	mapas	66

1. ¿Cuántos mapas hay? ______________________
2. ¿Cuántas mochilas hay? ______________________
3. ¿Cuántos diccionarios hay? ______________________
4. ¿Cuántos cuadernos hay? ______________________
5. ¿Cuántas plumas hay? ______________________
6. ¿Cuántos lápices hay? ______________________
7. ¿Cuántas computadoras hay? ______________________
8. ¿Cuántas grabadoras hay? ______________________

3 **Por ciento** Use the pie chart to complete these sentences. Write out the Spanish numbers in words .

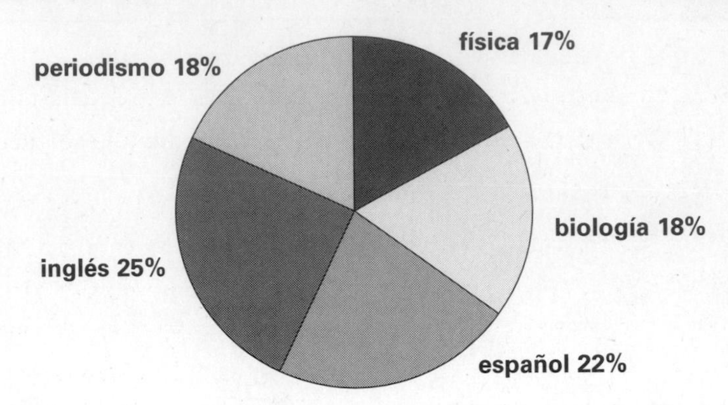

1. Un ______________________ por ciento de los estudiantes estudian las ciencias.
2. Un ______________________ por ciento de los estudiantes estudian inglés o periodismo.
3. Un ______________________ por ciento de los estudiantes no estudian las ciencias.
4. Un ______________________ por ciento de los estudiantes no estudian biología.
5. Un ______________________ por ciento de los estudiantes estudian inglés o español.
6. Un ______________________ por ciento de los estudiantes no estudian idiomas.

Síntesis

La universidad Imagine that a parent calls a college student during the second week of courses. Write questions that the parent might ask about the son or daughter's schedule, courses, and campus life. Use the cues provided. Then write possible answers.

modelo

¿Cuándo termina la clase de español?
La clase de español termina a las tres.

- ¿A qué hora...?
- ¿Dónde está...?
- ¿Qué cursos...?
- ¿Trabajas...?
- ¿Estudias...?
- ¿Qué días de la semana...?
- ¿Hay...?
- ¿Cuántos...?

____

____

____

____

____

____

____

____

Nombre ______________________ Fecha ______________________

panorama

España

1 **¿De qué ciudad es?** Write the city or town in Spain associated with each item.

1. el Museo del Prado ______________________
2. la universidad más antigua de España ______________________
3. la paella con (*with*) pollo y conejo ______________________
4. la Sagrada Familia ______________________
5. la Tomatina ______________________
6. cuarta (*fourth*) ciudad en población ______________________

2 **¿Cierto o falso?** Indicate whether each statement is **cierto** or **falso.** Then correct the false statements.

1. Las islas Canarias y las islas Baleares son de España.
____
2. Zaragoza es una de las ciudades principales de España.
____
3. Las monedas de España son el peso y el euro.
____
4. En España hay más de un idioma.
____
5. La Tomatina es uno de los platos más deliciosos de España.
____
6. La Universidad de Salamanca fue (*was*) fundada en el siglo trece.
____

3 **El mapa de España** Fill in the blanks with the name of the city or geographical feature.

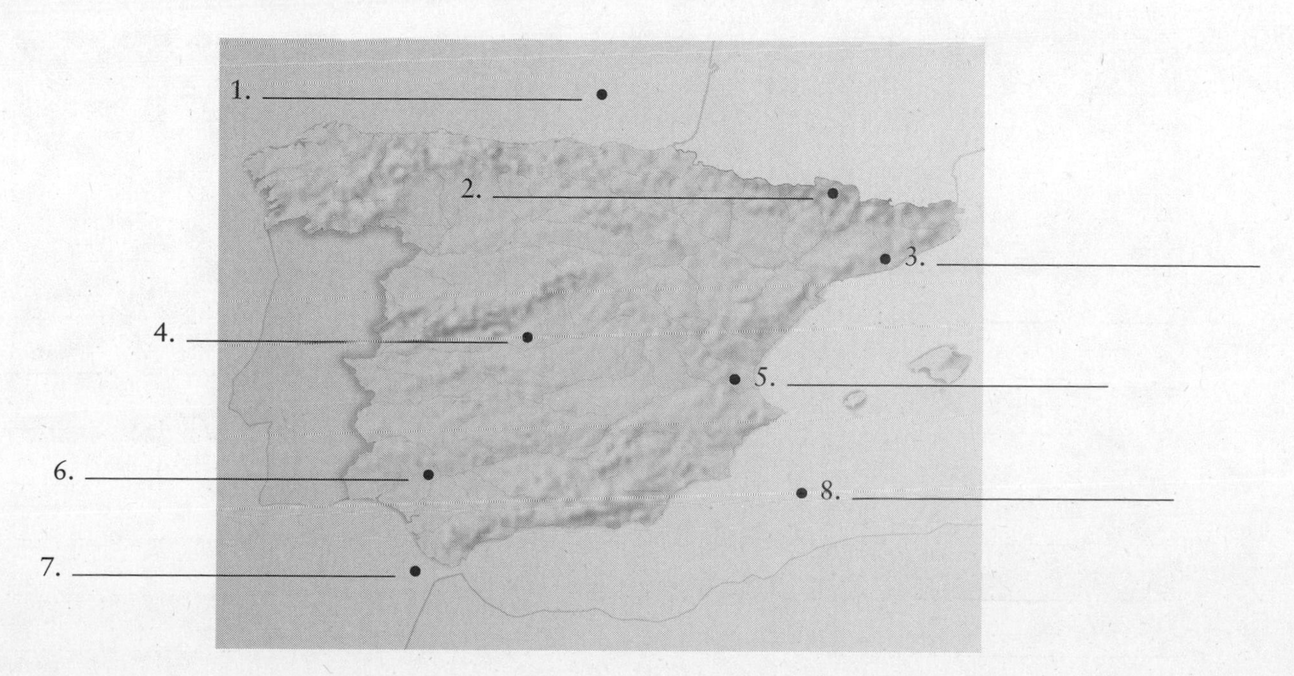

Nombre ______________ Fecha ______________

4 **Profesiones** Complete these sentences with the person's occupation.

1. Pedro Duque es ______________.
2. Rosa Montero es ______________.
3. Pedro Almodóvar es ______________.
4. Miguel de Cervantes es ______________.
5. Arantxa Sánchez Vicario es ______________.
6. Diego Velázquez es ______________.

5 **Palabras cruzadas** (*crossed*) Write one letter on each blank. Then answer the final question, using the new word that is formed.

1. Islas españolas del Mar Mediterráneo
2. Español, catalán, gallego, valenciano y eusquera
3. La unión de países cuya (*whose*) moneda es el euro
4. Museo español famoso
5. Pintor español famoso
6. Obra más conocida de Diego Velázquez

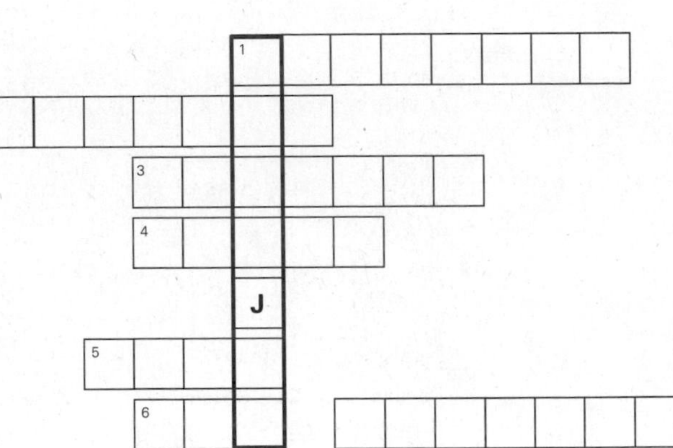

El aeropuerto (*airport*) de Madrid se llama ______________.

6 **Las fotos** Label the object shown in each photo.

1. ______________

2. ______________

3. ______________

4. ______________

Nombre ____________________ Fecha ____________________

contextos

Lección 3

1 **La familia** Look at the family tree and describe the relationships between these people.

modelo

Eduardo / Concha
Eduardo es el padre de Concha.

1. Juan Carlos y Sofía / Pilar
2. Pilar / Ana María y Luis Miguel
3. Eduardo / Raquel
4. José Antonio y Ramón / Concha
5. Raquel / Pilar
6. Concha, José Antonio y Ramón / Pilar
7. Ana María / Raquel
8. Joaquín / Ana María y Luis Miguel

Nombre ______________________ Fecha ______________________

2 **Diferente** Write the word that does not belong in each group.

1. ingeniera, médica, programadora, periodista, hijastra ______________________
2. cuñado, nieto, yerno, suegra, nuera ______________________
3. sobrina, prima, artista, tía, hermana ______________________
4. padre, hermano, hijo, novio, abuelo ______________________
5. muchachos, tíos, niños, chicos, hijos ______________________
6. amiga, hermanastra, media hermana, madrastra ______________________

3 **Crucigrama** Complete this crossword puzzle.

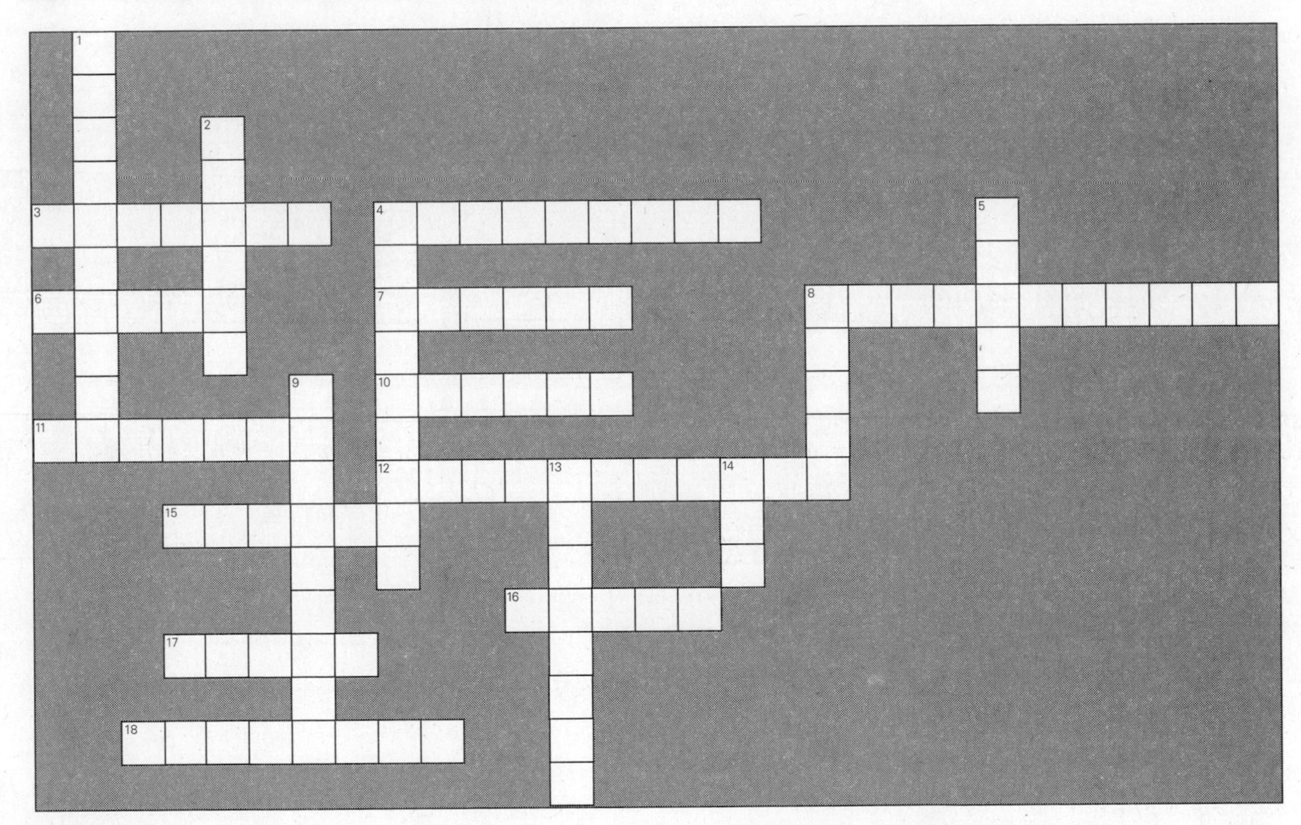

Horizontales

3. el hijo de mi hermano
4. la esposa de mi padre, pero no soy su hijo
6. el hijo de mi hija
7. el esposo de mi hermana
8. hombre que estudió (*studied*) computación
10. la madre de mi padre
11. padre, madre e (*and*) hijos
12. el hijo de mi madrastra, pero no de mi padre
15. doctor
16. tus nietos son los ____________ de tus hijos
17. personas en general
18. la hija de mi esposa, pero no es mi hija

Verticales

1. mujer que escribe (*writes*) para el *New York Times*
2. compañeros inseparables
4. chicos
5. el esposo de mi madre es el ____________ de mis abuelos
8. el hijo de mi tía
9. abuelos, primos, tíos, etc.
13. Pablo Picasso y Diego de Velázquez
14. el hermano de mi madre

Nombre ______________________ Fecha ______________________

estructura

3.1 Descriptive adjectives

1 **¿Cómo son?** Use the adjective in parentheses that agrees with each subject to write descriptive sentences about them.

modelo

gordo, delgada
Lidia: *Lidia es delgada.*
El novio de Olga: *El novio de Olga es gordo.*

(simpático, guapos, alta)

1. la profesora de historia: ______________________
2. David y Simón: ______________________
3. el artista: ______________________

(trabajadora, viejo, delgadas, rubios)

4. esas (*those*) muchachas: ______________________
5. el abuelo de Alberto: ______________________
6. la programadora: ______________________

2 **Descripciones** Complete each sentence with the correct forms of the adjectives in parentheses.

1. Lupe, Rosa y Tomás son ______________________ (bueno) amigos.
2. Ignacio es ______________ (alto) y ______________ (guapo).
3. Lourdes y Virginia son ______________ (bajo) y ______________ (delgado).
4. Pedro y Vanessa son ______________ (moreno), pero Diana es ______________ (pelirrojo).
5. Nosotras somos ______________ (inteligente) y ______________ (trabajador).
6. Esos (*Those*) chicos son ______________ (simpático), pero son ______________ (tonto).

3 **Lo opuesto** (*The opposite*) Answer these questions using the adjective with the opposite meaning.

modelo

¿Es alta Rosa?
No, es baja.

1. ¿Es antipático el Sr. Lomas? ______________________
2. ¿Son morenas las hijas de Sara? ______________________
3. ¿Es fea la hermana de Eduardo? ______________________
4. ¿Son viejos los profesores de matemáticas? ______________________
5. ¿Son malos los nietos de la Sra. Sánchez? ______________________
6. ¿Es guapo el novio de Teresa? ______________________

Nombre ______________________ Fecha ______________________

4 **Origen y nacionalidad** Read the names and origins of the people in this tour group. Then write sentences saying what city they are from and their nationalities.

modelo

Álvaro Estrada / Miami, Estados Unidos
Álvaro Estrada es de Miami. Es estadounidense.

1. Ling y Sammo Hung / Pekín, China ______________________
2. Pierre y Marie Lebrun / Montreal, Canadá ______________________
3. Luigi Mazzini / Roma, Italia ______________________
4. Elizabeth Mitchell / Londres, Inglaterra (*England*) ______________________
5. Roberto Morales / Madrid, España ______________________
6. Andrés y Patricia Padilla / Quito, Ecuador ______________________
7. Paula y Cecilia Robles / San Juan, Puerto Rico ______________________
8. Conrad Schmidt / Berlín, Alemania (*Germany*) ______________________
9. Antoinette y Marie Valois / París, Francia ______________________
10. Marta Zedillo / Guadalajara, México ______________________

5 **Completar** Complete each sentence with the correct form of each adjective in parentheses.

(bueno)

1. La clase de matemáticas es muy ______________________.
2. Rogelio es un ______________________ compañero de cuarto.
3. Agustina compra una ______________________ mochila para la computadora.
4. Andrés y Guillermo son muy ______________________ amigos.

(malo)

5. Federico es antipático y una ______________________ persona.
6. Ahora es un ______________________ momento para descansar.
7. La comida (*food*) de la cafetería es ______________________.
8. Son unas semanas ______________________ para viajar.

(grande)

9. Hay un ______________________ evento en el estadio hoy.
10. Los problemas en esa (*that*) familia son muy ______________________.
11. La biblioteca de la universidad es ______________________.
12. La prima de Irma es una ______________________ amiga.

Nombre ______ Fecha ______

3.2 Possessive adjectives

1 **¿De quién es?** Answer each question affirmatively using the correct possessive adjective.

modelo
¿Es tu maleta?
Sí, es mi maleta.

1. ¿Es la mochila de Adela? ______
2. ¿Es mi clase de español? ______
3. ¿Son los papeles de la profesora? ______
4. ¿Es el diccionario de tu compañera de cuarto? ______
5. ¿Es tu novia? ______
6. ¿Son los lápices de ustedes? ______

2 **Sus parientes** Complete each sentence with the correct possessive adjective.

modelo
Lupe habla con *su* sobrina.

1. Yo hablo con ______ abuelos.
2. Carmen llega con ______ esposo Rafael.
3. Bailamos con ______ parientes.
4. Tú no bailas con ______ hermanastra.
5. Pepe y Teresa hablan con ______ tíos.
6. Escucho música con ______ sobrina.

3 **Clarificar** Clarify each sentence by adding a prepositional phrase that clarifies to whom the item(s) belong.

modelo
¿Es su libro? (ellos)
¿Es el libro de ellos?

1. ¿Cuál es su problema? (ella)
______
2. Trabajamos con su madre. (ellos)
______
3. ¿Dónde están sus papeles? (Uds.)
______
4. ¿Son sus plumas? (ella)
______
5. ¿Quiénes son sus compañeros de cuarto? (él)
______
6. ¿Cómo se llaman sus sobrinos? (Ud.)
______

4 **Familia** Write the appropriate forms of the possessive adjectives indicated in parentheses.

1. _______________ (*My*) cuñada, Isabella, es italiana.
2. _______________ (*Their*) parientes están en el Ecuador.
3. ¿Quién es _______________ (*your* fam.) tío?
4. _______________ (*Our*) padres regresan a las diez.
5. Es _______________ (*his*) tarea de matemáticas.
6. Linda y María son _______________ (*my*) hijas.
7. ¿Dónde trabaja _______________ (*your* form.) esposa?
8. _______________ (*Our*) familia es grande.

5 **Posesiones** Write sentences using possessive pronouns to indicate who owns these items.

modelo

Yo compro un escritorio.

Es mi escritorio.

1. Uds. compran cuatro sillas. _______________
2. Tú compras una mochila. _______________
3. Nosotros compramos una mesa. _______________
4. Yo compro una maleta. _______________
5. Él compra unos lápices. _______________
6. Ellos compran una grabadora. _______________

6 **Preguntas** Answer these questions using possessive adjectives and the words in parentheses.

modelo

¿Dónde está tu amiga? (Quito)

Mi amiga está en Quito.

1. ¿Cómo es tu padre? (alto y moreno)

____

2. José, ¿dónde están mis papeles? (en el escritorio)

____

3. ¿Cómo es la escuela de Felipe? (pequeña y vieja)

____

4. ¿Son mexicanos los amigos de Uds.? (puertorriqueños)

____

5. Mami, ¿dónde está mi tarea? (en la mesa)

____

6. ¿Cómo son los hermanos de Pilar? (simpáticos)

____

3.3 Present tense of regular -er and -ir verbs

1 **Conversaciones** Complete these conversations with the correct forms of the verbs in parentheses.

(leer)

1. —¿Qué ______, Ana?
2. —______ un libro de historia.

(vivir)

3. —¿Dónde ______ Uds.?
4. —Nosotros ______ en Nueva York. ¿Y tú?

(comer)

5. —¿Qué ______ Uds.?
6. —Yo ______ un sándwich y Eduardo ______ pizza.

(deber)

7. —Profesora, ¿______ abrir nuestros libros ahora?
8. —Sí, Uds. ______ abrir los libros en la página (*page*) 87.

(escribir)

9. —¿______ una carta, Melinda?
10. —Sí, ______ una carta para (*for*) mis padres.

2 **Frases** Write complete sentences using the correct forms of the verbs in parentheses.

1. (Nosotros) (Escribir) muchas composiciones en la clase de literatura.
2. Esteban y Luisa (aprender) a bailar el tango.
3. ¿Quién no (comprender) la lección de hoy?
4. (Tú) (Deber) comprar un mapa de Quito.
5. Ellos no (recibir) muchas cartas (*letters*) de sus padres.
6. (Yo) (Buscar) unas fotos de mis primos.

3 **¿Qué verbo es?** Choose the most logical verb to complete each sentence, using the correct form.

1. Tú ______ en el parque (*park*), ¿no? (abrir, correr, decidir)
2. Yo ______ a conciertos de Gloria Estefan. (asistir, compartir, leer)
3. ¿______ a leer tu sobrino? (aprender, creer, deber)
4. Yo no ______ la tarea de física. (beber, vivir, comprender)
5. Los estudiantes ______ hamburguesas en la cafetería. (escribir, beber, comer)
6. Mi esposo y yo ______ el *Miami Herald*. (decidir, leer, deber)

4 **Tú y ellos** Rewrite each sentence using the subject in parentheses. Change the verb form and possessive adjectives as needed.

modelo

No asistimos a clase los domingos. (yo)
No asisto a clase los domingos.

1. Rubén cree que la lección 3 es fácil. (ellos)

____

2. Mis hermanos comen hamburguesas en la cafetería. (la gente)

____

3. Aprendemos a hablar, leer y escribir en la clase de español. (yo)

____

4. Sandra escribe en su diario todos los días (*every day*). (tú)

____

5. Comparto mis problemas con mis padres. (Víctor)

____

6. Vives en una residencia interesante y bonita. (nosotras)

____

5 **Descripciones** Look at the drawings and use these verbs to describe what the people are doing.

abrir **aprender** **comer** **leer**

1. Nosotros ______________________________

2. Yo ______________________________

3. Mirta ______________________________

4. Los estudiantes ______________________________

Nombre ______________________ Fecha ______________________

3.4 Present tense of **tener** and **venir**

1 **Completar** Complete these sentences with the correct forms of **tener** and **venir**.

1. ¿A qué hora ______________ Uds. al estadio?
2. ¿______________ tú a la universidad en autobús?
3. Nosotros ______________ una prueba en la clase de psicología mañana.
4. ¿Por qué no ______________ Juan a la clase de literatura?
5. Yo ______________ dos hermanos y mi prima ______________ tres.
6. ¿______________ Uds. fotos de sus parientes?
7. Mis padres ______________ unos amigos japoneses.
8. Inés ______________ con su esposo y yo ______________ con Ernesto.
9. Marta y yo no ______________ al laboratorio los sábados.
10. ¿Cuantos nietos ______________ tú?
11. Yo ______________ una clase de contabilidad a las once de la mañana.
12. Mis amigos ______________ a comer a la cafetería hoy.

2 **¿Qué tienen?** Rewrite each sentence, using the logical expression with **tener**.

1. Los estudiantes (tienen hambre a, tienen miedo de) tomar el examen de química.

   ____

2. Las turistas (tienen sueño, tienen prisa) por llegar al autobús.

   ____

3. Mi madre (tiene cincuenta años, tiene razón) siempre (*always*).

   ____

4. Vienes a la cafetería cuando (*when*) (tienes hambre, tienes frío).

   ____

5. (Tengo razón, Tengo frío) en la biblioteca porque abren las ventanas.

   ____

6. Rosaura y María (tienen calor, tienen ganas) de mirar la televisión.

   ____

7. Nosotras (tenemos cuidado, no tenemos razón) con el sol (*sun*).

   ____

8. David toma mucho agua cuando (*when*) (tiene miedo, tiene sed).

   ____

Nombre ______________________ Fecha ______________________

3 **Expresiones con tener** Complete each sentence with the correct expression.

tener cuidado	tener mucha suerte	tener razón
tener ganas	tener que	tener miedo

1. Mis sobrinos ______________________ del perro (*dog*) de mis abuelos.
2. Necesitas ______________________ con la computadora portátil (*laptop*).
3. Yo ______________________ practicar el vocabulario de la clase de español.
4. Lola y yo ______________________ de escuchar música latina.
5. Anita cree que (*that*) dos más dos son cinco. Ella no ______________________.
6. Ganas (*You win*) cien dólares en la lotería. Tú ______________________.

Síntesis

Tus parientes Choose an interesting relative of yours and write a description of that person. Answer these questions in your description.

1. ¿Quién es?
2. ¿Cómo es?
3. ¿De dónde viene?
4. ¿Cuántos hermanos/primos/hijos tiene?
5. ¿Cómo es su familia?
6. ¿Dónde vive?
7. ¿Cuántos años tiene?

Nombre ____________________ Fecha ____________________

panorama

Ecuador

1 **¿Cierto o falso?** Indicate whether the statements are **cierto** or **falso.** Correct the false statements.

1. El Ecuador tiene aproximadamente el área de Rhode Island.

   ____

2. Panamá y Chile limitan con (*border*) el Ecuador.

   ____

3. Las islas Galápagos están en el océano Pacífico.

   ____

4. Quito está en la cordillera de los Andes.

   ____

5. Todos (*All*) los ecuatorianos hablan lenguas indígenas.

   ____

6. Rosalía Arteaga fue (*was*) presidenta del Ecuador.

   ____

7. Hay volcanes activos en el Ecuador.

   ____

8. Oswaldo Guayasamín fue un novelista ecuatoriano famoso.

   ____

2 **El mapa de Ecuador** Fill in the blanks on this map of Ecuador with the correct geographical names.

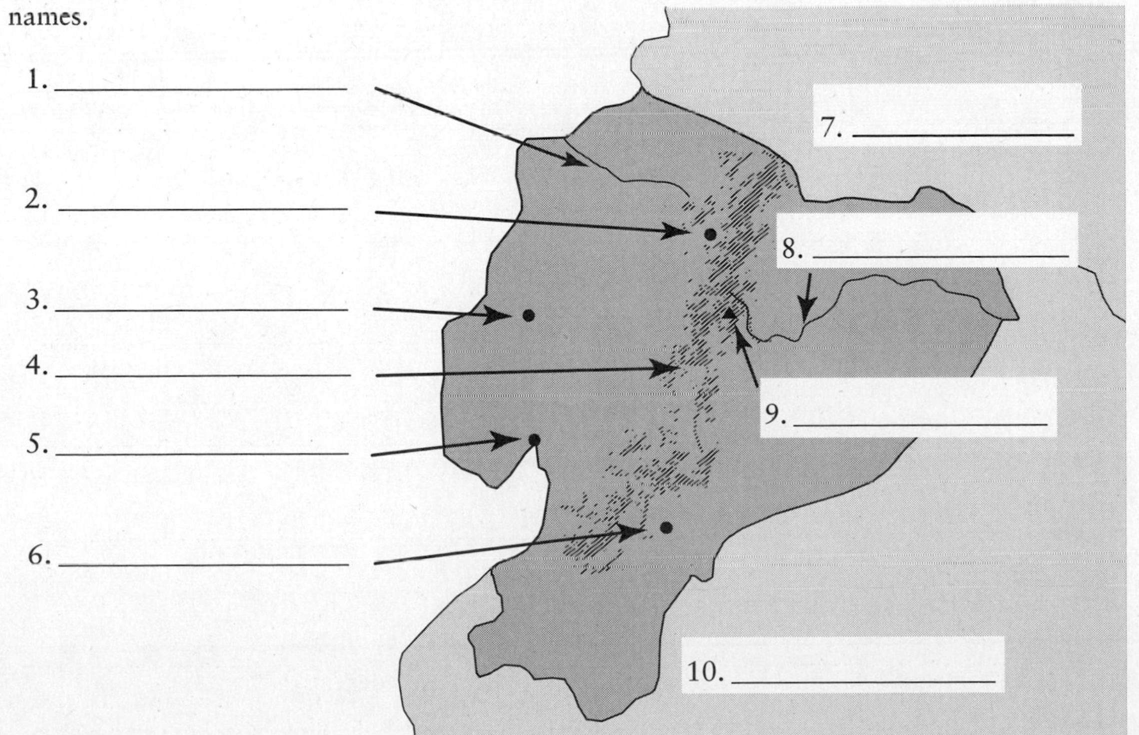

3 **Fotos del Ecuador** Label the object(s) shown in each photograph.

1. ______

2. ______

3. ______

4 **Descripción del Ecuador** Answer these questions using complete sentences.

1. ¿Cómo se llama la moneda del Ecuador?
   ______
2. ¿Qué idiomas hablan los ecuatorianos?
   ______
3. ¿Por qué son las islas Galápagos un verdadero tesoro ecológico?
   ______
4. ¿Por qué vienen muchos turistas al Ecuador?
   ______
5. ¿Cómo es el estilo artístico de Guayasamín?
   ______
6. ¿Quiénes hacen (*make*) los tejidos?
   ______
7. ¿Qué tejen ellos?
   ______
8. ¿Usan todos (*all*) los pueblos los mismos colores, figuras y diseños?
   ______

Nombre _______________ Fecha _______________

repaso

Lecciones 1–3

1 **¿Ser o estar?** Complete each sentence with the correct form of **ser** or **estar**.

1. Los abuelos de Maricarmen _______________ de España.
2. La cafetería de la universidad _______________ cerca del estadio.
3. Gerónimo y Daniel _______________ estudiantes de sociología.
4. —Hola, Gabriel. _______________ María. ¿Cómo _______________?
5. El cuaderno de español _______________ debajo del libro de química.
6. Victoria no viene a clase hoy porque _______________ enferma.

2 **¿Quiénes son?** Read the clues and complete the chart.

1. La persona de Estados Unidos tiene treinta y dos años.
2. David es del Canadá.
3. La programadora no es la persona del Ecuador.
4. El conductor tiene cuarenta y cinco años.
5. Gloria es artista.
6. La médica tiene cincuenta y un años.
7. La persona de España tiene ocho años menos que el conductor.
8. Ana es programadora.

Nombre	Profesión	Edad (*Age*)	Nacionalidad
Raúl	estudiante	diecinueve	mexicano
Carmen			
			estadounidense
David			
	programadora		

3 **Oraciones** Form complete sentences using the words provided. Write out the words for numbers.

1. cómo / estar / usted / Sra. Rodríguez
____
2. estudiante / llegar / grande / biblioteca / 5:30 p.m.
____
3. hay / 15 / cuadernos / sobre / escritorio
____
4. nieto / Inés / aprender / español / escuela
____
5. conductora / autobús / no / ser / antipático
____
6. abuelo / Lisa / tener / 72 / años
____

4 **Preguntas** Write sentences with the words provided. Then make each statement into a question.

1. clase de contabilidad / ser / 11:45 a.m.

____

____

2. su tía / favorito / tener / 35 años

____

____

3. tu profesor / biología / ser / México

____

____

4. biblioteca / estar / cerca / residencia estudiantil

____

____

5 **Los países** Complete these sentences with information from the **Panorama** sections.

1. En Miami, hay un barrio cubano que se llama la _______________.
2. Las personas de origen _______________ son el grupo hispano más grande en los EE.UU.
3. Las islas Baleares y las islas Canarias son parte de _______________.
4. La lengua indígena que más se habla en el Ecuador es el _______________.

6 **Tu familia** Imagine that these people are your relatives. Choose one and write several sentences about that person. First, say where the person is located in the photo. Include this information: name, relationship to you, profession, age, and place of origin. Describe the person and his or her activities using the adjectives and verbs you have learned.

____

____

____

____

____

Nombre ____________________ Fecha ____________________

contextos

Lección 4

1 **Los deportes** Name the sport associated with each object.

1. ____________________

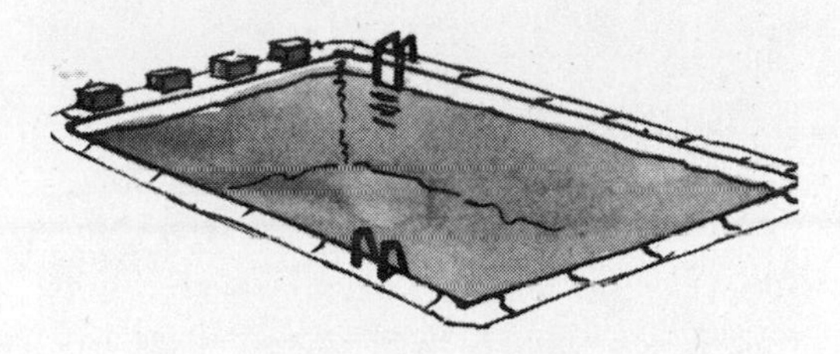

2. ____________________

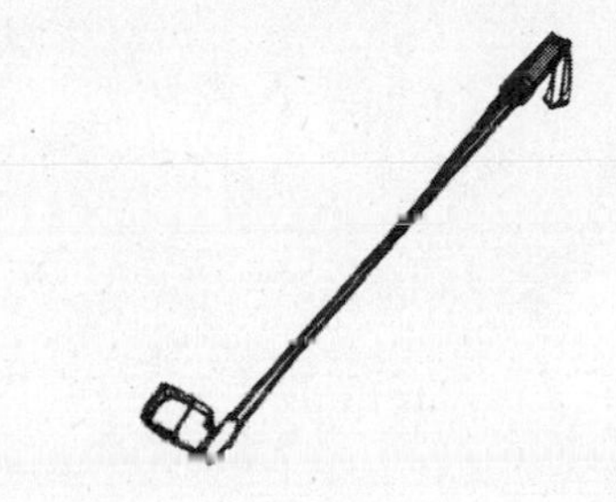

3. ____________________

4. ____________________

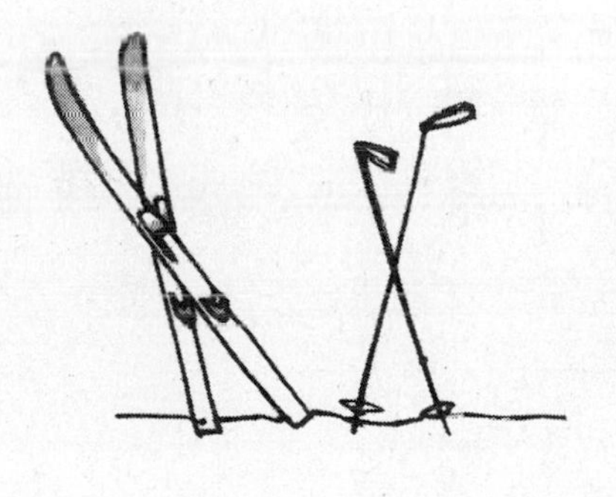

5. ____________________

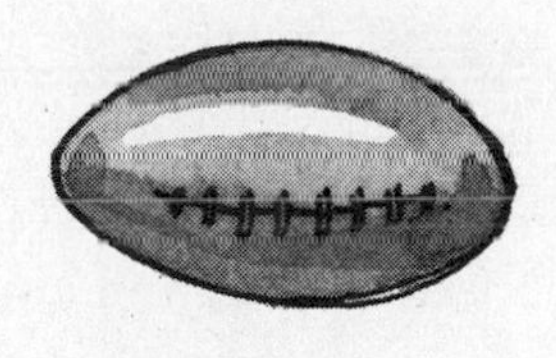

6. ____________________

2 **Una es diferente** Write the word that does not belong in each group.

1. pasatiempo, diversión, ratos libres, trabajar ____________________
2. patinar, descansar, esquiar, nadar, bucear ____________________
3. baloncesto, películas, fútbol, tenis, vóleibol ____________________
4. museo, equipo, jugador, partido, aficionados ____________________
5. correo electrónico, revista, periódico, tenis ____________________
6. cine, aficionado/a, gimnasio, piscina, restaurante ____________________

Nombre ______________________ Fecha ______________________

3 **¿Qué son?** Write each of these words in the appropriate column in the chart.

aficionado/a	excursionista	montañas
restaurante	fútbol	gimnasio
jugador(a)	béisbol	baloncesto

Deportes	Lugares	Personas

4 **Completar** Complete these sentences with a word or expression presented in **Contextos** on pages 104-106 of your textbook. If the answer is a verb, be sure to provide the correct present-tense form.

1. Pablo ______________________ montañas en los Andes.
2. Tiger Woods es un gran ______________________ de golf.
3. Hay nueve jugadores en un ______________________ de béisbol.
4. María ______________________ los deportes todos los días (*every day*).
5. Mi compañera de cuarto ______________________ un mensaje electrónico a su madre.
6. Me gusta el ______________________ acuático.
7. El sábado y el domingo son los días del ______________________.
8. Juan y Carla ______________________ con tanques (*tanks*) de oxígeno en el mar (*sea*) Caribe.
9. Yo ______________________ mi revista favorita cada (*each*) mes.
10. Mi familia y yo ______________________ el monumento a Lincoln.

Nombre _______________ Fecha _______________

estructura

4.1 The present tense of **ir**

1 **Vamos a la universidad** Complete the paragraph with the correct forms of **ir.**

Alina, Cristina y yo somos buenas amigas. (Nosotras) ____(1)____ a la universidad a las ocho de la mañana todos los días (*every day*). Ellas y yo ____(2)____ al centro de computación y leemos el correo electrónico. A las nueve Alina y Cristina ____(3)____ a su clase de psicología y yo ____(4)____ a mi clase de historia. A las diez y media yo ____(5)____ a la biblioteca a estudiar. A las doce (yo) ____(6)____ a la cafetería y como con ellas. Luego (*Afterwards*), Alina y yo ____(7)____ a practicar deportes. Yo ____(8)____ a practicar el fútbol y Alina ____(9)____ a la piscina. Cristina ____(10)____ a trabajar en la librería. Los fines de semana Alina, Cristina y yo ____(11)____ a ver películas y pasamos tiempo con nuestras familias y amigos.

2 **Sujetos diferentes** Change the subject of these sentences as indicated. Then rewrite the sentences, changing the forms of **ir** as needed.

1. Mis padres y yo vamos a casa de mis abuelos los fines de semana. (Mi primo)

____

2. Uds. van a la librería a comprar unos cuadernos. (Los estudiantes)

____

3. Voy a la residencia estudiantil a buscar la mochila. (Tú)

____

4. Susana va al estadio a practicar hockey. (Yo)

____

5. Vas al museo de ciencias en autobús. (Nosotras)

____

6. El papá de Javier va mucho al cine. (Mario y tú)

____

3 **Preguntas** Answer these questions in complete sentences using the words in parentheses.

1. ¿Adónde va Ana hoy? (al laboratorio)

2. ¿Cuándo van a bailar tus amigos? (mañana)

3. ¿A qué hora vas a la clase de música? (a las 10:45)

4. ¿Cuándo va a viajar José a Boston? (en septiembre)

5. ¿Dónde vas a leer el correo electrónico? (en la residencia estudiantil)

6. ¿Dónde va a nadar el novio de Silvia? (en la piscina)

7. ¿Adónde va el autobús número diez? (al parque municipal)

8. ¿Dónde vas a trabajar los sábados? (en la biblioteca)

4 **¡Vamos!** Rewrite these sentences using **ir a** + *infinitive* to say what activities these people are going to do tomorrow.

1. La familia García va al parque.

2. Los jugadores ganan el partido.

3. Los excursionistas escalan montañas.

4. Gisela lee su correo electrónico.

5. Tú decides ir al laboratorio de química.

6. Mis compañeros de clase y yo visitamos la biblioteca del Congreso en Washington, D.C.

7. El profesor de historia prepara un examen difícil.

8. Escribo postales a mi novio/a.

Nombre ______________________ Fecha ______________________

4.2 Present tense of stem-changing verbs

1 **Los verbos** Complete these sentences with the correct forms of the verbs in parentheses.

1. (pensar) Mi abuelo ______________ que la educación es muy importante.
2. (perder) El equipo de béisbol de mi residencia no ______________ nunca (*never*).
3. (volver) Marcelo ______________ a la universidad el lunes.
4. (repetir) Los estudiantes de español ______________ las palabras.
5. (dormir) (Nosotros) ______________ en la montaña cuando vamos de excursión.
6. (cerrar) Mis padres ______________ las ventanas porque tienen frío.
7. (mostrar) El ilustrador ______________ sus dibujos en la galería.
8. (recordar)(Yo) ______________ el primer (*first*) día de clases en la universidad.
9. (querer) ¿______________ (tú) ir a visitar los monumentos con nosotros?
10. (encontrar) (Yo) No ______________ mis notas para el examen de mañana.

2 **Oraciones** Write complete sentences using the cues provided.

1. Vicente y Francisco / jugar / al vóleibol los domingos

____

2. Adela y yo / empezar / a tomar clases de tenis

____

3. Uds. / volver / de Cancún el viernes

____

4. Los jugadores de béisbol / recordar / el importante partido

____

5. La profesora / repetir / las palabras de vocabulario

____

6. El excursionista / preferir / escalar la montaña de noche

____

7. (Yo) / seguir / el plan de estudios

____

8. Miguel / poder / salir / a las seis

____

9. Silvina y Carlos / seguir / la ruta (*route*) correcta

____

10. (Tú) / cerrar / los libros y te vas a dormir

____

3 **No, no quiero** Answer these questions negatively, using complete sentences.

modelo

¿Puedes ir a la biblioteca a las once?
No, no puedo ir a la biblioteca a las once.

1. ¿Quieren Uds. patinar en línea con nosotros?
____
2. ¿Consiguen ellas los libros que necesitan?
____
3. ¿Prefieres jugar al fútbol a nadar en la piscina?
____
4. ¿Duermen tus sobrinos en casa de tu abuela?
____
5. ¿Juegan Uds. al baloncesto en la universidad?
____
6. ¿Piensas que la clase de química orgánica es difícil?
____
7. ¿Encuentras el programa de computadoras en la librería?
____
8. ¿Vuelven Uds. a casa los fines de semana?
____
9. ¿Puedo tomar el autobús a las once de la noche?
____
10. ¿Entendemos la tarea de psicología?
____

4 **Correo electrónico** Complete this e-mail message with the correct form of the logical verb. Use each verb once.

volver
preferir
empezar
jugar
entender
poder
dormir
querer
pensar
conseguir

Para Daniel Moncada | De Paco | Asunto Saludo

Daniel:

¿Qué tal? Estoy con Mario en el centro de computación de la universidad. Los exámenes ______ (1) mañana. Mario y yo no ______ (2) mucho porque tenemos que estudiar mucho. Tú ______ (3) cómo estamos, ¿no? Yo ______ (4) que los exámenes serán (*will be*) muy difíciles. Tengo muchas ganas de volver al pueblo. Cuando ______ (5) al pueblo puedo descansar. Yo ______ (6) el pueblo a la ciudad. ______ (7) volver pronto.

Si (*If*) Mario y yo ______ (8) pasajes (*tickets*) de autobús el viernes, ______ (9) pasar el fin de semana contigo y con mi familia. En casa (*At home*) mis hermanos y yo ______ (10) al fútbol en su tiempo libre.

Nos vemos,
Raúl

Nombre _______________ Fecha _______________

4.3 Verbs with irregular yo forms

1 **Hago muchas cosas** Complete each sentence by choosing the best verb and writing its correct form.

1. (Yo) ______________ un disco de música latina. (oír, suponer, salir)
2. (Yo) ______________ la hamburguesa y la soda sobre la mesa. (poner, oír, suponer)
3. (Yo) ______________ la tarea porque hay un examen mañana. (salir, hacer, suponer)
4. (Yo) ______________ a mi sobrina a mi clase de baile. (traer, salir, hacer)
5. (Yo) ______________ una película sobre un gran equipo de béisbol. (salir, suponer, ver)
6. (Yo) ______________ a bailar los jueves por la noche. (ver, salir, traer)
7. (Yo) ___________ que la película es buena, pero no estoy seguro (*sure*). (hacer, poner, suponer)
8. (Yo) ______________ mi computadora portátil a clase en la mochila. (traer, salir, hacer)

2 **Completar** Complete these sentences with the correct verb. Use each verb in the correct form once.

ver	suponer	traer	poner
hacer	salir	oír	

1. Yo ______________ para la clase a las dos.
2. Los fines de semana ______________ mi computadora a casa.
3. Yo ______________ que tu novio es muy simpático, ¿no?
4. Por las mañanas ______________ la radio y escucho un programa.
5. Cuando tengo hambre, ______________ un sándwich.
6. __________ y ____________ a mi compañero de cuarto todos los días.

3 **Preguntas** Answer these questions affirmatively, using complete sentences.

modelo

¿Ves a tu familia los fines de semana?
Sí, veo a mi familia los fines de semana.

1. ¿Sales mucho a bailar con tus amigas?
____
2. ¿Ves a los jugadores de béisbol practicar para el partido?
____
3. ¿Haces la tarea en el centro de computación?
____
4. ¿Pones la computadora portátil (*portable*) sobre el escritorio en clase?
____
5. ¿Oyes música clásica con tu compañera de cuarto?
____

Nombre Fecha

4 **Oraciones** Rewrite each sentence using **yo** as the subject and the correct verb form.

modelo
Alma y yo siempre traemos el libro a clase.
Siempre traigo el libro a clase.

1. La excursionista sale a las seis de la mañana.

2. Manuel trae la bicicleta a la universidad.

3. Viviana hace un plato (*dish*) mexicano delicioso.

4. Antonio supone que María tiene razón.

5. Ángel pone las revistas sobre la mesa.

6. Mi padre ve muchas películas.

7. Mariana oye a las chicas que tocan (*play*) la guitarra.

8. Los estudiantes ponen las mochilas debajo de la mesa.

5 **La descripción** Read this description of Marisol. Then imagine that you are Marisol, and write a description of yourself based on the information you read. The first sentence has been done for you.

Marisol es estudiante de biología en la universidad. Hace sus tareas todas (*every*) las tardes y sale por las noches a bailar o a comer en un restaurante cerca de la universidad. Los fines de semana, Marisol va a su casa a descansar, pero (*but*) trae sus libros. En los ratos libres, oye música o ve una película en el cine. Si hay un partido de fútbol, Marisol pone la televisión y ve los partidos con su papá. Hace algo (*something*) de comer y pone la mesa (*sets the table*).

Soy estudiante de biología en la universidad.

4.4 Weather expressions

1 **El tiempo** Answer these questions with complete sentences based on the weather map.

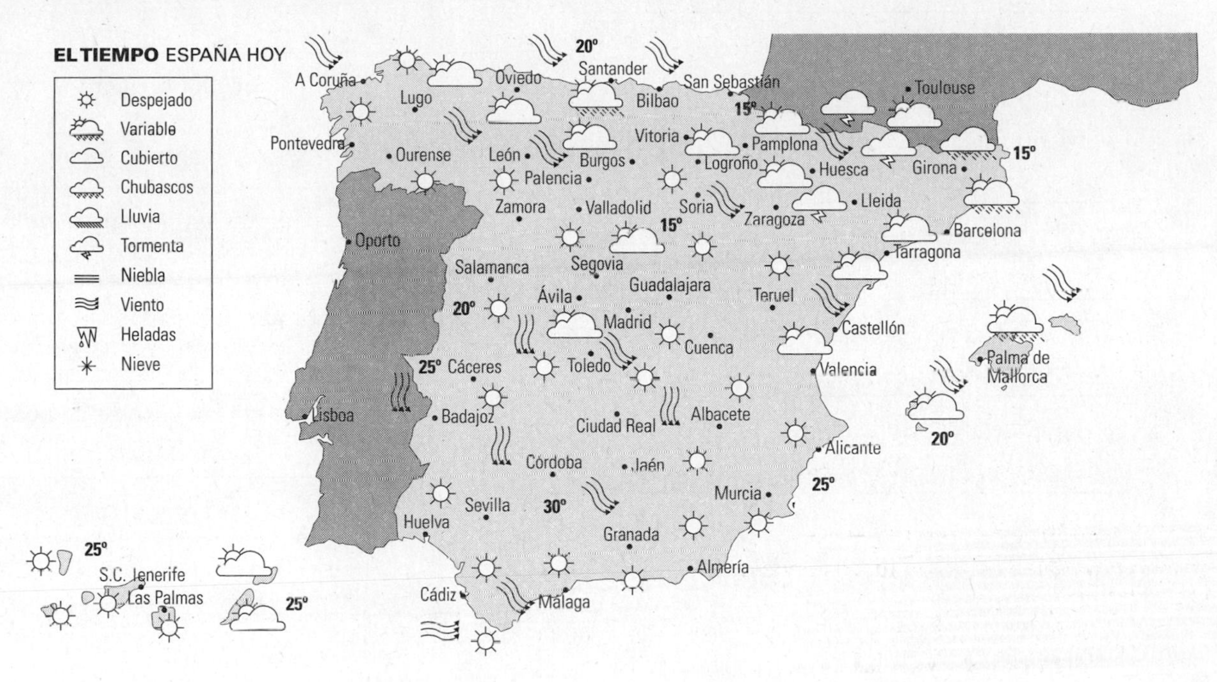

1. ¿Hace buen tiempo en Soria?

____

2. ¿Llueve en Teruel?

____

3. ¿Está despejado en Girona?

____

4. ¿Está nublado en Murcia?

____

5. ¿Nieva en Cáceres?

____

6. ¿Qué tiempo hace en Salamanca?

____

7. ¿Hace viento cerca de Castellón?

____

8. ¿Qué tiempo hace en Almería?

____

9. ¿Está nublado en Las Palmas?

____

10. ¿Hace buen tiempo en Lleida?

____

2 **¿Qué tiempo hace?** Write the appropriate weather expression(s) for each situation.

1. Natalia y Francisco van a esquiar.
2. No puedo salir a tomar el sol.
3. Mis primos van a practicar el windsurfing.
4. Ellas no pueden ver nada afuera (*outside*).
5. Uds. practican el esquí acuático.
6. La abuela de Miguel pone el ventilador (*fan*).
7. Es un buen día para salir a pasear en bicicleta.
8. Necesitamos hacer una hoguera (*bonfire*) en la montaña.
9. Tengo que comprar un paraguas (*umbrella*).
10. Jaime cierra todas las ventanas de la casa.
11. Tienen que cancelar el partido de béisbol.
12. Marcela se pone un abrigo (*coat*) muy grande.

Síntesis

Interview a classmate about his or her pastimes, weekend activities, and favorite sports. Use these questions as a guideline, and prepare several more before the interview. If possible, tape record the interview. Then, write it up in a question-and answer format, using your subject's exact words.

- ¿Qué haces en tu tiempo libre? ¿Oyes música? ¿Ves películas?
- ¿Cuáles son tus pasatiempos? ¿Dónde los practicas?
- ¿Cuál es tu deporte favorito? ¿Ves el deporte o practicas el deporte? ¿Eres un gran aficionado/a? ¿Pierdes mucho tu equipo favorito? ¿Quién es tu jugador(a) favorito/a?
- ¿Adónde vas los fines de semana? ¿Sales mucho? ¿Qué piensas hacer este viernes?

Nombre ____________ Fecha ____________

panorama

México

1 **Palabras** Use the clues to put the letters in order, spelling words in **Panorama.**

1. MGEÓINARIC ____________
   resultado de la proximidad geográfica de México y los EE.UU.
2. OOMÓCNIEC ____________
   uno de los aspectos más influenciados en México por los EE.UU.
3. ALUJDAAAGRA ____________
   ciudad número dos de México en población
4. ONETBI RZUEÁJ ____________
   héroe nacional de México
5. CÁUNYAT ____________
   península mexicana
6. ARSISTUT ____________
   el D.F. atrae a miles de ellos
7. UASMALITR ____________
   el tipo de pintor que fue (*was*) Diego Rivera
8. SUAREATOROTRT ____________
   tipo de cuadros más conocidos de Frida Kahlo

2 **¿Cierto o falso?** Indicate if each statement is **cierto** or **falso.** Then correct the false statements.

1. El área de México es casi dos veces el área de Texas.

   ____
2. Octavio Paz es un periodista y narrador célebre mexicano.

   ____
3. La situación geográfica de México ha influido en muchos aspectos económicos y sociales.

   ____
4. No hay mucho crecimiento en la población del D.F.

   ____
5. Frida Kahlo y Diego Rivera eran escritores que se interesaban por la gente sencilla.

   ____
6. El imperio azteca terminó cuando llegaron los conquistadores en 1519.

   ____
7. Los turistas van a Guadalajara a ver las ruinas de Tenochtitlan.

   ____
8. El Día de los muertos es costumbre comer insectos llamados chapulines.

   ____

Nombre ______________________ Fecha ______________________

3 **Completar** Complete these sentences with the correct words.

1. México está localizado geográficamente al ______________ de los Estados Unidos.
2. Hoy en día hay ______________ de personas de descendencia mexicana en los Estados Unidos.
3. Los idiomas que se hablan en México son el español, el ____________ y los ______________.
4. Frida Kahlo, esposa del muralista ______________, es conocida por sus autorretratos.
5. El imperio ______________ dominó México desde el siglo XIV hasta el siglo XVI.
6. Muchas personas en México visitan el cementerio en el Día de los ______________.

4 **¿Qué hacen?** Write sentences using these cues and adding what you learned in **Panorama.**

1. La tercera (*third*) ciudad de México en población / ser / ¿?
____
2. La moneda mexicana / ser / ¿?
____
3. El Distrito Federal / atraer / ¿?
____
4. Muchos turistas / venir a ver las ruinas de / ¿?
____
5. El D.F. / tener una población mayor que la de / ¿?
____
6. El Día de los Muertos la gente / comer / ¿?
____

5 **Preguntas** Answer these questions in complete sentences.

1. ¿Cuáles son las cinco ciudades más importantes de México?
____
2. ¿Quiénes son seis mexicanos célebres?
____
3. ¿Qué países hacen frontera (*border*) con México?
____
4. ¿Cuál es un río importante de México?
____
5. ¿Cuáles son dos sierras importantes de México?
____
6. ¿Qué ciudad mexicana importante está en la frontera con los EE.UU.?
____
7. ¿En qué siglo (*century*) fue fundada la ciudad de México?
____

contextos

Lección 5

1 **Viajes** Complete these sentences with the logical words.

1. Una persona que tiene una habitación en un hotel es ____________.
2. El lugar donde los pasajeros esperan el tren es ____________.
3. Para viajar en avión, tienes que ir ____________.
4. Antes de entrar (*enter*) en el avión, tienes que mostrar ____________.
5. La persona que lleva el equipaje a la habitación del hotel es ____________.
6. Para planear (*plan*) tus vacaciones, puedes ir a ____________.
7. Cuando entras a un país diferente, tienes que pasar por ____________.
8. Para abrir la puerta de la habitación, necesitas ____________.
9. Hay habitaciones baratas (*cheap*) en ____________.
10. Cuando una persona entra en un país, tiene que mostrar ____________.

2 **¿Qué es?** Label each item on the corresponding blank.

3 **Los meses** Write the appropriate month next to each description or event.

1. el Día de San Valentín ______________________
2. el tercer mes del año ______________________
3. Hannukah ______________________
4. el Día de las Madres ______________________
5. el séptimo mes del año ______________________
6. el Día de Año Nuevo (*New*) ______________________

4 **Preguntas** Answer these questions using complete sentences.

1. ¿Dónde puedes pescar?
____
2. ¿Dónde están los aviones?
____
3. ¿Dónde esperas el metro?
____
4. ¿Qué estación sigue al invierno?
____
5. ¿En qué estación va mucha gente a la playa?
____
6. ¿En qué estación empiezan las clases?
____

5 **De vacaciones** Complete this conversation with the logical words.

playa	hotel	equipaje	llegada
aeropuerto	hacer turismo	confirmar	pasajes
sacar fotos	taxi	pasaportes	agente de viajes

ANTONIO ¿Llevas todo (*everything*) lo que vamos a necesitar para el viaje, Ana?

ANA Sí. Llevo los ______(1)______ para subir (*get on*) al avión. También llevo los ______(2)______ para entrar (*enter*) en Ecuador.

ANTONIO Y yo tengo el ______(3)______ con todas (*all*) nuestras cosas.

ANA ¿Tienes la cámara para ______(4)______?

ANTONIO Sí, está en mi mochila.

ANA ¿Vamos al ______(5)______ en metro?

ANTONIO No, vamos a llamar a un ______(6)______. Nos lleva directamente al aeropuerto.

ANA Voy a llamar al aeropuerto para ______(7)______ la reservación.

ANTONIO La ______(8)______ dice (*says*) que está confirmada ya (*already*).

ANA Muy bien. Tengo muchas ganas de ______(9)______ en Quito.

ANTONIO Yo también quiero ir a la ______(10)______ y nadar en el mar.

ANA ¿Cuál es la hora de ______(11)______ al aeropuerto de Quito?

ANTONIO Llegamos a las tres de la tarde y vamos directamente al ______(12)______.

Nombre ______________________ Fecha ______________________

estructura

5.1 Estar with conditions and emotions

1 **¿Por qué?** Choose the best phrase to complete each sentence and write it in the blank.

1. José Miguel está cansado porque ______________________.
   a. trabaja mucho
   b. su familia lo quiere
   c. quiere ir al cine
2. Los viajeros están preocupados porque ______________________.
   a. es la hora de comer
   b. va a venir un huracán (*hurricane*)
   c. estudian matemáticas
3. Maribel y Claudia están tristes porque ______________________.
   a. nieva mucho y no pueden salir
   b. van a salir a bailar
   c. sus amigos son simpáticos
4. Los estudiantes están equivocados porque ______________________.
   a. estudian mucho
   b. pasean en bicicleta
   c. no saben (*know*) la respuesta
5. Laura está enamorada porque ______________________.
   a. tiene que ir a la biblioteca
   b. su novio es simpático, inteligente y guapo
   c. sus amigas ven una película
6. Mis abuelos están felices porque ______________________.
   a. vamos a pasar el verano con ellos
   b. mucha gente toma el sol
   c. el autobús no llega

2 **Completar** Complete these sentences with the correct form of **estar** + condition or emotion.

1. No tenemos nada que hacer; __________ muy __________.
2. Humberto __________ muy __________ en su gran cama nueva (*new*).
3. Los estudiantes de filosofía nunca (*never*) __________ __________; siempre tienen la razón.
4. Cuando Estela llega a casa a las tres de la mañana, __________ muy __________.
5. La habitación __________ __________ porque no tengo tiempo (*time*) de organizar los libros y papeles.
6. Son las once de la noche; no puedo ir a la biblioteca ahora porque __________ __________.
7. El auto de mi tío __________ muy __________ por la nieve y el lodo (*mud*) que hay esta semana.
8. Mi papá canta en la casa cuando __________ __________.
9. Alberto __________ __________ porque sus amigos están muy lejos.
10. Las ventanas __________ __________ para que entre el fresco.

3 **Marta y Juan** Complete this letter using **estar** + the correct forms of the following emotions and conditions. Use each term once.

triste	aburrido	desordenado	cómodo
ocupado	nervioso	abierto	feliz
enamorado	seguro	contento	cansado

Querida Marta:

¿Cómo estás? Yo ______(1)______ porque mañana vuelvo a Puerto Rico y por fin te voy a ver. Sé (I know) que tú ______(2)______ porque tenemos que estar separados durante el semestre, pero ______(3)______ de que (that) te van a aceptar en la universidad y que vas a venir en septiembre. La habitación en la residencia estudiantil no es grande, pero mi compañero de cuarto y yo ______(4)______ aquí. Las ventanas son grandes y ______(5)______ siempre (always) porque el tiempo es muy bueno en California. El cuarto no ______(6)______ porque mi compañero de cuarto es muy ordenado. En la semana mis amigos y yo ______(7)______ porque trabajamos y estudiamos muchas horas al día. Cuando llego a la residencia estudiantil por la noche, ______(8)______ y me voy a dormir. Los fines de semana no ______(9)______ porque hay muchas cosas que hacer en San Diego. Ahora ______(10)______ porque mañana tengo que llegar al aeropuerto a las cinco de la mañana y está lejos de la universidad. Pero tengo ganas de estar contigo (with you) porque ______(11)______ de ti (you) y ______(12)______ porque te voy a ver mañana.

Te quiero mucho,

Juan

4 **¿Cómo están?** Read each sentence, then write a new one for each, using **estar** + an emotion or condition to tell how these people are doing or feeling.

modelo

Pepe tiene que trabajar muchas horas.

Pepe está ocupado.

1. Vicente y Mónica tienen sueño. ____________________
2. No tenemos razón. ____________________
3. El pasajero tiene miedo. ____________________
4. Paloma se quiere casar con (*marry*) su novio. ____________________
5. Los abuelos de Irene van de vacaciones a Puerto Rico. ____________________
6. No sé (*I don't know*) si el examen va a ser fácil o difícil. ____________________

Nombre ______________________ Fecha ______________________

5.2 The present progressive

1 **Completar** Complete these sentences with the correct form of **estar** + the present participle of the verbs in parentheses.

1. (buscar) Ana ______________ un apartamento en el centro de la ciudad.
2. (comer) Vamos a ver a mis primos que ______________ en el café de la esquina.
3. (empezar) (Yo) ______________ a entender muy bien el español.
4. (vivir) Miguel y Elena ______________ en un apartamento en la playa.
5. (trabajar) El amigo de Antonio ______________ en la oficina hoy.
6. (jugar) (Tú) ______________ al Monopolio con tu sobrina y su amiga.
7. (tener) Las familias ______________ muchos problemas con los hijos adolescentes.
8. (abrir) El inspector de aduanas ______________ las maletas de Ramón.
9. (pensar) (Nosotros) ______________ en ir de vacaciones a Costa Rica.
10. (estudiar) Mi compañera de cuarto ______________ en la biblioteca esta tarde.

2 **Están haciendo muchas cosas** Look at the illustration and label what each person is doing. Use the present progressive.

1. El Sr. Rodríguez ______________.
2. Pepe y Martita ______________.
3. Paquito ______________.
4. Kim ______________.
5. Tus abuelos ______________.
6. (Yo) ______________.
7. La madre de David ______________.
8. (Tú) ______________.

Nombre ______________________ Fecha ______________________

5.3 Comparing **ser** and **estar**

1 **Usos de ser y estar** Complete these sentences with **ser** and **estar.** Then write the letter for the use of the verb in the blank at the end of the sentence.

Uses of ser	**Uses of estar**
a. Nationality and place of origin	i. Location or spatial relationships
b. Profession or occupation	j. Health
c. Characteristics of people and things	k. Physical states or conditions
d. Generalizations	l. Emotional states
e. Possession	m. Certain weather expressions
f. What something is made of	n. Ongoing actions (progressive tenses)
g. Time and date	
h. Where an event takes place	

1. El concierto de jazz ______________ a las ocho de la noche. ______
2. Inés y Pancho ______________ preocupados porque el examen va a ser difícil. ______
3. La playa ______________ sucia porque hay demasiados (*too many*) turistas. ______
4. No puedo salir a tomar el sol porque ______________ nublado. ______
5. En el verano, Tito ______________ empleado del hotel Brisas de Loíza. ______
6. Rita no puede venir al trabajo hoy porque ______________ enferma. ______
7. La motocicleta que ves frente a la residencia ______________ de David. ______
8. (Yo) ______________ estudiando en la biblioteca porque tengo un examen mañana. ______
9. La piscina del hotel ______________ grande y bonita. ______
10. ______________ importante estudiar, pero también tienes que descansar. ______

2 **¿Ser o estar?** In each of the following pairs, complete one sentence with the correct form of **ser** and the other with the correct form of **estar.**

1. Irene todavía no ______________ lista para salir.

   Ricardo ______________ el chico más listo de la clase.
2. Tomás no es un buen amigo porque ______________ muy aburrido.

   Quiero ir al cine porque ______________ muy aburrida.
3. Mi mamá está en cama (*in bed*) porque ______________ mala del estómago (*stomach*).

   El restaurante chino que está cerca del laboratorio ______________ muy malo.
4. La mochila de Javier ______________ verde (*green*).

   Me gustan las bananas cuando ______________ verdes.
5. Elena ______________ más rubia por tomar el sol.

   La hija de mi profesor ______________ rubia.
6. Gabriela ______________ muy delgada porque está enferma.

   Mi hermano ______________ es muy delgado.

3 **Escribir** Write sentences using these cues and either **ser** or **estar** as appropriate.

1. el escritorio / limpio y ordenado
____
2. el restaurante japonés / excelente
____
3 la puerta del auto / abierta
____
4. Marc y Delphine / franceses
____
5. (Yo) / cansada de trabajar
____
6. Paula y yo / buscando un apartamento
____
7. la novia de Guillermo / muy simpática
____
8. la empleada del hotel / ocupada
____
9. Uds. / en la ciudad de San Juan
____
10. (Tú) / José Javier Fernández
____

4 **La familia Piñero** Complete this paragraph with the correct forms of **ser** and **estar.**

Los Piñero ______ (1) de Nueva York pero ______ (2) de vacaciones en Puerto Rico. ______ (3) en un hotel grande en el pueblo de Dorado. Los padres ______ (4) Elena y Manuel y ahora ______ (5) comiendo en el restaurante del hotel. Los hijos ______ (6) Cristina y Luis y ______ (7) nadando en la piscina cubierta (*indoor*). Ahora mismo ______ (8) lloviendo pero el sol va a salir muy pronto (*soon*). Hoy ______ (9) lunes y la familia ______ (10) muy contenta de poder descansar. El Sr. Piñero ______ (11) profesor y la Sra. Piñero ______ (12) doctora. Los Piñero dicen (*say*): «¡Cuando no ______ (13) de vacaciones, ______ (14) siempre muy ocupados!»

5.4 Direct object nouns and pronouns

1 **Oraciones** Complete these sentences with the correct direct object pronouns.

1. ¿Trae Daniel su pasaporte? No, Daniel no ________ trae.
2. ¿Confirma la reservación el agente de viajes? Sí, el agente de viajes ________ confirma.
3. ¿Hacen las maletas Adela y Juan José? Sí, Adela y Juan José ________ hacen.
4. ¿Buscas el pasaje en tu mochila? Sí, ________ busco en mi mochila.
5. ¿Compra Manuela una casa nueva (*new*)? Manuela ________ compra.
6. ¿Necesita lápices especiales el estudiante? No, el estudiante no ________ necesita.
7. ¿Cierran las puertas cuando empieza el examen? Sí, ________ cierran cuando empieza el examen.
8. ¿Ves mi computadora nueva? Sí, ________ veo.
9. ¿Escuchan el programa de radio David y Sonia? Sí, David y Sonia ________ escuchan.
10. ¿Oyen Uds. a los niños en el patio? No, no ________ oímos.

2 **Quiero verlo** Rewrite each of these sentences in two different ways, using direct object pronouns.

modelo
Quiero ver la película esta tarde.
La quiero ver esta tarde./Quiero verla esta tarde.

1. Preferimos reservar una habitación doble.
2. Ana y Alberto pueden pedir las llaves de la pensión.
3. Rosario tiene que conseguir un pasaje de ida y vuelta a Miami.
4. Vas a perder el tren si no terminas a las cinco.
5. Mis abuelos deben tener cuatro maletas en su casa.
6. La chica piensa tomar el metro por la mañana.

Nombre ______________________ Fecha ______________________

5.5 Numbers 101 and higher

1 **La lotería** Read the following lottery winnings list. Then answer the questions, writing the Spanish words for numbers. Remember to use **de** after the number whenever necessary.

LOTERÍA NACIONAL

SORTEO DEL DÍA 24 DE JUNIO

Diez series de 100.000 billetes cada una

SORTEO 49 / 00

Lista acumulada de las cantidades que han correspondido a los números premiados, clasificados por su cifra final

Estos premios podrán cobrarse hasta el día 25 de septiembre, INCLUSIVE

2		**3**		**4**		**5**		**6**		**7**	
Números	Pesetas	Números	Pesetas	Números	Pesetas	Números	Pesetas	Números	Pesetas	Números	Pesetas
43402	100.000	43403	110.000	43404	110.000	43405	100.000	43406	100.000	43407	100.000
43412	100.000	43413	110.000	43414	110.000	43415	100.000	43416	100.000	43417	100.000
43422	100.000	43423	110.000	43424	130.000	43425	100.000	43426	100.000	43427	100.000
43432	100.000	43433	110.000	43434	110.000	43435	100.000	43436	100.000	43437	100.000
43442	100.000	43443	110.000	43444	110.000	43445	100.000	43446	100.000	43447	100.000
43452	100.000	43453	110.000	43454	110.000	43455	100.000	43456	100.000	43457	100.000
43462	100.000	43463	110.000	43464	110.000	43465	100.000	43466	100.000	43467	100.000
43472	100.000	43473	110.000	43474	160.000	43475	100.000	43476	100.000	43477	100.000
43482	100.000	43483	110.000	43484	110.000	43485	100.000	43486	1.280.000	**43487**	**20.000.000**
43492	100.000	43493	110.000	43494	110.000	43495	100.000	43496	100.000	43497	100.000
98302	100.000	98303	110.000	98304	110.000	98305	100.000	98306	100.000	98307	100.000
98312	100.000	98313	110.000	98314	110.000	98315	100.000	98316	100.000	98317	100.000
98322	100.000	98323	110.000	98324	130.000	98325	100.000	98326	100.000	98327	100.000
98332	100.000	98333	110.000	98334	110.000	98335	100.000	98336	100.000	98337	100.000
98342	100.000	98343	110.000	98344	110.000	98345	100.000	98346	100.000	98347	100.000
98352	100.000	98353	110.000	98354	110.000	98355	100.000	98356	100.000	98357	100.000
98362	100.000	98363	110.000	98364	110.000	98365	100.000	98366	100.000	98367	100.000
98372	100.000	98373	2.110.000	**98374**	**100.110.000**	98375	2.100.000	98376	2.100.000	98377	2.100.000
98382	100.000	98383	110.000	98384	110.000	98385	100.000	98386	100.000	98387	100.000
98392	100.000	98393	110.000	98394	110.000	98395	100.000	98396	100.000	98307	100.000
		Terminaciones		**Terminaciones**		**Terminaciones**		**Terminaciones**		**Terminaciones**	
		4333	260.000	374	160.000	175	50.000	776	260.000	9957	250.000
		233	60.000	24	30.000	255	50.000			147	50.000
		733	60.000	74	60.000						
		3	10.000	4	10.000						

ESTE SORTEO ADJUDICA 3.584.100 DÉCIMOS PREMIADOS POR UN IMPORTE TOTAL DE 7.000.000.000 DE PESETAS

PREMIO ESPECIAL 490.000.000 Ptas. Núm. 98374 PRIMER PREMIO	FRACCIÓN	SERIE	PREMIO ACUMULADO
	6.ª	7.ª	500.000.000

sorteo *lottery drawing* acumulada *cumulative* cifra *figure* billete *ticket* adjudica *awards* décimo *lottery ticket* premiados *awarded* premio *prize* importe *quantity*

1. El sorteo tiene diez series de ______________________ billetes cada una.
2. El número 43403 gana ______________________ pesetas.
3. El número 98373 gana ______________________ pesetas.
4. El número 98374 gana ______________________ pesetas.
5. El número 43487 gana ______________________ pesetas.
6. La terminación ______________________ gana ciento sesenta mil pesetas.
7. El sorteo adjudica ______________________ décimos premiados.
8. El importe total es de ______________________ pesetas.
9. El premio especial es de ______________________ pesetas.
10. El premio acumulado es de ______________________ pesetas.

2 **¿Cuántos hay?** Use **Hay** + the cues to write complete sentences.

modelo

450 / personas en la compañía

Hay cuatrocientas cincuenta personas en la compañía.

1. 275.000.000 / habitantes en los Estados Unidos
2. 827 / pasajeros en el aeropuerto
3. 25.350 / estudiantes en la universidad
4. 3.930.000 / puertorriqueños que viven en Puerto Rico
5. 56.460 / dólares en su cuenta (*account*) de banco
6. 530.000 / turistas en la ciudad en el verano

Síntesis

In complete sentences, describe the room and the people in the illustration. Explain what the people are doing and feeling, and why. Then choose one of the groups of people and write a conversation that they could be having. They should discuss a vacation that they are planning, the arrangements they are making for it, and the things that they will need to take.

Nombre ______________________ Fecha ______________________

panorama

Puerto Rico

1 **¿Cierto o falso?** Indicate if each statement is **cierto** or **falso.** Then correct the false statements.

1. El área de Puerto Rico es menor que (*smaller than*) la de Rhode Island.
____
2. Todos (*All*) los puertorriqueños hablan inglés y español.
____
3. La fortaleza del Morro custodiaba la bahía de Mayagüez.
____
4. La música salsa tiene raíces españolas.
____
5. Los científicos escuchan emisiones de radio desde (*from*) el Observatorio de Arecibo.
____
6. Los puertorriqueños no votan en las elecciones presidenciales de los Estados Unidos.
____

2 **Datos de Puerto Rico** Complete these sentences with words and expressions from **Panorama.**

1. Aproximadamente la mitad de la población de Puerto Rico vive en ______________.
2. El uso del inglés es obligatorio en los documentos ______________.
3. ______________ fue (*was*) un beisbolista puertorriqueño famoso.
4. Hoy día ______________ es el centro mundial de la salsa.
5. El Observatorio de Arecibo tiene el ______________ más grande del mundo.
6. Puerto Rico se hizo parte de los EE.UU. en 1898, y se hizo un ______________ en 1952.

3 **Cosas puertorriqueñas** Fill in each category with information from **Panorama.**

Ciudades puertorriqueñas	Ríos puertorriqueños	Islas puertorriqueñas	Puertorriqueños célebres

4 **¿Lo hacen?** Answer these questions correctly using a direct object pronoun in each answer.

modelo

¿Lees el artículo de Puerto Rico?
Sí, lo leo./ No, no lo leo.

1. ¿Usan pesetas como moneda los puertorriqueños?

2. ¿Habla el idioma inglés la cuarta parte de la población puertorriqueña?

3. ¿Sacan fotografías del Morro muchas personas?

4. ¿Tocan música salsa Felipe Rodríguez, El Gran Combo y Héctor Lavoe?

5. ¿Estudian las montañas los científicos del Observatorio de Arecibo?

6. ¿Pagan impuestos federales los puertorriqueños?

5 **Fotos de Puerto Rico** Write the name of what is shown in each picture.

1. ______________________

2. ______________________

3. ______________________

4. ______________________

Nombre _______________ Fecha _______________

contextos

Lección 6

1 **El almacén** Look at the department store directory. Then complete the sentences with terms from the word list.

Almacén Gema

PRIMER PISO	Departamento de caballeros
SEGUNDO PISO	Zapatos y ropa de invierno
TERCER PISO	Departamento de damas y óptica
CUARTO PISO	Ropa interior, ropa de verano y trajes de baño

corbatas	calcetines	abrigos	vestidos
cinturones	trajes de baño	faldas	pantalones de hombre
guantes	gafas de sol	medias	blusas
sandalias	bolsas	trajes de hombre	botas

1. En el primer piso puedes buscar _______________
2. En el segundo piso puedes buscar _______________
3. En el tercer piso puedes buscar _______________
4. En el cuarto piso puedes buscar _______________
5. Quiero unos pantalones cortos. Voy al _______________ piso.
6. Buscas unos lentes de contacto. Vas al _______________ piso.
7. Arturo ve una chaqueta en el _______________ piso.
8. Ana ve los bluejeans en el _______________ piso.

2 **Necesito de todo** (*everything*) Complete these sentences with the correct terms.

1. Voy a nadar en la piscina. Necesito _______________.
2. Está lloviendo mucho. Necesito _______________.
3. No puedo ver bien porque hace sol. Necesito _______________.
4. Voy a correr por el parque. Necesito _______________.
5. Queremos entrar en muchas tiendas diferentes. Vamos al _______________.
6. No tengo dinero en la cartera. Voy a pagar con la _______________.

3 **Los colores** Answer these questions in complete sentences.

1. ¿De qué color es el chocolate?
2. ¿De qué color son las bananas?
3. ¿De qué color son las naranjas (*oranges*)?
4. ¿De qué colores es la bandera (*flag*) de los Estados Unidos?
5. ¿De qué color son las nubes (*clouds*) cuando está nublado?
6. ¿De qué color son los bluejeans?
7. ¿De qué color son muchos aviones?
8. ¿De qué color son las palabras de los libros?

4 **¿Qué lleva?** Look at the illustration and fill in the blanks with the names of the numbered items.

estructura

6.1 The preterite tense of regular verbs

1 **El pretérito** Complete these sentences with the preterite tense of the indicated verb.

1. (encontrar) Marcela ________________ las sandalias debajo de la cama.
2. (recibir) Gustavo ________________ el dinero para comprar los libros.
3. (terminar) Sara y Viviana ________________ el libro a la misma vez.
4. (preparar) La agente de viajes ________________ un itinerario muy interesante.
5. (recorrer) (Yo) ________________ la ciudad en bicicleta.
6. (escuchar) Los dependientes ________________ el partido por la radio.
7. (viajar) Patricia y tú ________________ a México el verano pasado.
8. (deber) (Nosotras) ________________ ir de compras porque ahora hay rebajas.
9. (regresar) (Tú) ________________ del centro comercial a las cinco de la tarde.
10. (vivir) Uds. ________________ en casa de sus padres hasta el año pasado.

2 **Ahora y en el pasado** Rewrite these sentences in the preterite tense.

1. Ramón escribe una carta al director del programa.
____
2. Mi tía trabaja como dependienta en un gran almacén.
____
3. Comprendo el trabajo de la clase de biología.
____
4. La familia de Daniel vive en Argentina.
____
5. Virginia y sus amigos comen en el café de la librería.
____
6. Los ingenieros terminan la construcción de la tienda en junio.
____
7. Siempre llevas ropa muy elegante.
____
8. Los turistas caminan por la playa cuando sale el sol.
____
9. Corremos por el estadio antes (*before*) del partido.
____

3 **Ya pasó** Answer these questions negatively, indicating that what is being asked already happened.

modelo
¿Va a comprar ropa Silvia en el centro comercial?
No, Silvia ya compró ropa en el centro comercial.

1. ¿Va a viajar a Perú tu primo Andrés?
2. ¿Vas a buscar una tienda de computadoras en el centro comercial?
3. ¿Vamos a encontrar muchas rebajas en el centro?
4. ¿Va a llevar las sandalias María esta noche?
5. ¿Van a regatear con el vendedor Mónica y Carlos?
6. ¿Va a pasear por la playa tu abuela?

4 **La semana pasada** Your friend asks you whether you did these activities last week. Write each question, then answer it affirmatively or negatively.

modelo
sacar fotos de los amigos
—¿Sacaste fotos de los amigos?
—Sí, saqué fotos de los amigos./No, no saqué fotos de los amigos.

1. pagar una compra (*purchase*) con una tarjeta de crédito
—
—
2. practicar un deporte
—
—
3. buscar un libro en la biblioteca
—
—
4. llegar tarde a clase
—
—
5. empezar a escribir un trabajo
—
—

Nombre ______________________ Fecha ______________________

6.2 Indirect object pronouns

1 **¿A quién?** Complete these sentences with indirect object pronouns.

1. ______________ pedí a la profesora los libros que necesito.
2. Amelia ______________ pregunta a nosotras si queremos ir al cine.
3. El empleado ______________ buscó trabajo a sus primas en el almacén.
4. Julio quiere traer ______________ un televisor nuevo a sus padres.
5. Los clientes ______________ piden rebajas a nosotros todos los años.
6. Tu hermano no ______________ presta la ropa a ti (*you*).
7. La empleada de la tienda ______________ cerró la puerta a mi tía.
8. La mamá no ______________ hace las tareas a sus hijos.
9. Deben pagar ______________ mucho dinero a ti por (*for*) trabajar en el almacén.
10. Las dependientas ______________ traen el vestido rosado a mí.

2 **¿Para quién?** Rewrite these sentences, replacing the indirect objects with indirect object pronouns.

1. Llevo unos zapatos de tenis para mi hermano.

____

2. Compré un impermeable para ella.

____

3. (Ellos) Traen trajes de baño para nosotros.

____

4. Escribimos las cartas de recomendación para Gerardo y Marta.

____

5. Uds. no buscaron un vestido para Marisela.

____

6. Pides un café para Irene y Vicente.

____

7. Conseguimos unas gafas en rebaja para ustedes.

____

8. Buscas un sombrero para Dalia y Virginia.

____

9. No terminamos el trabajo para la profesora.

____

10. Compro unos lentes de contacto para mi prima.

____

3 **Escribir** Rewrite these sentences, using an alternate placement for the indirect object pronouns.

modelo
Me quiero comprar un coche nuevo.
Quiero comprarme un coche nuevo.

1. Les vas a pedir dinero para los libros a tus padres.

____

2. Quiero comprarles unos guantes a mis sobrinos.

____

3. Clara va a venderle sus patines en línea.

____

4. Los clientes nos pueden pagar con tarjeta de crédito.

____

4 **De compras** Complete the paragraph with the correct indirect object pronouns.

Isabel y yo vamos de compras al centro comercial. Yo tengo que comprar ____(1)____ unas cosas a mis parientes porque voy a viajar a mi ciudad este fin de semana. A mi hermana Laura ____(2)____ quiero comprar unas gafas de sol, porque ____(3)____ molesta (*bothers*) el sol cuando va a la playa. A mis dos sobrinos ____(4)____ voy a comprar una pelota de béisbol. A mi padre ____(5)____ traigo un libro, y a mi madre ____(6)____ quiero conseguir una blusa. Quiero llevar____(7)____ camisas con el nombre de mi universidad a todos (*everyone*). ____(8)____ quiero mostrar que pienso mucho en ellos.

5 **Respuestas** Answer these questions negatively. Use indirect object pronouns in the answer.

modelo
¿Le compraste una camisa al vendedor?
No, no le compré una camisa.

1. ¿Le escribió Rolando un correo electrónico a Miguel?

____

2. ¿Nos trae el botones las maletas a la habitación?

____

3. ¿Les venden lentes de sol los vendedores a los turistas?

____

4. ¿Te compra botas en el invierno tu mamá?

____

5. ¿Les mostré a Uds. el traje nuevo que compré?

____

6. ¿Me buscaste la revista en la librería?

____

Nombre ____________________ Fecha ____________________

6.3 Demonstrative adjectives and pronouns

1

Completar Complete these sentences with the correct form of the demonstrative adjective in parentheses.

1. (*these*) Me quiero comprar ________________ zapatos porque me gustan mucho.
2. (*that*) Comimos en ________________ restaurante la semana pasada.
3. (*that over there*) ________________ tienda vende los lentes de sol a un precio muy alto.
4. (*this*) Las rebajas en ________________ almacén son legendarias.
5. (*those*) ________________ botas hacen juego con tus pantalones negros.
6. (*these*) Voy a llevar ________________ pantalones con la blusa roja.

2

Preguntas Answer these questions negatively, using the cues in parentheses and the corresponding demonstrative adjectives.

modelo

¿Compró esas medias Sonia? (cartera)
No, compró esa cartera.

1. ¿Va a comprar ese suéter Gloria? (pantalones)

____

2. ¿Llevaste estas sandalias? (zapatos de tenis)

____

3. ¿Quieres ver esta ropa interior? (medias)

____

4. ¿Usa aquel traje David? (chaqueta negra)

____

5. ¿Decidió Silvia comprar esas gafas de sol? (sombrero)

____

6. ¿Te mostró el vestido aquella vendedora? (dependiente)

____

3

Ésos no Complete these sentences using demonstrative pronouns. Choose a pronoun for each sentence, paying attention to agreement.

1. Aquellas sandalias son muy cómodas, pero ________________ son más elegantes.
2. Esos vestidos largos son muy caros; voy a comprar ________________.
3. No puedo usar esta tarjeta de crédito; tengo que usar ________________.
4. Esos zapatos tienen buen precio, pero ________________ no.
5. Prefiero este sombrero porque ________________ es muy grande.
6. Estas medias son buenas; las prefiero a ________________.

4 **Éstas y aquéllas** Look at the illustration and complete this conversation with the appropriate demonstrative adjectives and pronouns.

CLAUDIA: ¿Te gusta ________(1)________ corbata, Gerardo?

GERARDO: No, no me gusta ________(2)________. Prefiero ________(3)________ que está sobre el escaparate (*display case*).

CLAUDIA: ________(4)________ es bonita, pero no hace juego con la chaqueta que tienes.

GERARDO: Mira ________(5)________ chaqueta. Me gusta y creo que está a buen precio. Puedo usar ________(6)________ en lugar de (*instead of*) la que tengo en casa.

CLAUDIA: ¿Y qué crees de ________(7)________ cinturón?

GERARDO: ________(8)________es muy elegante. ¿Es caro?

CLAUDIA: Es más barato que ________(9)________ que están en el escaparate.

Síntesis

Imagine that you went with your brother to an open-air market last weekend. This weekend you take a friend there. Write a conversation between you and your friend, using as many different verbs as you can from those you have learned.

- Indicate to your friend the items you saw last weekend, what you liked and didn't like, the items that you bought, and for whom you bought the items.
- Suggest items that your friend might buy and for whom he or she might buy them.

____

____

____

____

____

____

Nombre _______________ Fecha _______________

panorama

Cuba

1 **Crucigrama** (*Crossword*) Complete this crossword puzzle with the correct terms.

Horizontales

1. Nombre de la bailarina que fundó el Ballet Nacional de Cuba
2. Calle de la Vieja Habana frecuentada por Hemingway
3. Los indígenas que vivían en la isla que hoy es Cuba
4. Apellido (*Last name*) de una escritora cubana célebre
5. La planta de donde se saca (*is extracted*) el azúcar
6. Uno de los productos agrícolas más importantes en Cuba

Verticales

7. Apellido del líder del gobierno de Cuba
8. Tipo de baile que practicaba (*practiced*) Alicia Alonso
9. Tipo de música que canta Celia Cruz
10. Organización que declaró a la Vieja Habana Patrimonio Cultural de la Humanidad

2 **Preguntas de Cuba** Answer these questions about Cuba in complete sentences.

1. ¿En dónde vivieron los taínos además (*besides*) de Cuba?

____

2. ¿De qué colores es la bandera cubana?

____

3. ¿Qué puestos (*positions*) ocupa Fidel Castro en Cuba?

____

4. ¿Cuándo y dónde comenzó la carrera de Celia Cruz?

____

3 **Datos de Cuba** Complete these sentences with information from **Panorama**.

1. El ______________________ en la Plaza de Armas de la Vieja Habana es ahora un museo.
2. La segunda ciudad de Cuba es ______________________.
3. Guantánamo es la ______________________ ciudad en población en Cuba.
4. Alicia Alonso fundó el ______________________ en 1948.
5. La ______________________ es un producto de exportación muy importante para Cuba.
6. El tabaco se usa para fabricar los famosos ______________________.
7. Los taínos huyeron a las montañas para ______________________.
8. La reina de la música salsa es ______________________.

4 **Cubanos célebres** Write the name of the famous Cuban who might have said each of these quotations.

1. "Gané un Grammy en 1990".

____

2. "Me convertí en una estrella internacional con el Ballet de Nueva York".

____

3. "Soy el jefe de las fuerzas armadas de Cuba".

____

4. "Viví en el siglo (*century*) diecinueve y escribí poemas".

____

5. "Tengo más de cuarenta años, soy cubana y escribo libros".

____

6. "Curé a muchas personas enfermas y estudié las ciencias".

5 **Números cubanos** Write out the numbers in Spanish that complete these sentences about Cuba.

1. habitantes en la isla de Cuba

Hay ____

2. habitantes en la Habana

Hay ____

3. año en que declararon a la Vieja Habana Patrimonio Cultural de la Humanidad

En el ____

4. habitantes en Santiago de Cuba

Hay ____

5. habitantes en Camagüey

Hay ____

6. año en que nació Fidel Castro

En el ____

Nombre ____________ Fecha ____________

repaso — Lecciones 4–6

1 No lo hago Answer these questions affirmatively or negatively as indicated, replacing the direct object with a direct object pronoun.

modelo
¿Traes la computadora a clase? (no)
No, no la traigo.

1. ¿Haces la tarea de economía en tu habitación? (sí) ____________
2. ¿Pones esos libros sobre el escritorio? (no) ____________
3. ¿Traes los pasajes y el pasaporte al aeropuerto? (sí) ____________
4. ¿Oyes ese programa de radio a veces (*sometimes*)? (no) ____________
5. ¿Ves a aquellas chicas que están tomando el sol? (sí) ____________
6. ¿Pones la televisión mientras (*while*) estudias? (no) ____________

2 El tiempo Complete these sentences with the most logical verbs from the list. Use each verb once.

volver	pedir	comenzar	querer
pensar	cerrar	preferir	poder

1. Está empezando a hacer frío. Mi mamá ____________ comprar un abrigo.
2. Hace mucho sol. (Tú) ____________ a buscar tus gafas oscuras.
3. Hace fresco. Melissa ____________ salir a pasear en bicicleta.
4. Está nevando. (Yo) ____________ estar en casa hoy.
5. Está lloviendo. Luis y Pilar ____________ las ventanas del auto.
6. Hace mucho calor. Uds. ____________ ir a nadar en la piscina.
7. Está nublado. Los chicos ____________ temprano de la playa.
8. Llueve. Los turistas ____________ un impermeable en el hotel.

3 No son éstos Answer these questions negatively using demonstrative pronouns.

modelo
¿Les vas a prestar esos programas a ellos? (*those over there*)
No, les voy a prestar aquéllos.

1. ¿Me vas a vender esa pelota de fútbol? (*this one*)

____

2. ¿Van Uds. a abrirle ese auto al cliente? (*that one over there*)

____

3. ¿Va a llevarles estas maletas Marisol? (*those ones*)

____

4. ¿Les van a enseñar esos verbos a los estudiantes? (*these ones*)

____

4 **¿Son o están?** Form complete sentences using the words provided and **ser** or **estar.**

1. Paloma y Carlos / inteligentes y trabajadores
2. Mariela / cantando una canción bonita
3. (Tú) / conductor de taxi en la ciudad
4. (Nosotros) / en una cabaña en la playa
5. Gilberto / preocupado porque tiene mucho trabajo
6. Roberto y yo / puertorriqueños de San Juan

5 **La compra** Look at the photo and imagine everything that led up to the woman's purchase. What did she need? Why did she need it? What kind of weather is it for? Where did she decide to go buy it? Where did she go looking for it? Who helped her, and what did she ask them? Did she bargain with anyone? Was she undecided about anything? How did she pay for the purchase? Who did she pay? Answer these questions in a paragraph, using the preterite of the verbs that you know.

Nombre ______________________ Fecha ______________________

contextos

Lección 7

1 **Las rutinas** Complete each sentence with a word from **Contextos**.

1. Susana se lava el pelo con ______________________.
2. La ducha y el lavabo están en el ______________________.
3. Manuel se lava las manos con ______________________.
4. Después de lavarse las manos, usa la ______________________.
5. Luis tiene un ______________________ para levantarse temprano.
6. Elena usa el ______________________ para maquillarse.

2 **¿En el baño o en la habitación?** Write **en el baño** or **en la habitación** to indicate where each activity takes place.

1. bañarse ______________________
2. levantarse ______________________
3. ducharse ______________________
4. lavarse la cara ______________________
5. acostarse ______________________
6. afeitarse ______________________
7. cepillarse los dientes ______________________
8. dormirse ______________________

3 **Ángel and Lupe** Look at the drawings, and choose the appropriate phrase to describe what Ángel or Lupe is doing in a complete sentence.

afeitarse por la mañana	ducharse antes de salir
bañarse luego de correr	cepillarse los dientes después de comer

1. ______________________

2. ______________________

3. ______________________________

4. ______________________________

4 La palabra diferente

La palabra diferente Fill in the blank with the word that doesn't belong in each group.

1. luego, después, más tarde, entonces, antes ____________
2. maquillarse, cepillarse el pelo, despertarse, peinarse, afeitarse ____________
3. bailar, despertarse, acostarse, levantarse, dormirse ____________
4. champú, despertador, jabón, maquillaje, crema de afeitar ____________
5. entonces, bañarse, lavarse las manos, cepillarse los dientes, ducharse ____________
6. pelo, vestirse, dientes, manos, cara ____________

5 La rutina de Silvia

La rutina de Silvia Rewrite this paragraph, selecting the correct sequencing words from the parentheses.

(Por la mañana, Durante el día) Silvia se prepara para salir. (Primero, Antes de) se levanta y se ducha. (Después, Antes) de ducharse, se viste. (Entonces, Durante) se maquilla. (Primero, Antes) de salir come algo y bebe un café. (Durante, Por último) se peina y se pone una chaqueta. (Durante el día, Antes de) Silvia no tiene tiempo (*time*) de volver a su casa. (Más tarde, Antes de) come algo en la cafetería de la universidad y estudia en la biblioteca. (Por la tarde, Por último), Silvia trabaja en el centro comercial. (Por la noche, Primero) llega a su casa y está cansada. (Más tarde, Después de) prepara algo de comer y mira la televisión un rato. (Antes de, Después de) acostarse a dormir siempre estudia un rato.

Nombre ______________________ Fecha ______________________

estructura

7.1 Reflexive verbs

1 **Se hace** Complete each sentence with the correct present tense forms of the verb in parentheses.

1. (enojarse) Marcos y Gustavo ______________ con Javier.
2. (despedirse) Mariela ______________ de su amiga en la estación del tren.
3. (acostarse) (Yo) ______________ temprano porque tengo clase por la mañana.
4. (ducharse) Los jugadores ______________ en el baño después del partido.
5. (ponerse) Irma y yo ______________ los vestidos nuevos.
6. (preocuparse) (Tú) ______________ por tu novio porque siempre pierde las cosas.
7. (lavarse) Ud. ______________ la cara con un jabón especial.
8. (ponerse) Mi mamá ______________ muy contenta cuando llego temprano a casa.

2 **Lo hiciste** Answer the questions positively, using complete sentences.

1. ¿Te cepillaste los dientes después de comer?
____
2. ¿Se maquilla Julia antes de salir a bailar?
____
3. ¿Se duchan Uds. antes de entrar en la piscina?
____
4. ¿Se ponen sombreros los turistas cuando van a la playa?
____
5. ¿Me afeité esta mañana antes de ir al trabajo?
____
6. ¿Nos ponemos los vestidos en la habitación del hotel?
____
7. ¿Te duermes en el cine cuando ves películas aburridas?
____
8. ¿Se sienta Ana delante de Federico en clase?
____
9. ¿Se quedan Uds. en una pensión en Lima?
____
10. ¿Te acuerdas de las fotos que sacamos ayer?
____

3 **Escoger** Choose the correct verb from the parentheses, then fill in the blank with its correct form.

(lavar/lavarse)

1. Josefina ______________________ las manos en el lavabo.

   Josefina ______________________ la ropa en la lavadora (*washing machine*).

(peinar/peinarse)

2. (Yo) ______________________ a mi hermana todas las mañanas.

   (Yo) ______________________ en el baño, delante del espejo.

(quitar/quitarse)

3. (Nosotros) ______________________ los abrigos al entrar en casa.

   (Nosotros) ______________________ los libros de la mesa para comer.

(levantar/levantarse)

4. Los estudiantes ______________________ muy temprano.

   Los estudiantes ______________________ la mano para hacer preguntas.

4 **El incidente** Complete the paragraph with reflexive verbs from the word bank. Use each verb only once.

irse	despertarse	afeitarse
vestirse	quedarse	maquillarse
lavarse	ponerse	acordarse
levantarse	preocuparse	enojarse

Luis ______________________ (1) todos los días a las seis de la mañana. Luego entra en la ducha y ______________________ (2) el pelo con champú. Cuando sale de la ducha, usa la crema de afeitar para ______________________ (3) delante del espejo. Come algo con su familia y él y sus hermanos ______________________ (4) hablando un rato.

Cuando sale tarde, Luis ______________________ (5) porque no quiere llegar tarde a la clase de español. Los estudiantes ______________________ (6) nerviosos porque a veces (*sometimes*) tienen pruebas sorpresa en la clase.

Ayer por la mañana, Luis ______________________ (7) con su hermana Marina porque ella ______________________ (8) tarde y pasó mucho rato en el cuarto de baño con la puerta cerrada.

—¿Cuándo sales, Marina? — le dijo (*said*) Luis a Marina.

—¡Tengo que ______________________ (9) porque voy a salir con mi novio y quiero estar bonita! —dijo Marina.

—¡Tengo que ______________________ (10) ya, Marina! ¿Cuándo terminas?

—Ahora salgo, Luis. Tengo que ______________________ (11). Me voy a poner mi vestido favorito.

—Tienes que ______________________ (12) de que viven muchas personas en esta casa, Marina.

7.2 Indefinite and negative words

1 **Alguno o ninguno** Complete the sentences with indefinite and negative words from the word bank.

ninguna	alguna	alguien
tampoco	ningún	

1. No tengo ganas de ir a ______________ lugar hoy.
2. ¿Tienes ______________ idea para la economía?
3. ¿Viene ______________ a la fiesta de mañana?
4. No voy a ______________ estadio nunca.
5. ¿Te gusta ______________ de estas corbatas?
6. No quiero ir a mi casa, ni a la tuya (*yours*) ______________.

2 **Palabras negativas** Complete the sentences with indefinite words.

1. No me gustan estas gafas. ______________ quiero comprar ______________ de ellas.
2. Estoy muy cansado. ______________ quiero salir a ______________ restaurante.
3. No tengo hambre. ______________ quiero comer ______________.
4. A mí no me gusta la playa. ______________ quiero ir a la playa ______________.
5. Soy muy tímida. ______________ hablo con ______________ ______________.
6. No me gusta el color rojo, ______________ el color rosado ______________.

3 **Lo contrario** Make each sentence negative.

modelo

Buscaste algunos vestidos en la tienda.
No buscaste ningún vestido en la tienda.

1. Las dependientas venden algunas blusas.

____

2. Alguien va de compras al centro comercial.

____

3. Siempre me cepillo los dientes antes de salir.

____

4. Te voy a traer algún programa de la computadora.

____

5. Mi hermano prepara algo de comer.

____

6. Quiero tomar algo en el café de la librería.

____

4 **No, no es cierto** Answer the questions negatively.

modelo
¿Comes siempre en casa?
No, nunca como en casa./No, no como en casa nunca.

1. ¿Tiene Alma alguna falda?

2. ¿Sales siempre los fines de semana?

3. ¿Quiere comer algo Gregorio?

4. ¿Le prestaste algunos discos de jazz a César?

5. ¿Podemos o ir a la playa o nadar en la piscina?

6. ¿Encontraste algún cinturón barato en la tienda?

7. ¿Buscaron Uds. a alguien en la playa?

8. ¿Te gusta alguno de estos trajes?

5 **Lo opuesto** Rewrite the paragraph, changing the positive words to negative ones.

Rodrigo siempre está leyendo algún libro. También le gusta leer el periódico. Siempre lee algo. Alguien le pregunta si leyó alguna novela de Mario Vargas Llosa. Leyó algunos libros de Vargas Llosa el año pasado. También leyó algunas novelas de Gabriel García Márquez. Algunos libros le encantan. Le gusta leer o libros de misterio o novelas fantásticas.

Nombre ______________________ Fecha ______________________

7.3 Preterite of **ser** and **ir**

1 **¿Ser o ir?** Complete the sentences with the preterite of **ser** or **ir**. Then write the infinitive form of the verb you used.

1. Ayer María y Javier ________ a la playa con sus amigos. ________
2. El vestido anaranjado que compré ________ muy barato. ________
3. El fin de semana pasado (nosotros) ________ al centro comercial. ________
4. La abuela y la tía de de Maricarmen ________ doctoras. ________
5. (Nosotros) ________ muy simpáticos con la familia de Claribel. ________
6. Manuel ________ a la universidad en septiembre. ________
7. Los vendedores ________ al almacén muy temprano. ________
8. Lima ________ la primera ciudad que visitaron en el viaje. ________
9. (Yo) ________ a buscarte en la cafetería, pero no te encontré. ________
10. Mi compañera de cuarto ________ a comprar champú en la tienda. ________

2 **Viaje a Perú** Complete the paragraph with the preterite of **ser** and **ir**. Then fill in the chart with the infinitive form of the verbs you used.

El mes pasado mi amiga Clara y yo ________ (1) de vacaciones al Perú. El vuelo (*flight*) ________ (2) un miércoles por la mañana, y ________ (3) cómodo. Primero Clara y yo ________ (4) a Lima, y ________ (5) a comer en un restaurante de comida peruana. La comida ________ (6) muy buena. Luego ________ (7) al hotel y nos ________ (8) a dormir. El jueves ________ (9) un día nublado. Nos ________ (10) a Cuzco, y el viaje en autobús ________ (11) largo. Yo ________ (12) la primera en despertarme y ver la ciudad de Cuzco. El paisaje ________ (13) impresionante. Luego Clara y yo ________ (14) de excursión hacia Machu Picchu. El cuarto día nos levantamos muy temprano y nos ________ (15) hacia la antigua ciudad inca. El amanecer sobre Machu Picchu ________ (16) hermoso. La excursión ________ (17) una experiencia inolvidable (*unforgettable*). ¿________ (18) tú al Perú el año pasado?

1. ______	7. ______	13. ______
2. ______	8. ______	14. ______
3. ______	9. ______	15. ______
4. ______	10. ______	16. ______
5. ______	11. ______	17. ______
6. ______	12. ______	18. ______

Nombre ____________________ Fecha ____________________

7.4 **Gustar** and verbs like **gustar**

1 **¿Uno o varios?** Rewrite each sentence, choosing the correct form of the verb in parentheses.

1. Te (quedan, queda) bien las faldas y los vestidos.

____

2. No les (molesta, molestan) la lluvia.

____

3. No les (gusta, gustan) estar enojados.

____

4. Les (aburre, aburren) probarse ropa en las tiendas.

____

5. Le (fascina, fascinan) las tiendas y los almacenes.

____

6. Le (falta, faltan) dos años para terminar la carrera (*degree*).

____

7. Nos (encanta, encantan) pescar y nadar en el mar.

____

8. Me (interesan, interesa) las ruinas peruanas.

____

2 **Nos gusta el fútbol** Complete the paragraph with the correct forms of the verbs in parentheses.

A mi familia le (fascinar) ______(1)______ el fútbol. A mis hermanas les (encantar) ______(2)______ los jugadores porque son muy guapos. También les (gustar) ______(3)______ la emoción (*excitement*) de los partidos. A mi papá le (interesar) ______(4)______ tanto (*so much*) los partidos que los sigue por Internet. A mi mamá le (molestar) ______(5)______ nuestra afición porque no hacemos las tareas de la casa cuando hay un partido. A ella generalmente le (aburrir) ______(6)______ los partidos. Pero cuando le (faltar) ______(7)______ un gol al equipo argentino para ganar, le (encantar) ______(8)______ los minutos finales del partido.

3 **Los otros** Rewrite each sentence, substituting the subject with the one in parentheses.

1. Le quedan bien los vestidos largos. (la blusa cara)

____

2. Les molesta la música moderna. (las canciones populares)

____

3. No te interesa aprender a bailar salsa. (caminar y correr por la playa)

____

4. Me gusta esa toalla de playa. (aquellas gafas de sol)

____

5. Les encantan las tiendas. (el centro comercial)

____

6. Nos falta practicar el español. (unas semanas de clase)

____

7. No les gusta el ballet. (las películas)

____

8. No les importa esperar un rato. (buscar unos libros nuestros)

____

4

¿Qué piensan? Complete the sentences with the correct pronouns and forms of the verbs in parentheses.

1. (encantar) A mí ______________ las películas de misterio.
2. (molestar) A Gregorio ______________ mucho la nieve y el frío.
3. (gustar) A mi sobrina ______________ leer y escribir.
4. (faltar) A Uds. ______________ un libro de esa colección.
5. (quedar) ¿______________ bien los sombreros a ti?
6. (fascinar) A nosotros ______________ la historia peruana.
7. (importar) A ella no ______________ las apariencias (*appearances*).
8. (aburrir) Los deportes por televisión a mí ______________ mucho.

5

Oraciones nuevas Write complete sentences in the preterite tense. Do not repeat the indirect object.

modelo

(a las dependientas) / no importar / traernos la ropa
No les importó traernos la ropa.

1. (a las turistas) / gustar / las playas del Caribe

____

2. (a Uds.) / interesar / las rebajas de verano

____

3. (a Daniela) / encantar / regatear y gastar poco (*little*) dinero

____

4. (a nosotros) / faltar / encontrar los pasajes para poder irnos

____

Nombre ______________________ Fecha ______________________

Síntesis

Interview a classmate or relative about an interesting vacation she or he took. Then gather the answers into a report. Answer the following questions:

- What did he or she like or love about the vacation? What interested him or her?
- Where did he or she stay, what were the accommodations like, and what was his or her daily routine like during the trip?
- Where did he or she go, what were the tours like, what were the tour guides like, and what were his or her traveling companions like?
- What bothered or angered him or her? What bored him or her during the vacation?
- Be sure to address the negative and positive aspects of the vacation.

Nombre ______________________ Fecha ______________________

panorama

Perú

1 Datos del Perú

Complete the sentences with the correct words.

1. ______________ es la capital del Perú y ______________ es la segunda ciudad.
2. ______________ es un puerto muy importante del río Amazonas.
3. El barrio bohemio de la ciudad de Lima se llama ______________.
4. Hiram Bingham descubrió las ruinas de ______________ en los Andes.
5. Las llamas, alpacas, guanacos y vicuñas son parientes del ______________.
6. Los ______________ desarrollaron sistemas avanzados de comunicaciones y de contabilidad.

2 El Perú

Fill in the blanks with the names and places described. Then use the word in the vertical box to answer the final question.

1. barrio bohemio de Lima
2. animales que se usan para carga y transporte
3. un idioma que se habla en el Perú
4. festival de bienvenida al sol
5. montañas del Perú
6. dirección de Machu Picchu desde Cuzco
7. puerto del río Amazonas
8. animales que dan lana
9. civilización peruana que dibujó líneas
10. quinta ciudad del Perú

DEL

¿Por dónde se llega caminando a Machu Picchu?

Se llega por el ______________.

3 Ciudades peruanas

Fill in the blanks with the names of the appropriate cities in Peru.

1. la tercera ciudad del Perú ______________
2. se envían productos por el Amazonas ______________
3. Museo del Oro del Perú ______________
4. está a 80 km de Machu Picchu ______________
5. ciudad antigua del imperio inca ______________
6. se celebra el festival Inti Raymi ______________

4 **¿Cierto o falso?** Indicate whether the statement is **cierto** or **falso**. Correct the false statements.

1. Machu Picchu es un destino popular para los ecoturistas que visitan la selva.

____

2. Mario Vargas Llosa es un novelista peruano famoso.

____

3. La Iglesia de San Francisco es notable por la influencia de la arquitectura española.

____

4. Las ruinas de Machu Picchu están en la cordillera de los Andes.

____

5. Las llamas se usan para la carga y el transporte en el Perú.

____

6. Los descendientes de los incas se reúnen en Lima para celebrar el solsticio de invierno.

____

5 **El mapa del Perú** Label the map of Peru.

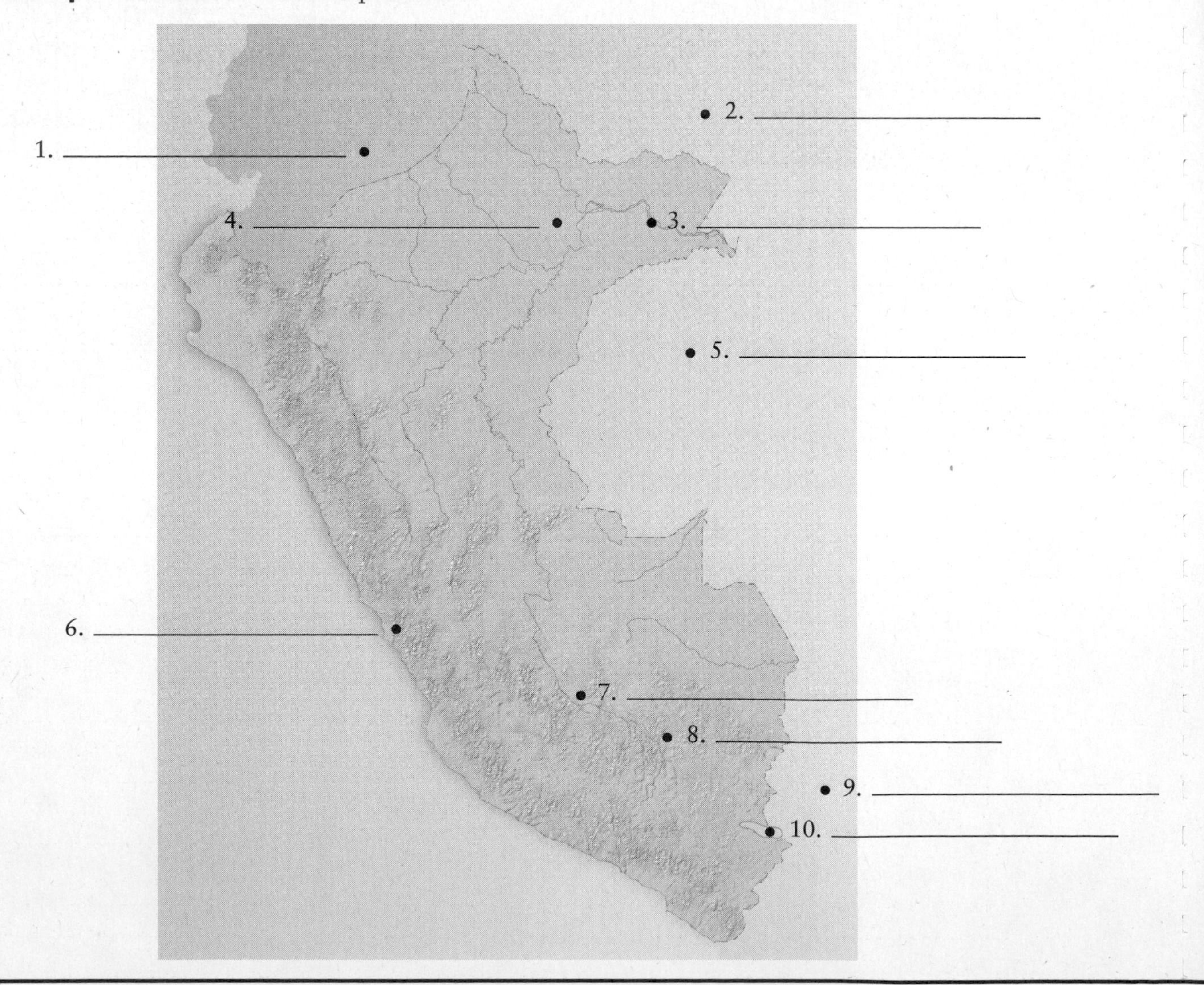

Nombre ______________________ Fecha ______________________

contextos

Lección 8

1 **¿Qué comida es?** Read the descriptions and write the name of the food in the blank.

1. Son rojos y se sirven (*they are served*) en las ensaladas ______________________
2. Se come (*It is eaten*) antes del plato principal; es líquida y caliente (*hot*) ______________________
3. Son unas verduras anaranjadas, largas y delgadas ______________________
4. Hay de naranja y de manzana; se bebe en el desayuno ______________________
5. Son dos rebanadas (*slices*) de pan con queso y jamón ______________________
6. Es comida rápida; se sirven con hamburguesas y se les pone sal ______________________
7. Son pequeños y rosados; viven en el mar hasta que los pescan ______________________
8. Son frutas amarillas; con agua y azúcar se hace una bebida de verano ______________________

2 **Categorías** Categorize the foods listed in the word bank.

bistec	zanahorias	salmón	champiñones	maíz	queso
peras	salchichas	bananas	langosta	limones	mantequilla
aceite	pollo	azúcar	margarina	papas	espárragos
yogur	naranjas	jamón	arvejas	sal	manzanas
hamburguesas	atún	melocotones	camarones	leche	pimienta
vinagre	chuletas de cerdo	cebollas	lechuga	uvas	tomates

Verduras	Productos lácteos (*dairy*)	Condimentos	Carnes y aves (*poultry*)	Pescado y mariscos	Frutas

3 **¿Qué es?** Label the item of food shown in each drawing.

1. ______

2. ______

3. ______

4. ______

4 **¿Cuándo lo comes?** Read the lists of meals, then categorize when the meals would be eaten.

1. un sándwich de jamón y queso, unas chuletas de cerdo con arroz y frijoles, un yogur y un café con leche

Desayuno ______

Almuerzo ______

Cena ______

2. una langosta con papas y espárragos, huevos fritos y jugo de naranja, una hamburguesa y un refresco

Desayuno ______

Almuerzo ______

Cena ______

3. pan tostado con mantequilla, un sándwich de atún y té helado, un bistec con cebolla y arroz

Desayuno ______

Almuerzo ______

Cena ______

4. una sopa y una ensalada, cereales con leche, pollo asado con ajo y champiñones y vino blanco

Desayuno ______

Almuerzo ______

Cena ______

Nombre ______________________ Fecha ______________________

estructura

8.1 Preterite of stem-changing verbs

1

En el pasado Rewrite each sentence, conjugating the verb into the preterite tense.

1. Ana y Enrique piden unos resfrescos fríos.

____

2. Mi mamá nos sirve arroz con frijoles y carne.

____

3. Tina y yo dormimos en una pensión de Lima.

____

4. Las flores (*flowers*) de mi tía mueren durante el otoño.

____

5. Uds. se sienten bien porque ayudan a las personas.

____

2

El verbo correcto For each sentence, choose the correct verb from those in parentheses. Then complete the sentence by writing the preterite form of the verb.

1. Rosana y Héctor ______________ las palabras del profesor. (repetir, dormir, morir)
2. El abuelo de Luis ______________ el año pasado. (despedirse, morir, servir)
3. (Yo) ______________ camarones y salmón de cena en mi casa. (morir, conseguir, servir)
4. Lisa y tú ______________ pan tostado con queso y huevo. (sentirse, seguir, pedir)
5. Ana y yo ______________ muy tarde los sábados. (dormirse, pedir, repetir)
6. Gilberto y su familia ______________ ir al restaurante de mariscos. (servir, preferir, vestirse)

3

Sujetos diferentes Rewrite each sentence, using the subject in parentheses.

1. Anoche nos despedimos de nuestros abuelos en el aeropuerto. (mis primos)

____

2. Melinda y Juan siguieron a Camelia por la ciudad en el auto. (yo)

____

3. Alejandro prefirió quedarse en casa. (Uds.)

____

4. Pedí un plato de langosta con salsa de mantequilla. (ellas)

____

5. Los camareros les sirvieron una ensalada con atún y espárragos. (tu esposo)

____

6. Jorge y yo conseguimos pescado ayer en el mercado al aire libre. (los dueños)

____

4 El pasado

Create sentences from the elements provided. Use the preterite form of the verbs.

1. (Nosotros) / preferir / este restaurante al restaurante italiano

 ____

2. Mis amigos / seguir / a Gustavo para encontrar el restaurante

 ____

3. La camarera / servirte / huevos fritos y café con leche

 ____

4. Uds. / pedir / ensalada de mariscos y vino blanco

 ____

5. Carlos / repetir / las papas fritas

 ____

6. (Yo) / conseguir / el menú del restaurante chino

 ____

5 La planta de la abuela

Complete the letter with the preterite form of the verbs from the word bank. Use each verb only once.

servir	preferir	repetir	morir	vestirse
dormir	pedir	seguir	despedirse	conseguir

Querida mamá:

El fin de semana pasado fui a visitar a mi abuela Lilia en el campo. (Yo) Le ______ (1) *unos libros que ella me* ______ (2) *de la librería de la universidad. Cuando llegué, mi abuela me* ______ (3) *un plato sabroso de arroz con frijoles. La encontré triste porque la semana pasada su planta de tomates* ______ (4), *y ahora tiene que comprar los tomates en el mercado. Me invitó a quedarme, y yo* ______ (5) *en su casa. Por la mañana, abuela Lilia se despertó temprano,* ______ (6) *y salió a comprar huevos para el desayuno. Me levanté inmediatamente y la* ______ (7) *para ir con ella al mercado. En el mercado, ella me* ______ (8) *que estaba triste por la planta de tomates. Le pregunté: ¿Debemos comprar otra planta de tomates?, pero ella* ______ (9) *esperar al verano próximo (**next**). Después del desayuno* ______ (10) *de ella y volví a la universidad. Quiero mucho a mi abuela. ¿Cuándo la vas a visitar?*

Chau,

Mónica

Nombre ______________________ Fecha ______________________

8.2 Double object pronouns

1 **Te lo traje** Rewrite each sentence, replacing the direct objects with direct object pronouns.

1. La camarera te sirvió el plato de pasta con mariscos.

____

2. Isabel nos trajo la sal y la pimienta a la mesa.

____

3. Javier me pidió el aceite y el vinagre anoche.

____

4. El dueño nos busca una mesa para seis personas.

____

5. Tu madre me consigue unos melocotones deliciosos.

____

6. ¿Te recomendaron este restaurante Lola y Paco?

____

2 **Pronombres** Rewrite each sentence, using double object pronouns.

1. Le pidieron los menús al camarero.

____

2. Nos buscaron un lugar cómodo para sentarnos.

____

3. Les sirven papas fritas con el pescado a los clientes.

____

4. Le llevan unos entremeses a la mesa a Marcos.

____

5. Me trajeron una ensalada de lechuga y tomate.

____

6. El dueño le compra la carne al Sr. Gutiérrez.

____

7. Ellos te muestran los vinos antes de servirlos.

____

8. La dueña nos abre la sección de no fumar.

____

3 **¿Quiénes son?** Answer the questions, using double object pronouns.

1. ¿A quiénes les escribiste las cartas? (a ellos) ____________________
2. ¿Quién le recomendó ese plato? (su tío) ____________________
3. ¿Quién nos va a abrir la puerta a esta hora? (Sonia) ____________________
4. ¿Quién les sirvió el pescado asado? (Miguel) ____________________
5. ¿Quién te llevó los entremeses? (mis amigas) ____________________
6. ¿A quién le ofrece frutas Roberto? (a su familia) ____________________

4 **La gran cena** Read the two dialogues. Then answer the questions, using double object pronouns.

CELIA (A Tito) Rosalía me recomendó este restaurante.
DUEÑO Buenas noches, señores. Les traigo unos entremeses, cortesía del restaurante.
CAMARERO Buenas noches. ¿Quieren ver el menú?
TITO Sí, por favor. ¿Está buena la langosta?
CAMARERO Sí, es la especialidad del restaurante.
TITO Entonces queremos pedir dos langostas.
CELIA Y yo quiero una copa (*glass*) de vino tinto, por favor.

CAMARERO Tenemos flan y fruta de postre (*for dessert*).
CELIA Perdón, ¿me lo puede repetir?
CAMARERO Tenemos flan y fruta.
CELIA Yo no quiero nada de postre, gracias.
DUEÑO ¿Les gustó la cena?
TITO Sí, nos encantó. Muchas gracias. Fue una cena deliciosa.

1. ¿Quién le recomendó el restaurante a Celia? ____________________
2. ¿Quién les sirvió los entremeses a Celia y a Tito? ____________________
3. ¿Quién les trajo los menús a Celia y a Tito? ____________________
4. ¿A quién le preguntó Tito cómo está la langosta? ____________________
5. ¿Quién le pidió las langostas al camarero? ____________________
6. ¿Quién le pidió un vino tinto al camarero? ____________________
7. ¿Quién le repitió a Celia la lista de postres (*desserts*)? ____________________
8. ¿A quién le dio las gracias Tito cuando se fueron? ____________________

Nombre ______________________ Fecha ______________________

8.3 Saber and conocer

1 **¿Saber o conocer?** Complete the sentences, using **saber** and **conocer.**

1. (Yo) No ______________________ a los padres de Arturo y Gustavo.
2. Carolina ______________________ las montañas de New Hampshire.
3. ¿(Tú) ______________________ las preguntas que nos van a poner en el examen?
4. León ______________________ preparar un pollo a la parmesana delicioso.
5. (Nosotros) ______________________ a la dueña del restaurante más caro de la ciudad.
6. Julio y tú ______________________ que estoy trabajando en mi casa hoy.

2 **¿Qué hacen?** Complete the sentences, using the verbs from the word bank. Use each verb only once.

traducir	conocer	conducir
parecer	saber	ofrecer

1. Gisela ______________________ una motocicleta por las calles (*streets*) de la ciudad.
2. Tú ______________________ servir el vino de una manera elegante.
3. El novio de Aurelia ______________________ ser inteligente y simpático.
4. En ese restaurante los ______________________ ya, porque siempre van a comer allí (*there*).
5. Los vendedores del mercado al aire libre nos ______________________ rebajas.
6. (Yo) ______________________ libros de historia y de sociología al español.

3 **Lo saben y la conocen** Create sentences, using the elements and **saber** or **conocer.**

1. Eugenia / mi amiga Frances

____

2. Pamela / hablar español muy bien

____

3. El sobrino de Rosa / leer y escribir

____

4. José y Laura / la ciudad de Barcelona

____

5. No / cuántas manzanas debo comprar

____

6. (Tú) / el dueño del mercado

____

7. Elena y María Victoria / patinar en línea

____

Nombre ______________________ Fecha ______________________

8.4 Comparisons and superlatives

1 **¿Cómo se comparan?** Complete the sentences with the Spanish of the comparison in parentheses.

1. (*smaller*) Puerto Rico es ______________________ Guatemala.
2. (*faster*) Álex es un corredor ______________________ su amigo Ricardo.
3. (*as tasty*) Los champiñones son ______________________ los espárragos.
4. (*taller*) Los jugadores de baloncesto son ______________________ los otros estudiantes.
5. (*more hard-working*) Jimena es ______________________ su novio Pablo.
6. (*less intelligent*) Marisol es ______________________ su hermana mayor.
7. (*as bad*) La nueva novela de ese escritor es ______________________ la novela que escribió antes.
8. (*less fat*) Agustín y Mario están ______________________ antes.

2 **¿Quién es más...?** Write sentences that compare the two items, using the adjectives in parentheses.

modelo
(inteligente) Albert Einstein / Homer Simpson
Albert Einstein es más inteligente que Homer Simpson.

1. (famoso) Gloria Estefan / mi hermana

____

2. (difícil) estudiar química orgánica / leer una novela

____

3. (malo) el tiempo en Boston / el tiempo en Florida

____

4. (barato) los restaurantes elegantes / los restaurantes de hamburguesas

____

5. (viejo) mi abuelo / mi sobrino

____

3 **¿Por qué?** Complete the sentences with the correct comparisons.

modelo
Darío juega mejor al fútbol que tú.
Es porque Darío **practica más que tú**.

1. Mi hermano es más gordo que mi padre. Es porque mi hermano come ______________________.
2. Natalia conoce más países que tú. Es porque Natalia viaja ______________________.
3. Estoy menos cansado que David. Es porque duermo ______________________.
4. Rolando tiene más hambre que yo. Va a comer ______________________.
5. Mi vestido favorito es más barato que el tuyo. Voy a pagar ______________________.
6. Julia gana más dinero que Lorna. Es porque Julia trabaja ______________________.

Nombre ______________________ Fecha ______________________

4 **Facilísimo** Rewrite each section, using absolute superlatives.

1. Javier y Esteban están muy cansados. ______________________
2. Tu padre es muy joven. ______________________
3. La profesora es muy inteligente. ______________________
4. Las clases son muy largas. ______________________
5. La madre de Irene está muy feliz. ______________________
6. Estoy muy aburrido. ______________________

5 **El más...** Answer the questions affirmatively with the words in parentheses.

modelo
El auto está sucísimo, ¿no? (ciudad)
Sí, es el más sucio de la ciudad.

1. Esos vestidos son carísimos, ¿no? (tienda)
____
2. El almacén Velasco es buenísimo, ¿no? (centro comercial)
____
3. La cama de tu madre es comodísima, ¿no? (casa)
____
4. Ángel y Julio están nerviosísimos por el examen, ¿no? (clase)
____
5. Sara es jovencísima, ¿no? (mis amigas)
____

6 **¿Más o menos?** Read the pairs of sentences. Then write a new sentence that compares the pairs.

modelo
Ese hotel tiene cien habitaciones. El otro hotel tiene cuarenta habitaciones.
Ese hotel tiene más habitaciones que el otro.

1. Guatemala tiene doce millones de habitantes. Puerto Rico tiene cuatro millones de habitantes.
____
2. Ramón compró tres corbatas. Roberto compró tres corbatas.
____
3. Yo comí un plato de pasta. Mi hermano comió dos platos de pasta.
____
4. Anabel durmió ocho horas. Amelia durmió ocho horas.
____
5. Mi primo toma seis clases. Mi amiga Tere toma ocho clases.
____

8.5 Pronouns after prepositions

1 **En el mercado** Complete the paragraph with the correct pronouns.

Hoy voy al mercado al aire libre cerca de mi casa con mi tía Carmen. Me gusta ir con _____(1)_____ porque sabe escoger las mejores frutas y verduras del mercado. Y a ella le gusta venir _____(2)_____ porque sé regatear mejor que nadie.

—Entre _____(3)_____ y yo, debes saber que a _____(4)_____ no me gusta gastar mucho dinero. Me gusta venir _____(5)_____ porque me ayudas a ahorrar (*save*) dinero—me confesó un día. Hoy la vienen a visitar sus hijos, y ella quiere hacer una ensalada de frutas para _____(6)_____.

—Estas peras son para _____(7)_____, por venir conmigo al mercado. También me llevo unos hermosos melocotones para el novio de Verónica, que viene con _____(8)_____. Siempre compro frutas para _____(9)_____, porque le encantan y no consigue muchas frutas en el lugar donde vive —dice (*says*) mi tía.

—¿Voy a conocer al novio de Verónica?

—Sí, ¡queremos invitarte a _____(10)_____ a cenar en casa también!

Síntesis

Conduct a survey of several people about a recent experience they had at a restaurant.

- What did they order?
- Who served them?
- Did they prefer this restaurant to others they had eaten at before?
- What did their dining companions think?

Then, ask them to review the restaurant for you. Ask them to compare the service, the food, the prices, and the ambience of the restaurant to those of others.

- How does it compare to other restaurants in the city and to other restaurants of its type?
- Ask them about some restaurants you know. Do they know these restaurants? Do they know where they are located?

When you are finished with the survey, prepare a report of the restaurants in your area, comparing them on the basis of the data you collected. Use as many different types of comparisons and superlative phrases as possible in your report.

____

____

____

____

____

____

____

Nombre ______________________ Fecha ______________________

panorama

Guatemala

1 **Guatemala** Complete the sentences with the correct words.

1. La ______________ de Guatemala recibe su nombre de un pájaro que simboliza la libertad.
2. Un ______________ por ciento de la población guatemalteca tiene una lengua maya como materna.
3. El ______________ y los colores de cada *huipil* indican el pueblo de origen de la persona que lo lleva.
4. El ______________ es una especie de pájaro que está en peligro de extinción.
5. La antigua civilización maya desarrolló un ______________ complejo y preciso.
6. La ropa tradicional refleja el sentido del orden y el amor a la ______________ de la cultura maya.

2 **Preguntas guatemaltecas** Answer the questions with complete sentences.

1. ¿Cuál es un cultivo de mucha importancia en la cultura maya?

____

2. ¿Quién es Miguel Ángel Asturias?

____

3. ¿Qué países limitan con (*border*) Guatemala?

____

4. ¿Hasta cuándo fue la Antigua Guatemala una capital importante? ¿Por qué?

____

5. ¿Por qué simbolizaba el quetzal la libertad para los mayas?

____

6. ¿Qué hace el gobierno para proteger al quetzal?

____

3 **Fotos de Guatemala** Label each photo.

1. ______________________

2. ______________________

Nombre ____________________ Fecha ____________________

Comparativamente Read the sentences about Guatemala. Then rewrite them, using comparisons.

modelo
Guatemala no tiene once millones de habitantes.
Guatemala tiene más de once millones de habitantes.

1. El área de Guatemala no es más grande que la de Tennessee.

____

2. No hay tres millones de habitantes en la ciudad de Guatemala.

____

3. No hay cincuenta mil habitantes en Puerto Barrios.

____

4. La población de Quezaltenango no es más pequeña que la población de Mazatenango.

____

5. Rigoberta Menchú no es mayor que Margarita Carrera.

____

6. La celebración de la Semana Santa en la Antigua Guatemala es importantísima para muchas personas.

____

5

¿Cierto o falso? Indicate whether the statements about Guatemala are **cierto** or **falso.** Correct the false statements.

1. Quezaltenango es la segunda ciudad de Guatemala.

____

2. La lengua materna de muchos guatemaltecos es una lengua inca.

____

3. La civilización de los mayas no era avanzada.

____

4. Guatemala es un país que tiene costas en dos océanos.

____

5. Hay muchísimos quetzales en los bosques de Guatemala.

____

6. La civilización maya descubrió y usó el cero antes que los europeos.

____

Nombre ______________________ Fecha ______________________

contextos

Lección 9

1 **Identificar** Label the following terms as **estado civil, fiesta,** or **etapa de la vida.**

1. casada ______________________
2. adolescencia ______________________
3. viudo ______________________
4. juventud ______________________
5. quinceañera ______________________
6. niñez ______________________
7. vejez ______________________
8. aniversario de bodas ______________________
9. divorciado ______________________
10. madurez ______________________
11. cumpleaños ______________________
12. soltera ______________________

2 **Las etapas de la vida** Label the stages of life on the timeline.

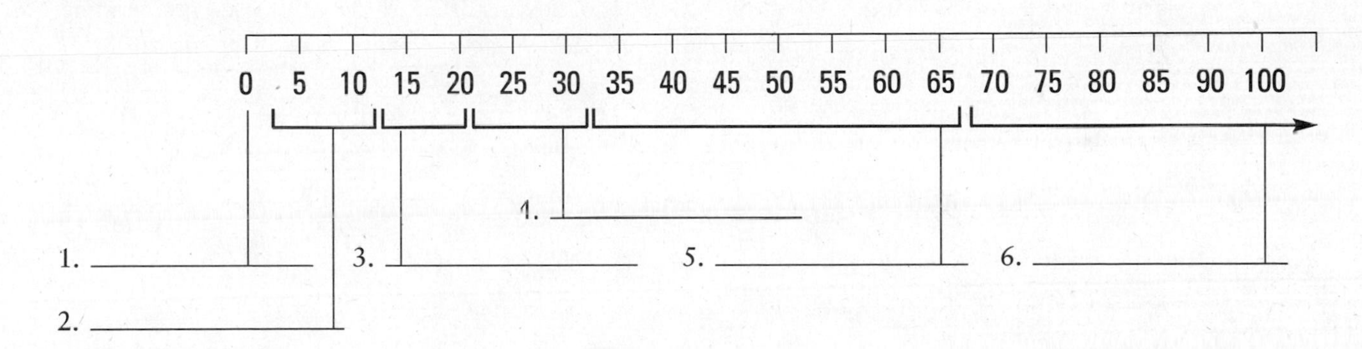

3 **Escribir** Fill in the blank with the stage of life in which these events would normally occur.

1. jubilarse ______________________
2. graduarse en la universidad ______________________
3. cumplir nueve años ______________________
4. conseguir el primer trabajo ______________________
5. graduarse en la escuela secundaria ______________________
6. morir o quedar viudo ______________________
7. casarse (por primera vez) ______________________
8. tener un hijo ______________________
9. celebrar el cincuenta aniversario de bodas ______________________
10. tener la primera cita ______________________

4 **Información personal** Read the descriptions and answer the questions.

"Me llamo Jorge Rosas. Nací el 26 de enero de 1948. Mi esposa murió el año pasado. Tengo dos hijos: Marina y Daniel. Terminé mis estudios de sociología en la Universidad Interamericana en 1970. Me voy a jubilar este año. Voy a celebrar este evento con una botella de champán."

1. ¿Cuál es la fecha de nacimiento de Jorge? ______________________
2. ¿Cuál es el estado civil de Jorge? ______________________
3. ¿En qué etapa de la vida está Jorge? ______________________
4. ¿Cuándo es el cumpleaños de Jorge? ______________________
5. ¿Cuándo se graduó Jorge? ______________________
6. ¿Cómo va a celebrar la jubilación (*retirement*) Jorge? ______________________

"Soy Julia Jiménez. Nací en 1973. Me comprometí a los veinte años, pero rompí con mi novio antes de casarme. Ahora estoy saliendo con un músico cubano. Soy historiadora del arte desde que terminé mi carrera (*degree*) en la Universidad de Salamanca en 1995. Mi cumpleaños es el 11 de marzo. Mi postre favorito es el flan de caramelo."

7. ¿Cuál es la fecha de nacimiento de Julia? ______________________
8. ¿Cuál es el estado civil de Julia? ______________________
9. ¿En qué etapa de la vida está Julia? ______________________
10. ¿Cuándo es el cumpleaños de Julia? ______________________
11. ¿Cuándo se graduó Julia? ______________________
12. ¿Cuál es el postre favorito de Julia? ______________________

"Me llamo Manuel Blanco y vivo en Caracas. Mi esposa y yo nos comprometimos a los veintiséis años, y la boda fue dos años después. Pasaron quince años y tuvimos tres hijos. Me gustan mucho los dulces. "

13. ¿Dónde vive Manuel? ______________________
14. ¿En qué etapa de la vida se comprometió Manuel? ______________________
15. ¿A qué edad se casó Manuel? ______________________
16. ¿Cuál es el estado civil de Manuel? ______________________
17. ¿Cuántos hijos tiene Manuel? ______________________
18. ¿Qué postre le gusta a Manuel? ______________________

estructura

9.1 Dar and decir

1 **Te lo doy** Rewrite these sentences, changing the subject to **yo**.

1. Los vecinos dan una gran fiesta todos los meses.
____
2. Carmen les da muchos consejos (*advice*) a sus amigas.
____
3. Tú siempre le das muchos besos a tu novio.
____
4. La dueña de esa tienda les da muchas rebajas a los clientes.
____
5. El profesor Gutiérrez está dando una clase especial de pronunciación.
____
6. Le das una gran alegría a tu abuela cada vez que la llamas.
____

2 **Digo...** Complete these sentences with the correct present tense forms of **decir**.

1. (Yo) Siempre le ____________________ a mi hermano que debe estudiar computación.
2. Uds. ____________________ que estudiaron, pero parece que no aprendieron mucho
3. ¿(Tú) ____________________ que el teléfono está en la habitación?
4. Estoy segura de que Jorge siempre me ____________________ la verdad.
5. Maribel me ____________________ que está muy ocupada hoy.
6. Los hijos no siempre les ____________________ sus problemas a sus padres.

3 **Se lo decimos** Complete the sentences with the present tense of **dar** or **decir**. Then write the sentences with double object pronouns.

1. Mi tía le ____________ varios regalos a mi primo. Ella ____________________.
2. (Yo) Te ____________ la hora de la fiesta. (Yo) ____________________.
3. Uds. les ____________ una sorpresa a sus amigos. Uds. ____________________.
4. El conductor de taxi les ____________ insultos a los ciclistas. Él ____________________.
5. Los vendedores nos ____________ mentiras. Ellos ____________________.
6. (Tú) Les ____________ dinero a tus hermanos. (Tú) ____________________.
7. (Nosotros) Le ____________ a mi madre tu apellido. (Nosotros) ____________________.
8. Las viajeras le ____________ los pasaportes al inspector. Ellas ____________________.

Nombre ______________________ Fecha ______________________

9.2 Irregular preterites

1 **¿Hay o hubo?** Complete these sentences with the correct tense of **haber**.

1. Ahora ______________ una fiesta de graduación en el patio de la universidad.
2. ______________ muchos invitados en la fiesta de aniversario anoche.
3. Ya ______________ una muerte en su familia el año pasado.
4. Siempre ______________ galletas y dulces en esas conferencias.
5. ______________ varias botellas de vino, pero los invitados se las tomaron.
6. Por las mañanas ______________ unos postres deliciosos en esa tienda.

2 **¿Cómo fue?** Complete these sentences with the preterite of the verb in parentheses.

1. Cristina y Lara te (estar) ______________ buscando en la fiesta anoche.
2. (Yo) (Tener) ______________ un problema con mi pasaporte y lo pasé mal en la aduana.
3. Rafaela (venir) ______________ temprano a la fiesta y conoció a Humberto.
4. El padre de la novia (hacer) ______________ un brindis por los novios.
5. Tus padres (tener) ______________ un divorcio relativamente amistoso (*friendly*).
6. Román (poner) ______________ las maletas en el auto antes de salir.

3 **¿Qué hicieron?** Complete these sentences, using the preterite of **decir, conducir, traducir,** and **traer.**

1. Felipe y Silvia ______________ que no les gusta ir a la playa.
2. Claudia le ______________ unos papeles al inglés a su hermano.
3. David ______________ su motocicleta nueva durante el fin de semana.
4. Rosario y Pepe me ______________ un pastel de chocolate de regalo.
5. Cristina y yo les ______________ a nuestras amigas que vamos a bailar.
6. Cuando fuiste a Guatemala, (tú) nos ______________ huipiles.

4 **Es mejor dar...** Rewrite these sentences in the preterite tense.

1. Antonio le da un beso a su madre.

____

2. Los invitados le dan las gracias a la familia.

____

3. Tú les das una sorpresa a tus padres.

____

4. Rosa y yo le damos una sorpresa al profesor.

____

5. Carla nos da muchos consejos para el viaje.

____

Nombre ______________________ Fecha ______________________

5 **El pasado** Create sentences using the elements provided. Use the preterite tense of the verbs.

1. Rosalía / hacer / galletas

____

2. Mi tía / estar / en el Perú

____

3. (Yo) / venir / a este lugar

____

4. Rita y Sara / decir / la verdad

____

5. Uds. / poner / la televisión

____

6. Ellos / producir / una película

____

7. (Nosotras) / traer / una cámara

____

8. (Tú) / tener / un examen

____

6 **Ya lo hizo** Answer the questions negatively, indicating that the action has already occurred. Use the verbs in parentheses.

modelo

¿Quiere Pepe cenar en el restaurante japonés? (restaurante chino)
No, ya Pepe cenó en el restaurante chino.

1. ¿Vas a estar en la biblioteca hoy? (ayer)

____

2. ¿Quieren dar una fiesta Elena y Miguel este fin de semana? (el sábado pasado)

____

3. ¿Debe la profesora traducir esa novela este semestre? (el año pasado)

____

4. ¿Va a haber un pastel de limón en la cena de hoy? (anoche)

____

5. ¿Deseas poner los abrigos en la silla? (sobre la cama)

____

6. ¿Van Uds. a tener un hijo? (tres hijos)

____

Nombre ______________________ Fecha ______________________

9.3 Verbs that change meaning in the preterite

1 **¿No pudo o no quiso?** Complete these sentences with the preterite tense of the verbs in parentheses.

1. (poder) Liliana no ______________ llegar a la fiesta de cumpleaños de Esteban.
2. (conocer) Las chicas ______________ a muchos estudiantes en la biblioteca.
3. (querer) Raúl y Marta no ______________ invitar al padre de Raúl a la boda.
4. (saber) Lina ______________ ayer que sus tíos se van a divorciar.
5. (poder) (Nosotros) ______________ regalarle una bicicleta a Marina.
6. (querer) María ______________ cortar con su novio antes del verano.

2 **Traducir** Use these verbs to write sentences in Spanish.

poder	conocer
saber	querer

1. I failed to finish the book on Wednesday.

____

2. Inés found out last week that Vicente is divorced.

____

3. Her girlfriends tried to call her, but they failed to.

____

4. Susana met Alberto's parents last night.

____

5. The waiters managed to serve dinner at eight.

____

6. Your mother refused to go to your brother's house.

____

3 **Raquel y Ronaldo** Complete the paragraph with the preterite of the verbs in the word bank.

poder	conocer
saber	querer

El año pasado Raquel ______________ (1) al muchacho que ahora es su esposo, Ronaldo. Primero, Raquel no ______________ (2) salir con él porque él vivía (*was living*) en una ciudad muy lejos de ella. Ronaldo ______________ (3) convencerla durante muchos meses, pero no ______________ (4) hacerlo. Finalmente, Raquel decidió darle una oportunidad a Ronaldo. Cuando empezaron a salir, Raquel y Ronaldo ______________ (5) inmediatamente que eran el uno para el otro (*they were made for each other*). Raquel y Ronaldo ______________ (6) comprar una casa en la misma ciudad y se casaron ese verano.

Nombre ______________________ Fecha ______________________

9.4 ¿Qué? and ¿cuál?

1 **¿Qué o cuál?** Complete these sentences with **qué, cuál,** or **cuáles.**

1. ¿ ______________________ estás haciendo ahora?
2. ¿ ______________________ gafas te gustan más?
3. ¿ ______________________ prefieres, el vestido largo o el corto?
4. ¿Sabes ______________________ es mi disco favorito de éstos?
5. ¿ ______________________ es un departamento de hacienda?
6. ¿ ______________________ trajiste, las de chocolate o las de limón?
7. ¿ ______________________ auto compraste este año?
8. ¿ ______________________ es la tienda más elegante del centro?

2 **Muchas preguntas** Complete the sentences with interrogative words or phrases.

1. ¿ ______________________ de esas muchachas es tu novia?
2. ¿ ______________________ es una vendetta?
3. ¿ ______________________ años cumple tu mamá este año?
4. ¿ ______________________ pusiste las fotos de la boda?
5. ¿ ______________________ te dijo esa mentira?
6. ¿ ______________________ te regalaron ese vestido tan hermoso?
7. ¿ ______________________ empieza el partido de tenis?
8. ¿ ______________________ de estos dulces te gustan más?
9. ¿ ______________________ pudiste terminar la tarea esa noche?
10. ¿ ______________________ te llevó tu esposo para celebrar el aniversario?

3 **¿Cuál es la pregunta?** Write questions that correspond to these responses. Use each word or phrase from the word bank only once.

¿a qué hora?	¿dónde?	¿cuáles?	¿cuántos?	¿qué?
¿adónde?	¿cuál?	¿cuándo?	¿de dónde?	¿quién?

1. ____
La camisa que más me gusta es ésa.

2. ____
Hoy quiero descansar durante el día.

3. ____
Mi profesora de matemáticas es la Sra. Aponte.

4. ______
Soy de Buenos Aires, Argentina.

5. ______
Mis gafas favoritas son las azules.

6. ______
El pastel de cumpleaños está en el refrigerador.

7. ______
La fiesta sorpresa empieza a las ocho en punto de la noche.

8. ______
El restaurante cierra los lunes.

9. ______
Hay ciento cincuenta invitados en la lista.

10. ______
Vamos a la fiesta de cumpleaños de Inés.

Síntesis

Research the life of a famous person who has had a stormy personal life, such as Elizabeth Taylor or Henry VIII. Write a brief biography of the person, including the following information:

- When was the person born?
- What was that person's childhood like?
- With whom did the person fall in love?
- Who did the person marry?
- Did he or she have children?
- Did the person get divorced?
- Did the person go to school, and did he or she graduate?
- How did his or her career or lifestyle vary as the person went through different stages in life?

______
______
______
______
______
______
______
______

Nombre ______________________ Fecha ______________________

panorama

Chile

1

Datos chilenos Complete the chart with the correct information about Chile.

Ciudades más grandes	Deportes de invierno	Países fronterizos (*bordering*)	Escritores chilenos

2

¿Cierto o falso? Indicate whether the sentences are **cierto** or **falso.** Then correct the false sentences.

1. Una quinta parte de los chilenos vive en Santiago de Chile.
____
2. En Chile se hablan el idioma español y el mapuche.
____
3. La mayoría (*most*) de las playas de Chile están en la costa del océano Atlántico.
____
4. El terremoto más grande de mundo fue en Chile.
____
5. La isla de Pascua es famosa por sus observatorios astronómicos.
____
6. El Parque Nacional de Villarica está situado al pie de un volcán y junto a un lago.
____
7. Se practican deportes de invierno en los Andes chilenos.
____
8. La exportación de vinos chilenos se redujo en los últimos años.
____

3

Información de Chile Complete the sentences with the correct words.

1. La moneda de Chile es el ______________________.
2. Bernardo O'Higgins fue un militar y ______________________ nacional de Chile.
3. Los exploradores ______________________ descubrieron la isla de Pascua.
4. Desde los ______________________ chilenos de los Andes, los científicos estudian las estrellas.
5. La producción del ______________________ es una parte importante de la actividad agrícola de Chile.
6. El país al este de Chile es la ______________________.

Nombre ______________________ Fecha ______________________

4 **Fotos de Chile** Label the photos.

1. ______________________ 2. ______________________

5 **El pasado de Chile** Complete the sentences with the preterite of the correct words from the word bank.

comenzar	recibir
decidir	escribir

1. Pablo Neruda ______________________ muchos poemas románticos durante su vida.
2. La isla de Pascua ______________________ su nombre porque la descubrieron el Día de Pascua.
3. No se sabe por qué los *rapa nui* ______________________ abandonar la isla de Pascua.
4. La producción de vino en Chile ______________________ en el siglo XVI.

6 **Preguntas chilenas** Write questions that correspond to the answers below. Vary the interrogative words you use.

1. ____

Hay más de quince millones de habitantes en Chile.

2. ____

Valparaíso es la cuarta ciudad de Chile.

3. ____

Los idiomas que se hablan en Chile son el español y el mapuche.

4. ____

Los exploradores holandeses descubrieron la isla de Pascua.

5. ____

En el centro de esquí Valle Nevado se puede practicar el heli-esquí.

6. ____

La producción de vino en Chile comenzó en el siglo XVI.

Nombre ______________________ Fecha ______________________

repaso

Lecciones 7–9

1 **¿Te importa?** Complete the sentences with the correct reflexive pronoun and the form of the verb in parentheses.

1. (gustar) A nosotros ______________________ ir de excursión y acampar.
2. (encantar) A mí ______________________ las novelas históricas.
3. (molestar) A mi hermano ______________________ la radio cuando está estudiando.
4. (importar) A Uds. no ______________________ esperar un rato para sentarse, ¿no?
5. (quedar) Ese vestido largo ______________________ muy bien a ti con las sandalias.
6. (faltar) A ellos ______________________ dos clases para graduarse de la universidad.

2 **No quiero nada** Answer the questions negatively, using negative words.

1. ¿Debo ponerme algo elegante esta noche?

____

2. ¿Te enojaste con alguien en el restaurante?

____

3. ¿Se probó algún vestido Ana en la tienda?

____

4. ¿Quiere Raúl quedarse en las fiestas siempre?

____

3 **La fiesta** Complete the paragraph with the correct preterite forms of the verbs in parentheses.

Ignacio y yo (ir) ______ (1) a la fiesta de cumpleaños de un amigo el sábado. (Ir) ______ (2) juntos en mi auto, pero Ignacio (conducir) ______ (3). La fiesta (ser) ______ (4) en el cuarto de fiestas del hotel Condado. En la fiesta (haber) ______ (5) un pastel enorme y muchísimos invitados. (Yo) (Saber) ______ (6) en la fiesta que mi amiga Dora (romper) ______ (7) con su novio. Ignacio y yo (querer) ______ (8) hacerla sentir mejor, pero no (ser) ______ (9) fácil. Primero Ignacio (pedir) ______ (10) una botella de vino. Luego le (decir) ______ (11) a su amigo Marc: "Ven (*Come*) a sentarte con nosotros". Ignacio le (servir) ______ (12) algo de vino a Marc y todos (brindar) ______ (13). Nosotros les (dar) ______ (14) la oportunidad a Dora y a Marc de conocerse. Marc es francés, y por mucho rato ellos no (poderse) ______ (15) entender. Luego yo (traducir) ______ (16) sus palabras un rato. Dora (repetir) ______ (17) las palabras hasta decirlas bien. Dora y Marc (estar) ______ (18) hablando toda (*all*) la noche. Ignacio les (traer) ______ (19) entremeses y él y yo nos (ir) ______ (20) a bailar. Marc le (pedir) ______ (21) el número a Dora cuando ellos (despedirse) ______ (22). Dora (ponerse) ______ (23) feliz. ¡Lo (conseguir) ______ (24)!

4 **Te lo dije** Rewrite these sentences in the preterite. Use double object pronouns in the new sentences.

1. Rebeca quiere darle una sorpresa a Jorge.
2. Les doy un hermoso regalo de bodas.
3. Los López le dicen unos chistes (*jokes*).
4. Francisco no puede darnos consejos.
5. Les debes decir tu apellido a los dueños.
6. Te digo las cosas importantes.

5 **Los países** Compare the items listed, using information from the **Panorama** sections.

1. Guatemala / pequeño / Perú
2. líneas de Nazca / misteriosas / moais de la isla de Pascua
3. habitantes de Guatemala / hablar idiomas mayas / habitantes de Chile
4. Ciudad de Guatemala / grande / puerto de Iquitos
5. peruanos / usar las llamas / chilenos

6 **La boda** Imagine that you know the couple in the photo. Write some background about their wedding. How and when did the couple meet? When did they become engaged? Do they get along well? Do they really love each other? This is your opportunity to say how you really feel about them getting married. Next, talk about the food and drinks served at the wedding and whether you enjoyed the event.

Nombre _______________ Fecha _______________

contextos

Lección 10

1 **El cuerpo humano** Label the parts of the body.

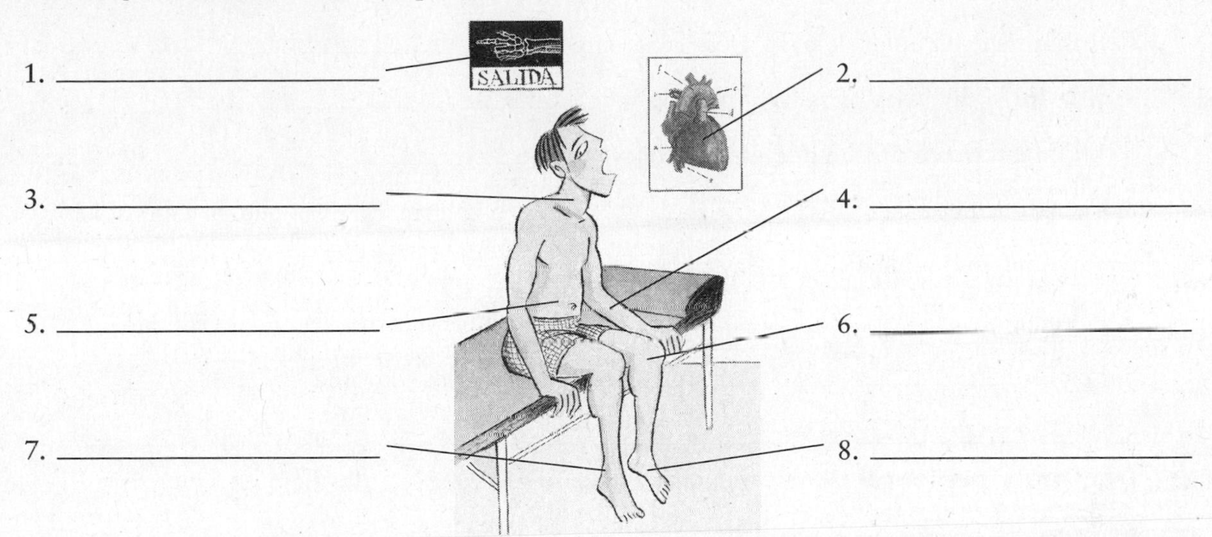

2 **¿Adónde vas?** Fill in the blanks with the place that matches each description.

el consultorio	la clínica	la farmacia
el dentista	el hospital	la sala de emergencia

1. tienes que comprar aspirina _______________
2. tienes un dolor de muelas _______________
3. te rompes una pierna _______________
4. te debes hacer un examen médico _______________
5. te van a hacer una operación _______________
6. te van a poner una inyección _______________

3 **Las categorías** List these terms under the appropriate category.

fiebre	infección	congestionado
receta	operación	antibiótico
resfriado	tos	tomar la temperatura
pastilla	estornudos	aspirina
dolor de cabeza	gripe	
radiografía	poner una inyección	

Síntoma: _______________

Enfermedad: _______________

Diagnóstico: _______________

Tratamiento (*Treatment*): _______________

4 **Oraciones completetas** Complete the sentences with the correct words.

1. La Sra. Gandía va a tener un hijo en septiembre. Está ______________________.
2. Manuel tiene la temperatura muy alta. Tiene ______________________.
3. Rosita tiene un dolor de oído. Debe tener una ______________________.
4. A Pedro le cayó una mesa en el pie. El pie se le ______________________.
5. Mi tía estornuda mucho durante la primavera. Es ______________________ al polen.
6. Tienes que llevar la ______________________ a la farmacia para que te vendan (*in order for them to sell you*) la medicina.
7. Le tomaron una ______________________ de la pierna para ver si se le rompió.
8. Los ______________________ de un resfriado son los estornudos y la tos.

5 **Doctora y paciente** Choose the logical sentences to complete the dialogue.

DOCTORA ¿Qué síntomas tienes?

PACIENTE ______________________
a. Tengo tos y me duele la cabeza.
b. Soy muy saludable.
c. Me recetaron un antibiótico.

DOCTORA ______________________
a. ¿Cuándo fue el accidente?
b. ¿Te dio fiebre ayer?
c. ¿Dónde está la sala de emergencia?

PACIENTE ______________________
a. Fue a la farmacia.
b. Me torcí el tobillo.
c. Sí, mi esposa me tomó la temperatura.

DOCTORA ______________________
a. ¿Estás muy congestionado?
b. ¿Estás embarazada?
c. ¿Te duele una muela?

PACIENTE ______________________
a. Sí, me hicieron una operación.
b. Sí, estoy mareado.
c. Sí, y también me duele la garganta.

DOCTORA ______________________
a. Tienes que ir al consultorio.
b. Es una infección de garganta.
c. La farmacia está muy cerca.

PACIENTE ______________________
a. ¿Tengo que tomar un antibiótico?
b. ¿Debo ir al dentista?
c. ¿Qué indican las radiografías?

DOCTORA ______________________
a. Sí, eres alérgico.
b. Sí, te lastimaste el pie.
c. Sí, ahora te lo voy a recetar.

estructura

10.1 The imperfect tense

1 **El imperfecto** Complete the sentences with the correct forms of the verbs in parentheses.

1. (cenar) Antes, la familia Álvarez ______________ a las ocho de la noche.
2. (cantar) De niña, yo ______________ en el Coro de Niños de San Juan.
3. (recorrer) Cuando vivían en la costa, Uds. ______________ la playa por las mañanas.
4. (jugar) Mis hermanas y yo ______________ en un equipo de béisbol.
5. (tener) La novia de Raúl ______________ el pelo rubio en ese tiempo.
6. (escribir) Antes de tener la computadora, (tú) ______________ a mano (*by hand*).
7. (creer) (Nosotros) ______________ que el concierto era el miércoles.
8. (buscar) Mientras ellos lo ______________ en su casa, él se fue a la universidad.

2 **Oraciones imperfectas** Create sentences with the elements provided. Use the correct imperfect tense forms of the verbs.

1. mi abuela / ser / muy trabajadora y amable
____
2. tú / ir / al teatro / cuando vivías en Nueva York
____
3. ayer / haber / muchísimos pacientes en el consultorio
____
4. (nosotros) / ver / tu casa desde allí
____
5. ser / las cinco de la tarde / cuando llegamos a San José
____
6. ella / estar / muy nerviosa durante la operación
____

3 **No, pero antes...** Answer the questions negatively, using the imperfect tense.

modelo
¿Juega Daniel al fútbol?
No, pero antes jugaba.

1. ¿Hablas por teléfono? ______________________________
2. ¿Fue a la playa Susana? ______________________________
3. ¿Come carne Benito? ______________________________
4. ¿Te trajo tu novio? ______________________________
5. ¿Conduce tu mamá? ______________________________

Nombre ______________________ Fecha ______________________

4 **¿Qué hacían?** Write sentences that say what the people in the drawings were doing yesterday at three o'clock in the afternoon. Use the subjects provided.

1. Tú

2. Rolando

3. Pablo y Elena

4. Lilia y yo

5 **Antes y ahora** Javier is thinking about his childhood—how things were then and how they are now. Write two sentences saying what Javier used to do and what he does now.

modelo

vivir en casa / vivir en la residencia estudiantil
Antes vivía en casa.
Ahora vivo en la residencia estudiantil.

1. jugar al fútbol con mis hermanos / jugar en el equipo de la universidad

2. escribir las cartas a mano / escribir el correo electrónico con la computadora

3. ser rubio y gordito (*chubby*) / ser moreno y delgado

4. tener a mi familia cerca / tener a mi familia lejos

5. estudiar en mi habitación / estudiar en la biblioteca

6. conocer a las personas de mi pueblo / conocer personas de todo el (*the whole*) país

Nombre ________________ Fecha ________________

10.2 Constructions with **se**

1 **¿Qué se hace?** Complete the sentences with verbs from the word bank. Use impersonal constructions with **se**.

servir	hablar	vender
poder	recetar	vivir

1. En Costa Rica ________________ español.
2. En las librerías ________________ libros y revistas.
3. En los restaurantes ________________ comida.
4. En los consultorios ________________ medicinas.
5. En el campo ________________ muy bien.
6. En el mar ________________ nadar y pescar.

2 **Los anuncios** Write advertisements or signs for the situations described. Use impersonal constructions with **se**.

1. "Está prohibido fumar".

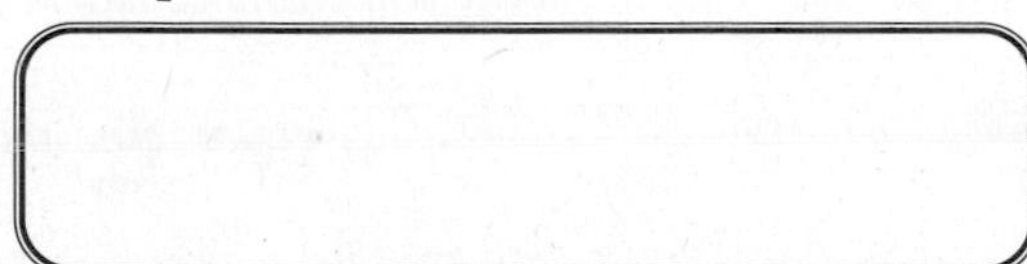

2. "Vendemos periódicos".

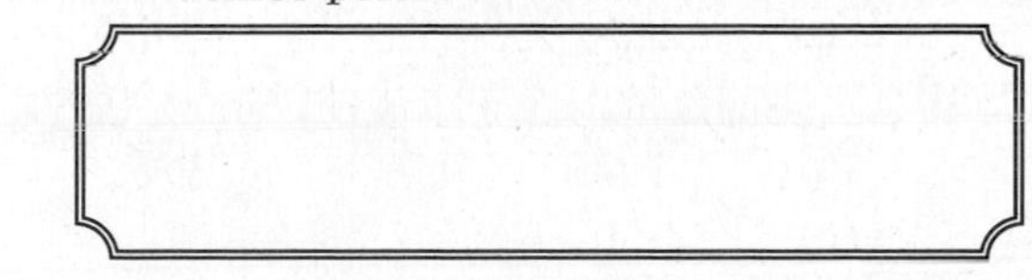

3. "Hablamos español".

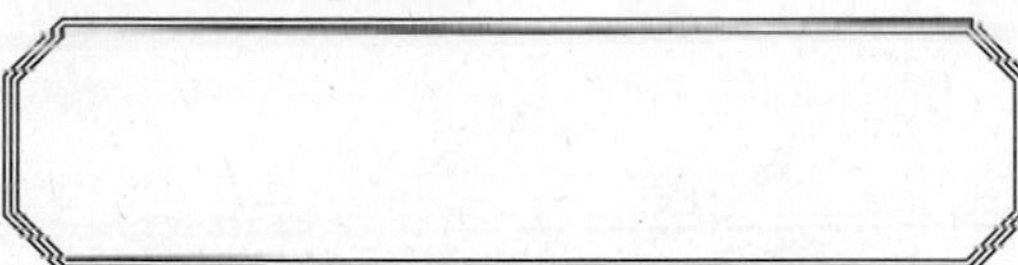

4. "Necesitamos enfermeras".

5. "No debes nadar".

6. "Estamos buscando un auto usado".

3 **Pronombres** Complete the sentences with the correct indirect object pronouns.

1. Se ________________ perdieron las maletas a Roberto.
2. A mis hermanas se ________________ cayó la mesa.
3. A ti se ________________ olvidó venir a buscarme ayer.
4. Se ________________ quedó la ropa nueva en mi casa a Uds.
5. A las tías de Ana se ________________ rompieron los vasos.
6. A Isabel se ________________ dañó la ropa blanca.

Nombre ____________________ Fecha ____________________

4 **El verbo correcto** Choose the correct form of the verb in parentheses, then rewrite each sentence.

1. A Marina se le (cayó, cayeron) la bolsa.

2. A ti se te (olvidó, olvidaron) comprarme la medicina.

3. A nosotros se nos (quedó, quedaron) los libros en el auto.

4. A Ramón y a Pedro se les (dañó, dañaron) el proyecto.

5 **Eso pasó** Create sentences using the elements provided and impersonal constructions with **se**. Use the preterite tense of the verbs.

modelo

(a Raquel) / olvidar / comer antes de salir
Se le olvidó comer antes de salir.

1. (a tu hermana) / perder / las llaves del auto

2. (a Uds.) / olvidar / ponerse las inyecciones

3. (a ti) / caer / los papeles del médico

4. (a Marcos) / romper / la pierna cuando esquiaba

5. (a mí) / dañar / la cámara durante el viaje

6 **¿Qué pasó?** Answer the questions, using the phrases in parentheses.

modelo

¿Qué le pasó a Roberto? (quedar los libros en casa)
Se le quedaron los libros en casa.

1. ¿Qué les pasó a Pilar y a Luis? (dañar el coche)

2. ¿Qué les pasó a los padres de Sara? (romper la botella de vino)

3. ¿Qué te pasó a ti? (perder las llaves de la casa)

4. ¿Qué les pasó a Uds.? (quedar las toallas en la playa)

5. ¿Qué le pasó a Hugo? (olvidar estudiar para el examen)

Nombre ______________________ Fecha ______________________

10.3 Adverbs

1 **Adjetivos y adverbios** Complete the sentences by changing the adjectives in the first sentences into adverbs in the second.

1. Los conductores son lentos. Conducen ______________________.
2. Esa doctora es amable. Siempre nos saluda ______________________.
3. Los autobuses de mi ciudad son frecuentes. Pasan por la parada ______________________.
4. Rosa y Julia son chicas muy alegres. Les encanta bailar y cantar ______________________.
5. Mario y tú hablan un español perfecto. Hablan español ______________________.
6. Los pacientes visitan al doctor de manera constante. Lo visitan ______________________.
7. Llegar tarde es normal para David. Llega tarde ______________________.
8. Me gusta trabajar de manera independiente. Trabajo ______________________.

2 **Adverbios** Complete the sentences with adverbs and adverbial expressions from the word bank. Use each term once.

pronto	a tiempo
bastante	a menudo
por lo menos	casi

1. Tito no es un niño muy sano. Se enferma ______________________.
2. El Dr. Garrido es muy puntual. Siempre llega al consultorio ______________________.
3. Mi madre visita al doctor con frecuencia. Se chequea ______________________ una vez cada año.
4. Fui al doctor el año pasado. Tengo que volver ______________________.
5. Llegué tarde al autobús, y ______________________ tengo que ir al centro caminando.
6. El examen fue ______________________ difícil.

3 **Más adverbios** Complete the sentences with the adverbs or adverbial phrases that correspond to the words in parentheses.

1. Llegaron temprano al concierto; (*thus*) ______________________, consiguieron asientos muy buenos.
2. El accidente fue (*rather*) ______________________ grave, pero al conductor no se le rompió ningún hueso.
3. Irene y Vicente van a comer (*less*) ______________________ porque quieren estar más delgados.
4. Silvia y David (*almost*) ______________________ se cayeron de la motocicleta cerca de su casa.
5. Para aprobar (*pass*) el examen, tienes que contestar (*at least*) ______________________ el 75% de las preguntas.
6. Mi mamá (*sometimes*) ______________________ se tuerce el tobillo cuando camina mucho.

4 **¿Adjetivo o adverbio?** Choose the correct adjective or adverb from those in parentheses. Then write the complete sentence.

1. Es importante conducir (inteligente, inteligentemente).
2. No existe una cura (real, realmente) para el cáncer.
3. El agua del río (*river*) corría (tranquila, tranquilamente).
4. Germán tiene unos dibujos (maravillosos, maravillosamente).
5. Claudia y Elena son personas (felices, felizmente).
6. Miguel y Ana se conocieron (gradual, gradualmente).
7. La comida y el agua son necesidades (básicas, básicamente).
8. Los antibióticos son (enormes, enormemente) importantes en la medicina.

5 **De vez en cuando** Answer the questions, using the adverbs or adverbial phrases in parentheses. Do not repeat the subject in the answer.

modelo
¿Va Enrique a la playa siempre? (*sometimes*)
No, va a la playa a veces.

1. ¿Van al cine con frecuencia Vicente y Juan Carlos? (*little*)
2. ¿Llegaron Natalia y Francisco a la cena? (*on time*)
3. ¿Comías en el restaurante chino? (*a lot*)
4. ¿Estudiaste para el examen de historia? (*enough*)
5. ¿Comen carne Ricardo y Teresa? (*hardly*)
6. ¿Se enferma a menudo tu hermano? (*from time to time*)

10.4 Time expressions with hacer

1 **¿Cuánto tiempo hace?** Create sentences from the elements provided.

modelo
2 años / (nosotros) / vivir en esta ciudad
Hace dos años que vivimos en esta ciudad.

1. 5 minutos / (yo) / estar esperando
2. 3 meses / Jaime / no llamar a Miguel
3. 1 año / (tú) / ser novio de Ana
4. 4 días / Uds. / no hablar por teléfono
5. 6 meses / Rodrigo / tomar clases de francés
6. 3 años / (nosotros) / estar casados

2 **¿Hace cuánto?** Rewrite each sentence.

modelo
Ricardo y Pepe vieron esa película hace dos semanas
Hace dos semanas que Ricardo y Pepe vieron esa película.

1. Hace dos años que Lola trabajó en ese consultorio.
2. María y Laura se graduaron en medicina hace tres meses.
3. Hace seis meses que les pusieron las inyecciones a Iván y a Paquito.
4. Analisa quedó embarazada hace dos meses.
5. Hace un año que Luis se rompió la pierna cuando esquiaba.
6. Conduje en el auto hace dos horas.

Nombre ________________ Fecha ________________

3 **¿Cuánto hace?** Answer the questions with complete sentences. Use the phrases in parentheses.

1. ¿Cuánto tiempo hace que vas de vacaciones a la playa? (cinco años)
2. ¿Cuánto tiempo hace que cumpliste años? (dos semanas)
3. ¿Cuánto tiempo hace que estudias economía? (cuatro años)
4. ¿Cuánto tiempo hace que fueron a los Juegos Olímpicos? (tres años)
5. ¿Cuánto tiempo hace que te dan dolores de cabeza? (seis meses)
6. ¿Cuánto tiempo hace que Irene y Natalia llegaron? (una hora)

Síntesis

Think of a summer in which you did a lot of different things on vacation or at home. State the activities that you used to do during that summer; then state the things that you do in the present. How often did you do those activities then? How often do you do them now? How long ago did you do these things? Is there an activity that you started doing then and that you still do? Create a "photo album" of that summer, using actual photographs if you have them, or drawings that you make. Use your writing about the summer as captions for the photo album.

Nombre ______________________ Fecha ______________________

panorama

Costa Rica

1 **El mapa de Costa Rica** Label the map of Costa Rica.

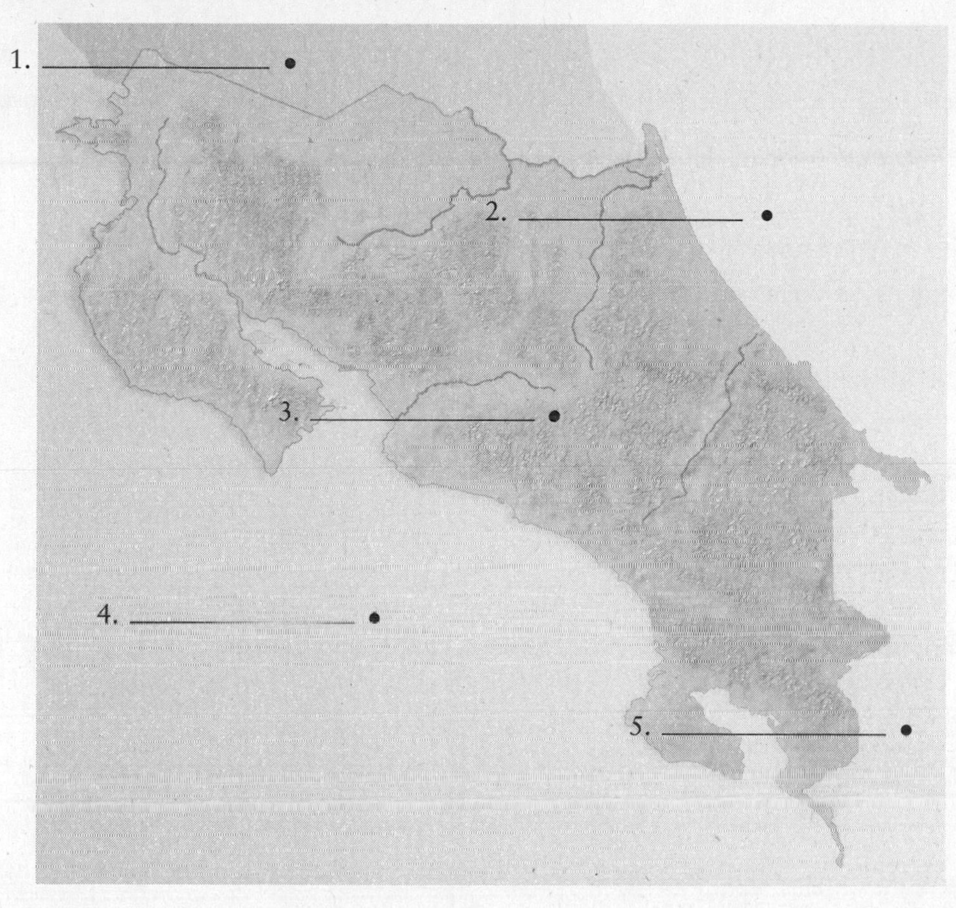

2 **¿Cierto o falso?** Indicate whether the statements are **cierto** or **falso**. Correct the false statements.

1. Los parques nacionales costarricenses se establecieron para el turismo.

____

2. Costa Rica fue el primer país centroamericano en desarrollar la industria cafetera.

____

3. El café representa más del 50% de las exportaciones anuales de Costa Rica.

____

4. Costa Rica provee servicios médicos gratuitos a sus ciudadanos.

____

5. El ejército de Costa Rica es uno de los más grandes y preparados de Latinoamérica.

____

6. En Costa Rica se eliminó la educación gratuita para los costarricenses.

____

3 **Costa Rica** Complete the sentences with the correct words.

1. Costa Rica es el país de Centroamérica con la población más ______________.
2. La moneda que se usa en Costa Rica es ______________.
3. Costa Rica es el único país latinoamericano que no tiene ______________.
4. Costa Rica fue el primer país centroamericano en desarrollar la industria ______________.
5. El café representa alrededor del 15% de las ______________ anuales de Costa Rica.
6. Costa Rica es un modelo de ______________ y de ______________.

4 **Datos costarricenses** Fill in the blanks with the correct information.

En los parques nacionales de Costa Rica los ecoturistas pueden ver:

1. ______________
2. ______________
3. ______________
4. ______________
5. ______________
6. ______________
7. ______________
8. ______________
9. ______________
10. ______________

Costa Rica es uno de los países más progresistas del mundo porque:

11. ______________
12. ______________
13. ______________
14. ______________

5 **Completar** Use impersonal constructions with **se** to complete the sentences. Be sure to use the correct tense of the verbs in the word bank.

modelo

En Costa Rica ahora se invierte más dinero en la educación y las artes.

eliminar	mantener	establecer	empezar
invertir	ofrecer	proveer	

1. En Costa Rica ______________ una democracia estable.
2. El sistema de parques nacionales ______________ para proteger los ecosistemas.
3. En los parques ______________ la oportunidad de ver animales en su hábitat natural.
4. En el siglo XIX ______________ a exportar el café costarricense.
5. En Costa Rica ______________ servicios médicos gratuitos a los ciudadanos y turistas.
6. En 1870 ______________ la pena de muerte en Costa Rica.

Nombre ______________________ Fecha ______________________

contextos

Lección 11

1 La tecnología

La tecnología Fill in the blanks with the correct terms.

1. Para multiplicar y dividir puedes usar ______________________.
2. Para hacer videos de tu familia puedes usar ______________________.
3. Cuando vas a un sitio Web, lo primero (*the first thing*) que ves es ______________________.
4. Cuando no estás en casa y alguien te llama, te deja un mensaje en ______________________.
5. La red de computadoras y servidores más importante del mundo es ______________________.
6. Para poder ver muchos canales, tienes que tener ______________________.

2 Eso hacían

Eso hacían Match a subject from the word bank to each verb phrase. Then write complete sentences for the pairs using the imperfect.

la impresora nueva	el mecánico de Jorge	el auto viejo
el teléfono celular	algunos jóvenes estadounidenses	el conductor del autobús

1. manejar lentamente por la nieve

____

2. imprimir los documentos muy rápido

____

3. revisarle el aceite al auto todos los meses

____

4. sonar en la casa pero nadie cogerlo

____

5. no arrancar cuando llover

____

6. navegar en el Internet de niños

____

3 La computadora

La computadora Label the drawing with the correct terms.

1. ______________________
2. ______________________
3. ______________________
4. ______________________
5. ______________________
6. ______________________
7. ______________________
8. ______________________

Nombre ______________________ Fecha ______________________

4 **Preguntas** Answer the questions with complete sentences.

1. ¿Para qué se usa la impresora?

____

2. ¿Para qué se usan los frenos del coche?

____

3. ¿Qué se usa para enviar documentos?

____

4. ¿Qué se usa para manejar el carro?

____

5. ¿Qué se usa para cambiar los canales del televisor?

____

6. ¿Para qué se usan las llaves del carro?

____

5 **Mi primer día en la carretera** Complete the paragraph with terms from the word bank using the appropriate tense of each verb.

autopista	licencia de conducir	circulación	avenida
multa	mujer policía	subir	arrancar
camino	parar	chocar	lento
lleno	aceite	velocidad máxima	estacionar

Después de dos examenes, conseguí mi ______(1)______ para poder manejar legalmente por primera vez. Estaba muy emocionado cuando ______(2)______ al carro de mi papá. El tanque estaba ______(3)______, el ______(4)______ lo revisaron el día antes, y el carro y yo estábamos listos para ______(5)______. Primero salí por el ______(6)______ en donde está mi casa. Luego llegué a una ______(7)______ principal, donde había mucha gente y la ______(8)______ era más pesada (*heavy*). Se me olvidó ______(9)______ en el semáforo, que estaba amarillo, y casi ______(10)______ con un autobús. Sin saberlo, entré en la ______(11)______ interestatal (*interstate*). La ______(12)______ era de 70 millas por hora, pero yo estaba tan nervioso que iba mucho más ______(13)______, a 10 millas por hora. Vi a una ______(14)______ en su motocicleta y tuve miedo. ¡No quería una ______(15)______ en mi primer día de conducir! Por eso volví a casa y ______(16)______ el carro en la calle. ¡Qué aventura!

estructura

11.1 The preterite and the imperfect

1 **¿Pretérito o imperfecto?** Complete the sentences correctly with imperfect or preterite forms of the verbs in parentheses.

1. (escribir) Claudia ______________ un mensaje por Internet cuando la llamó Miguel.
2. (chocar) El conductor estacionaba su auto cuando ______________ conmigo.
3. (cambiar) Mariela cruzaba la calle cuando el semáforo ______________ a verde.
4. (estar) (Yo) ______________ mirando la televisión cuando llegaron mis hermanos.
5. (revisar) Mientras el mecánico ______________ el aceite, yo entré a comprar una soda.
6. (quedarse) Tú ______________ en el auto mientras Rolando llenaba el tanque.
7. (leer) Cuando Sandra llegó al café, Luis ______________ el periódico.
8. (funcionar) Antes el auto no ______________, pero ayer el mecánico lo arregló.

2 **De niño y ayer** Complete each pair of sentences by using the imperfect and preterite forms of the verbs in parentheses.

(bailar)

1. Cuando era pequeña, Sara ______________ ballet todos los lunes y miércoles.
2. Ayer Sara ______________ ballet en el recital de la universidad.

(escribir)

3. La semana pasada, (yo) le ______________ un mensaje por correo electrónico a mi papá.
4. Antes (yo) ______________ las cartas a mano o con una máquina de escribir.

(ser)

5. El novio de María ______________ guapo, inteligente y simpático.
6. El viaje de novios ______________ una experiencia inolvidable (*unforgettable*).

(haber)

7. ______________ una fiesta en casa de Maritere el viernes pasado.
8. Cuando llegamos a la fiesta, ______________ mucha gente.

(ver)

9. El lunes ______________ a mi prima Lisa en el centro comercial.
10. De niña, yo ______________ a Lisa todos los días.

3 **¿Qué pasaba?** Look at the drawings, then complete the sentences, using the preterite or imperfect.

1. Cuando llegué a casa anoche, las niñas ____________________.

2. Cuando empezó a llover, Sara ____________________.

3. Antes de irse de vacaciones, la Sra. García ____________________.

4. Cada vez que lo veíamos, Raúl ____________________.

4 **El pasado** Decide whether the verbs in parentheses should be in the preterite or the imperfect. Then rewrite the sentences.

1. Ayer Clara (ir) a casa de sus primos, (saludar) a su tía y (comer) con ellos.

____

2. Cuando Manuel (vivir) en Buenos Aires, (conducir) muchos kilómetros todos los días.

____

3. Mientras Carlos (leer) las traducciones (*translations*), Blanca (traducir) otros textos.

____

4. El doctor (terminar) el examen médico y me (recetar) un antibiótico.

____

5. La niña (tener) ocho años y (ser) inteligente y alegre.

____

6. Rafael (cerrar) todos los programas, (apagar) la computadora y (irse).

____

Nombre ______________________ Fecha ______________________

5 **¡Qué diferencia!** Complete this paragraph with the preterite or the imperfect of the verbs in parentheses.

La semana pasada (yo) (llegar) ______(1)______ a la universidad y me di cuenta (*realized*) de que este año va a ser muy diferente a los anteriores. Todos los años Laura y yo (vivir) ______(2)______ con Regina, pero la semana pasada (nosotras) (conocer) ______(3)______ a nuestra nueva compañera de cuarto, Gisela. Antes Laura, Regina y yo (tener) ______(4)______ un apartamento muy pequeño, pero al llegar la semana pasada, (nosotras) (ver) ______(5)______ el apartamento nuevo: es enorme y tiene mucha luz. Antes de vivir con Gisela, Laura y yo no (poder) ______(6)______ leer el correo electrónico desde la casa, pero ayer Gisela (conectar) ______(7)______ su computadora al Internet y todas (mirar) ______(8)______ nuestros mensajes. Antes (nosotras) siempre (caminar) ______(9)______ hasta la biblioteca para ver el correo, pero anoche Gisela nos (decir) ______(10)______ que podemos compartir su computadora. ¡Qué diferencia!

6 **¿Dónde estabas?** Write questions and answers with the words provided. Ask where these people were when something happened.

modelo

Elena ⟶ Ricardo / salir a bailar // cuarto / dormir la siesta
¿Dónde estaba Elena cuando Ricardo salió a bailar?
Elena estaba en el cuarto. Dormía la siesta.

1. María ⟶ (yo) / llamar por teléfono // cocina / lavar los platos

____

____

2. (tú) ⟶ Teresa y yo / ir al cine // casa / leer una revista

____

____

3. tu hermano ⟶ empezar a llover // calle / montar en bicicleta

____

____

4. Uds. ⟶ Luisa / venir a casa // estadio / jugar al fútbol

____

____

5. Ana y Pepe ⟶ (tú) / saludarlos // supermercado / hacer la compra

____

____

7 **El diario de Laura** Laura has just found a page from her old diary. Rewrite the page in the past tense, using the preterite and imperfect forms of the verbs as appropriate.

Querido diario:

Estoy pasando el verano en Córdoba, y es un lugar muy divertido. Salgo con mis amigas todas las noches hasta tarde. Bailo con nuestros amigos y nos divertimos mucho. Durante la semana, trabajo: doy clases de inglés. Los estudiantes son alegres y se interesan mucho por aprender. El día de Navidad conocí a un chico muy simpático que se llama Francisco. Me llamó al día siguiente (*next*) y nos vemos todos los días. Me siento enamorada de él. Creo que va a venir a Boston para estar conmigo. Tenemos que buscar trabajo allí, pero estamos muy emocionados.

Laura

8 **Pretérito e imperfecto** Rewrite the paragraph, using the preterite or imperfect forms of the verbs in parentheses as appropriate.

Ayer mi hermana y yo (ir) a la playa. Cuando llegamos, (ser) un día despejado con mucho sol, y nosotras (estar) muy contentas. A las doce (comer) unos sándwiches de almuerzo. Los sándwiches (ser) de jamón y queso. Luego (descansar) y entonces (nadar) en el mar. Mientras (nadar), (ver) a las personas que (practicar) el esquí acuático. (Parecer) muy divertido, así que (decidir) probarlo. Mi hermana (ir) primero, mientras yo la (mirar). Luego (ser) mi turno. Las dos (divertirse) mucho esa tarde.

Nombre ______ Fecha ______

11.2 Por and para

1 **Para esto o por aquello** Complete the sentences with **por** or **para** as appropriate.

1. Pudieron terminar el trabajo ______ haber empezado (*having begun*) a tiempo.
2. Ese *fax* es ______ enviar y recibir documentos de la compañía.
3. Elsa vivió en esa ciudad ______ algunos meses hace diez años.
4. Mi mamá compró esta computadora portátil ______ mi papá.
5. Sales ______ la Argentina mañana a las ocho y media.
6. Rosaura cambió la blusa blanca ______ la blusa rosada.
7. El Sr. López necesita el informe ______ el 2 de agosto.
8. Estuve estudiando toda la noche ______ el examen.
9. Los turistas fueron de excursión ______ las montañas.
10. Mis amigos siempre me escriben ______ correo electrónico.

2 **Por muchas razones** Complete the sentences with the expressions in the word bank.

por aquí	por eso
por ejemplo	por fin

1. Ramón y Sara no pudieron ir a la fiesta anoche; ______ no los viste.
2. Buscaron el vestido perfecto por mucho tiempo, y ______ lo encontraron en esa tienda.
3. Creo que va a ser difícil encontrar un módem y un monitor ______.
4. Pídele ayuda a uno de tus amigos, ______, Miguel, Carlos o Francisco.
5. Miguel y David no saben si podemos pasar ______ en bicicleta.
6. La videocasetera no está conectada, y ______ no funciona.

3 **Por y para** Complete the sentences with **por** or **para**.

1. Fui a comprar frutas (*instead of*) ______ mi madre.
2. Fui a comprar frutas (*to give to*) ______ mi madre.
3. Rita le dio dinero (*in order to buy*) ______ el módem.
4. Rita le dio dinero (*in exchange for*) ______ el módem.
5. La familia los llevó (*through*) ______ los Andes.
6. La familia los llevó (*to*) ______ los Andes.

Nombre ______________________ Fecha ______________________

4 **Escribir oraciones** Write sentences in the preterite, using the elements provided and **por** or **para**.

modelo

(tú) / salir en el auto / ¿? / Córdoba
Saliste en el auto para Córdoba.

1. Ricardo y Emilia / traer un pastel / ¿? / su prima

____

2. los turistas / llegar a las ruinas / ¿? / barco

____

3. (yo) / tener resfriado / ¿? / el frío

____

4. mis amigas / ganar dinero / ¿? / viajar a Suramérica

____

5. Uds. / buscar a Teresa / ¿? / toda la playa

____

6. el avión / salir a las doce / ¿? / Buenos Aires

____

5 **Para Silvia** Complete the paragraph with **por** and **para**.

Fui a la agencia de viajes porque quería ir ______ (1) Mendoza ______ (2) visitar a mi novia, Silvia. Entré ______ (3) la puerta y Marta, la agente de viajes, me dijo: "¡Tengo una oferta excelente ______ (4) ti!". Me explicó que podía viajar en avión ______ (5) Buenos Aires ______ (6) seiscientos dólares. Podía salir un día de semana, ______ (7) ejemplo lunes o martes. Me podía quedar en una pensión en Buenos Aires ______ (8) quince dólares ______ (9) noche. Luego viajaría ______ (10) tren a Mendoza ______ (11) encontrarme con Silvia. "Debes comprar el pasaje ______ (12) el fin de mes", me recomendó Marta. Fue la oferta perfecta ______ (13) mí. Llegué a Mendoza y Silvia vino a la estación ______ (14) mí. Traje unas flores ______ (15) ella. Estuve en Mendoza ______ (16) un mes y ______ (17) fin Silvia y yo nos comprometimos. Estoy loco ______ (18) ella.

Nombre ______________________ Fecha ______________________

11.3 Reciprocal reflexives

1 **Se conocen** Complete the sentences with the reciprocal reflexives of the verbs in parentheses. Use the present tense.

1. (ver) Isabel y Francisco ______________ todos los días en clase.
2. (encontrar) Los amigos ______________ en el centro de la ciudad.
3. (querer) El padre y la madre de Elena ______________ mucho.
4. (saludar) La dependienta y yo ______________ por las mañanas.
5. (ayudar) Los compañeros de clase ______________ con las tareas.
6. (llamar) Tía Ana y tía Teresa ______________ por teléfono todos los días.

2 **Nos vemos** Complete the sentences with the reciprocal reflexives of the verbs in the word bank.

encontrar	despedir	llamar	saludar
abrazar	querer	besar	ayudar

1. Cuando los estudiantes llegan a clase, todos ______________.
2. Hace seis meses que Ricardo no ve a su padre. Cuando se ven, ______________.
3. Los buenos amigos ______________ cuando tienen problemas.
4. Es el final de la boda. El novio y la novia ______________.
5. Mi novia y yo nos vamos a casar porque ______________ mucho.
6. Antes de irse a sus casas, todos los amigos de Irene y Vicente ______________.
7. Hablo todos los días con mi hermana. Nosotras ______________ todos los días.
8. Cuando Sandra sale a comer con sus amigas, ellas ______________ en el restaurante.

3 **Así fue** Write sentences from the elements provided. Use reciprocal reflexives and the preterite of the verbs.

1. Ayer / Felipe y Lola / enviar / mensajes por correo electrónico

____

2. Raúl y yo / encontrar / en el centro de computación

____

3. mis abuelos / querer / mucho toda la vida

____

4. los protagonistas de la película / abrazar y besar / al final

____

5. esos hermanos / ayudar / a conseguir trabajo

____

Nombre ______________________ Fecha ______________________

Noticias (*News*) **de Alma** Read the letter from Alma, then complete the sentences about the letter with reciprocal reflexive forms of the correct verbs.

Querida Claudia:

Conocí a Manolo el mes pasado en Boston. Desde el día en que lo conocí, lo veo todos los días. Cuando salgo de la universidad, me encuentro con él en algún lugar de la ciudad. Nuestro primer beso fue en el parque. Anoche Manolo me dijo que me quiere a mí y yo le dije que lo quiero mucho a él. Siempre nos ayudamos mucho con las tareas de la universidad. Llamo mucho a mi hermana y ella me llama a mí para hablar de las cosas. Mi hermana me entiende muy bien y viceversa.

Hasta luego,
Alma

1. Manolo y Alma ______________________ el mes pasado en Boston.
2. Ellos ______________________ todos los días desde que se conocieron.
3. Manolo y Alma ______________________ después de clase en algún lugar de la ciudad.
4. La primera vez que ______________________, Manolo y Alma estaban en el parque.
5. Anoche Manolo y Alma ______________________ que se quieren mucho.
6. Manolo y Alma siempre ______________________ mucho con las tareas de la universidad.
7. Alma y su hermana ______________________ mucho para hablar de las cosas.
8. Alma y su hermana ______________________ muy bien.

5 **Completar** Complete each pair of sentences with the preterite of the verbs in parentheses. Use the reciprocal reflexive in only one sentence in each pair.

(conocer)

1. Ricardo y Juan ______________________ a Cristina el año pasado.
2. Los González ______________________ en un viaje por Europa.

(saludar)

3. Los policías ______________________ cuando llegaron al cuartel (*headquarters*).
4. La mujer policía ______________________ a los niños que cruzaban la calle.

(ayudar)

5. Las enfermeras ______________________ al paciente a levantarse.
6. Los niños ______________________ para terminar la tarea más temprano.

(ver)

7. Los mecánicos ______________________ los coches descompuestos.
8. El profesor y los estudiantes ______________________ por primera vez en clase.

Nombre ____________ Fecha ____________

11.4 Stressed possessive adjectives and pronouns

1 **Esas cosas tuyas** Fill in the blanks with the possessive adjectives as indicated.

1. Ana nos quiere mostrar unas fotos (*of hers*) ____________.
2. A Lorena le encanta la ropa (*of ours*) ____________.
3. Los turistas traen las toallas (*of theirs*) ____________.
4. El mecánico te muestra unos autos (*of his*) ____________.
5. El sitio Web (*of his*) ____________ es espectacular.
6. ¿Quieres probar el programa de computación (*of ours*) ____________?
7. Roberto prefiere usar la computadora (*of mine*) ____________.
8. Ese ratón (*of yours*) ____________ es el más moderno que existe.

2 **¿De quién es?** Complete the sentences with possessive adjectives.

1. Ésa es mi computadora. Es la computadora ____________.
2. Vamos a ver su página de Internet. Vamos a ver la página de Internet ____________.
3. Aquéllos son mis archivos. Son los archivos ____________.
4. Quiero usar el programa de él. Quiero usar el programa ____________.
5. Buscamos nuestra impresora. Buscamos la impresora ____________.
6. Ésos son los discos compactos de ella. Son los discos compactos ____________.
7. Tienen que arreglar tu teclado. Tienen que arreglar el teclado ____________.
8. Voy a usar el teléfono celular de ustedes. Voy a usar el teléfono celular ____________.

3 **Los suyos** Answer the questions. Follow the model.

modelo
¿Vas a llevar tu cámara?
Sí, voy a llevar la mía.

1. ¿Prefieres usar tu calculadora? ____________
2. ¿Quieres usar nuestro módem? ____________
3. ¿Guardaste los archivos míos? ____________
4. ¿Llenaste el tanque de su auto? ____________
5. ¿Manejó Sonia nuestro auto? ____________
6. ¿Vas a comprar mi televisor? ____________

4 **Los pronombres posesivos** Replace the question with one using **de** to clarify the possession. Then answer the question affirmatively, using a possessive pronoun.

modelo

¿Es suyo el teléfono celular? (de ella)

¿Es de ella el teléfono celular? Sí, es suyo.

1. ¿Son suyas las gafas? (de Ud.)

2. ¿Es suyo el estéreo? (de Joaquín)

3. ¿Es suya la impresora? (de ellos)

4. ¿Son suyos esos módems? (de Susana)

5. ¿Es suyo el coche? (de tu mamá)

6. ¿Son suyas estas calculadoras? (de Uds.)

Síntesis

Tell the story of a romantic couple you know. Use the preterite and the imperfect to tell their story. Use reciprocal reflexive forms of verbs to tell what happened between them and when. Use stressed possessive adjectives and pronouns as needed to talk about their families and their difficulties.

Nombre ____________________ Fecha ____________________

panorama

Argentina

1 **Argentina** Fill in the blanks with the correct terms.

1. La ciudad de Buenos Aires se conoce como el ____________________.
2. Se dice que la Argentina es el país más ____________________ de toda la América Latina.
3. Después de 1880, muchos ____________________ se establecieron en la Argentina.
4. Los sonidos y ritmos del tango tienen raíces ____________________,
   ____________________ y ____________________.
5. A los habitantes de Buenos Aires se les llama ____________________.
6. Cerca de la confluencia de los ríos Iguazú y Paraná están ____________________.

2 **Palabras desordenadas** Unscramble the words about Argentina, using the clues.

1. URGAÍNA ____________________
(idioma que se habla en la Argentina además del español)

2. ESEDRREMC ____________________
(nombre de una cantante argentina)

3. GAIOATNAP ____________________
(región fría que está en la parte sur (*south*) de la Argentina)

4. REGTARLNIA ____________________
(uno de los países de origen de muchos inmigrantes a la Argentina)

5. ÑORTOEPS ____________________
(personas de Buenos Aires)

6. TOORVPOAVCI ____________________
(una característica del tango en un principio)

3 **Datos argentinos** Fill in the blanks with the aspects of Argentina described.

1. saxofonista argentino ____________________
2. las tres mayores ciudades de la Argentina ____________________
3. países de origen de muchos inmigrantes argentinos ____________________
4. escritor argentino célebre ____________________
5. países que comparten las cataratas del Iguazú ____________________
6. primera dama argentina ____________________

4 **Fotos de Argentina** Label the photographs from Argentina.

1. ______________________ 2. ______________________

5 **¿Cierto o falso?** Indicate whether the statements are **cierto** or **falso**. Correct the false statements.

1. La Argentina es el país más grande del mundo.
____
2. La Avenida 9 de Julio en Buenos Aires es la calle más ancha del mundo.
____
3. Los idiomas que se hablan en la Argentina son el español y el inglés.
____
4. Los inmigrantes argentinos venían principalmente de Europa.
____
5. El tango es un baile con raíces indígenas y africanas.
____
6. Las cataratas de Iguazú están cerca de las confluencias de los ríos Iguazú y Paraná.
____

6 **Preguntas argentinas** Answer the questions with complete sentences.

1. ¿Por qué se conoce a Buenos Aires como el "París de Sudamérica"?
____
2. ¿Quién fue la primera dama de la Argentina hasta el 1952?
____
3. ¿Qué dejaron las diferentes culturas de los inmigrantes a la Argentina?
____
4. ¿Cómo cambió el tango desde su origen hasta la década de 1940?
____

Nombre ______________________ Fecha ______________________

contextos Lección 12

1 **Los aparatos domésticos** Answer the questions with complete sentences.

modelo

Julieta quiere comer pan tostado. ¿Qué tiene que usar Julieta?
Julieta tiene que usar una tostadora.

1. La ropa de Joaquín está sucia. ¿Qué necesita Joaquín?
____
2. Clara lavó la ropa. ¿Qué necesita Clara ahora?
____
3. Los platos de la cena están sucios. ¿Qué se necesita?
____
4. Rita quiere hacer hielo. ¿Dónde debe poner el agua?
____

2 **¿En qué habitación?** Label these items as belonging to **la cocina, la sala,** or **la alcoba**.

1. el lavaplatos ______________
2. el sillón ______________
3. la cama ______________
4. el horno ______________
5. la almohada ______________
6. la cafetera ______________
7. la mesita de noche ______________
8. la cómoda ______________

3 **¿Qué hacían?** Complete the sentences, describing the domestic activity in each drawing.

1. Ramón ______________________________

2. Rebeca ______________________________

3. Mi tío Juan ______________________________

4. Isabel ______________________________

Nombre ______________________ Fecha ______________________

4 **Una es diferente** Fill in the blank with the word that doesn't belong in each group.

1. sala, plato, copa, vaso, taza ______________
2. cuchillo, altillo, plato, copa, tenedor ______________
3. cocina, balcón, patio, jardín, garaje ______________
4. cartel, estante, pintura, lavadora, cuadro ______________
5. alcoba, sala, comedor, pasillo, oficina ______________
6. lavadora, escalera, secadora, lavaplatos, tostadora ______________

5 **Crucigrama** Complete the crossword puzzle.

Horizontales

4. el hombre que vive al lado de tu casa
5. Julieta habló con Romeo desde su ________.
6. sillón, mesa, cama o silla
8. lo que pones cuando necesitas luz
10. lo que usas para tomar vino
11. Usas estas cosas para tomar agua o soda.
14. lo que usas cuando hace frío de noche

Verticales

1. lo que usas para ir de un piso a otro
2. obras (*works*) de Picasso, de Goya, etc.
3. pagar dinero cada mes por vivir en un lugar
7. ________ de microondas
9. Si vas a vivir en otro lugar, vas a ________.
12. donde se pueden sentar tres o cuatros personas
13. lo que usas para tomar el café

Nombre ______________________ Fecha ______________________

estructura

12.1 Relative pronouns

1 **Relativamente** Complete the sentences with **que, quien,** or **quienes.**

1. La persona a ______________ debes conocer es Marta.
2. El restaurante ______________ más me gusta es Il Forno.
3. Los amigos a ______________ fue a visitar son Ana y Antonio.
4. Doña María, ______________ me cuidaba cuando yo era niña, vino a verme.
5. El estudiante ______________ mejor conozco de la clase es Gustavo.
6. La habitación ______________ tiene las paredes azules es la tuya.
7. Los primos con ______________ mejor me llevo son Pedro y Natalia.
8. El profesor ______________ sabe la respuesta está en la biblioteca ahora.

2 **Esto fue** Answer the questions using the words in parentheses.

modelo

¿Qué es lo que encontraste en el altillo? (un álbum de fotos)

Lo que encontré en el altillo fue un álbum de fotos.

1. ¿Qué es lo que preparas en la cocina? (el almuerzo)

____

2. ¿Qué es lo que buscas en el estante? (mi libro favorito)

____

3. ¿Qué es lo que te gusta hacer en verano? (ir al campo)

____

4. ¿Qué es lo que vas a poner en el balcón? (un sofá)

____

5. ¿Qué es lo que tiene Paco en el armario? (mucha ropa)

____

6. ¿Qué es lo que le vas a regalar a tu hermana? (una cafetera)

____

3 **¿Que o lo que?** Complete the sentences with **que** or **lo que**.

1. El pastel de cumpleaños ______________ me trajo mi abuela fue delicioso.
2. ______________ más le gusta a Pedro y Andrés es jugar baloncesto.
3. Miguel perdió las llaves, ______________ le hizo llegar tarde al dentista.
4. Ricardo y Ester querían los muebles ______________ vieron en la tienda.

4 Pronombres relativos

Complete the sentences with **que, quien, quienes,** or **lo que**.

1. Los vecinos ______________ viven frente a mi casa son muy simpáticos.
2. Rosa y Pepe viajan mucho, ______________ los expone a muchas culturas.
3. Las amigas con ______________ estudias en la universidad son de varias ciudades.
4. El apartamento ______________ Rebeca y Jorge alquilaron está cerca del centro.
5. Adrián y Daniel, ______________ estudian física, son expertos en computación.
6. Rubén debe pedirle la aspiradora a Marcos, a ______________ le regalaron una.

5 Mi prima Natalia

Complete the paragraph with **que, quien, quienes,** or **lo que**.

Natalia, ______(1)______ es mi prima, tiene un problema. Natalia es la prima ______(2)______ más quiero de todas las que tengo. ______(3)______ le pasa a Natalia es que siempre está muy ocupada. Su novio, a ______(4)______ conoció hace dos años, quiere pasar más tiempo con ella. La clase ______(5)______ más le gusta a Natalia es la clase de francés. Natalia, ______(6)______ ya habla inglés y español, quiere aprender el francés muy bien. Tiene dos amigos franceses con ______(7)______ practica el idioma. Natalia también está en el equipo de natación, ______(8)______ le toma dos horas todas las mañanas. Pero las otras nadadoras ______(9)______ están en el equipo la necesitan. Además, a Natalia le gusta visitar a sus padres, a ______(10)______ ve casi todos los fines de semana. También ve con frecuencia a los parientes y amigos ______(11)______ viven en su ciudad. ¡Este verano ______(12)______ Natalia necesita son unas vacaciones!

6 Lo que me parece

Rewrite each sentence using **lo que**.

modelo

A mí me gusta comer en restaurantes.
Lo que a mí me gusta es comer en restaurantes.

1. Raúl dijo una mentira.

____

2. Conseguiste enojar a Victoria.

____

3. Lilia va a comprar una falda.

____

4. Ellos preparan una sorpresa.

____

5. A Teo y a mí nos gusta la nieve.

____

Nombre ______________________ Fecha ______________________

12.2 Formal **Ud.** and **Uds.** commands

1 **Háganlo así** Complete the commands, using the verbs in parentheses.

Ud.

1. (lavar) ____________ la ropa con el nuevo detergente.
2. (salir) ____________ de su casa y disfrute del aire libre.
3. (decir) ____________ todo lo que piensa hacer hoy.
4. (beber) No ____________ demasiado en la fiesta.
5. (venir) ____________ preparado para pasarlo bien.
6. (volver) No ____________ sin probar la langosta de Maine.

Uds.

7. (comer) No ____________ con la boca abierta.
8. (oír) ____________ música clásica en casa.
9. (poner) No ____________ los codos (*elbows*) en la mesa.
10. (traer) ____________ un regalo a la fiesta de cumpleaños.
11. (ver) ____________ programas de televisión educativos.
12. (conducir) ____________ con precaución (*caution*) por la ciudad.

2 **Por favor** Give instructions to people cleaning a house by changing the verb phrases into formal commands.

modelo

sacudir la alfombra
Sacuda la alfombra, por favor.

1. traer la aspiradora

____

2. arreglar el coche

____

3. bajar al sótano

____

4. apagar la cafetera

____

5. venir a la casa

____

Nombre ______________________ Fecha ______________________

3 **Para emergencias** Rewrite the paragraph, replacing **debe** + *verb* with formal commands.

El huésped debe leer estas instrucciones para casos de emergencia. En caso de emergencia, el huésped debe tocar la puerta antes de abrirla. Si la puerta no está caliente, el huésped debe salir de la habitación con cuidado (*carefully*). Al salir, el huésped debe doblar a la derecha por el pasillo y debe bajar por la escalera de emergencia. El huésped debe mantener la calma y debe caminar lentamente. El huésped no debe usar el ascensor durante una emergencia. El huésped debe dejar su equipaje en la habitación en caso de emergencia. Al llegar a la planta baja, el huésped debe salir al patio o a la calle. Luego el huésped debe pedir ayuda a un empleado del hotel.

____

____

____

____

____

____

____

____

____

____

4 **Lo opuesto** Change each command to say the opposite.

modelo

Recéteselo a mi hija.
No se lo recete a mi hija.

1. Siéntense en la cama. ______________________
2. No lo limpie ahora. ______________________
3. Lávenmelas mañana. ______________________
4. No nos los sirvan. ______________________
5. Sacúdalas antes de ponerlas. ______________________
6. No se las busquen. ______________________
7. Despiértenlo a las ocho. ______________________
8. Cámbiesela a veces. ______________________
9. Pídanselos a Martín. ______________________
10. No se lo digan hoy. ______________________

Nombre ______________________ Fecha ______________________

12.3 The present subjunctive

1 **Oraciones** Complete the sentences with the present subjunctive of the verb in parentheses.

1. (comer) Es bueno que Uds. ____________ frutas, verduras y yogures.
2. (estudiar) Es importante que Laura y yo ____________ para el examen de física.
3. (mirar) Es urgente que el doctor te ____________ la rodilla y la pierna.
4. (leer) Es malo que los niños no ____________ mucho de pequeños (*when they are little*).
5. (escribir) Es mejor que (tú) les ____________ una carta antes de llamarlos.
6. (pasar) Es necesario que (yo) ____________ por la casa de Mario por la mañana.

2 **El verbo correcto** Complete the sentences with the present subjunctive of the verbs from the word bank.

ver	traducir	venir	sacar	conducir
poner	hacer	ofrecer	traer	almorzar

1. Es necesario que (yo) ____________ a casa temprano para ayudar a mi mamá.
2. Es bueno que (la universidad) ____________ muchos cursos por semestre.
3. Es malo que (ellos) ____________ justo antes de ir a nadar a la piscina
4. Es urgente que (Lara) ____________ estos documentos legales.
5. Es mejor que (tú) ____________ más lento para evitar (*avoid*) accidentes.
6. Es importante que (ella) no ____________ la cafetera en la mesa.
7. Es bueno que (tú) ____________ las fotos para verlas en la fiesta.
8. Es necesario que (él) ____________ la casa antes de comprarla.
9. Es malo que (nosotros) no ____________ la basura todas las noches.
10. Es importante que (Uds.) ____________ los quehaceres domésticos.

3 **El subjuntivo en las oraciones** Rewrite these sentences using the present subjunctive of the verbs in parentheses.

1. Mi padre dice que es importante que yo (estar) contenta con mi trabajo.

____

2. Rosario cree que es bueno que la gente (irse) de vacaciones más a menudo.

____

3. Creo que es mejor que Elsa (ser) la encargada del proyecto.

____

4. Es importante que les (dar) las gracias por el favor que te hicieron.

____

5. Él piensa que es malo que muchos estudiantes no (saber) otras lenguas.

____

6. El director dice que es necesario que (haber) una reunión de la facultad.

____

Nombre ______________________ Fecha ______________________

4 **Es necesario** Write sentences using the elements provided and the present subjunctive of the verbs.

modelo
malo / Roberto / no poder / irse de vacaciones
Es malo que Roberto no pueda irse de vacaciones.

1. importante / Nora / pensar / las cosas antes de tomar la decisión

____

2. necesario / (tú) / entender / la situación de esas personas

____

3. bueno / Clara / sentirse / cómoda en el apartamento nuevo

____

4. urgente / mi madre / mostrar / los papeles que llegaron

____

5. mejor / David / dormir / antes de conducir la motocicleta

____

6. malo / los niños / pedir / tantos regalos a los abuelos

____

5 **Sí, es bueno** Answer the questions using the words in parentheses and the present subjunctive.

modelo
¿Tiene Marcia que terminar ese trabajo hoy? (urgente)
Sí, es urgente que Marcia termine ese trabajo hoy.

1. ¿Debemos traer el pasaporte al aeropuerto? (necesario)

____

2. ¿Tienes que hablar con la dueña del apartamento? (urgente)

____

3. ¿Debe Manuel ir a visitar a su abuela todas las semanas? (bueno)

____

4. ¿Puede Ana llamar a Cristina para darle las gracias? (importante)

____

5. ¿Va Clara a saber lo que le van a preguntar en el examen? (mejor)

____

Nombre ______________________ Fecha ______________________

12.4 Subjunctive with verbs of will and influence

1 **Preferencias** Complete the sentences with the present subjuntive of the verbs in parentheses.

1. Rosa quiere que tú (escoger) ______________ el sofá para la sala.
2. La mamá de Susana prefiere que ella (estudiar) ______________ medicina.
3. Miranda insiste en que Luisa (ser) ______________ la candidata a vicepresidenta.
4. Rita y yo deseamos que nuestros padres (viajar) ______________ a Panamá.
5. A Eduardo no le importa que nosotros (salir) ______________ esta noche
6. La agente de viajes nos recomienda que (quedarnos) ______________ en ese hotel.

2 **Compra una casa** Read the following suggestions for buying a house. Then write a note to a friend, repeating the advice and using the present subjunctive of the verbs.

Cuando se compra una casa, es importante mirar varios factores:

- Se aconseja tener un agente inmobiliario (*real estate*).
- Se sugiere buscar una casa en un barrio seguro (*safe*).
- Se recomienda escoger un barrio con escuelas buenas.
- Se insiste en mirar los baños, la cocina y el sótano.
- Se ruega comparar precios de varias casas antes de decidir.
- Se aconseja hablar con los vecinos del barrio.

Te aconsejo que tengas un agente inmobiliario. ______________

____

____

____

____

____

____

____

3 **Los pronombres** Write sentences using the elements provided and the present subjunctive. Replace the indirect objects with indirect object pronouns.

modelo

(a ti) / Simón / sugerir / terminar la tarea luego

Simón te sugiere que termines la tarea luego.

1. (a Daniela) / José / rogar / escribir esa carta de recomendación

____

2. (a Uds.) / (yo) / aconsejar / vivir en las afueras de la ciudad

____

3. (a ellos) / la directora / prohibir / estacionar frente a la escuela

____

4. (a mí) / (tú) / sugerir / alquilar un apartamento en el barrio

____

Nombre ______________________ Fecha ______________________

4 **¿Subjuntivo o infinitivo?** Write sentences using the elements provided. Use the subjunctive of the verbs when required.

1. Marina / querer / yo / traer / la compra a casa

____

2. Sonia y yo / preferir / buscar / la información por Internet

____

3. el profesor / desear / nosotros / usar / el diccionario

____

4. Uds. / necesitar / escribir / una carta al consulado

____

5. (yo) / preferir / Manuel / ir / al apartamento por mí

____

6. Ramón / insistir en / buscar / las alfombras de la casa

____

Síntesis

Select a task that you know how to do well. Use formal commands to write instructions for carrying out the task. Then add hints that will help the person following the instructions. Use the phrases **Es bueno, Es mejor, Es importante, Es necesario,** and **Es malo** to tell how to best perform the task. Then use the verbs **aconsejar, pedir, necesitar, prohibir, recomendar, rogar**, and **sugerir** to rewrite the instructions for a friend, asking him or her to perform the task for you.

____

____

____

____

____

____

____

____

____

____

____

panorama

Panamá

1 **Datos panameños** Complete the sentences with the correct information.

1. ______________________ es un músico y político célebre de Panamá.
2. La fuente principal de ingresos de Panamá es ______________________.
3. Las ______________________ son una forma de arte textil de la tribu indígena cuna.
4. Los diseños de las molas se inspiran en las formas del ______________________.

2 **Relativamente** Rewrite each pair of sentences as one sentence. Use relative pronouns to combine the sentences.

modelo
La Ciudad de Panamá es la capital de Panamá. Tiene más de un millón de habitantes.
La Ciudad de Panamá, que tiene más de un millón de habitantes, es la capital de Panamá.

1. La moneda de Panamá es equivalente al dólar estadounidense. Se llama el balboa.

   ____

2. El Canal de Panamá se empezó a construir en el 1903. Éste une a los océanos Atlántico y Pacífico.

   ____

3. La tribu indígena de los cuna es de las islas San Blas. Ellos hacen molas.

   ____

4. Panamá es un sitio excelente para el buceo. Panamá significa "lugar de muchos peces".

   ____

3 **Geografía panameña** Fill in the blanks with the correct geographical name.

1. la capital de Panamá ______________________
2. segunda ciudad de Panamá ______________________
3. países que limitan (*border*) con Panamá ______________________
4. mar al norte (*north*) de Panamá ______________________
5. océano al sur (*south*) de Panamá ______________________
6. por donde pasan más de 12.000 buques por año ______________________
7. en donde vive la tribu indígena de los cuna ______________________
8. donde se pueden observar tortugas en peligro de extinción ______________________

Nombre ______________________ Fecha ______________________

4 **Viaje a Panamá** Complete the phrases with the correct information. Then write a paragraph of a tourist brochure about Panama. Use formal commands in the paragraph. The first sentence is done for you.

1. viajar en avión a ______________, la capital de Panamá
2. visitar el país centroamericano, donde circulan los billetes del ______________
3. conocer a los panameños; la lengua natal del 14% de ellos es ______________
4. ir al Canal de Panamá, que une los océanos ______________ y ______________
5. ver las ______________ que hace la tribu indígena cuna y decorar la casa con ellas
6. bucear en las playas de gran valor ______________ por la riqueza y diversidad de su vida marina

Viaje en avión a la ciudad de Panamá, la capital de Panamá. ______________

____

____

____

____

____

____

____

____

5 **¿Cierto o falso?** Indicate whether the statements are **cierto** or **falso**. Correct the false statements.

1. Panamá es aproximadamente del tamaño de California.

____

2. La moneda panameña, que se llama el balboa, es equivalente al dólar estadounidense.

____

3. La lengua natal de todos los panameños es el español.

____

4. El canal de Panamá une los océanos Pacífico y Atlántico.

____

5. Las molas tradicionales siempre se usaron para decorar las casas.

____

Nombre ______________________ Fecha ______________________

repaso

Lecciones 10–12

1 **¿Cuánto tiempo hace?** Complete the answers with **por** or **para**. Then write questions that correspond to the answers.

1. ______________________

Hace cuatro años que trabajo __________ mi padre en la tienda.

2. ______________________

Pasamos __________ la casa de Javier y Olga hace dos horas.

3. ______________________

Hace tres meses que compré una blusa __________ mi hermana.

4. ______________________

Hace dos años que Ana estudia italiano __________ correspondencia (*mail*).

2 **¿Pretérito o imperfecto?** Complete the sentences with the preterite or imperfect of the verbs in parentheses as appropriate.

1. De niña, Lina siempre (usar) __________ la ropa de sus primas.
2. El ano pasado, Ricardo (viajar) __________ a Costa Rica durante las Navidades.
3. Cuando Gloria lo __________ a su casa, él (dormir) __________ tranquilamente.
4. Mientras los niños (jugar) __________ en el parque, los padres (hablar) __________.
5. Yo (ver) __________ la televisión en casa cuando Carolina (llegar) __________ a verme.
6. Mientras Lola (saludar) __________ a sus amigos, Rita (estacionar) __________ el coche.

3 **Hágalo ahora** Write sentences using the words provided. Use formal commands and the subjects indicated.

1. (Uds.) / ayudarlos a traer la compra ______________________
2. (Ud.) / practicar el francés ______________________
3. (Uds.) / buscarme un disco bueno ______________________
4. (Ud.) / decirle lo que desea ______________________
5. (Uds.) / no ser malas personas ______________________
6. (Ud.) / salir antes de las cinco ______________________

4 **El subjuntivo** Rewrite the sentences using the words in parentheses. Use the subjunctive as needed.

modelo
Ellos tienen muchos problemas. (ser malo)
Es malo que ellos tengan muchos problemas. No, es baja.

1. El apartamento tiene dos baños. (Rita / preferir) ______________________

____

2. Las mujeres ven al doctor todos los años. (ser importante) ______________________

____

3. Los pacientes hacen ejercicio. (la enfermera / sugerir) ______________________

____

5 **Los países** Complete the sentences with the present tense reflexive form of the verbs in the word bank.

hablar	establecer	escuchar	ver
hacer	empezar	conocer	proveer

1. En los parques nacionales costarricenses ____________ muchas plantas y animales.
2. El café costarricense ____________ a exportar en el siglo XIX.
3. En Costa Rica ____________ servicios médicos gratuitos a todos los ciudadanos.
4. La ciudad de Buenos Aires ____________ como el "París de Sudamérica".
5. Después del año 1880, una gran cantidad de inmigrantes ____________ en la Argentina.
6. Hoy día el tango argentino ____________ en todo el mundo.
7. En Panamá ____________ español e inglés, y la mayoría de los panameños son bilingües.
8. Las molas panameñas ____________ con capas y fragmentos de tela de colores vivos.

6 **La mujer de ayer y de hoy** Describe what women's lives were like in the early 1800s and what they are like now. Mention the things that women used to do and the things they do now (you may want to use adverbs like **siempre, nunca,** and **a veces**). Then mention the things that men and women should do to ensure equality in the future (you may want to use phrases like **es importante que**... and **es necesario que**...).

____

____

____

____

____

____

Nombre ____________ Fecha ____________

contextos — Lección 13

1 **La naturaleza** Complete the sentences with the appropriate nature-related words.

1. La luna, las estrellas, el sol y las nubes están en el ____________.
2. El ____________ es un lugar donde no llueve y hace mucho calor.
3. Una montaña que tiene un cráter es un ____________.
4. La región llana (*flat*) que hay entre dos montañas es un ____________.
5. La ____________ es un bosque tropical, lo que significa que está cerca del ecuador.
6. Para ir de excursión por las montañas, es importante seguir un ____________.

2 **Problema y solución** Match each problem with its solution. Then write a sentence with each pair, saying how we can solve the problem.

Problemas	**Soluciones**
1. la deforestación de los bosques	controlar las emisiones de los coches
2. la erosión de las montañas	plantar árboles y plantas
3. la falta (*lack*) de recursos naturales	reducir la contaminación del aire
4. la contaminación del aire en las ciudades	reciclar los envases y latas
5. la lluvia ácida	prohibir que se corten (*cut*) los árboles en algunas regiones

modelo

la extinción de plantas y animales/ proteger las especies en peligro

Para resolver el problema de la extinción de plantas y animales, tenemos que proteger las especies en peligro.

1. ____________
2. ____________
3. ____________
4. ____________
5. ____________

3 **Sinónimos y antónimos** Fill in the blanks with the correct verbs from the word bank.

contaminar conservar mejorar evitar reducir dejar de

1. gastar ≠ ____________
2. permitir ≠ ____________
3. hacerse mejor = ____________
4. usar más ≠ ____________
5. continuar ≠ ____________
6. limpiar ≠ ____________

Nombre ______________________ Fecha ______________________

4 **Nuestra madre** Fill in the blanks with the correct terms. Then, read the word formed vertically to complete the final sentence.

1. El lugar donde vivimos es nuestro medio ____________.
2. Un bosque tiene muchos tipos de ____________.
3. Un volcán tiene un ____________ en la parte de arriba.
4. Cuando el cielo está despejado, no hay ni una ____________.
5. Las ____________ son rocas (*rocks*) más pequeñas.
6. Otra palabra para *ave* es ____________.
7. La ____________ es el estudio de los animales y plantas en su medio ambiente.
8. Otra palabra para *hierba* es ____________.
9. El salmón es un tipo de ____________.
10. El satélite que se ve desde la Tierra es la ____________.

Todas estas cosas forman parte de la ____________.

5 **Carta al editor** Complete the letter to the editor with items from the word bank.

árboles	población	dejar de	contaminar
evitar	conservar	recurso natural	reducir
respiramos	resolver	deforestación	mejorar

Creo que la ____________ (1) del aire en nuestra ciudad es un problema que se tiene que ____________ (2) muy pronto. Cada día hay más carros que contaminan el aire que todos nosotros ____________ (3). Además, la ____________ (4) en las regiones cerca de la ciudad elimina una gran parte del oxígeno que los ____________ (5) le proveían (*provided*) a la ____________ (6) de la ciudad. Creo que es importante ____________ (7) las condiciones de las calles para que las personas puedan montar en bicicleta para ir al trabajo. Así, todos pueden ____________ (8) gasolina, porque el petróleo es un ____________ (9) que no va a durar (*last*) para siempre. Creo que el uso de bicicletas en la ciudad es una de las mejores ideas para ____________ (10) el uso de los carros. Debemos ____________ (11) pensar que el carro es un objeto absolutamente necesario, y buscar otras maneras de transportarnos. Quizás algún día podamos ____________ (12) los problemas que nos causa la contaminación.

Nombre ______________________ Fecha ______________________

estructura

13.1 The subjunctive with verbs of emotion

1

Emociones Complete the sentences with the subjunctive of the verbs in parentheses.

1. A mis padres les molesta que los vecinos (quitar) ______________ los árboles.
2. Julio se alegra de que (haber) ______________ muchos pájaros en el jardín de su casa.
3. Siento que Teresa y Lola (estar) ______________ enfermas con la gripe.
4. Liliana tiene miedo de que sus padres (decidir) ______________ mudarse a otra ciudad.
5. A ti te sorprende que la deforestación (ser) ______________ un problema tan grande.
6. Rubén espera que el gobierno (mejorar) ______________ las leyes que protegen la naturaleza.

2

Es así Combine each pair of sentences, using the subjunctive.

modelo

La lluvia ácida destruye los bosques. Es terrible.
Es terrible que la lluvia ácida destruya los bosques.

1. Muchos ríos están contaminados. Es triste.

____

2. Algunas personas evitan reciclar. Es ridículo.

____

3. Los turistas no recogen la basura (*garbage*). Es una lástima.

____

4. La gente destruye el medio ambiente. Es extraño.

____

3

Ojalá... Form sentences, using the elements provided. Start the sentences with **Ojalá que**.

1. los países / conservar sus recursos naturales

____

2. este sendero / llevarnos al cráter del volcán

____

3. la población / querer cambiar las leyes de deforestación

____

4. mi perro / gustarle ir de paseo por el bosque

____

5. las personas / reducir el uso de los carros en las ciudades

____

6. los científicos / saber resolver el problema de la contaminación

____

4 **Lo que sea** Change the subject of each second verb to the subject in parentheses. Then complete the new sentence with the new subject, using the subjunctive.

modelo

Pablo se alegra de ver a Ricardo. (su madre)
Pablo se alegra de que su madre vea a Ricardo.

1. Me gusta salir los fines de semana. (mi hermana)

Me gusta que ______.

2. José y tú esperan salir bien en el examen. (yo)

José y tú esperan que ______.

3. Es ridículo contaminar el mundo en que vivimos. (la gente)

Es ridículo que ______.

4. Carla y Patricia temen separarse por el sendero. (sus amigos)

Carla y Patricia temen que ______.

5. Te molesta esperar mucho al ir de compras. (tu novio)

Te molesta que ______.

6. Es terrible usar más agua de la necesaria. (las personas)

Es terrible que ______.

7. Es triste no saber leer. (Roberto)

Es triste que ______.

8. Es una lástima encontrar animales abandonados. (los vecinos)

Es una lástima que ______.

5 **Emociones** Form sentences using the elements provided and the present subjunctive.

1. Rosa / alegrarse / sus amigos / reciclar los periódicos y los envases

______

2. los turistas / sorprenderse / el país / proteger tanto los parques naturales

______

3. (nosotros) / temer / los cazadores (*hunters*) / destruir animales en peligro de extinción

______

4. la población / sentir / las playas de la ciudad / estar contaminadas

______

5. las personas / esperar / el gobierno / desarrollar nuevos sistemas de energía

______

6. a mi tía / gustar / mi primo / recoger y cuidar animales abandonados

______

7. mis vecinos / tener miedo / el gobierno / poner un aeropuerto cerca

______

Nombre ______________________ Fecha ______________________

13.2 The subjunctive with doubt, disbelief and denial

1 **No es probable** Complete the sentences with the subjunctive of the verbs in parentheses.

1. No es verdad que Raúl (ser) ________________ un mal excursionista.
2. Es probable que Tito y yo (ir) ________________ de camping en el bosque nacional.
3. Claudia no está segura de que Eduardo (saber) ________________ dónde estamos.
4. No es seguro que el trabajo nos (llegar) ________________ antes del viernes.
5. Es posible que Miguel y Antonio (venir) ________________ a visitarnos hoy.
6. No es probable que esa compañía les (pagar) ________________ bien a sus empleados.

2 **Es posible que pase** Rewrite the sentences, using the words in parentheses.

modelo

Hay mucha contaminación en las ciudades. (probable)

Es probable que haya mucha contaminación en las ciudades.

1. Hay muchas vacas en los campos de la región. (probable)

   ____

2. El agua de esos ríos está contaminada. (posible)

   ____

3. Ese sendero nos lleva al lago. (quizás)

   ____

4. El gobierno protege todos los peces del océano. (imposible)

   ____

5. La población reduce el uso de envases. (improbable)

   ____

6. El desierto es un lugar mejor para visitar en invierno. (tal vez)

   ____

3 **¿Estás seguro?** Complete the sentences with the indicative or subjunctive form of the verbs in parentheses.

1. (ser) No dudo que Manuel ________________ la mejor persona para hacer el trabajo.
2. (tener) El conductor no niega que ________________ poca experiencia por estas carreteras.
3. (decir) Ricardo duda que Mirella ________________ siempre toda la verdad.
4. (deber) Sé que es verdad que nosotros ________________ cuidar el medio ambiente.
5. (poder) Lina no está segura de que sus amigos ________________ venir a la fiesta.
6. (querer) Claudia y Julio niegan que tú ________________ mudarte a otro barrio.
7. (buscar) No es probable que ella ________________ un trabajo de secretaria.

4 **¿Es o no es?** Choose the correct phrase in parentheses to rewrite each sentence, based on the verb.

1. (Estoy seguro, No estoy seguro) de que a Mónica le gusten los perros.

______

2. (Es verdad, No es verdad) que Ramón duerme muchas horas todos los días.

______

3. Rita y Rosa (niegan, no niegan) que gasten mucho cuando van de compras.

______

4. (No cabe duda de, Dudas) que el aire que respiramos está contaminado.

______

5. (No es cierto, Es obvio) que a Martín y a Viviana les encanta viajar.

______

6. (Es probable, No hay duda de) que tengamos que reciclar todos los envases.

______

5 **Oraciones nuevas** Rewrite the sentences, using the words in parentheses. Use the indicative or subjunctive form as appropriate.

1. Las matemáticas son muy difíciles. (no es cierto)

______

2. El problema de la contaminación es bastante complicado. (el presidente no niega)

______

3. Él va a terminar el trabajo a tiempo. (Ana duda)

______

4. Esa película es excelente. (mis amigos están seguros)

______

5. El español se usa más y más cada día. (no cabe duda)

______

6. Lourdes y yo podemos ir a ayudarte esta tarde. (no es seguro)

______

7. Marcos escribe muy bien en francés. (el maestro no cree)

______

8. Pedro y Virginia nunca comen carne. (no es verdad)

______

Nombre ______________________ Fecha ______________________

13.3 Conjunctions that require the subjunctive

1 **Las conjunciones** Complete the sentences with the subjunctive form of the verbs in parentheses.

1. (llegar) Lucas debe terminar el trabajo antes de que su jefe (*boss*)__________.
2. (haber) ¿Qué tenemos que hacer en caso de que __________ una emergencia?
3. (ayudar) Ellos van a pintar su casa con tal de que (tú) los __________.
4. (venir) No puedo ir al museo a menos que Juan __________ por mí.
5. (invitar) Alejandro siempre va a casa de Carmen sin que ella lo __________.
6. (comprar) Tu madre te va a prestar dinero para que te __________ un coche usado.
7. (ver) No quiero que Uds. se vayan sin que tu esposo __________ mi computadora nueva.
8. (dar) Pilar no puede irse de vacaciones a menos que le __________ más días en el trabajo.
9. (leer) Andrés va a llegar antes de que Rocío __________ el correo electrónico.
10. (sugerir) Miguel lo va a hacer con tal que Marcia se lo __________.

2 **¿Subjuntivo o infinitivo?** Rewrite the sentences, choosing the correct verb form from those in parentheses.

1. Rogelio debe salir sin (despierte, despertar) a sus hermanos.

   ____

2. Tu padre compró el coche para que (tú) (conduzcas, conducir) al trabajo.

   ____

3. Busqué el teléfono en el directorio antes de (llame, llamar) a la Sra. Vélez.

   ____

4. Los López cuidan al perro sin que les (dé, dar) muchos problemas.

   ____

5. Isabel le pidió la dirección para (recoja, recoger) a David y a Vicente.

   ____

6. Siempre vamos a casa de Manuel antes de que sus padres (lleguen, llegar).

   ____

Nombre ______________________ Fecha ______________________

13.4 Familiar (tú) commands

1 **Haz papel** Read the instructions for making recycled paper from newspaper. Then use familiar commands to finish the e-mail in which Paco explains the process to Marisol.

hacer un molde con madera y tela (*fabric*)
romper papel de periódico en trozos (*pieces*)
poner el papel en un envase con agua caliente
preparar la pulpa con una licuadora (*blender*)
volver a poner la pulpa en agua caliente
empezar a poner la pulpa en un molde que deje (*lets*) salir el agua
quitar el molde y dejar (*leave*) el papel sobre la mesa
poner una tela encima del papel
planchar el papel
usar el papel

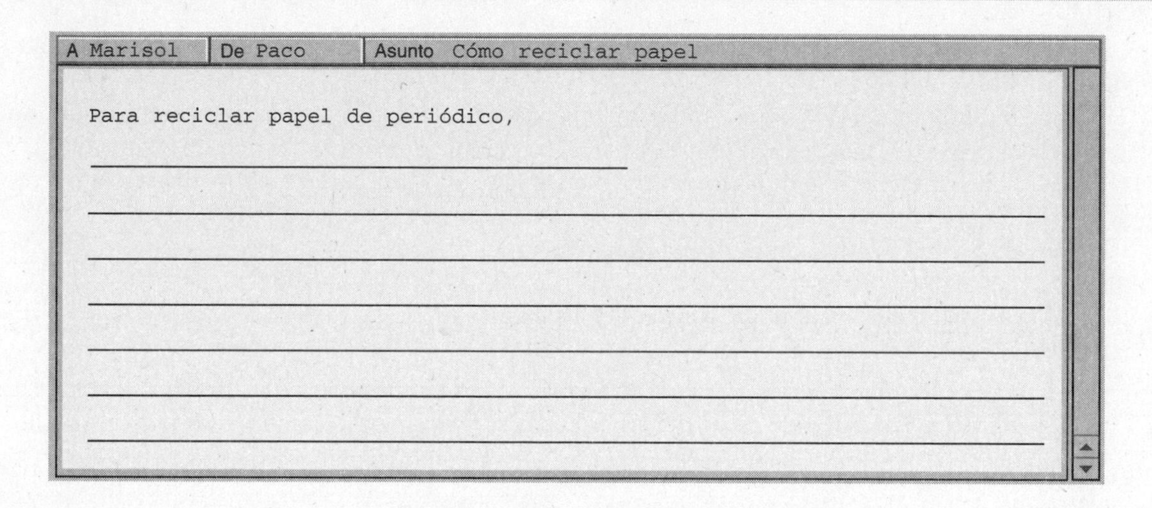
A Marisol | De Paco | Asunto Cómo reciclar papel

Para reciclar papel de periódico, ______________________

____

____

____

____

____

____

2 **Díselo** Follow the instuctions by writing familiar commands.

modelo
Pídele a Ramón que te compre una camiseta en Colombia.
Ramón, cómprame una camiseta en Colombia.

1. Dile a Mario que te traiga el libro que le regaló Gema.

____

2. Pídele a Natalia que le escriba una carta a su abuela.

____

3. Sugiérele a Martín que les sirva una copa de vino.

____

4. Aconséjale a Gloria que haga la cama antes de salir.

____

5. Dile a Carmen que no salga hasta las nueve de la noche.

____

6. Ruégale a Lilia que te enseñe a bailar salsa.

____

Nombre ______________________ Fecha ______________________

3 **Planes para el verano** Rewrite this paragraph from a travel website. Substitute informal commands for the formal commands.

Este verano, descubra la naturaleza en un mundo inexplorado. Vaya a la selva de Costa Rica y visite los volcanes. Nade en los lagos que se forman dentro de los cráteres. Explore valles escondidos (*hidden*) con abundante vegetación. Conozca la región a pie o alquile un vehículo todoterreno (*all-terrain*). Observe especies en peligro de extinción en el bosque tropical. De noche, duerma bajo las estrellas y beba agua de los ríos más puros de la selva. Respire el aire puro y disfrute de toda la región.

Verano en Costa Rica

____

____

____

____

____

____

____

____

4 **¿Te ayudo?** Imagine that you are a child asking one of your parents these questions. Write his or her positive or negative answers in the form of familiar commands.

modelo

¿Necesitas que traiga leche y pan?

Sí, trae leche y pan./ No, no traigas leche y pan.

1. ¿Quieres que pida una pizza de cena?

____

2. ¿Deseas que pase la aspiradora esta tarde?

____

3. ¿Prefieres que haga el almuerzo para mañana?

____

4. ¿Necesitas que busque a mi hermano después de la escuela?

____

5. ¿Quieres que venga a casa después de clase el viernes?

____

6. ¿Prefieres que cuide al perro este fin de semana?

____

Nombre _______________ Fecha _______________

Síntesis

Write an opinion article about oil spills (**los derrames de petróleo**) and their impact on the environment. Use verbs and expressions of emotion, doubt, disbelief, denial, and certainty that you learned in this lesson to describe your own and other people's opinions about the effects of spills. Then write a note to a friend who works at a newspaper, giving instructions for publishing your article.

Nombre ______________________ Fecha ______________________

panorama

Colombia

1 **¿Cierto o falso?** Indicate whether each statement is **cierto** or **falso.** Then correct the false statements.

1. Más de la mitad de la superficie de Colombia está sin poblar.

____

2. La moneda de Colombia es el dólar estadounidense.

____

3. El Museo del Oro preserva orfebrería de la época de los españoles.

____

4. García Márquez escribe en un estilo literario llamado el realismo mágico.

____

5. El Castillo de San Felipe de Barajas es la fortaleza más grande de las Américas.

____

6. Medellín se conoce por el Festival de Música del Caribe y el Festival Internacional de Cine.

____

2 **Consejos** Give advice to a friend who is going to visit Colombia by completing these sentences with the familiar command of the verb in parentheses and information from **Panorama** on pages 424–425 of your textbook.

1. (cambiar) ______________ los dólares a ______________.
2. (conducir) ______________ desde ______________, la capital, hasta Cartagena.
3. En Cartagena, (nadar) ______________ en las playas del mar ______________.
4. En Cartagena, también (ver) ______________ edificios antiguos como ______________ y ______________.
5. (volver) ______________ a Bogotá que está en una cordillera de ______________.
6. (visitar) ______________ el Museo del Oro en Bogotá para ver las piezas de ______________.
7. (conocer) ______________ los cuentos de Gabriel ______________.
8. (escuchar) los discos de la cantante ______________.

Nombre ______________________ Fecha ______________________

3 Ciudades colombianas

Ciudades colombianas Label each Colombian city.

1. ______________________

2. ______________________

3. ______________________

4. ______________________

4 Preguntas colombianas

Preguntas colombianas Answer the questions about Colombia with complete sentences.

1. ¿Cómo se compara el área de Colombia con el área de Montana?

____

2. ¿Qué país conecta a Colombia con Centroamérica?

____

3. Menciona a dos artistas colombianos que conozcas.

____

4. ¿Qué creencia tenían las tribus indígenas colombianas sobre al oro?

____

5. ¿Cuándo publicó Gabriel García Márquez su primer cuento?

____

6. ¿De qué época son las iglesias, monasterios, palacios y mansiones que se conservan en Cartagena?

____

Nombre ______________________ Fecha ______________________

contextos

Lección 14

1 **El dinero** Complete the sentences with the correct banking-related words.

1. Necesito sacar dinero en efectivo. Voy al ______________.
2. Quiero ahorrar para comprar una casa. Pongo el dinero en una ______________.
3. Voy a pagar, pero no tengo efectivo ni tarjeta de crédito. Puedo usar un ______________.
4. Cuando uso un cheque, el dinero sale de mi ______________.
5. Para cobrar un cheque a mi nombre, lo tengo que ______________ por detrás.
6. Para ahorrar, pienso ______________ $200 en mi cuenta de ahorros todos los meses.

2 **¿Qué clase *(kind)* de tienda es ésta?** You are running errands, and you can't find the things you're looking for. Fill in the blanks with the names of the places you go.

1. ¿No tienen manzanas? ¿Qué clase de ______________ es ésta?
2. ¿No tienen una chuleta de cerdo? ¿Qué clase de ______________ es ésta?
3. ¿No tienen detergente? ¿Qué clase de ______________ es ésta?
4. ¿No tienen dinero? ¿Qué clase de ______________ es éste?
5. ¿No tienen diamantes (*diamonds*)? ¿Qué clase de ______________ es ésta?
6. ¿No tienen estampillas? ¿Qué clase de ______________ es éste?
7. ¿No tienen botas? ¿Qué clase de ______________ es ésta?
8. ¿No tienen aceite vegetal? ¿Qué clase de ______________ es éste?

3 **¿Cómo pagas?** Fill in the blank with the most likely form of payment for each item.

gratis	a plazos
al contado	con un préstamo

1. una nevera ______________
2. una camisa ______________
3. un coche nuevo ______________
4. las servilletas en un restaurante ______________
5. una computadora ______________
6. un vaso de agua ______________
7. una hamburguesa ______________
8. una cámara digital ______________
9. la universidad ______________
10. unos sellos ______________

4 **Tu empresa** Fill in the blanks with the type of store each slogan would promote.

1. "Compre aquí para toda la semana y ahorre en alimentos para toda la familia". ______
2. "Deliciosos filetes de salmón en oferta especial". ______
3. "Recién (*Just*) salido del horno". ______
4. "Naranjas y manzanas a dos dólares el kilo". ______
5. "Tráiganos su ropa más fina. ¡Va a quedar como nueva"! ______
6. "51 sabrosas variedades para el calor del verano". ______
7. "¡Reserva el pastel de cumpleaños de tu hijo hoy!" ______
8. "Un diamante es para siempre". ______
9. "Salchichas, jamón y chuletas de cerdo". ______
10. "Arréglese las uñas y péinese hoy por un precio económico". ______

5 **Seguir direcciones** Identify the final destination for each set of directions.

1. De la Plaza Sucre, camine derecho en dirección oeste por la calle Comercio. Doble a la derecha en la calle La Paz hasta la calle Escalona. Doble a la izquierda y al final de la calle va a verlo.

______

2. Del banco, camine en dirección este por la calle Escalona. Cuando llegue a la calle Sucre, doble a la derecha. Siga por dos cuadras hasta la calle Comercio. Doble a la izquierda. El lugar queda al cruzar la calle Buena Vista.

______

3. Del estacionamiento de la calle Buena Vista, camine derecho por la calle Sta. Rosalía hasta la calle Bolívar. Cruce la calle Bolívar, y a la derecha en esa cuadra la va a encontrar.

______

4. De la joyería, camine por la calle Comercio hasta la calle Bolívar. Siga derecho y cruce la calle Sta. Rosalía, la calle Escalona y la calle 2 de Mayo. Al norte en esa esquina la va a ver.

______

estructura

14.1 The subjunctive in adjective clauses

1 **El futuro de las computadoras** Complete the paragraph with the subjunctive of the verbs in parentheses.

¿Alguna vez ha pensado en un programa de computadora que (escribir) ______(1)______ las palabras que usted le (decir) ______(2)______? En nuestra compañía queremos desarrollar un programa que (poder) ______(3)______ reconocer la voz (*voice*) de las personas en varias lenguas. Así, todos van a poder escribir con la computadora ¡sin tocar el teclado! Para desarrollar un programa de reconocimiento (*recognition*) del habla, primero hay que enseñarle algunas palabras que se (decir) ______(4)______ con mucha frecuencia en esa lengua. Luego el programa tiene que "aprender" a reconocer cualquier (*any*) tipo de pronunciación que (tener) ______(5)______ las personas que (usar) ______(6)______ el programa. En el futuro, va a ser normal tener una computadora que (reconocer) ______(7)______ el habla de su usuario. Es posible que hasta (*even*) algunos aparatos domésticos (funcionar) ______(8)______ con la voz de su dueño.

2 **¿Esté o está?** Complete the sentences with the indicative or the subjunctive of the verbs in parentheses.

(ser)

1. Quiero comprar una falda que ______________ larga y elegante.
2. A Sonia le gusta la falda que ______________ verde y negra.

(haber)

3. Nunca estuvieron en el hotel que ______________ en el aeropuerto.
4. No conocemos ningún hotel que ______________ cerca de su casa.

(quedar)

5. Hay un banco en el edificio que ______________ en la esquina.
6. Deben poner un banco en un edificio que ______________ más cerca.

(tener)

7. Silvia quiere un apartamento que ______________ balcón y piscina.
8. Ayer ellos vieron un apartamento que ______________ tres baños.

(ir)

9. Hay muchas personas que ______________ a Venezuela de vacaciones.
10. Raúl no conoce a nadie que ______________ a Venezuela este verano.

Nombre ______________________ Fecha ______________________

3 **No es cierto** Rewrite the sentences to make them negative, using the subjuntive where appropriate.

1. Ricardo conoce a un chico que estudia medicina.
____
2. Laura y Diego cuidan a un perro que protege su casa.
____
3. Maribel y Lina tienen un pariente que escribe poemas.
____
4. Los González usan coches que son baratos.
____
5. Mi prima trabaja con unas personas que conocen a su padre.
____
6. Gregorio hace un plato venezolano que es delicioso.
____

4 **¿Hay alguno que sea así?** Answer these questions positively or negatively, as indicated. Use the subjunctive where appropriate.

1. ¿Hay algún buzón que esté en la calle Bolívar?
Sí, ______________________.
2. ¿Conoces a alguien que sea abogado de inmigración?
No, ______________________.
3. ¿Ves a alguien aquí que estudie contigo en la universidad?
Sí, ______________________.
4. ¿Hay alguna panadería que venda pan caliente (*hot*) cerca de aquí?
No, ______________________.
5. ¿Tienes alguna compañera que vaya a ese gimnasio?
Sí, ______________________.
6. ¿Sabes de alguien en la oficina que haga envíos a otros países?
No, ______________________.

5 **Une las frases** Complete the sentences with the most logical endings from the word bank. Use the indicative or subjunctive forms of the infinitive verbs as appropriate.

siempre decirnos la verdad	abrir hasta las doce de la noche	no dar direcciones
tener muchos museos	ser cómoda y barata	quererlo mucho

1. Rolando tiene una novia que ______________________.
2. Todos buscamos amigos que ______________________.
3. Irene y José viven en una ciudad que ______________________.
4. ¿Hay una farmacia que ______________________?

Nombre ______________________________ Fecha ______________________________

estructura

14.2 Conjunctions followed by the subjunctive or the indicative

1 **¿Hasta cuándo?** Answer these questions in complete sentences, using the words in parentheses.

1. ¿Hasta cuándo vas a ponerte ese abrigo? (hasta que / el jefe / decirme algo)

____

2. ¿Cúando va Rubén a buscar a Marta? (tan pronto como / salir de clase)

____

3. ¿Cuándo se van de viaje Juan y Susana? (en cuanto / tener vacaciones)

____

4. ¿Cuándo van ellos a invitarnos a su casa? (después de que / nosotros / invitarlos)

____

5. ¿Hasta cuándo va a trabajar aquí Ramón? (hasta que / su esposa / graduarse)

____

6. ¿Cuándo puede mi hermana pasar por tu casa? (cuando / querer)

____

2 **Tan pronto como puedas** Indicate whether the action described is a command (C), a future action (F), a habitual action (H), or a past action (P). Then form sentences with the elements provided, using the indicative and the subjunctive as appropriate.

1. ________ Hagan sus tareas (cuando/ estar/ en la biblioteca)

____

2. ________ Por las noches, Isabel y Natalia leen (hasta que/ acostarse/ a dormir)

____

3. ________ Todos los viernes, Victoria viaja a Cartagena (en cuanto/ las clases/ terminar)

____

4. ________ Mónica tiene que ir a la peluquería (tan pronto como/ llegar/ a la ciudad)

____

5. ________ Vuelve a casa de tu tía (después que/ ella/ salir/ del trabajo)

____

6. ________ Antonio se sorprendió (cuando/ saber/ la respuesta)

____

7. ________ Los amigos de Paco se van a dormir (después de que/ el partido/ terminar)

____

8. ________ Todos buscaron las llaves (hasta que/ Patricia/ encontrarlas/ debajo de la cama)

____

Nombre ______________________ Fecha ______________________

3 **¿Pasado, futuro o mandato?** Rewrite the sentences using the correct choice from the parentheses.

1. Jorge (va a llamarme, me llamó) en cuanto sepa la respuesta.

____

2. Los invitados (van a bailar, siempre bailan) hasta que termina la fiesta.

____

3. Rita y yo (vamos a tu casa, fuimos a tu casa) tan pronto como comamos.

____

4. (Uds.) (Vengan, Vinieron) al restaurante después de que nosotros veamos la película.

____

5. (Vas a escribir, Escribiste) una novela en cuanto tuviste tiempo libre.

____

6. Elena y Manuel (tienen que cerrar, siempre cierran) las ventanas cuando llueva.

____

4 **Siempre llegan tarde** Complete this conversation, using the subjunctive and the indicative as appropriate.

MARIO Hola, Lilia. Ven a buscarme en cuanto (yo) (salir) ________ (1) de clase.

LILIA Ayer pasé a buscarte tan pronto como la clase (terminar) ________ (2) y te tuve que esperar un buen rato (*awhile*).

MARIO Cuando iba a salir, (yo) me (encontrar) ________ (3) con mi profesora de química, y hablé con ella del examen.

LILIA Te estuve esperando hasta que (ser) ________ (4) demasiado tarde para almorzar.

MARIO Hoy voy a estar esperándote hasta que (tú) (llegar) ________ (5) a buscarme.

LILIA Después de que (yo) te (recoger) ________ (6), podemos ir a comer a la cafetería.

MARIO En cuanto (tú) (entrar) ________ (7) en el estacionamiento, me vas a ver allí, esperándote.

LILIA No lo voy a creer hasta que (yo) lo (ver) ________ (8).

MARIO Recuerda que cuando (yo) te (ir) ________ (9) a buscar al laboratorio la semana pasada, te tuve que esperar media hora.

LILIA Tienes razón. ¡Pero llega allí tan pronto como (tú) (poder) ________ (10)!

Nombre ______________________ Fecha ______________________

14.3 Nosotros/as commands

1 **Hagamos eso** Rewrite these sentences, using the **nosotros/as** command forms of the verbs in italics.

modelo
Tenemos que *terminar* el trabajo antes de las cinco.
Terminemos el trabajo antes de las cinco.

1. Hay que *recoger* la casa hoy.
____
2. Tenemos que *ir* al dentista esta semana.
____
3. Debemos *depositar* el dinero en el banco.
____
4. Podemos *viajar* al Perú este invierno.
____
5. Queremos *salir* a bailar este sábado.
____
6. Deseamos *invitar* a los amigos de Ana.
____

2 **¡Sí! ¡No!** You and your roommate disagree about everything. Write affirmative and negative **nosotros/as** commands for these actions.

modelo
abrir las ventanas
tú: Abramos las ventanas.
tu compañero/a: No abramos las ventanas.

1. pasar la aspiradora hoy
tú: ______________________
tu compañero/a: ______________________
2. poner la televisión
tú: ______________________
tu compañero/a: ______________________
3. compartir la comida
tú: ______________________
tu compañero/a: ______________________
4. hacer las camas todos los días
tú: ______________________
tu compañero/a: ______________________

Nombre Fecha

3 **Como Lina** Everyone likes Lina and they want to be like her. Using **nosotros/as** commands, write sentences saying what you and your friends should do to follow her lead.

1. Lina compra zapatos italianos en el centro.
2. Lina conoce la historia del jazz.
3. Lina se va de vacaciones a las montañas.
4. Lina se corta el pelo en la peluquería de la calle Central.
5. Lina hace pasteles para los cumpleaños de sus amigas.
6. Lina no sale de fiesta todas las noches.
7. Lina corre al lado del río todas las mañanas.
8. Lina no gasta demasiado dinero en la ropa.

4 **El préstamo** Claudia is thinking of everything that she and her fiancé, Ramón, should do to buy an apartment. Write what she will tell Ramón, using **nosotros/as** commands for verbs in the infinitive. The first sentence is done for you.

Podemos pedir un préstamo para comprar un apartamento. Debemos llenar este formulario cuando solicitemos el préstamo. Tenemos que ahorrar dinero todos los meses hasta que paguemos el préstamo. No debemos cobrar los cheques que nos lleguen; debemos depositarlos en la cuenta corriente. Podemos depositar el dinero que nos regalen cuando nos casemos. Le debemos pedir prestado a mi padre un libro sobre cómo comprar una vivienda. Queremos buscar un apartamento que esté cerca de nuestros trabajos. No debemos ir al trabajo mañana por la mañana; debemos ir al banco a hablar con un empleado.

Pidamos un préstamo para comprar un apartamento.

Nombre ______________________ Fecha ______________________

14.4 Past participles used as adjectives

1 **Completar** Complete the sentences with the correct past participle forms of these verbs.

1. (prestar) Me voy de paseo junto al río en una bicicleta ____________.
2. (abrir) Julián y yo tenemos las maletas ____________ por toda la sala.
3. (hacer) Tu sobrino te regaló un barco ____________ de papel de periódico.
4. (escribir) A la abuela de Gabriela le gusta recibir cartas ____________ a mano.
5. (poner) Para protegerse del sol, Rosa tiene un sombrero ____________.
6. (ahorrar) Lisa y David tienen bastante dinero ____________ en el banco.
7. (guardar) Hay varios abrigos de invierno ____________ en el armario.
8. (perder) En Perú se descubrieron varias ciudades ____________ cerca de Cuzco.
9. (preferir) Natalia, José y Francisco son mis amigos ____________.
10. (torcer) Miguel no puede caminar porque tiene el tobillo ____________.

2 **Las consecuencias** Complete the sentences with **estar** and the correct past participle.

modelo

La Sra. Gómez cerró la farmacia.
La farmacia *está cerrada.*

1. Rafael resolvió los problemas. Los problemas ____________.
2. Julia se preparó para el examen. Julia ____________.
3. Le vendimos esa aspiradora a un cliente. Esa aspiradora ____________.
4. Se prohíbe nadar en ese río. Nadar en ese río ____________.
5. La agente de viajes confirmó la reservación. La reservación ____________.
6. Carlos y Luis se aburrieron durante la película. Carlos y Luis ____________.

3 **¿Cómo están?** Label each drawing with a complete sentence, using the nouns provided with **estar** and the past participle of the verbs.

1. pavo/ servir ____________

2. cuarto/ desordenar ____________

3. cama/ hacer ______________________
____

4. niñas/ dormir ______________________
____

4 **El misterio** Complete this paragraph with the correct past participle forms of the verbs in the word bank. Use each verb only once.

morir	escribir	resolver	sorprender	cubrir
abrir	poner	romper	hacer	desordenar

El detective llegó al hotel con el número de la habitación ______(1) en un papel. Entró en la habitación. La cama estaba ______(2) y la puerta del baño estaba ______(3). Vio a un hombre que parecía estar ______(4) porque no movía ni un dedo. El hombre tenía la cara ______(5) con un periódico y no tenía zapatos ______(6). El espejo estaba ______(7) y el baño estaba ______(8). De repente, el hombre se levantó y salió corriendo sin sus zapatos. El detective se quedó muy ______(9) y el misterio nunca fue ______(10).

Síntesis

Prepare a scavenger hunt for a classmate. First, draw a map of the class's building or floor. Then plan the path that your classmate will take to find the destination you determine. Finally, on separate pieces of paper, write creative directions from one spot to another.

- Use the **nosotros/as** commands in your directions to provide a sense of collaboration.
- Use past participles and adjective clauses to describe familiar places in unusual ways.
- Use the conjunctions that you have learned in your directions.

Conceal the pieces of paper at each spot, leading to the final destination, and then start your classmate on his or her way by giving him or her the first written clue to be followed.

Nombre ______________________ Fecha ______________________

panorama

Venezuela

1 **En Venezuela** Complete the sentences with information from **Panorama**.

1. Muchos antropólogos han estudiado las costumbres de la tribu ______________.
2. El inmunólogo venezolano que ganó el Premio Nobel es ______________.
3. La mayor concentración del petróleo en Venezuela se encuentra debajo del ______________.
4. El principal país comprador del petróleo venezolano es ______________.
5. El *boom* petrolero convirtió a Caracas en una ciudad ______________.
6. El corazón de Caracas es la zona del ______________.
7. A finales del siglo XVIII, Venezuela todavía estaba bajo el dominio de ______________.
8. Simón Bolívar fue el líder del movimiento ______________ sudamericano.

2 **Datos venezolanos** Complete the chart with the indicated information.

Artistas venezolanos	Principales ciudades venezolanas	Idiomas que se hablan en Venezuela	Países del área liberada por Simón Bolívar

3 **Todos son venezolanos** Identify the person or type of person who could make each statement.

1. "Soy parte de una tribu que vive en el sur de Venezuela".

____

2. "Compuse música y toqué el piano durante parte de los siglos XIX y XX".

____

3. "Fui un gran general que contribuyó a formar el destino de América".

____

4. "Fui el lugarteniente de 'El Libertador' durante la liberación de gran parte de Sudamérica".

____

4 **Lo que aprendiste** Write a complete definition of each item, based on what you have learned.

1. bolívar ______
2. tribu yanomami ______
3. Baruj Benacerraf ______
4. lago Maracaibo ______
5. Petróleos de Venezuela ______
6. Caracas ______
7. Parque Central ______
8. Simón Bolívar ______

5 **El mapa de Venezuela** Label the map of Venezuela with the correct geographical names.

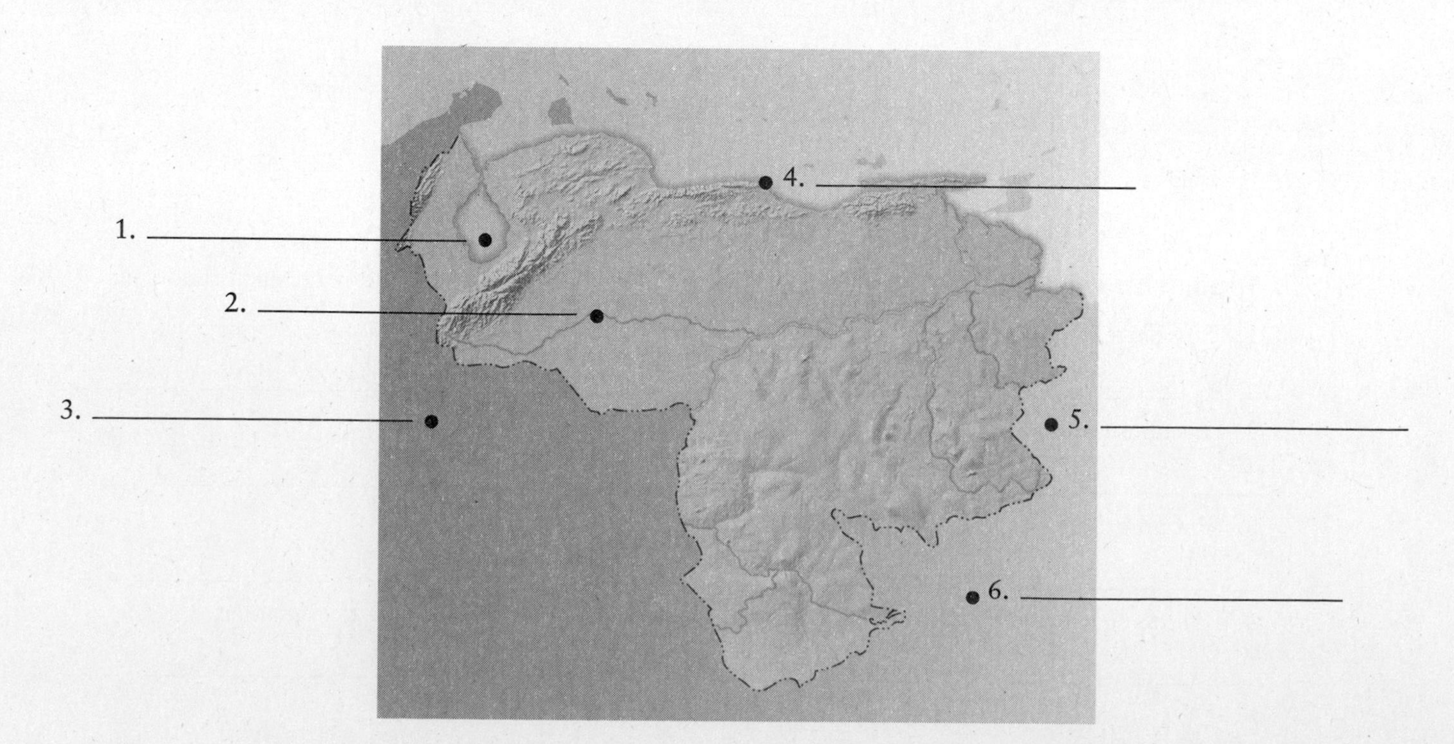

Nombre ______________________ Fecha ______________________

contextos

Lección 15

1 **Lo opuesto** Fill in the blanks with the terms that mean the opposite of the descriptions.

1. sedentario ______________________
2. con cafeína ______________________
3. fuerte ______________________
4. adelgazar ______________________
5. comer en exceso ______________________
6. con estrés ______________________
7. con ______________________
8. fuera (*out*) de forma ______________________

2 **Vida sana** Complete the sentences with the correct terms.

1. Antes de correr, es importante hacer ejercicios de ______________________ para calentarse.
2. Para dormir bien las noches, es importante tomar bebidas ______________________.
3. Para desarrollar músculos fuertes, es necesario ______________________.
4. Una persona que es muy sedentaria y ve mucha televisión es un ______________________.
5. ______________________ es bueno porque reduce la temperatura del cuerpo.
6. Para aliviar el estrés, es bueno hacer las cosas tranquilamente y sin ______________________.
7. Cuando tienes los músculos tensos, lo mejor es que te den un ______________________.
8. Las personas que dependen de las drogas son ______________________.

3 **¿Qué hacen?** Look at the drawings. Complete the sentences with the correct forms of the verbs from the word bank.

(no) llevar una vida sana	(no) consumir bebidas alcohólicas
(no) apurarse	(no) hacer ejercicios de estiramiento

1. Isabel debió ______________________.
2. Mi prima prefiere ______________________.

3. A Roberto no le gusta ______________________.
4. Adriana llega tarde y tiene que ______________________.

Nombre ______ Fecha ______

4 **¿Negativo o positivo?** Categorize the terms in the word bank according to whether they are good or bad for one's health.

dieta equilibrada	ser un teleadicto	entrenarse	llevar vida sana
fumar	sufrir muchas presiones	comer en exceso	consumir mucho alcohol
hacer gimnasia	colesterol	ser un drogadicto	buena nutrición
tomar vitaminas	hacer ejercicios de estiramiento	comer comida sin grasa	levantar pesas
llevar vida sedentaria			

Positivo para la salud	**Negativo para la salud**
______	______
______	______
______	______
______	______
______	______
______	______
______	______
______	______

5 **El/La monitor(a)** You are a personal trainer, and your clients' goals are listed below. Give each one a different piece of advice, using familiar commands and expressions from **Contextos**.

1. "Quiero adelgazar". ______
2. "Quiero tener músculos bien definidos". ______
3. "Quiero quemar grasa". ______
4. "Quiero respirar sin problemas". ______
5. "Quiero correr una maratón". ______
6. "Quiero engordar un poco". ______

6 **Los alimentos** Write whether these food categories are rich in **vitaminas, minerales, proteínas,** or **grasas.**

1. carnes ______
2. agua mineral ______
3. mantequilla ______
4. frutas ______
5. huevos ______
6. aceite ______
7. vegetales ______
8. cereales enriquecidos (*fortified*) ______

Nombre ______________________ Fecha ______________________

estructura

15.1 The present perfect

1 **¿Qué han hecho?** Complete each sentence with the present perfect of the verb in parentheses.

modelo

(hacer) Marcos y Felipe ________ sus tareas de economía.
Marcos y Felipe han hecho sus tareas de economía.

1. (comer) Gloria y Samuel ________________________ comida francesa.
2. (ver) (Yo) ________________________ la última película de ese director.
3. (leer) Pablo y tú ________________________ novelas de García Márquez.
4. (tomar) Liliana ________________________ la clase de economía.
5. (ir) (Nosotros) ________________________ a esa discoteca antes.
6. (escribir) (Tú) ________________________ un mensaje electrónico al profesor.

2 **¿Qué han hecho esta tarde?** Write sentences that say what these people have done this afternoon. Use the present perfect.

1. Roberto y Marta

____

2. Víctor

____

3. (tú)

____

4. Ricardo

____

5. (yo)

____

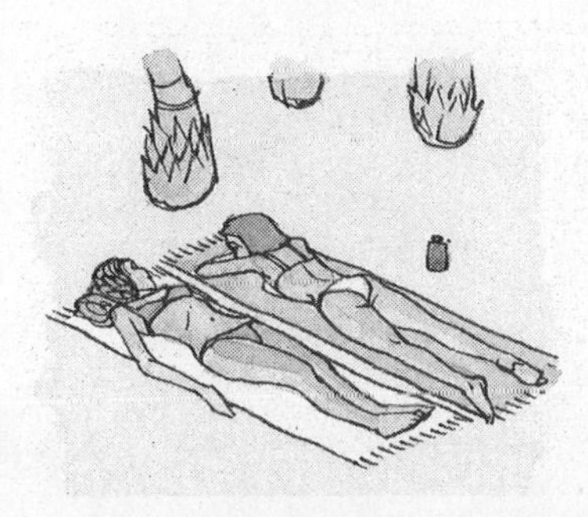

6. Claudia y yo

____

3 **Ha sido así** Rewrite the sentences, replacing the subject with the one in parentheses.

1. Hemos conocido a varios venezolanos este año. (tú)

____

2. Gilberto ha viajado por todos los Estados Unidos. (yo)

____

3. ¿Has ido al museo de arte de Boston? (Uds.)

____

4. Paula y Sonia han hecho trabajos muy buenos. (Virginia)

____

5. He asistido a tres conferencias de ese autor. (los estudiantes)

____

6. Mi hermano ha puesto la mesa todos los días. (mi madre y yo)

____

4 **Todavía no** Rewrite the sentences to say that these things have not yet been done. Use the present perfect.

modelo

Su prima no va al gimasio.

Su prima todavía no ha ido al gimnasio.

1. Pedro y Natalia no nos dan las gracias.

____

2. Los estudiantes no contestan la pregunta.

____

3. Mi amigo Pablo no hace ejercicio.

____

4. Esas chicas no levantan pesas.

____

5. Tú no estás a dieta.

____

6. Rosa y yo no sufrimos muchas presiones.

____

Nombre ______________________ Fecha ______________________

15.2 The past perfect

1 **Vida nueva** Complete this paragraph with the past perfect forms of the verbs in parentheses.

Antes del accidente, mi vida (ser) ________(1) tranquila y sedentaria. Hasta ese momento, (yo) siempre (mirar) ________(2) mucho la televisión y (comer) ________(3) en exceso. Nada malo me (pasar) ________(4) nunca. El día en que pasó el accidente, mis amigos y yo nos (encontrar) ________(5) para ir a nadar en un río. (Nosotros) Nunca antes (ir) ________(6) a ese río. Cuando llegamos, entré de cabeza al río. (yo) No (ver) ________(7) las rocas que había debajo del agua. Me di con las rocas en la cabeza. Mi hermana, que (ir) ________(8) con nosotros al río, me sacó del agua. Todos mis amigos se (quedar) ________(9) fuera del agua cuando vieron lo que me pasó. Entre todos me llevaron al hospital. En el hospital, los médicos me dijeron que yo (tener) ________(10) mucha suerte. (Yo) No me (lastimar) ________(11) la espalda demasiado, pero tuve que hacer terapia (*therapy*) física por muchos meses. (Yo) Nunca antes (preocuparse) ________(12) por estar en buena forma, ni (estar) ________(13) fuerte. Ahora hago gimnasia y soy una persona activa, flexible y fuerte.

2 **Nunca antes** Rewrite the sentences to say that these people had never done these things before.

modelo

Julián se compró un coche nuevo.
Julián nunca antes se había comprado un coche nuevo.

1. Tu novia fue al gimnasio por la mañana.
____
2. Carmen corrió en la maratón de la ciudad.
____
3. Visité los países de América del Sur.
____
4. Los estudiantes escribieron trabajos de veinte páginas.
____
5. Armando y Cecilia esquiaron en los Andes.
____
6. Luis y yo tenemos un perro en casa.
____
7. Condujiste el coche de tu papá.
____
8. Ramón y tú nos prepararon la cena.
____

3 **Ya había pasado** Combine the sentences, using the preterite and the past perfect.

modelo
Elisa pone la televisión. Jorge ya se ha despertado.
Cuando Elisa puso la televisión, Jorge ya se había despertado.

1. Lourdes llama a Carla. Carla ya ha salido.
____
2. Tu hermano vuelve a casa. Ya has terminado de cenar.
____
3. Llego a la escuela. La clase ya ha empezado.
____
4. Uds. nos buscan en casa. Ya hemos salido.
____
5. Salimos a la calle. Ya ha empezado a nevar.
____
6. Ellos van a las tiendas. Las tiendas ya han cerrado.
____
7. Lilia y Juan encuentran las llaves. Raúl ya se ha ido.
____
8. Preparas el almuerzo. Yo ya he comido.
____

4 **Tiger Woods** Write a paragraph about the things that Tiger Woods had achieved by age 21. Use the phrases from the word bank with the past perfect. Start each sentence with **Ya.** The first one has been done for you.

hacerse famoso
empezar a jugar como jugador de golf profesional
ganar millones de dólares
ser el campeón (*champion*) más joven del Masters de golf
establecer (*set*) muchos récords importantes
ser la primera persona de origen negro o asiático en ganar un campeonato
estudiar en la universidad de Stanford

Cuando tenía 21 años, Tiger Woods ya se había hecho famoso. ______________________
____
____
____
____
____
____

Nombre ______________________ Fecha ______________________

15.3 The present perfect subjunctive

1 **Lo opuesto** Using the present perfect subjunctive, complete the second sentence of each pair to say the opposite of the first one.

modelo
Has perdido las llaves muchas veces.
No es verdad que hayas perdido las llaves muchas veces.

1. Éste ha sido mi mejor año. No estoy segura ______________________.
2. El ejercicio le ha aliviado el estrés. Ella duda ______________________.
3. Rafael y yo hemos sufrido muchas presiones. Rafael y yo negamos ______________________.
4. El gobierno ha estudiado el problema. Es improbable ______________________.
5. Uds. han sido muy buenos amigos siempre. No es cierto ______________________.
6. He hecho todo lo que pude. No es seguro ______________________.

2 **En mi opinión** Rewrite the sentences, using the expressions in parentheses and the present perfect subjunctive.

modelo
Marina ha disfrutado de su dieta. (improbable)
Es improbable que Marina haya disfrutado de su dieta.

1. Muchas niñas jóvenes han estado a dieta. (terrible)

____

2. Uds. no han llevado una vida sana hasta ahora. (triste)

____

3. Los jugadores no han hecho ejercicios de estiramiento. (una lástima)

____

4. Nosotros hemos aumentado de peso este verano. (probable)

____

5. Algunos doctores del hospital han fumado en público. (ridículo)

____

6. Mi esposo no ha engordado más. (Me alegro de)

____

7. Nunca has aliviado el estrés en tu trabajo. (Siento)

____

8. Tú y tu amiga se han mantenido en buena forma. (No creo)

____

Nombre ____________________ Fecha ____________________

3 **La telenovela** Write a paragraph that tells your best friend that you are glad that these things happened on the soap opera you both watch. Start each sentence with **Me alegro.** The first one has been done for you.

la vecina / poner la televisión	Alejandro y Leticia / ganar la lotería
Ligia Elena / separarse de Luis Javier	los padres de Juliana / encontrar la carta de amor
la boda de Gema y Fernando / ser tan elegante	(tú) / contarme lo que pasó ayer
Ricardo / conocer a Diana Carolina	(nosotros) / poder ver esta telenovela

Me alegro de que la vecina haya puesto la televisión.

Síntesis

Write an autobiographical essay. Address:

- things that you have done that you are proud of and things you are embarassed about. Use the present perfect.
- things that you had done by age eight and by age sixteen. Use the past perfect.
- things you have done. Are you glad you did them? Are you sorry about some of them? Do you regret not having done something? Did any of the things you did surprise you? Use expressions such as **me alegro, me sorprende, siento, es una lástima, es triste, es extraño,** and **es ridículo** and the present perfect subjunctive.

Nombre ______________________ Fecha ______________________

panorama

Bolivia

1 **Información de Bolivia** Complete these sentences with information about Bolivia.

1. El área de Bolivia es igual al área total de ______________________.
2. Las personas de herencia indígena y europea son ______________________.
3. Un 70% de la población boliviana vive en el ______________________.
4. La moneda de bolivia es el ______________________.
5. Las tres lenguas oficiales de Bolivia son ______________________.
6. El lago navegable más alto del mundo es el ______________________.
7. Dos tipos de flauta que se usan en la música andina son ______________________.
8. Tiahuanaco es el nombre de unas ruinas y significa ______________________.
9. Tiahuanaco fue fundado por los antepasados de ______________________.
10. ______________________ es un impresionante monumento que pesa unas 10 toneladas.

2 **¿Cierto o falso?** Indicate whether these statements are **cierto** or **falso.** Correct the false statements.

1. Bolivia tiene dos ciudades capitales diferentes.

____

2. Jesús Lara fue un pintor y político boliviano.

____

3. Las costas bolivianas están en el Océano Pacífico.

____

4. El lago Titicaca es el lago más grande de América del Sur.

____

5. Según la mitología aymará, los hijos del Dios Sol fundaron un imperio.

____

6. La música andina es el aspecto más conocido del folklore boliviano.

____

7. La quena es una pequeña guitarra andina.

____

8. Se piensa que los indígenas aymará fundaron Tiahuanaco hace 15.000 años.

____

3 **Términos bolivianos** Fill in the blanks with the terms described.

1. ______________________ Grupos indígenas que constituyen más de la mitad de la población de Bolivia

2. ______________________ Es la sede del gobierno de Bolivia.

3. ______________________ Es la segunda ciudad de Bolivia en número de habitantes.

4. ______________________ Ha sido político y presidente boliviano.

5. ______________________ Tipo de música compartida por Bolivia, Perú, Ecuador, Chile y Argentina. Es música popular de origen indígena.

6. ______________________ Grupo importante de música andina que lleva más de veinticinco años actuando en los escenarios internacionales

4 **Letras desordenadas** Unscramble the words according to the clues.

1. SOLORCIL ______________________
(gente de ascendencia europea nacida en América Latina)

2. BHABCMOCAA ______________________
(ciudad boliviana)

3. AUQHCUE ______________________
(uno de los idiomas oficiales de Bolivia)

4. OLAZCSAA ______________________
(apellido de una poeta boliviana)

5. PAZÑOAM ______________________
(tipo de flauta típica de la música andina)

6. ORTAOT ______________________
(material que los indígenas usan para hacer botes)

7. AEOMNLERCI ______________________
(tipo de centro que fue Tiahuanaco)

8. AALSKAASAY ______________________
(templo de las ruinas de Tiahuanaco)

Nombre ______________________ Fecha ______________________

repaso

Lecciones 13–15

1 **¿Subjuntivo o indicativo?** Write sentences, using the elements provided and either the subjunctive or the indicative, depending on the cues and context.

1. Jorge / esperar / su madre / conseguir un trabajo pronto

____

2. (nosotros) / no negar / la clase de matemáticas / ser difícil

____

3. ser imposible / una casa nueva / costar tanto dinero

____

4. Uds. / alegrarse / la fiesta / celebrarse cerca de su casa

____

5. Ser una / lástima / Laura / no poder venir con nostotros

____

2 **¡Que sí! ¡Que no!** Your mother and father disagree on the things that you and the family should do. Write positive and negative commands for the subjects indicated.

1. comer en casa (nosotros)

____

2. estudiar por las noches (tú)

____

3. visitar a la abuela (nosotros)

____

4. comprar un coche nuevo (tú)

____

5. limpiar la casa (nosotros)

____

3 **Las conjunciones** Use the subjunctive or the indicative of the verbs in parentheses.

1. No quiero llegar a la fiesta después de que Marcelo (irse) ______________.
2. Alicia siempre se levanta en cuanto (sonar) ______________ el despertador.
3. No bebas ese vino a menos que (ser) ______________ una ocasión especial.
4. Olga y Lisa tocaron a la puerta hasta que su madre las (oír) ______________.
5. Cuando (tú) (llamar) ______________ a la oficina, pregunta por Gustavo.
6. Lilia llega a los lugares sin que nadie le (dar) ______________ direcciones.

4 **Hemos dicho** Complete the sentences with the present perfect indicative, past perfect indicative, or present perfect subjunctive of the verbs in parentheses. Use the English cues to decide on the tense.

1. (dar) El monitor (*has given*) ______________ muchas clases de aeróbicos antes.
2. (pasar) Nosotros nunca antes (*had passed*) ______________ por esta parte de la ciudad.
3. (estudiar) Quiero conocer a alguien que (*has studied*) ______________ psicología.
4. (leer) En la clase de literatura, Uds. (*have read*) ______________ varias novelas interesantes.
5. (oír) Mi madre nos (*had heard*) ______________ decir antes que queríamos una motocicleta.
6. (estar) Necesitas hablar con personas que (*has been*) ______________ en Cuba.

5 **Los países** Use the past participles of the verbs from the word bank to complete the sentences about the countries in **Panorama**. Use each verb only once.

llamar	fundar	nacer	convertir	compartir
escribir	reflejar	hacer	mantener	conectar

1. En Colombia, los objetos de oro precolombino estaban ______________ con un gran cuidado.
2. Las creencias (*beliefs*) sobre el oro de los indígenas colombianos están ______________ en sus objetos.
3. La novela *Cien años de soledad* está ______________ en el estilo del realismo mágico.
4. ______________ en Caracas, el científico Baruj Benacerraf ganó el Premio Nobel en 1980.
5. Desde los años cincuenta, Caracas se ha ______________ en una ciudad cosmopolita.
6. El interior de Venezuela está ______________ con Caracas por carreteras y autopistas recientes.
7. Simón Bolívar, ______________ "El Libertador", fue el líder de la independencia sudamericana.
8. Los grupos quechua y aymará de Bolivia han ______________ sus culturas y lenguas.
9. La música andina es ______________ por Bolivia, Perú, Ecuador, Chile y Argentina.
10. Se piensa que el centro ceremonial de Tiahuanaco, en Bolivia, fue ______________ hace 15.000 años.

6 **Los derechos civiles** Write a brief paragraph in Spanish about a minority group in the U.S., using these questions as a guide:

- What injustices or unfair conditions has this group suffered in the past?
- What did the lives of the members of this group use to be like in the past?
- What are you opinions about the injustices that occurred?
- What are some advances that this group has made? Under what conditions do the members of this group live today?
- What do you hope for the future of this group?
- What should we as a society do about the disadvantaged status of many minority groups?

Nombre ______________________ Fecha ______________________

contextos — Lección 16

1 **El anuncio** Answer the questions about this help-wanted ad, using complete sentences.

EMPRESA MULTINATIONAL BUSCA:
• Contador • Gerente • Secretario

Salarios varían según la experiencia. Seguro *(Insurance)* de salud, plan de jubilación 401(k), dos semanas de vacaciones.

Enviar currículum y carta de presentación por fax o por correo para concertar *(schedule)* una entrevista con el Sr. Martínez.

1. ¿Cuántos puestos hay?
____
2. ¿Cuáles son los sueldos?
____
3. ¿Qué beneficios ofrece la empresa?
____
4. ¿Qué deben enviar los aspirantes?
____
5. ¿Quién es el Sr. Martínez?
____
6. ¿Dice el anuncio que hay que llenar (*fill out*) una solicitud?
____

2 **Vida profesional** Complete the paragraph with items from the word bank.

aspirante	empresa	salario	currículum	renunciar	beneficios	entrevista
profesión	entrevistadora	anuncio	éxito	obtener	puesto	ascenso

Vi el ______(1)______ en el periódico. Se necesitaban personas que hablaran español e inglés para un ______(2)______ de editora en una pequeña ______(3)______ que se encontraba en el centro de la ciudad. Preparé mi ______(4)______ con mucha atención y lo envié por *fax*. Esa tarde me llamó la ______(5)______, que se llamaba la Sra. Pineda. Me dijo que el ______(6)______ que ofrecían no era demasiado alto, pero que los ______(7)______, como el seguro de salud y el plan de jubilación, eran excelentes. Era una buena oportunidad para ______(8)______ experiencia. Me pidió que fuera a la oficina al día siguiente para hacerme una ______(9)______. Había otro ______(10)______ en la sala de espera cuando llegué. Me puse un poco nerviosa. Ese día decidí ______(11)______ a mi trabajo anterior (*previous*) y desde entonces ejerzo (*I practice*) la ______(12)______ de editora. ¡He tenido mucho ______(13)______!

3 **Una es diferente** Fill in the blanks with the words that don't belong in the groups.

1. ocupación, reunión, oficio, profesión, trabajo ______________________
2. pintor, psicólogo, maestro, consejero ______________________
3. arquitecta, diseñadora, pintora, bombera ______________________
4. invertir, currículum, corredor de bolsa, negocios ______________________
5. sueldo, beneficios, aumento, renunciar, ascenso ______________________
6. puesto, reunión, entrevista, videoconferencia ______________________

4 **Las ocupaciones** Fill in the blanks with the profession of the person who would make each statement.

1. "Decido dónde poner los elementos gráficos de las páginas de una revista".

____

2. "Ayudo a las personas a resolver sus problemas. Hablan conmigo y buscamos soluciones".

____

3. "Defiendo a mis clientes y les doy consejos legales".

____

4. "Investigo las cosas que pasan y escribo artículos sobre los eventos".

____

5. "Les enseño clases a los niños en la escuela".

____

6. "Hago experimentos y publico los resultados en una revista".

____

5 **¿Quién lo usa?** Label each drawing with the profession associated with the object.

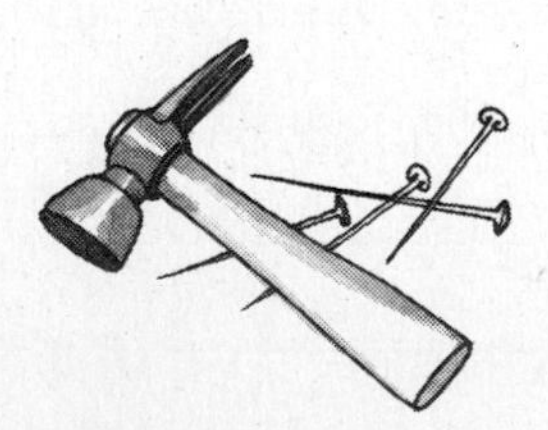

1. ______________________

2. ______________________

3. ______________________

4. ______________________

Nombre ______________________ Fecha ______________________

estructura

16.1 The future tense

1 **Preguntas** Answer the questions with the future tense and the words in parentheses.

modelo

¿Qué vas a hacer hoy? (los quehaceres)
Haré los quehaceres.

1. ¿Cuándo vamos a jugar al fútbol? (el jueves)
2. ¿Cuántas personas va a haber en la clase? (treinta)
3. ¿A qué hora vas a venir? (a las nueve)
4. ¿Quién va a ser el jefe de Delia? (Esteban)
5. ¿Dentro de cuánto va a salir Juan? (una hora)
6. ¿Quiénes van a estar en la fiesta? (muchos amigos)

2 **Yo también** Write sentences with the elements provided, using the future tense. Then ask what the people in parentheses will be doing. Answer that they will do the same thing.

modelo

Uds. / salir a un restaurante hoy (Pedro)
Uds. saldrán a un restaurante hoy. ¿Y Pedro?
Pedro también saldrá a un restaurante hoy.

1. Rosa / ir todos los días al gimnasio (Uds.)
2. (nosotros) / venir a la universidad el lunes (tú)
3. Carlos y Eva / poner la televisión esta noche (Lina)
4. (yo) / traer una botella de vino a la fiesta (Pablo)
5. tu madre / preparar un pavo para la cena (nosotros)
6. (tú) / hacer la tarea en la biblioteca (ellos)

Nombre ______________________ Fecha ______________________

3 **Será así** Rewrite each sentence to express probability. Each new sentence should start with a verb in the future tense.

modelo
Creemos que se llega por esta calle.
Se llegará por esta calle.

1. Es probable que sea la una de la tarde.

____

2. Creo que ellas están en casa.

____

3. Estamos casi seguros de que va a nevar hoy.

____

4. ¿Crees que ella tiene clase ahora?

____

5. Es probable que ellos vayan al cine luego.

____

6. Creo que estamos enfermos.

____

4 **¿Cuándo será?** Write sentences with the elements provided. Use the future tense in the main clause of each sentence.

modelo
Laura / limpiar / la casa / en cuanto / (ella) / tener tiempo
Laura limpiará la casa en cuanto tenga tiempo.

1. Lilia / ir / a tu casa / tan pronto como / (tú) / llamarla

____

2. (yo) / viajar a Europa / cuando / (yo) / tener dinero

____

3. Uds. / comprar / un coche/ en cuanto / el nuevo modelo /salir

____

4. (tú) / poder usar la computadora / cuando / Claudia / irse

____

5. Ricardo / poner la música / después de que / los invitados / llegar

____

6. cuando / (tú) / venir a mi casa / (tú) / ver / las fotos

____

7. (nosotros) / buscar trabajo / tan pronto como / (nosotros) / graduarnos

____

8. en cuanto / Elsa / terminar el trabajo / su jefe / pagarle

____

Nombre ______________________ Fecha ______________________

16.2 The future perfect

1 **¿Cuándo pasará?** Answer the questions, saying that the people will have already done these things by the time indicated. Use the future perfect.

modelo

¿Me enviarás una carta cuando llegues a Santiago?

No, ya te habré enviado una carta cuando llegue a Santiago.

1. ¿Encontrará Gloria un trabajo cuando se gradúe?
____
2. ¿Le comprarás un abrigo a Sonia cuando te paguen?
____
3. ¿Escribirá José una novela cuando se jubile?
____
4. ¿Hará Pepe la cama cuando llegue la visita?
____
5. ¿Beberemos esta botella de vino cuando tengamos una fiesta?
____
6. ¿Olvidaré a mi ex novia cuando me vaya de vacaciones?
____

2 **¿Lo habrá hecho?** You expected these people and animals to do something, and you're wondering if they have done it. Use the future perfect to ask yourself if they will have done it.

modelo

Le dije a Marcia que Pedro iba a llegar tarde. (esperar)

¿Lo habrá esperado?

1. Alma le dio el artículo a Javier. (leer)
____
2. Le dejé comida al gato para tres días. (comer)
____
3. Mariela quería una falda nueva. (comprar)
____
4. Rita iba a recoger a Julio al aeropuerto. (hacer)
____
5. Ellas no querían viajar en tren. (decir)
____
6. Mis amigos buscaban un pasaje barato. (encontrar)
____

Nombre ______________________ Fecha ______________________

16.3 The past subjunctive

1 **Si pudiera** Complete the sentences with the past subjunctive of the verbs in parentheses.

1. El arqueólogo se alegró de que todos (hacer) ______________ tantas preguntas.
2. Mi madre siempre quiso que yo (estudiar) ______________ arquitectura.
3. Te dije que cuando (ir) ______________ a la entrevista, deberías llevar tu currículum.
4. Tal vez no fue una buena idea que nosotros le (escribir) ______________ esa carta.
5. Era una lástima que su esposo (tener) ______________ que trabajar tanto.
6. Luisa dudaba que ese empleo (ser) ______________ su mejor alternativa.
7. Era probable que Francisco (llevarse) ______________ mal con sus jefes.
8. Laura buscaba músicos que (saber) ______________ tocar el saxofón.
9. Uds. no estaban seguros de que el reportero (conocer) ______________ al actor.
10. Fue extraño que Daniela y tú (entrevistarse) ______________ para el mismo trabajo.

2 **Opiniones** Rewrite the sentences, replacing the words in italics with the words in parentheses. Change verbs and pronouns as needed.

modelo

Quizás fue mejor que *Aurelio* no participara. (nosotros)
Quizás fue mejor que no participáramos.

1. Era ridículo que *ese puesto* te pagara tan poco dinero. (los gerentes)

____

2. Lourdes esperaba que *yo* obtuviera un buen puesto. (sus hijos)

____

3. Nosotros temíamos que *los electrodomésticos* se dañaran. (el carro)

____

4. Queríamos que *los políticos* dijeran siempre la verdad. (tú)

____

5. Le aconsejé que (*ella*) escribiera su currículum con mucha atención. (ellas)

____

6. Marta sintió que *Uds.* tuvieran que esperarla. (nosotros)

____

3 **Lo contrario** Complete the second sentences to say the opposite of the first ones.

modelo
Nadie dudaba que el candidato era muy bueno.
Nadie estaba seguro de que el candidato fuera muy bueno.

1. Nadie dudaba de que el ascenso de Miguel fue justo (*fair*).

No estabas seguro de que ______________________.

2. Era obvio que todos los participantes sabían usar las computadoras.

No fue cierto que ______________________.

3. Raquel estaba segura de que las reuniones no servían para nada.

Pablo dudaba que ______________________.

4. Fue cierto que Rosa tuvo que ahorrar mucho dinero para invertirlo.

No fue verdad que ______________________.

5. No hubo duda de que la videoconferencia fue un desastre (*disaster*).

Tito negó que ______________________.

6. No negamos que los maestros recibieron salarios bajos.

La directora negó que ______________________.

4 **El trabajo** Complete the paragraph with the past subjunctive, the preterite, or the imperfect of the verbs in parentheses as appropriate.

MARISOL ¡Hola, Pepe! Me alegré de que (tú) (conseguir) ______(1)______ el trabajo de arquitecto.

PEPE Sí, aunque fue una lástima que (yo) (tener) ______(2)______ que renunciar a mi puesto anterior.

MARISOL No dudaba de que (ser) ______(3)______ una buena decisión cuando lo supe.

PEPE No estaba seguro de que este puesto (ser) ______(4)______ lo que quería, pero está muy bien.

MARISOL Estoy segura de que (tú) (hacer) ______(5)______ muy bien la entrevista.

PEPE Me puse un poco nervioso, sin que eso (afectar) ______(6)______ mis respuestas.

MARISOL Sé que ellos necesitaban a alguien que (tener) ______(7)______ tu experiencia.

PEPE Era cierto que ellos (necesitar) ______(8)______ a muchas personas para la oficina nueva.

Síntesis

Write a plan for your future, following these steps:

- Write all of the things that you plan or wish to do with your life, using the future tense.
- Decide which things you will have accomplished by what age. For example, "**A los veinticinco años, ya habré completado la maestría** (*master's degree*) **en negocios**".
- Draw a timeline with marks every five years. Label each mark with the sentence that tells what you will have accomplished by then.
- Imagine that you are now elderly and reflecting on your life. What do you think of your accomplishments? At the time, what were you glad about, sorry about, scared about, annoyed about, and sure about? What did you hope for and what did you deny yourself at the time? Use the preterite and the imperfect with the past subjunctive to write the story of your life.

Nombre ______________________________ Fecha ______________________________

panorama

Nicaragua

1 **Datos nicaragüenses** Complete the sentences with information about Nicaragua.

1. Nicaragua, del tamaño *(size)* de Nueva York, es el país más grande de ____________________.
2. Managua es inestable geográficamente, con muchos ____________________ y ____________________.
3. Las ____________________ de Acahualinca son uno de los restos prehistóricos más famosos y antiguos de Nicaragua.
4. Desde joven, Ernesto Cardenal trabajó por establecer la ____________________ y la ____________________ en su país.
5. En los años 60 Cardenal estableció la comunidad artística del Archipiélago ____________________.
6. Ernesto Cardenal ha servido como vicepresidente de la organización ____________________.
7. La Isla ____________________ fue un cementerio indígena donde hay objetos prehistóricos.
8. En el Lago ____________________ se encuentran muchos peces exóticos y numerosas islas.

2 **El mapa** Label the map of Nicaragua.

1. ____________________
2. ____________________
3. ____________________
4. ____________________
5. ____________________
6. ____________________

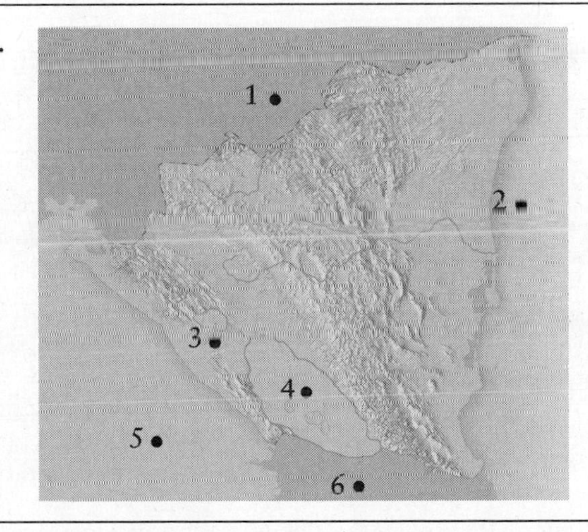

3 **Datos rápidos** Identify the items and people described.

1. capital de Nicaragua ____________________
2. moneda nicaragüense ____________________
3. idioma oficial de Nicaragua ____________________
4. poeta nicaragüense nacido en el siglo diecinueve ____________________
5. política y ex-presidenta nicaragüense ____________________
6. político y ex-presidente nicaragüense ____________________
7. mujer poeta nicaragüense del siglo veinte ____________________
8. poeta y sacerdote que fue ministro de cultura ____________________

panorama

La República Dominicana

4 **¿Cierto o falso?** Indicate if each statement is **cierto** or **falso**. Then correct the false statements.

1. La República Dominicana y Haití comparten la isla de La Española.

____

2. La Fortaleza Ozama fue la tercera fortaleza construida en las Américas.

____

3. La República Dominicana fue el primer país hispano en tener una liga de béisbol.

____

4. Hoy en día el béisbol es una afición nacional dominicana.

____

5. El merengue es un tipo de música de origen dominicano que tiene sus raíces en el campo.

____

6. El merengue siempre ha sido popular en las ciudades y tiene un tono urbano.

____

5 **Datos dominicanos** Complete the sentences with information about the Dominican Republic.

1. Los idiomas que se hablan en la República Dominicana son el ______________ y el ______________.
2. ______________ fue político dominicano y padre de la patria en el siglo diecinueve.
3. Las señoras de la corte del Virrey de España paseaban por la ______________.
4. El béisbol es un deporte muy practicado en todos los países del mar ______________.
5. ______________, Pedro Martínez y Manny Ramírez son tres beisbolistas dominicanos exitosos.
6. La ______________ es un tambor característico de la República Dominicana.
7. El merengue de hoy en día tiene un tono urbano y se usan las grandes ______________.
8. Uno de los cantantes de merengue dominicano más famosos es ______________.

6 **Aficiones dominicanas** Identify the activities in the photos.

1. ______________ 2. ______________

Nombre ______________________ Fecha ______________________

contextos

Lección 17

1 **¿Qué es?** Identify the genre of these words with an item from the word bank.

película	poema	programa de entrevistas	obra de teatro
ballet	ópera	dibujos animados	canción

1. *Aida* ______________________
2. *Romeo y Julieta* ______________________
3. *Larry King* ______________________
4. *Los Simpson* ______________________
5. *El cuervo* (raven) ______________________
6. *E.T., el extraterrestre* ______________________
7. *El cascanueces* (nutcracker) ______________________
8. *La bamba* ______________________

2 **¿Qué tipo de película es?** Label the type of movie shown on each screen.

1. ______________________

2. ______________________

3. ______________________

4. ______________________

3 **Los artistas** Fill in each blank with the type of artist who would make the statement.

1. "Escribo obras de teatro para que las presenten al público". ______________________
2. "Trabajo con las estrellas y con las cámaras para hacer películas". ______________________
3. "Trabajo con la computadora o con papel y pluma". ______________________
4. "Paso todo el día practicando las notas con mi instrumento". ______________________
5. "Soy muy famosa y estoy en las mejores películas". ______________________
6. "Me gusta escribir en versos, con palabras que riman (*rhyme*)". ______________________
7. "Hago grandes figuras de madera de tres dimensiones". ______________________
8. "Me expreso artísticamente con mi cuerpo". ______________________
9. "Pienso en la música y luego la escribo". ______________________
10. "Mi voz (*voice*) es mi instrumento". ______________________

4 **Las artes** Complete the newspaper article with the correct forms of the terms in the word bank.

moderno	clásico	poema	folklórico
artesanía	extranjero	festival	escultura

Celebración de las artes

El ______________________ (1) artístico de la ciudad comenzó ayer y van a participar todo tipo de individuos, grupos y orquestas. El viernes por la noche hay un concierto de música ______________________ (2) de la orquesta sinfónica de la ciudad. Tocarán la Quinta sinfonía de Beethoven. El sábado tocarán durante el día varios grupos de música ______________________ (3) de diferentes países. Será una oportunidad excelente para conocer la música tradicional de muchos países ______________________ (4). El sábado por la tarde habrá un espectáculo de baile expresivo, con música ______________________ (5). Además se exhibirá en los parques de la ciudad una serie de grandes ______________________ (6) al aire libre. Por la noche, en el Teatro Central, varios poetas le leerán sus ______________________ (7) al público. Finalmente, el domingo habrá una feria (*fair*) de ______________________ (8), donde se venderán cerámica y tejidos hechos a mano.

Nombre ______________________ Fecha ______________________

estructura

17.1 The conditional tense

1 **¿Lo harías?** Complete the sentences with the conditional of the verbs in parentheses.

1. (comer) Rosa ______________ en ese restaurante todos los días.
2. (quedarse) Mis primos ______________ a dormir en casa de mis abuelos.
3. (publicar) Los editores ______________ el poema en la revista.
4. (aburrirse) Uds. ______________ muchísimo con esa película.
5. (gustar) A mí me ______________ hacer el papel de Helena de Troya.
6. (apreciar) Ana y Rita ______________ las obras de arte del museo.
7. (dormir) Ricardo ______________ en el hotel más barato de San Salvador.
8. (tocar) Javier y yo ______________ jazz en el Café Central de Madrid.
9. (escribir) Tú les ______________ postales a todos tus amigos desde Honduras.
10. (molestar) A nosotros nos ______________ la música por las noches.

2 **La entrevista** Isabel is going to interview a famous author for an article in her college literary magazine. She e-mailed her journalism professor for advice. Rewrite the professor's advice in a paragraph, using the conditional of the infinitive verbs. The first sentence has been done for you.

buscar información en la biblioteca
leer artículos de revista sobre la autora
estudiar los cuentos de la autora
pensar en lo que quiere saber
preparar las preguntas antes de la entrevista
vestirse de forma profesional
llegar temprano a casa de la autora
grabar (*record*) la entrevista
darle las gracias a la autora
al llegar a casa, transcribir la entrevista
entonces escribir el artículo
mostrárselo a la autora antes de publicarlo
finalmente, corregir el texto con cuidado
sentirse muy orgullosa de su trabajo

Buscaría información en la biblioteca. ______________________________

____

____

____

____

____

____

____

____

3 **Los buenos modales** *(manners)* Rewrite these commands as polite requests, using the conditional.

modelo
Termina el trabajo hoy antes de irte.
¿Terminarías el trabajo hoy antes de irte, por favor?

1. Tráigame una copa de vino.
2. Llama a Marcos esta tarde.
3. Encuéntreme un pasaje barato.
4. Pide una toalla más grande.
5. Venga a trabajar el sábado y el domingo.
6. Búscame en mi casa a las ocho.

4 **¿Sería así?** Change the sentences into questions that ask what might have happened. Use the conditional tense.

modelo
Adriana se durmió durante la película. (dormir bien anoche)
¿Dormiría bien anoche?

1. Natalia se fue temprano. (salir para ver una obra de teatro)
2. No encontré los boletos. (poner las boletas en mi cartera)
3. Luz no fue al teatro. (tener otras cosas que hacer)
4. Jaime e Isabel conocieron a los actores y actrices en una fiesta. (invitarlos el director)

5 **Eso pensamos** Write sentences with the elements provided and the conditional of the verbs in parentheses.

modelo
Nosotros decidimos (Uds. / tener tiempo) para ver el espectáculo.
Nosotros decidimos que Uds. tendrían tiempo para ver el espectáculo.

1. Yo pensaba (el museo y el teatro / estar cerrado los domingos)
2. Lisa y David dijeron (ese canal / presentar el documental ahora)
3. Marta créia (sus estrellas de cine favoritas / salir en una nueva película)
4. Lola dijo (Ramón / nunca hacer el papel de Romeo)

Nombre ______________________ Fecha ______________________

17.2 The conditional perfect

1 **Pero no fue así** Write sentences with the elements provided. Use the conditional perfect of the verb in the main clause and the preterite of the verb in the subordinate clause.

modelo
Lidia / despertarse a las seis // no oír el despertador
Lidia se habría despertado a las seis pero no oyó el despertador.

1. Miguel / ir al cine // tener que quedarse estudiando
____
2. (yo) / llamar a Marcela // no conseguir su número de teléfono
____
3. Antonio y Alberto / tocar bien en el concierto // practicar poco
____
4. (tú) / venir a mi casa // no encontrar la dirección
____
5. Uds. / conocer a mi novia // llegar demasiado tarde
____
6. mis amigos y yo / comer en tu casa // no darnos hambre
____

2 **Viaje cancelado** You and your friends made plans to spend a week in New York City. However, you weren't able to go. Rewrite the paragraph to say what would have happened, using the conditional perfect. The first sentence has been done for you.

Iremos a ver una ópera famosa. Participaremos en un programa de entrevistas. Será un programa divertido. Mi prima nos conseguirá boletos para un espectáculo de baile. Nos quedaremos en casa de mis tíos. Conoceré al novio de mi prima. Mis tíos nos mostrarán la ciudad. Visitaremos la Estatua de la Libertad. Veremos a muchos turistas estadounidenses y extranjeros. Llamaré a mis padres para contarles todo. Habrá un festival en la calle. Bailaremos salsa y merengue en una discoteca. El novio de mi prima nos mostrará el documental que hizo. Escucharemos a algunos artistas recitar poemas en un café.

Habríamos ido a ver una ópera famosa. ______________________

____

____

____

____

____

____

____

____

Nombre ______________________ Fecha ______________________

17.3 The past perfect subjunctive

1 **En el pasado** Rewrite the sentences, replacing the subject in italics with the subject in parentheses.

1. Mis padres se alegraron de que *yo* me hubiera graduado. (mi hermano)

____

2. Marisol dudó que *nosotras* hubiéramos ido a la fiesta solas. (Uds.)

____

3. Yo no estaba segura de que *mis hermanos* se hubieran despertado. (tú)

____

4. Todos esperaban que *la conferencia* ya se hubiera acabado. (las clases)

____

5. La clase empezó sin que *Uds.* hubieran hablado con el profesor. (nosotros)

____

6. Fue una lástima que *mis amigos* no hubieran invitado a Roberto. (yo)

____

2 **Ojalá...** Write sentences with the elements provided. Use the past perfect subjunctive.

modelo

(ojalá / Lina / estudiar) antes de tomar el examen.
Ojalá Lina hubiera estudiado antes de tomar el examen.

1. (quizás / ser mejor) esperar a que me llamaran.

____

2. (ojalá / Ramón / estar) allí para ver el espectáculo.

____

3. (tal vez / nosotros / perdernos) si no tuviéramos el mapa.

____

4. (ojalá / tú / oír) lo que dijeron Mariano y Javier.

____

5. (quizás / los estudiantes / comprar) más lápices antes.

____

6. (tal vez / yo / ir) de viaje con Uds. el año pasado.

____

Nombre ______________________ Fecha ______________________

3 **Las vacaciones** Complete the letter with the past perfect subjunctive of the verbs in parentheses.

3 de mayo de 2004

Querida Irma:

Me alegré mucho de que (tú) me (poder) ______(1)______ visitar este verano. Además, yo esperaba que (tú) te (quedar) ______(2)______ unos días solamente, pero me alegré cuando supe que te quedarías dos semanas. Si tú (estar) ______(3)______ aquí todo el mes, habríamos podido ver más zonas del país. Es probable que la playa de La Libertad te (gustar) ______(4)______ mucho. Mi madre también (querer) ______(5)______ que te quedaras más tiempo. ¡Ojalá (tú) (conocer) ______(6)______ a mi hermano! Es probable que tú y yo nos (divertir) ______(7)______ muchísimo con él. ¡Tal vez (tú) (decidir) ______(8)______ quedarte en El Salvador todo el verano!

Hasta pronto, tu amiga,

Rosa

4 **No, no era cierto** Answer the questions negatively, using the past perfect subjunctive.

modelo

¿Era obvio que Uds. habían escrito la carta?

No, no era obvio que hubiéramos escrito la carta.

1. ¿Era verdad que el examen había sido muy difícil?

____

2. ¿Estaba Raquel segura de que él había tomado vino?

____

3. ¿Era cierto que todas las clases se habían llenado?

____

4. ¿Era obvio que Uds. habían limpiado la casa?

____

5. ¿Estabas seguro de que nosotros habíamos comido?

____

6. ¿Era cierto que yo había sido el último en llegar?

____

Síntesis

Interview three people to find out what they would do if they won a million dollars in a game show. Then do the following:

- Write a paragraph that describes the things they would do. Use the conditional tense.
- Write a paragraph about what you would have done if you were the million dollar winner. Use both the conditional perfect and the past perfect subjunctive tenses.

Nombre ______________________ Fecha ______________________

panorama

El Salvador

1 **Datos salvadoreños** Complete the sentences with information about El Salvador.

1. ______________________ es una poeta, novelista y cuentista salvadoreña.
2. El Salvador tiene unos 300 kilómetros de costa en el Océano ______________________.
3. ______________________ es la playa que está más cerca de San Salvador.
4. Las condiciones de La Libertad son perfectas para el ______________________.
5. El bosque nuboso Montecristo se conoce también como ______________________.
6. En el bosque nuboso Montecristo se unen ______________, ______________ y ______________.
7. Los ______________ del bosque Montecristo forman una bóveda que el sol no traspasa.
8. Las ______________ de Ilobasco son pequeñas piezas de cerámica en forma ovalada.

2 **¿Cierto o falso?** Indicate if each statement is **cierto** or **falso**. Then correct the false statements.

1. El Salvador es el país centroamericano más grande y más densamente poblado.
____
2. Casi el 95 por ciento de la población salvadoreña es mestiza.
____
3. Óscar Romero fue un arzobispo y activista por los derechos humanos.
____
4. El pueblo de Ilobasco se ha convertido en un gran centro de *surfing*.
____
5. El bosque nuboso Montecristo es una zona seca (*dry*).
____
6. Los productos tradicionales de Ilobasco son los juguetes, los adornos y los utensilios de cocina.
____

3 **Vistas de El Salvador** Label the places in the photos.

1. ______________________ 2. ______________________

Nombre Fecha

panorama

Honduras

4 **En Honduras** Answer the questions with complete sentences.

1. ¿Quiénes son los jicaque, los miskito y los paya?

2. ¿Qué idiomas se hablan en Honduras?

3. ¿Quién es Argentina Díaz Lozano?

4. ¿Qué cultura construyó la ciudad de Copán?

5. ¿Para qué eran las canchas de Copán?

6. ¿Por qué intervino la Standard Fruit Company en la política hondureña?

5 **Datos hondureños** Briefly describe each person or item.

1. El Progreso
2. Carlos Roberto Reina
3. Copán
4. Rosalila
5. José Antonio Velásquez
6. pintores primitivistas

6 **Palabras hondureñas** Identify these people, places, or things.

1. capital de Honduras
2. Tegucigalpa, San Pedro Sula, El Progreso, La Ceiba
3. moneda hondureña
4. español, miskito, garífuna
5. escritor hondureño
6. lugar a donde se empezaron a exportar las bananas hondureñas

Nombre ______________________ Fecha ______________________

contextos

Lección 18

1 **Identificar** Label the numbered items in the drawing.

2 **Una es diferente** Fill in the blanks with the words that don't belong in the groups.

1. anunciar, comunicarse, luchar, transmitir, informar ______________
2. racismo, sexismo, discriminación, desigualdad, prensa ______________
3. libertad, tornado, huracán, tormenta, inundación ______________
4. locutor, impuesto, ciudadano, político, reportero ______________
5. crimen, guerra, violencia, derechos, choque ______________
6. diario, noticiero, acontecimiento, artículo, informe ______________

Nombre _______________ Fecha _______________

3 **Las definiciones** Fill in the blanks with the words being defined.

1. sale todos los días y puedes leer las noticias en él _______________
2. enfermedad del sistema immune del cuerpo _______________
3. forma de gobierno que es lo opuesto (*opposite*) de la democracia _______________
4. persona que quiere que la gente la elija para un puesto público _______________
5. el dinero que todos pagan al gobierno por lo que ganan _______________
6. la radio, la televisión, el Internet, los diarios, las revistas _______________

4 **¿Qué pueden hacer?** Answer the questions using the correct terms from **Contextos.**

1. Dos países diferentes quieren el mismo pedazo (*piece*) de terreno. ¿Qué es posible que ocurra?
   ____
2. Los candidatos quieren saber quién va a ganar las elecciones. ¿Qué pueden hacer?
   ____
3. El gobierno necesita más dinero para arreglar las carretera. ¿Qué es probable que pida?
   ____
4. Los ciudadanos quieren que se cambie una ley. ¿Con quién pueden hablar?
   ____
5. Llovió muchísimo y los ríos se llenaron demasiado de agua. ¿Qué es posible que ocurra?
   ____
6. Los trabajadores (*workers*) quieren mejores condiciones de trabajo. ¿Qué pueden hacer?
   ____

5 **La locutora** Complete the newscast with items from the word bank.

votar	medios de comunicación	noticias	discursos	elegir
encuestas	prensa	elecciones	noticiero	candidatos

Buenas tardes, y bienvenidos al _____(1)_____ de las cinco. Mañana, un mes antes de las _____(2)_____ para la presidencia de los Estados Unidos, será el primer debate entre los _____(3)_____. Ya ellos han pronunciado muchos _____(4)_____, y todos los hemos escuchado explicar sus opiniones. Pero mañana será la primera vez que los candidatos se enfrentan (*face each other*). La _____(5)_____ internacional está preparada para traer las últimas informaciones a los diarios de todo el mundo. Los _____(6)_____, como la radio y la televisión, estarán bien representados. Las _____(7)_____ no indican que ninguno de los dos candidatos tenga una ventaja (*lead*) clara. Lo más importante es ver cuántos ciudadanos irán a _____(8)_____ el día de las elecciones. Son ellos los que decidirán a quién van a _____(9)_____. Volveremos a las diez de la noche para darle las _____(10)_____ de la tarde. ¡Los esperamos!

Nombre ______________________ Fecha ______________________

estructura

18.1 Si clauses

1 **Sería así** Complete the sentences with the verbs in parentheses. Use the subjunctive and the conditional as appropriate.

modelo
(ir, ver) Si yo fuera al cine, (yo) vería esa película.

1. (adelgazar, comer) Adriana y Claudia __________ si __________ menos todos los días.
2. (conseguir, ganar) Si Gustavo __________ un trabajo mejor, (él) __________ más dinero.
3. (invitar, salir) Si el amigo de Gerardo la __________, Olga __________ con él al cine.
4. (lavar, pasar) Alma y yo __________ los platos si Alejandra __________ la aspiradora.
5. (tener, poder) Si (tú) __________ hambre, (tú) __________ almorzar en casa de mi tía.
6. (venir, estar) Brenda nos __________ a buscar si (nosotras) __________ listas a tiempo.
7. (ir, tener) Yo __________ a la ópera el sábado si Uds. __________ más boletos.
8. (querer, viajar) Si Pilar y tú __________, (nosotros) __________ juntos por Sudamérica.
9. (buscar, encontrar) Uds. __________ el libro en la librería si (Uds.) no lo __________ en casa.
10. (poder, comprar) Si Marcos y María __________, (ellos) __________ una casa en mi barrio.

2 **Si fuera así...** Rewrite the sentences to describe a contrary-to-fact situation. Use the subjunctive and the conditional tenses.

modelo
Si me visitas en Montevideo, te invito a cenar.
Si me visitaras en Montevideo, te invitaría a cenar.

1. Si buscas las llaves en la habitación, las encuentras enseguida.

____

2. La madre de Rodrigo llama al médico si él está enfermo.

____

3. Si Uds. saludan a Rosa y a Ramón, ellos son muy simpáticos.

____

4. Si Luis me espera, voy con él al festival de música folklórica.

____

5. Ana y Elena limpian la cocina y el baño si están sucios.

____

6. Viajo a Uruguay con Uds. si me pagan el dinero.

____

3 **Si hubiera podido** Answer the questions with the phrases in parentheses. Use the conditional perfect and the past perfect subjunctive.

modelo
¿Por qué no comiste con nosotros? (tener hambre)
Habría comido con Uds. si hubiera tenido hambre.

1. ¿Por qué no vino Víctor a la conferencia? (ver el programa)
____
2. ¿Por qué no fueron José y Daniela a la fiesta? (no tener trabajo)
____
3. ¿Por qué no compraste la falda hoy? (tener dinero)
____
4. ¿Por qué no enviaron Uds. la carta? (comprar estampillas)
____
5. ¿Por qué no fue Marta al doctor? (estar enferma)
____
6. ¿Por qué no estuvimos en la lista? (llamar a la profesora)
____
7. ¿Por qué no llamaron ellos a Sara? (querer venir)
____
8. ¿Por qué no fuiste al baile con nosotros? (saber bailar)
____

4 **Escribir oraciones** Write sentences with the elements provided to express conditions and events possible or likely to occur. Use the tenses in brackets.

modelo
Si Paco llega temprano / (Uds. / ir al cine) *[future]*
Si Paco llega temprano, Uds. irán al cine.

1. Si quieres comer en mi casa / (tú / llamarme) *[command]*
____
2. Si Luisa se enferma / (su novio / llevarla al doctor) *[present]*
____
3. Si todos los ciudadanos votan / (el gobierno / ser mejor) *[near future]*
____
4. Si Ana y tú estudian / (Uds. / aprobar el examen) *[future]*
____
5. Si nos levantamos tarde / (nosotras / no llegar al discurso) *[near future]*
____
6. Si hay una huelga en la empresa / (yo / siempre participar) *[present]*
____

18.2 Summary of the uses of the subjunctive

1 **¿Futuro o pasado?** Choose the correct verbs from the parentheses.

1. Cuando (vienes, vengas) a buscarme, tráeme la mochila. ______________________
2. Nuestros primos nos llamaron después de que su madre se (casó, casara). ______________________
3. Ricardo y Elena quieren que ella los llame en cuanto (llega, llegue). ______________________
4. Uds. se quitaron los abrigos tan pronto como (pudieron, pudieran). ______________________
5. Ricardo va a correr en el parque hasta que se (cansa, canse). ______________________
6. Después de que (vamos, vayamos) al cine, quiero comer algo. ______________________

2 **¿Infinitivo o subjuntivo?** Rewrite the sentences, using the infinitive or the subjunctive form of the verb in parentheses, as needed.

1. Laura y Germán esperan que la tormenta no (causar) daños *(damage)*.

____

2. Los trabajadores temen (perder) sus derechos.

____

3. Nosotros tenemos miedo a (conducir) en la ciudad.

____

4. Gisela y tú se alegran de que Ricardo no (ser) antipático.

____

5. Tú esperas (terminar) el trabajo antes de irte de vacaciones.

____

6. Daniel teme que sus padres (vender) la casa en donde nació.

____

3 **¿Hace o haga?** Complete the sentences with the indicative or subjunctive of the verbs in parentheses.

1. (trabajar) Ella es la candidata que ______________ en una fábrica *(factory)*.
2. (saber) Buscamos aspirantes que ______________ usar bases de datos.
3. (hablar) ¿Conoces a alguien que ______________ más de cuatro idiomas?
4. (tener) El amigo de Marina es un abogado que ______________ muchos casos.
5. (cocinar) Isabel dice que no hay nadie que ______________ mejor que ella.
6. (dibujar) Germán y yo somos artistas que ______________ muy bien.

4 **Que sea así** Combine the sentences, using the present or past subjuntive in the adjective clause, as needed.

modelo

Patricia fue a buscar un escritorio. El escritorio debía ser grande.
Patricia fue a buscar un escritorio que fuera grande.

1. Quiero elegir un candidato. El candidato debe ser inteligente y sincero.

____

2. La empresa iba a contratar un empleado. El empleado debía tener experiencia.

____

3. Norma y tú van a comprar una casa. La casa debe estar en buen estado *(condition)*.

____

4. Iván quería casarse con una chica. La chica lo debía querer mucho.

____

5. Vamos a darle empleo a una señora. La señora debe saber cocinar.

____

6. Ellos estaban buscando una persona. La persona debía conocer a Sergio.

____

5 **Te digo que no** Answer the questions negatively, using the indicative, subjunctive, and/or present perfect subjunctive, as needed.

1. ¿Es verdad que los terremotos pueden pronosticarse *(be predicted)*?

____

2. ¿Niega tu esposo/a que vaya a votar por ese candidato?

____

3. ¿Está Ud. seguro de que el problema de la violencia se puede resolver?

____

4. ¿Es cierto que ha habido muchas huelgas este año?

____

5. ¿Dudan los candidatos que la paz siempre haya sido lo más importante?

____

6. ¿Es obvio que Uds. han sido las autoras de la carta?

____

6 **¿Indicativo o subjuntivo?** Complete this letter with the present indicative or the present subjunctive of the verbs in parentheses.

Estimado cliente:

Le escribimos para informarle que su servicio de larga distancia ya (funcionar) ________ (1) a través de (*through*) nuestra empresa. Ahora las llamadas internacionales le (costar) ________ (2) 10 centavos por minuto a menos que Ud. (hacer) ________ (3) las llamadas antes de las 5:00 p.m. durante los días de la semana. Puede llamarnos a nuestra línea de servicio al cliente cuando Ud. (querer) ________ (4). Nuestros agentes (responder) ________ (5) a las llamadas las 24 horas del día y de la noche. Además, le queremos ofrecer nuestro nuevo servicio de Internet por línea DSL. Ahora Ud. (poder) ________ (6) conectarse al Internet sin que la línea del teléfono (estar) ________ (17) ocupada. Le sugerimos que (Ud.) (elegir) ________ (8) nuestra empresa para conectarse al Internet. Es cierto que Ud. (tener) ________ (9) muchas opciones, pero le aconsejamos que (Ud.) se (conectar) ________ (10) a través de nuestra empresa para obtener el mejor precio y servicio. Tan pronto como Ud. (tomar) ________ (11) la decisión de conectarse por la línea DSL, llámenos. Nosotros le daremos toda la información que (Ud.) (necesitar) ________ (12).

Atentamente,
Luis Mercado
Servicio al cliente

7 **¿Qué habría pasado?** Write questions and answers with the elements provided to state what would have happened in each case.

modelo

si yo / haber estado en un incendio // (tú) / haber tenido miedo
¿Qué habría pasado si yo hubiera estado en un incendio?
Si hubieras estado en un incendio, habrías tenido miedo.

1. si Francisco / haber llegado tarde // (él) / no haber votado

____

____

2. si Mariela / haberte dicho eso // yo / no haber aceptado el trabajo

____

____

3. si Uds. / haber sido discriminados // (nosotros) / haber luchado contra el sexismo

____

____

4. si ellos / haber visto al criminal // (ellos) / haber declarado en su contra (*against him*)

____

____

Nombre ______________________ Fecha ______________________

Síntesis

Write an essay about a famous politician. Include various types of **si** clauses and diferent uses of the subjunctive as you address the following:

- State what you think about the person's life choices.
- With which aspects of the person's life do you agree and disagree?
- What do you like and dislike about him or her?
- What do you hope he or she will do in the future?
- Which of the things said about this person do you think are true and untrue?
- What would you have done and what would you do if you were this person?

Nombre ______________________________ Fecha ______________________________

panorama

Paraguay

1 **Preguntas del Paraguay** Answer these questions about Paraguay.

1. ¿Dónde usan la lengua guaraní los paraguayos?

____

2. ¿A qué se dedica el Teatro Guaraní?

____

3. ¿Por qué se llaman *ñandutí* los encajes paraguayos?

____

4. ¿Por qué visitan la represa Itaipú muchos turistas?

____

5. ¿Qué ríos sirven de frontera entre Paraguay y Argentina?

____

6. ¿Cuál es la importancia del río Paraná?

____

2 **Sopa de letras** Use the clues to find terms about Paraguay in the puzzle.

estuario al final del río Paraná	un idioma del Paraguay	central hidroeléctrica
una mujer de Paraguay	río con 3.200 km navegables	encaje artesanal paraguayo
cuarta ciudad del Paraguay	lugar originario del ñandutí	capital de Paraguay
zona poco poblada del Paraguay	país que hace frontera con Paraguay	guitarrista paraguayo

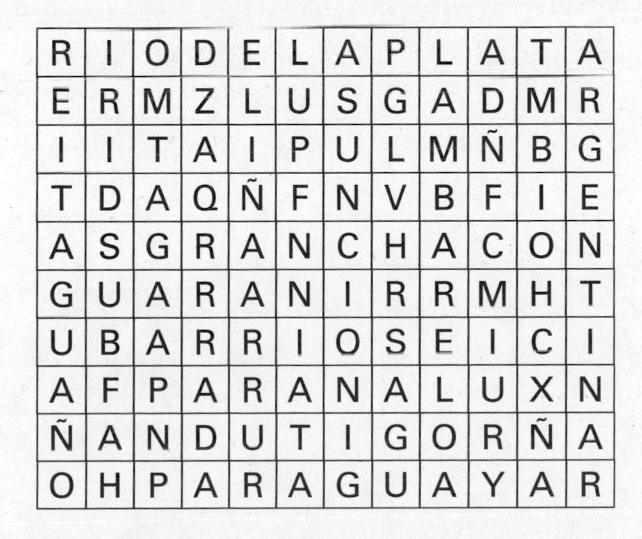

R	I	O	D	E	L	A	P	L	A	T	A
E	R	M	Z	L	U	S	G	A	D	M	R
I	I	T	A	I	P	U	L	M	Ñ	B	G
T	D	A	Q	Ñ	F	N	V	B	F	I	E
A	S	G	R	A	N	C	H	A	C	O	N
G	U	A	R	A	N	I	R	R	M	H	T
U	B	A	R	R	I	O	S	E	I	C	I
A	F	P	A	R	A	N	A	L	U	X	N
Ñ	A	N	D	U	T	I	G	O	R	Ñ	A
O	H	P	A	R	A	G	U	A	Y	A	R

panorama

Uruguay

3 **Datos uruguayos** Complete the sentences with information about Uruguay.

1. Montevideo está situada en la desembocadura del ______________________.
2. Las numerosas playas de Uruguay se extienden hasta la ciudad de ______________________.
3. La ______________________ es un elemento esencial en la dieta diaria de los uruguayos.
4. El ______________________ es una infusión similar al té y es muy típico de la región.
5. El ______________________ es el deporte nacional de Uruguay.
6. En los años ______________________ se inició el periodo profesional del fútbol uruguayo.
7. El ______________________ de Montevideo dura unos cuarenta días y es el más largo del mundo.
8. La celebración más conocida del Carnaval de Montevideo es el ______________________.

4 **¿Cierto o falso?** Indicate if each statement is **cierto** or **falso**. Correct the false statements.

1. Punta del Este es una ciudad cosmopolita e intelectual.

   ____

2. La producción ganadera es muy importante en la economía de Uruguay.

   ____

3. El mate es una bebida de origen africano que está muy presente en Uruguay.

   ____

4. Uruguay desea que la Copa Mundial de fútbol se celebre allí en 2030.

   ____

5. Uno de los mejores carnavales de Sudamérica se celebra en Salto.

   ____

6. En el Desfile de las Llamadas participan actores y actrices.

   ____

5 **El mapa** Identify the places on this map of Uruguay.

1. ______________ 4. ______________

2. ______________ 5. ______________

3. ______________ 6. ______________

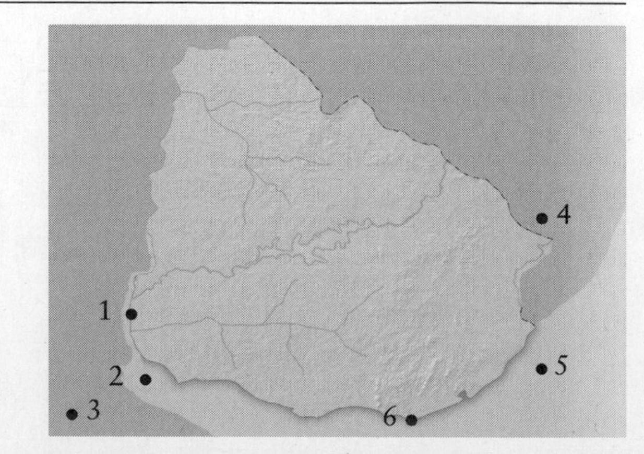

repaso

Lecciones 16–18

1 **Ocurrirá antes** Create sentences with the elements provided. First, use the future and the past subjunctive tenses. Then rewrite each sentence, using the future perfect and the past subjunctive.

modelo

(yo) / limpiar la casa // (nosotros) / ir al cine
Limpiaré la casa antes de que vayamos al cine.
Habré limpiado la casa cuando vayamos al cine.

1. Manuel / conseguir un trabajo // (tú) / comprar el coche

____

____

2. el candidato / cumplir *(keeps)* sus promesas // Ana / votar por él

____

____

3. Lola y yo / pintar el apartamento // ellos / mudarse

____

____

4. Uds. / terminar el trabajo // todos / llegar a la oficina

____

____

2 **Oraciones incompletas** Complete each sentence, using the correct phrase from the word bank. Use each phrase once.

hubieras terminado	ganáramos más dinero
tenían ganas	la cocina no estaría tan sucia
los dibujos saldrían mejor	yo habría aprendido más
tuvieran más experiencia	no pasaría nada malo

1. Si me hubieras ayudado a estudiar, ______________________.
2. Ellos conseguirían ese trabajo si ______________________.
3. Habrías terminado el examen si ______________________.
4. Si siempre pagaran a tiempo ______________________.
5. Si la limpiáramos un poco, ______________________.
6. Estaríamos más contentos si ______________________.
7. Lilia y Marta nadaban si ______________________.
8. Si Gloria tuviera un papel mejor, ______________________.

3 **El subjuntivo en acción** Complete each paragraph with the correct forms of the verbs in parentheses. Use the subjunctive, the past subjunctive, the conditional perfect, and the past perfect subjunctive as appropriate.

Si yo (vivir) ________(1) en Uruguay, me gustaría vivir en Montevideo. No he conocido a nadie que (estar) ________(2) allí antes. Mi amigo Daniel me recomendó el año pasado que (yo) (viajar) ________(3) por Sudamérica. Otros amigos me recomiendan que (yo) (visitar) ________(4) las islas del Caribe primero. Mi novia quiere que yo la (llevar) ________(5) de vacaciones a Costa Rica. Es posible que mi familia (ir) ________(6) al Caribe en un crucero (*cruise*) este año. ¡Ha sido una lástima que (nosotros) no (ver) ________(7) ningún país de habla hispana todavía! Espero que este año (nosotros) (poder) ________(8) viajar más. Si yo (tener) ________(9) mucho dinero, (yo) (viajar) ________(10) siempre. Si mis abuelos (tener) ________(11) las oportunidades de viajar que tienen mis padres, habrían visto el mundo entero. Mi abuelo siempre nos aconsejó a nosotros que (disfrutar) ________(12) de la vida y que nunca (trabajar) ________(13) tanto que no pudiéramos viajar. Si mi abuelo hubiera vivido hasta ahora, él (venir) ________(14) con nosotros en el crucero. Y yo, ¡no dejaré de viajar hasta que me (morir) ________(15)! Espero que (nosotros) siempre (tener) ________(16) tiempo y salud para hacerlo.

4 **El extranjero** Write an essay about life in the U.S., a Spanish-speaking country, and your future home, using the following guidelines and keeping in mind the indicative and subjunctive tenses that you learned throughout your textbook.

- First, describe what you like, what bothers you, what is good, and what is bad about living in the United States. Mention at least one stereotype that you feel is true and another that you feel is untrue about life in the U.S. What would you recommend to someone who has recently moved to the U.S.? What other advice would you give that person?
- Next, write about a Spanish-speaking country. What would your childhood have been like if you had been born and had grown up there? What would your city and home be like? What would your parents be like? What would your education have been like?
- Finally, mention where you will live in the future and why.

Nombre ______________________ Fecha ______________________

contextos

Lección 1

1 **Identificar** You will hear six short exchanges. For each one, decide whether it is a greeting, an introduction, or a leave-taking. Mark the appropriate column with an **X.**

modelo

You hear: RAQUEL David, te presento a Paulina.
DAVID Encantado.
You mark: an **X** under *Introduction.*

	Greeting	Introduction	Leave-taking
Modelo	______	X	______
1.	______	______	______
2.	______	______	______
3.	______	______	______
4.	______	______	______
5.	______	______	______
6.	______	______	______

2 **Asociar** You will hear three conversations. Look at the drawing and write the number of the conversation under the appropriate group of people.

3 **Preguntas** Listen to each question or statement and respond with an answer from the list in your lab manual. Repeat the correct response after the speaker.

a. Mucho gusto.
b. Chau.
c. Nada.
d. Lo siento.
e. Bien, gracias.
f. Soy de los Estados Unidos.

pronunciación

The Spanish alphabet

The Spanish alphabet consisted of 30 letters until 1994, when the **Real Academia Española** (Royal Spanish Academy) removed **ch (che)** and **ll (elle)**. You may see ch and ll listed as separate letters in reference works printed before 1994. Two Spanish letters, **ñ (eñe)** and **rr (erre)**, don't appear in the English alphabet. The letters **k (ka)** and **w (doble ve)** are used only in words of foreign origin.

Letra	Nombre(s)	Ejemplo(s)
a	a	**a**diós
b	be	**b**ien, pro**b**lema
c	ce	**c**osa, **c**ero
d	de	**d**iario, na**d**a
e	e	**e**studiante
f	efe	**f**oto
g	ge	**g**racias, **G**erardo, re**g**ular
h	hache	**h**ola
i	i	**i**gualmente
j	jota	**J**avier
k	ka, ca	**k**ilómetro
l	ele	**l**ápiz
m	eme	**m**apa
n	ene	**n**acionalidad
ñ	eñe	ma**ñ**ana
o	o	**o**nce
p	pe	**p**rofesor
q	cu	**q**ué
r	ere	**r**egular, seño**r**a
rr	erre	ca**rr**o
s	ese	**s**eñor
t	te	**t**ú
u	u	**u**sted
v	ve	**v**ista, nue**v**o
w	doble ve	***w**alkman*
x	equis	e**x**istir, Mé**x**ico
y	i griega, ye	**y**o
z	zeta, ceta	**z**ona

1 **El alfabeto** Repeat the Spanish alphabet and example words after the speaker.

2 **Práctica** When you hear the number, say the corresponding word aloud and then spell it. Then listen to the speaker and repeat the correct response.

1. nada
2. maleta
3. quince
4. muy
5. hombre
6. por favor
7. San Fernando
8. Estados Unidos
9. Puerto Rico
10. España
11. Javier
12. Ecuador
13. Maite
14. gracias
15. Nueva York

3 **Dictado** You will hear six people introduce themselves. Listen carefully and write the people's names as they spell them.

1. ______________________
2. ______________________
3. ______________________
4. ______________________
5. ______________________
6. ______________________

Nombre ____________________ Fecha ____________________

estructura

1.1 Nouns and articles

1 **Identificar** You will hear a series of words. Decide whether the word is masculine or feminine, and mark an **X** in the appropriate column.

modelo

You hear: lección
You mark: an **X** under *feminine.*

	Masculine	Feminine
Modelo	________	X
1.	________	________
2.	________	________
3.	________	________
4.	________	________
5.	________	________
6.	________	________
7.	________	________
8.	________	________

2 **Transformar** Change each word from the masculine to the feminine. Repeat the correct answer after the speaker. (6 *items*)

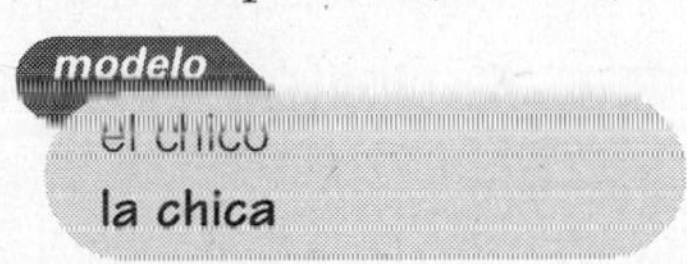

3 **Cambiar** Change each word from the singular to the plural. Repeat the correct answer after the speaker. (8 *items*)

modelo

una palabra
unas palabras

4 **Completar** Listen as Silvia reads her shopping list. Write the missing words in your lab manual.

________________ *diccionario*
un ________________
________________ *cuadernos*
________________ *grabadora*
________________ *mapa de* ________________
________________ *lápices*

Nombre ____________________ Fecha ____________________

1.2 Numbers 0–30

1 **Identificar** Bingo You are going to play two games **(*juegos*)** of bingo. As you hear each number, mark it with an **X** on your bingo card.

Juego (*Game*) 1		
1	3	5
29	25	6
14	18	17
9	12	21

Juego (*Game*) 2		
0	30	27
10	3	2
16	19	4
28	22	20

2 **Números** Use the cue in your lab manual to tell how many there are of each item. Repeat the correct response after the speaker.

modelo

You see: 18 chicos
You say: **dieciocho chicos**

1. 15 lápices
2. 4 computadoras
3. 8 cuadernos
4. 22 días
5. 9 grabadoras
6. 30 fotos
7. 1 palabra
8. 26 diccionarios
9. 12 países
10. 3 problemas
11. 17 escuelas
12. 25 turistas

3 **Completar** You will hear a series of math problems. Write the missing numbers and solve the problems.

1. ____________ + ____________ = ____________
2. ____________ – ____________ = ____________
3. ____________ + ____________ = ____________
4. ____________ – ____________ = ____________
5. ____________ – ____________ = ____________
6. ____________ + ____________ = ____________

4 **Preguntas** Look at the drawing and answer each question you hear. Repeat the correct response after the speaker. (*6 items*)

Nombre _______________ Fecha _______________

1.3 Present tense of verb **ser**

1 **Identificar** Listen to each sentence and mark an **X** in the column for the subject of the verb.

modelo

You hear: Son pasajeros.
You mark: an **X** under **ellos**.

	yo	tú	él	nosotros	ellos
Modelo	______	______	______	______	X
1.	______	______	______	______	______
2.	______	______	______	______	______
3.	______	______	______	______	______
4.	______	______	______	______	______
5.	______	______	______	______	______
6.	______	______	______	______	______

2 **Cambiar** Form a new sentence using the cue you hear as the subject. Repeat the correct answer after the speaker. (*8 items*)

modelo

Isabel es de los Estados Unidos. (yo)
Yo soy de los Estados Unidos.

3 **Escoger** Listen to each question and choose the most logical response.

1. a. Soy Patricia. b. Es la señora Gómez.
2. a. Es de California. b. Él es conductor.
3. a. Es del Ecuador. b. Es un diccionario.
4. a. Es de Patricia. b. Soy estudiante.
5. a. Él es conductor. b. Es de España.
6. a. Es un cuaderno. b. Soy de los Estados Unidos.

4 **Preguntas** Answer each question you hear using the cue in your lab manual. Repeat the correct response after the speaker.

modelo

You hear: ¿De dónde es Pablo?
You see: Estados Unidos
You say: *Él es de los Estados Unidos.*

1. España 2. California 3. México 4. Ecuador 5. Puerto Rico 6. Colorado

5 **¿Quiénes son?** Listen to this conversation and write the answers to the questions in your lab manual.

1. ¿Cómo se llama el hombre? _______________
2. ¿Cómo se llama la mujer? _______________
3. ¿De dónde es él? _______________
4. ¿De dónde es ella? _______________
5. ¿Quién es estudiante? _______________
6. ¿Quién es profesor? _______________

1.4 Telling time

1 **La hora** Look at the clock and listen to the statement. Indicate whether the statement is **cierto** or **falso.**

	Cierto	Falso		Cierto	Falso		Cierto	Falso
1.	❍	❍	2.	❍	❍	3.	❍	❍
4.	❍	❍	5.	❍	❍	6.	❍	❍

2 **Preguntas** Some people want to know what time it is. Answer their questions, using the cues in your lab manual. Repeat the correct response after the speaker.

modelo

You hear: ¿Qué hora es, por favor?
You see: 3:10 p.m.
You say: **Son las tres y diez de la tarde.**

1. 1:30 P.M.
2. 9:06 A.M.
3. 2:05 P.M.
4. 7:15 A.M.
5. 4:54 P.M.
6. 10:23 P.M.

3 **¿A qué hora?** You are trying to plan your class schedule. Ask your counselor what time these classes meet and write the answer.

modelo

You see: la clase de economía
You say: ¿A qué hora es la clase de economía?
You hear: Es a las once y veinte de la mañana.
You write: 11:20 A.M.

1. la clase de biología: ______
2. la clase de arte: ______
3. la clase de matemáticas: ______
4. la clase de literatura: ______
5. la clase de historia: ______
6. la clase de sociología: ______

vocabulario

You will now hear the vocabulary for **Lección 1** found on page 34 of your textbook. Listen and repeat each Spanish word or phrase after the speaker.

Nombre ______________________ Fecha ______________________

contextos

Lección 2

1 **Identificar** Look at each drawing and listen to the statement. Indicate whether the statement is cierto or falso.

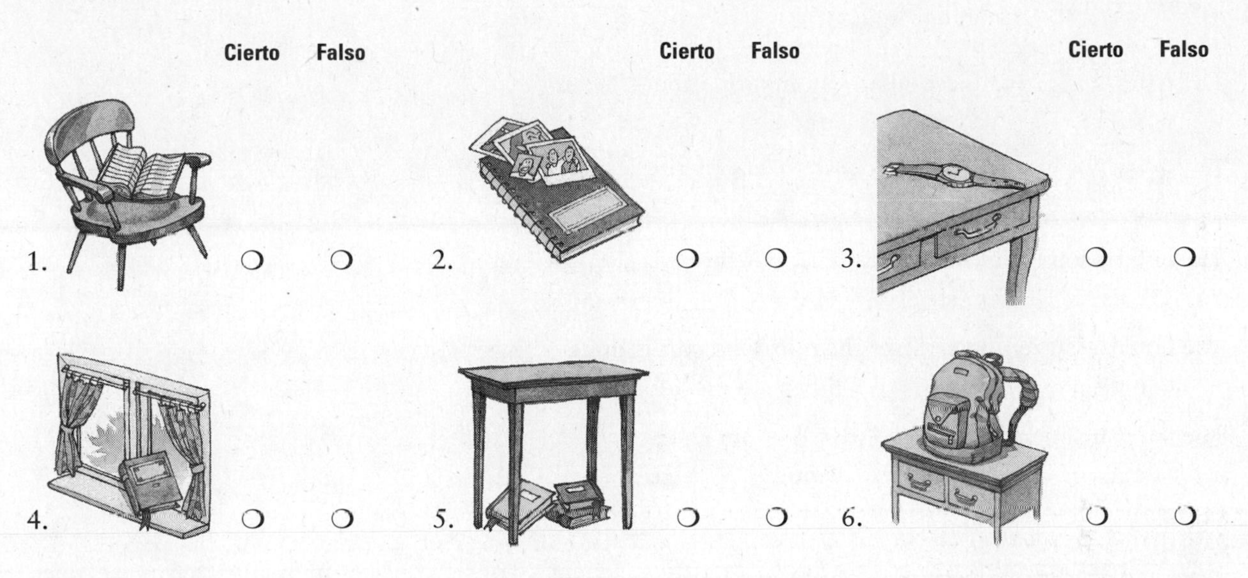

	Cierto	Falso		Cierto	Falso		Cierto	Falso
1.	❍	❍	2.	❍	❍	3.	❍	❍
4.	❍	❍	5.	❍	❍	6.	❍	❍

2 **¿Qué día es?** Your friend Diego is never sure what day of the week it is. Respond to his questions saying that it is the day before the one he mentions. Then repeat the correct answer after the speaker. (*6 items*)

modelo

Hoy es domingo, ¿no?

No, hoy es sábado.

3 **Preguntas** You will hear a series of questions. Look at Susana's schedule for today and answer each question. Then repeat the correct response after the speaker.

Martes 18

9:00 economía — Sr. Rivera

11:00 química — Sra. Hernández

12:15 cafetería — Carmen

1:30 prueba de contabilidad — Sr. Ramos

3:00 matemáticas — Srta. Torres

4:30 laboratorio de computación — Héctor

Nombre ______ Fecha ______

pronunciación

Spanish vowels

Spanish vowels are never silent; they are always pronounced in a short, crisp way without the glide sounds used in English.

a **e** **i** **o** **u**

The letter a is pronounced like the a in *father*, but shorter.

Álex cl**a**se n**a**d**a** enc**a**nt**a**d**a**

The letter e is pronounced like the *e* in *they*, but shorter.

el **e**n**e** m**e**sa **e**l**e**fant**e**

The letter i sounds like the *ee* in *beet*, but shorter.

Inés ch**i**ca t**i**za señor**i**ta

The letter o is pronounced like the *o* in *tone*, but shorter.

h**o**la c**o**n libr**o** don Francisc**o**

The letter u sounds like the *oo* in *room*, but shorter.

uno reg**u**lar sal**u**dos g**u**sto

1 **Práctica** Practice the vowels by repeating the names of these places in Spain after the speaker.

1. Madrid
2. Alicante
3. Tenerife
4. Toledo
5. Barcelona
6. Granada
7. Burgos
8. La Coruña

2 **Oraciones** Repeat each sentence after the speaker, focusing on the vowels.

1. Hola. Me llamo Ramiro Morgado.
2. Estudio arte en la Universidad de Salamanca.
3. Tomo también literatura y contabilidad.
4. Ay, tengo clase en cinco minutos. ¡Nos vemos!

3 **Refranes** Repeat each saying after the speaker to practice vowels.

1. Del dicho al hecho hay un gran trecho.
2. Cada loco con su tema.

4 **Dictado** You will hear a conversation. Listen carefully and write what you hear during the pauses. The entire conversation will then be repeated so you can check your work.

JUAN ______

______

______

ROSA ______

JUAN ______

ROSA ______

Nombre ______________________ Fecha ______________________

estructura

2.1 The present tense of regular -ar verbs

1 **Identificar** Listen to each sentence and mark an **X** in the column for the subject of the verb.

modelo

You hear: Trabajo en la cafetería.
You mark: an **X** under **yo.**

	yo	tú	él	nosotros	ellos
Modelo	X	____	____	____	____
1.	____	____	____	____	____
2.	____	____	____	____	____
3.	____	____	____	____	____
4.	____	____	____	____	____
5.	____	____	____	____	____
6.	____	____	____	____	____
7.	____	____	____	____	____
8.	____	____	____	____	____

2 **Cambiar** Form a new sentence using the cue you hear as the subject. Repeat the correct answer after the speaker. (*6 items*)

modelo

María practica los verbos ahora. (José y María)
José y María practican los verbos ahora.

3 **Preguntas** Answer each question you hear in the negative. Repeat the correct response after the speaker. (*8 items*)

modelo

¿Estudias geografía?
No, yo no estudio geografía.

4 **Completar** Listen to the following description and write the missing words in your lab manual.

Teresa y yo ______(1)______ en la Universidad Autónoma de Madrid. Teresa ______(2)______ lenguas extranjeras. Ella ______(3)______ trabajar en las Naciones Unidas (*United Nations*). Yo ______(4)______ clases de periodismo. También me gusta ______(5)______ y ______(6)______. Los sábados ______(7)______ con una tuna. Una tuna es una orquesta *(orchestra)* estudiantil. Los jóvenes de la tuna ______(8)______ por las calles (*streets*) y ______(9)______ canciones (*songs*) tradicionales de España.

Nombre ______________________ Fecha ______________________

2.2 Forming questions in Spanish

1 **Escoger** Listen to each question and choose the most logical response.

1. a. Porque mañana es la prueba. b. Porque no hay clase mañana.
2. a. Viaja en autobús. b. Viaja a Toledo.
3. a. Llegamos a las cuatro y media. b. Llegamos al estadio.
4. a. Isabel y Diego dibujan. b. Dibujan en la clase de arte.
5. a. No, enseña física. b. No, enseña en la Universidad Politécnica.
6. a. Escuchan la grabadora. b. Escuchan música clásica.
7. a. Sí, me gusta mucho. b. Miro la televisión en la residencia.
8. a. Hay diccionarios en la biblioteca. b. Hay tres.

2 **Cambiar** Change each sentence into a question using the cue in your lab manual. Repeat the correct response after the speaker.

modelo

You see: Los turistas toman el autobús.
You see: ¿Quiénes?
You say: **¿Quiénes toman el autobús?**

1. ¿Dónde? 3. ¿Qué? 5. ¿Cuándo? 7. ¿Quiénes?
2. ¿Cuántos? 4. ¿Quién? 6. ¿Dónde? 8. ¿Qué?

3 **¿Lógico o ilógico?** You will hear some questions and the responses. Decide if they are **lógico** (*logical*) or **ilógico** (*illogical*).

1. Lógico Ilógico 3. Lógico Ilógico 5. Lógico Ilógico
2. Lógico Ilógico 4. Lógico Ilógico 6. Lógico Ilógico

4 **Un anuncio** Listen to this radio advertisement and answer the questions in your lab manual.

1. ¿Dónde está (*is*) Escuela Cervantes? ______________________

____

2. ¿Qué cursos ofrecen (*do they offer*) en Escuela Cervantes? ______________________

____

3. ¿Cuándo practican los estudiantes el español? ______________________

____

4. ¿Adónde viajan los estudiantes de Escuela Cervantes? ______________________

____

Nombre ______________________ Fecha ______________________

2.3 The present tense of **estar**

1 **Describir** Look at the drawing and listen to each statement. Indicate whether the statement is **cierto** or **falso**.

	Cierto	Falso		Cierto	Falso		Cierto	Falso		Cierto	Falso
1.	❍	❍	3.	❍	❍	5.	❍	❍	7.	❍	❍
2.	❍	❍	4.	❍	❍	6.	❍	❍	8.	❍	❍

2 **Cambiar** Form a new sentence using the cue you hear. Repeat the correct answer after the speaker. (*8 items*)

modelo

Irma está en la biblioteca. (Irma y Hugo)

Irma y Hugo *están en la biblioteca.*

3 **Escoger** You will hear some sentences with a beep in place of the verb. Decide which form of **ser** or **estar** should complete each sentence and circle it.

modelo

You hear: Javier ***(beep)*** estudiante.

You circle: es because the sentence is *Javier es estudiante.*

1. es	está	5. es	está
2. es	está	6. eres	estás
3. es	está	7. son	están
4. Somos	Estamos	8. Son	Están

2.4 Numbers 31–100

1 **Números de teléfono** You want to invite some classmates to a party, but you don't have their telephone numbers. Ask the person who sits beside you what their telephone numbers are and write the answer.

modelo

You see: Elián
You say: ¿Cuál es el número de teléfono de Elián?
You hear: Es el ocho, cuarenta y tres, cero, ocho, treinta y cinco.
You write: 843-0835

1. Arturo: _______________
2. Alicia : _______________
3. Roberto: _______________
4. Graciela: _______________
5. Simón: _______________
6. Eva: _______________
7. José Antonio: _______________
8. Mariana: _______________

2 **Preguntas** You and a coworker are taking inventory at the university bookstore. Answer your coworker's questions using the cues in your lab manual. Repeat the correct response after the speaker.

modelo

You hear: ¿Cuántos diccionarios hay?
You see: 45
You say: Hay cuarenta y cinco diccionarios.

1. 56
2. 32
3. 64
4. 83
5. 95
6. 48
7. 31
8. 79

3 **Mensaje telefónico** Listen to this telephone conversation and complete the phone message in your lab manual with the correct information.

Mensaje telefónico

Para (*For*) _______________
De parte de (*From*) _______________
Teléfono _______________
Mensaje _______________
____
____
____

vocabulario

You will now hear the vocabulary for **Lección 2** found on page 68 of your textbook. Listen and repeat each Spanish word or phrase after the speaker.

Nombre _______________ Fecha _______________

contextos

Lección 3

1 **Escoger** You will hear some questions. Look at the family tree and choose the correct answer to each question.

1. a. Pilar	b. Concha	5. a. José Antonio y Ramón	b. Eduardo y Ana María
2. a. Luis Miguel	b. Eduardo	6. a. Joaquín	b. Eduardo
3. a. Sofía	b. Ana María	7. a. Ana María	b. Sofía
4. a. Raquel	b. Sofía	8. a. Luis Miguel	b. Juan Carlos

2 **La familia González** Héctor wants to verify the relationship between various members of the González family. Look at the drawing and answer his questions with the correct information. Repeat the correct response after the speaker. (6 *items*)

modelo

Juan Carlos es el abuelo de Eduardo, ¿verdad?

No, Juan Carlos es el padre de Eduardo.

3 **Profesiones** Listen to each statement and write the number of the statement below the drawing it describes.

a. _______________ b. _______________ c. _______________ d. _______________

Nombre Fecha

pronunciación

Diphthongs and linking

In Spanish, **a, e,** and **o** are considered strong vowels. The weak vowels are **i** and **u.**

hermano niña cuñado

A diphthong is a combination of two weak vowels or of a strong vowel and a weak vowel. Diphthongs are pronounced as a single syllable.

r**ui**do par**ie**ntes per**io**dista

Two identical vowel sounds that appear together are pronounced like one long vowel.

l**a** **a**buela m**i** **hi**jo una clas**e** **e**xcelente

Two identical consonants together sound like a single consonant.

co**n** **N**atalia su**s** **s**obrinos la**s** **s**illas

A consonant at the end of a word is always linked with the vowel sound at the beginning of the next word.

E**s** **i**ngeniera. mi**s** **a**buelos su**s** **h**ijos

A vowel at the end of a word is always linked with the vowel sound at the beginning of the next word.

m**i** **h**ermano s**u** **e**sposa nuestr**o** **a**migo

1

Práctica Repeat each word after the speaker, focusing on the diphthongs.

1. historia
2. nieto
3. parientes
4. novia
5. residencia
6. prueba
7. puerta
8. ciencias
9. lenguas
10. estudiar
11. izquierda
12. ecuatoriano

2

Oraciones When you hear the number, read the corresponding sentence aloud. Then listen to the speaker and repeat the sentence.

1. Hola. Me llamo Anita Amaral. Soy del Ecuador.
2. Somos seis en mi familia.
3. Tengo dos hermanos y una hermana.
4. Mi papá es del Ecuador y mi mamá es de España.

3

Refranes Repeat each saying after the speaker to practice diphthongs and linking sounds.

1. Cuando una puerta se cierra, otra se abre.
2. Hablando del rey de Roma, por la puerta se asoma.

4

Dictado You will hear eight sentences. Each will be said twice. Listen carefully and write what you hear.

1. ______________________________
2. ______________________________
3. ______________________________
4. ______________________________
5. ______________________________
6. ______________________________
7. ______________________________
8. ______________________________

Nombre ______________________ Fecha ______________________

estructura

3.1 Descriptive adjectives

1 **Transformar** Change each sentence from the masculine to the feminine. Repeat the correct answer after the speaker. (*6 items*)

> **modelo**
> El chico es mexicano.
> *La chica es mexicana.*

2 **Cambiar** Change each sentence from the singular to the plural. Repeat the correct answer after the speaker.

> **modelo**
> El profesor es ecuatoriano.
> *Los profesores son ecuatorianos.*

3 **Mis compañeros de clase** Describe your classmates, using the cues in your lab manual. Repeat the correct response after the speaker.

> **modelo**
> *You hear:* María
> *You see:* alto
> *You say:* María es alta.

1. simpático
2. rubio
3. inteligente
4. pelirrojo y muy bonito
5. alto y moreno
6. delgado y trabajador
7. bajo y gordo
8. tonto

4 **Completar** Listen to the following description and write the missing words in your lab manual.

Mañana mis parientes llegan de Guayaquil. Son cinco personas: mi abuela Isabel, tío Carlos y tía Josefina y mis primos Susana y Tomás. Mi prima es ______________ y ______________. Baila muy bien. Tomás es un niño ______________, pero es ______________. Tío Carlos es ______________ y ______________. Tía Josefina es ______________ y ______________. Mi abuela es ______________ y muy ______________.

5 **La familia Rivas** Look at the photo of the Rivas family and listen to each statement. Indicate whether the statement is **cierto** or **falso**.

	Cierto	Falso
1.	❍	❍
2.	❍	❍
3.	❍	❍
4.	❍	❍
5.	❍	❍
6.	❍	❍
7.	❍	❍

Mi abuela es ______________

y muy ______________.

Nombre ______________________ Fecha ______________________

3.2 Possessive adjectives

1 **Identificar** Listen to each statement and mark an **X** in the column for the possessive adjective you hear.

modelo

You hear: Es mi diccionario de español.
You mark: an **X** under *my*.

	my	*your* (familiar)	*your* (formal)	*his/her*	*our*	*their*
Modelo	X					
1.						
2.						
3.						
4.						
5.						
6.						
7.						
8.						

2 **Escoger** Listen to each question and choose the most logical response.

1. a. No, su hijastro no está aquí.
   b. Sí, tu hijastro está aquí.
2. a. No, nuestros abuelos son canadienses.
   b. Sí, sus abuelos son norteamericanos.
3. a. Sí, tu hijo trabaja ahora.
   b. Sí, mi hijo trabaja en la librería Goya.
4. a. Sus padres regresan a las nueve.
   b. Mis padres regresan a las nueve.
5. a. Nuestra hermana se llama Margarita.
   b. Su hermana se llama Margarita.
6. a. Tus plumas están en el escritorio.
   b. Sus plumas están en el escritorio.
7. a. No, mi sobrino es ingeniero.
   b. Sí, nuestro sobrino es programador.
8. a. Su horario es muy bueno.
   b. Nuestro horario es muy bueno.

3 **Preguntas** Answer each question you hear in the affirmative using the appropriate possessive adjective. Repeat the correct response after the speaker. (*7 items*)

modelo

¿Es tu lápiz?
Sí, es mi lápiz.

3.3 Present tense of regular –er and –ir verbs

1 **Identificar** Listen to each statement and mark an **X** in the column for the subject of the verb.

modelo

You hear: Corro con Dora mañana.
You mark: an **X** under **yo**.

	yo	**tú**	**él**	**nosotros**	**ellos**
Modelo	____	____	____	X	____
1.	____	____	____	____	____
2.	____	____	____	____	____
3.	____	____	____	____	____
4.	____	____	____	____	____
5.	____	____	____	____	____
6.	____	____	____	____	____

2 **Cambiar** Listen to the following statements. Using the cues you hear, say that these people do the same activities. Repeat the correct answer after the speaker. (*8 items*)

modelo

Julia aprende francés. (mi amigo)
Mi amigo también aprende francés.

3 **Preguntas** Answer each question you hear in the negative. Repeat the correct response after the speaker. (*8 items*)

modelo

¿Viven ellos en una residencia estudiantil?
No, ellos no viven en una residencia estudiantil.

4 **Describir** Listen to each statement and write the number of the statement below the drawing it describes.

a. ____________ b. ____________ c. ____________ d. ____________

3.4 Present tense of **tener** and **venir**

1

Cambiar Form a new sentence using the cue you hear as the subject. Repeat the correct answer after the speaker. (*6 items*)

modelo

Alicia viene a las seis. (David y Rita)
David y Rita vienen a las seis.

2

Consejos (*Advice*) Some people are not doing what they should. Say what they have to do. Repeat the correct response after the speaker. (*6 items*)

modelo

Elena no trabaja.
Elena tiene que trabajar.

3

Preguntas Answer each question you hear using the cue in your lab manual. Repeat the correct answer after the speaker.

modelo

¿Tienen sueño los niños? (no)
No, los niños no tienen sueño.

1. sí
2. Roberto
3. no
4. dos
5. sí
6. mis tíos
7. el domingo

4

Situaciones Listen to each situation and choose the appropriate **tener** expression. Each situation will be repeated.

1. a. Tienes sueño. b. Tienes prisa.
2. a. Tienen mucho cuidado. b. Tienen hambre.
3. a. Tenemos mucho calor. b. Tenemos mucho frío.
4. a. Tengo sed. b. Tengo hambre.
5. a. Ella tiene razón. b. Ella no tiene razón.
6. a. Tengo miedo. b. Tengo sueño.

5

Mi familia Listen to the following description. Then read the statements in your lab manual and decide whether they are **cierto** or **falso**.

	Cierto	Falso
1. Francisco desea ser periodista.	❍	❍
2. Francisco tiene 20 años.	❍	❍
3. Francisco vive con su familia.	❍	❍
4. Él tiene una familia pequeña.	❍	❍
5. Su madre es inglesa.	❍	❍
6. Francisco tiene una hermana mayor.	❍	❍

vocabulario

You will now hear the vocabulary for **Lección 3** found on page 102 of your textbook. Listen and repeat each Spanish word or phrase after the speaker.

Nombre ______________________ Fecha ______________________

contextos

Lección 4

1 **Lugares** You will hear six people describe what they are doing. Choose the place that corresponds to the activity.

1. ______________
2. ______________
3. ______________
4. ______________
5. ______________
6. ______________

a. el museo
b. el café
c. la piscina
d. el cine
e. el estadio
f. las montañas
g. el parque
h. la biblioteca

2 **Describir** For each drawing, you will hear two statements. Choose the one that corresponds to the drawing.

1. a. b.

2. a. b.

3. a. b.

4. a. b.

3 **Completar** Listen to this description and write the missing words in your lab manual.

Chapultepec es un ________ (1) muy grande en el ________ (2) de la ________ (3) de México. Los ________ (4) muchas ________ (5) llegan a Chapultepec a pasear, descansar y practicar ________ (6) como (*like*) el ________ (7), el fútbol, el vóleibol y el ________ (8). Muchos turistas también ________ (9) por Chapultepec. Visitan los ________ (10) y el ________ (11) a los Niños Héroes.

Nombre ______________________ Fecha ______________________

pronunciación

Word stress and accent marks

Every Spanish syllable contains at least one vowel. When two vowels are joined in the same syllable, they form a diphthong. A monosyllable is a word formed by a single syllable.

pe - lí - cu - la   e - di - fi - cio   ver   yo

The syllable of a Spanish word that is pronounced most emphatically is the "stressed" syllable.

bi - blio - **te** - ca   vi - si - **tar**   **par** - que   **fút** - bol

Words that end in **n**, **s**, or a vowel are usually stressed on the next to last syllable.

pe - **lo** - ta   pis - **ci** - na   **ra**- tos   **ha** - blan

If words that end in **n**, **s**, or a vowel are stressed on the last syllable, they must carry an accent mark on the stressed syllable.

na - ta - **ción**   pa - **pá**   in - **glés**   Jo - **sé**

Words that do not end in **n**, **s**, or a vowel are usually stressed on the last syllable.

bai - **lar**   es - pa - **ñol**   u - ni - ver - si - **dad**   tra - ba - ja - **dor**

If words that do not end in **n**, **s**, or a vowel are stressed on the next to last syllable, they must carry an accent mark on the stressed syllable.

béis - bol   **lá** - piz   **ár** - bol   **Gó** - mez

1 **Práctica** Repeat each word after the speaker, stressing the correct syllable.

1. profesor
2. Puebla
3. ¿Cuántos?
4. Mazatlán
5. examen
6. ¿Cómo?
7. niños
8. Guadalajara
9. programador
10. México
11. están
12. geografía

2 **Conversación** Repeat the conversation after the speaker to practice word stress.

MARINA Hola, Rafael. ¿Qué tal?
CARLOS Bien. Oye, ¿a qué hora es el partido de fútbol?
MARINA Creo que es a las siete.
CARLOS ¿Quieres ir?
MARINA Lo siento, pero no puedo. Tengo que estudiar.

3 **Refranes** Repeat each saying after the speaker to practice word stress.

1. Quien ríe de último, ríe mejor.
2. En la unión está la fuerza.

4 **Dictado** You will hear six sentences. Each will be said twice. Listen carefully and write what you hear.

1. ______________________
2. ______________________
3. ______________________
4. ______________________
5. ______________________
6. ______________________

Nombre ______________________ Fecha ______________________

estructura

4.1 The present tense of **ir**

1 **Identificar** Listen to each sentence and mark an **X** in the column for the subject of the verb you hear.

modelo

You hear: Van a ver una película.
You mark: an **X** under **ellos**.

	yo	tú	él	nosotros	ellos
Modelo	____	____	____	____	X
1.	____	____	____	____	____
2.	____	____	____	____	____
3.	____	____	____	____	____
4.	____	____	____	____	____
5.	____	____	____	____	____
6.	____	____	____	____	____

2 **Cambiar** Form a new sentence using the cue you hear as the subject. Repeat the correct answer after the speaker. (*8 items*)

modelo

Uds. van al Museo Frida Kahlo. (yo)
Yo voy al Museo Frida Kahlo.

3 **Preguntas** Answer each question you hear using the cue in your lab manual. Repeat the correct response after the speaker.

modelo

You hear: ¿Quiénes van a la piscina?
You see: Gustavo y Elisa
You say: Gustavo y Elisa van a la piscina.

1. mis amigos
2. en el Café Tacuba
3. al partido de baloncesto
4. no
5. sí
6. pasear en bicicleta

4 **¡Vamos!** Listen to this conversation. Then read the statements in your lab manual and decide whether they are **cierto** or **falso**.

	Cierto	Falso
1. Claudia va a ir al gimnasio.	❍	❍
2. Claudia necesita comprar una mochila.	❍	❍
3. Sergio va a visitar a su tía.	❍	❍
4. Sergio va al gimnasio a las ocho de la noche.	❍	❍
5. Sergio va a ir al cine a las seis.	❍	❍
6. Claudia y Sergio van a ver una película.	❍	❍

Nombre ______________________ Fecha ______________________

4.2 Present tense of stem-changing verbs

1 **Identificar** Listen to each sentence and write the infinitive form of the verb you hear.

modelo

You hear: No entiendo el problema.
You write: **entender**

1. ______________ 4. ______________ 7. ______________
2. ______________ 5. ______________ 8. ______________
3. ______________ 6. ______________

2 **Preguntas** Answer each question you hear using the cue in your lab manual. Repeat the correct response after the speaker.

modelo

You see: ¿A qué hora comienza el partido?
You see: 2:15 P.M.
You say: **El partido comienza a las dos y cuarto de la tarde.**

1. el jueves
2. no
3. sí
4. sí
5. leer una revista
6. mirar la televisión
7. a las tres
8. Samuel

3 **Diversiones** Look at these listings from the entertainment section in a newspaper. Then listen to the questions and write the answers in your lab manual.

23D

MÚSICA

Palacio de Bellas Artes
Ballet Folklórico
Viernes, 9, 8:30 P.M.

Bosque de Chapultepec
Concierto de música mexicana
Domingo, 1:00 P.M.

MUSEOS

Museo de Arte Moderno
Pinturas de José Clemente Orozco
Martes a domingo, 10:00 A.M. a 6:00 P.M.
Entrada libre

DEPORTES

Copa Internacional de Fútbol
México vs. Guatemala
Estadio Martín
Viernes 9, 8:30 P.M.

Campeonato de baloncesto
los Universitarios vs. los Toros
Gimnasio Municipal
Sábado 10, 7:30 P.M.

Torneo de Golf
con Lee Treviño
Club de Golf Atlas
Domingo 8, 9:00 A.M

1. ____
2. ____
3. ____
4. ____
5. ____

4.3 Verbs with irregular **yo** forms

1 **Describir** For each drawing, you will hear two statements. Choose the one that corresponds to the drawing.

1. a. b.

2. a. b.

3. a. b.

4. a. b.

2 **Yo también** Listen to the following statements about Roberto and respond by saying that you do the same things. Repeat the correct answer after the speaker. (*5 items*)

modelo

Roberto siempre *(always)* hace ejercicio.

Yo también hago ejercicio.

3 **Preguntas** Answer each question you hear using the cue in your lab manual. Repeat the correct response after the speaker.

modelo

You hear: ¿Salen ellos a las cinco?

You see: no

You say: **No, ellos no salen a las cinco.**

1. la tarea
2. no
3. sí
4. Alicia
5. no
6. sí
7. en el escritorio
8. no

4 **Completar** Listen to this telephone conversation and complete the statements in your lab manual.

1. Cristina ve ______________________________.
2. Manuel y Ricardo quieren ir al parque para ______________________________.
3. Manuel y Ricardo ______________________________ las pelotas.
4. Manuel ______________________ la hora porque Cristina no ______________________.
5. Los chicos salen para el parque ______________________________.

Nombre ____________________ Fecha ____________________

4.4 Weather expressions

1 **Escoger** Listen to each statement and choose the most appropriate activity for that weather condition.

1. a. Vamos a ir a la piscina. b. Vamos a poner la televisión.
2. a. Voy a escribir una carta. b. Voy a bucear.
3. a. Vamos al parque. b. Vamos a tomar el sol.
4. a. Mañana voy a pasear en bicicleta. b. Mañana voy a esquiar.
5. a. Queremos ir al cine. b. Queremos nadar.
6. a. Voy a correr en el parque. b. Voy a leer un libro.
7. a. Quiero escuchar música. b. Quiero jugar al golf.

2 **¿Qué tiempo hace?** Look at the weather map of Mexico and answer each question you hear. Repeat the correct response after the speaker. (*6 items*)

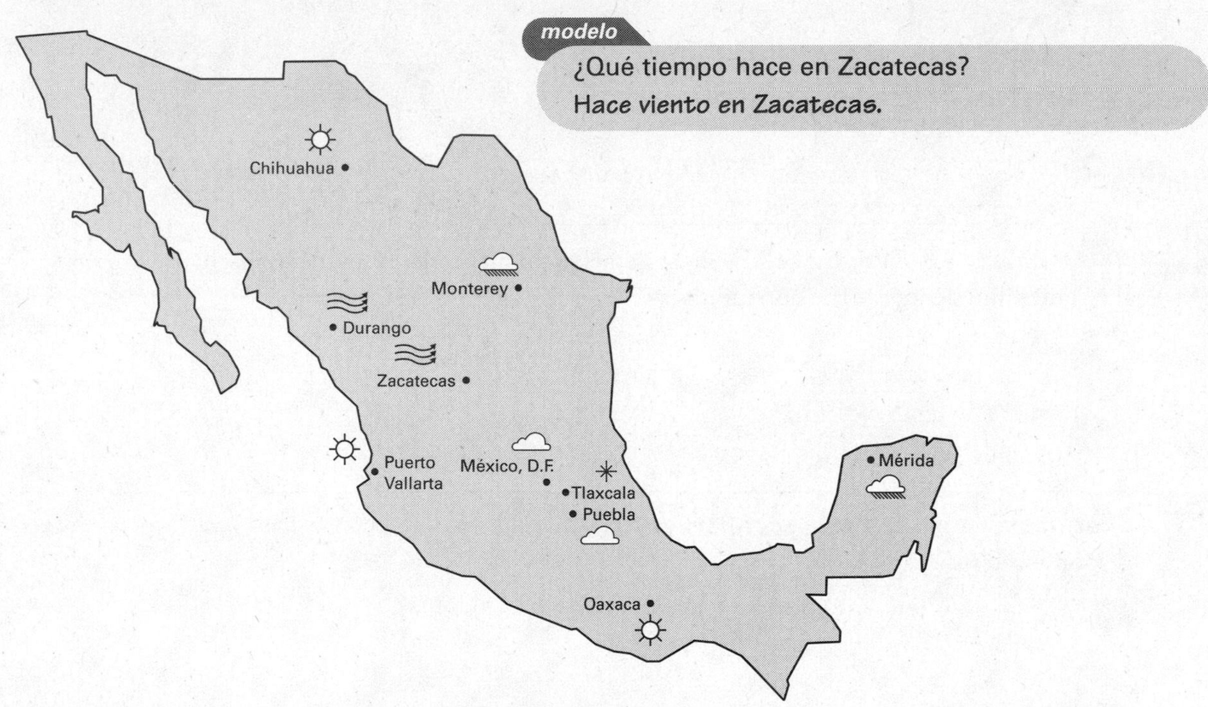

3 **Pronóstico del tiempo** Listen to this weather forecast and complete the chart in your lab manual.

Ciudad	Clima	Temperatura (°C)
México, D.F.	____________	______
Querétaro	____________	______
Yucatán	____________	______
Chihuahua	____________	______

vocabulario

You will now hear the vocabulary for **Lección 4** found on page 134 of your textbook. Listen and repeat each Spanish word or phrase after the speaker.

Nombre ______________________ Fecha ______________________

contextos

Lección 5

1 **Identificar** You will hear a series of words. Write the word that does not belong in each series.

1. ______________________
2. ______________________
3. ______________________
4. ______________________
5. ______________________
6. ______________________
7. ______________________
8. ______________________

2 **Describir** For each drawing, you will hear two statements. Choose the one that corresponds to the drawing.

1. a. b.

2. a. b.

3. a. b.

4. a. b.

3 **En la agencia de viajes** Listen to this conversation between Mr. Vega and a travel agent. Then read the statements in your lab manual and decide whether they are **cierto** or **falso.**

	Cierto	Falso
1. El Sr. Vega quiere esquiar, pescar y hacer turismo.	❍	❍
2. El Sr. Vega va a hacer una excursión a Puerto Rico.	❍	❍
3. El Sr. Vega quiere ir de vacaciones la primera semana de mayo.	❍	❍
4. Una habitación en Las Tres Palmas cuesta (*costs*) $85.00.	❍	❍
5. El hotel tiene restaurante, piscina y jacuzzi.	❍	❍

pronunciación

Spanish **b** and **v**

There is no difference in pronunciation between the Spanish letters **b** and **v**. However, each letter can be pronounced two different ways, depending on which letters appear next to them.

bueno　　**v**ólei**b**ol　　**bib**lioteca　　**viv**ir

B and **v** are pronounced like the English hard **b** when they appear either as the first letter of a word, at the beginning of a phrase, or after **m** or **n**.

bonito　　**v**iajar　　tam**b**ién　　in**v**estigar

In all other positions, **b** and **v** have a softer pronunciation, which has no equivalent in English. Unlike the hard **b**, which is produced by tightly closing the lips and stopping the flow of air, the soft **b** is produced by keeping the lips slightly open.

de**b**er　　no**v**io　　a**b**ril　　cer**v**eza

In both pronunciations, there is no difference in sound between **b** and **v**. The English **v** sound, produced by friction between the upper teeth and lower lip, does not exist in Spanish. Instead, the soft **b** comes from friction between the two lips.

bola　　**v**ela　　Cari**b**e　　decli**v**e

When **b** or **v** begins a word, its pronunciation depends on the previous word. At the beginning of a phrase or after a word that ends in **m** or **n**, it is pronounced as a hard **b**.

Verónica y su esposo cantan‿**b**oleros.

Words that begin with **b** or **v** are pronounced with a soft **b** if they appear immediately after a word that ends in a vowel or any consonant other than **m** or **n**.

Benito es de‿**B**oquerón pero‿**v**ive en‿**V**ictoria.

1 **Práctica** Repeat these words after the speaker to practice the **b** and the **v**.

1. hablamos
2. trabajar
3. botones
4. van
5. contabilidad
6. bien
7. doble
8. novia
9. béisbol
10. cabaña
11. llave
12. invierno

2 **Oraciones** When you hear the number, read the corresponding sentence aloud, focusing on the **b** and **v** sounds. Then listen to the speaker and repeat the sentence.

1. Vamos a Guaynabo en autobús.
2. Voy de vacaciones a la Isla Culebra.
3. Tengo una habitación individual en el octavo piso.
4. Víctor y Eva van por avión al Caribe.
5. La planta baja es bonita también.
6. ¿Qué vamos a ver en Bayamón?
7. Beatriz, la novia de Víctor, es de Arecibo, Puerto Rico.

3 **Refranes** Repeat each saying after the speaker to practice the **b** and the **v**.

1. No hay mal que por bien no venga.
2. Hombre prevenido vale por dos.

4 **Dictado** You will hear four sentences. Each will be said twice. Listen carefully and write what you hear.

1. ______________________________
2. ______________________________
3. ______________________________
4. ______________________________

Nombre ______________________ Fecha ______________________

estructura

5.1 **Estar** with conditions and emotions

1 Describir For each drawing, you will hear two statements. Choose the one that corresponds to the drawing.

1. a. b.

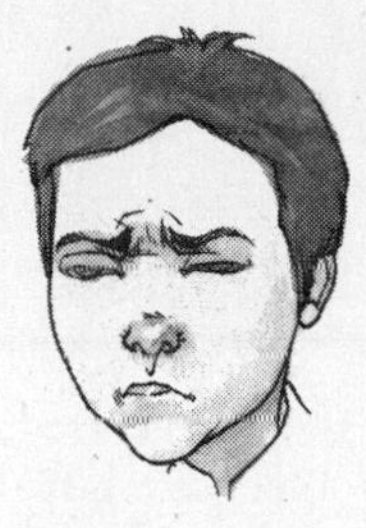

2. a. b.

3. a. b.

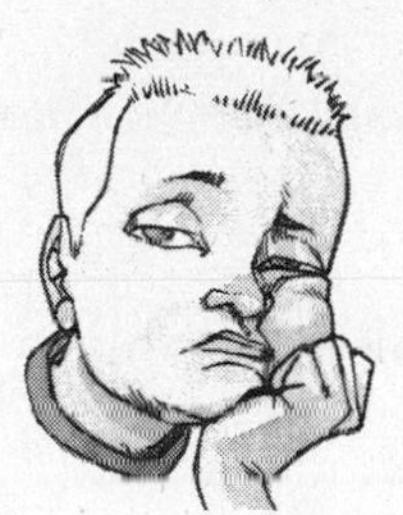

4. a. b.

2 Cambiar Form a new sentence using the cue you hear as the subject. Repeat the correct answer after the speaker. (*5 items*)

modelo

Rubén está enojado con Patricia. (mamá)
Mamá está enojada con Patricia.

3 Preguntas Answer each question you hear using the cues in your lab manual. Repeat the correct response after the speaker.

modelo

You hear: ¿Está triste Tomás?
You see: no / contento/a
You say: No, Tomás está contento.

1. no / abierto/a
2. sí
3. su hermano
4. no / ordenado/a
5. no / sucio/a
6. estar de vacaciones

4 Situaciones You will hear four brief conversations. Choose the statement that expresses how the people feel in each situation.

1. a. Ricardo está nervioso. b. Ricardo está cansado.
2. a. La señora Fuentes está contenta. b. La señora Fuentes está preocupada.
3. a. Eugenio está aburrido. b. Eugenio está avergonzado.
4. a. Rosario y Alonso están equivocados. b. Rosario y Alonso están enojados.

Nombre ______________________ Fecha ______________________

5.2 The present progressive

1 **Escoger** Listen to what these people are doing. Then read the statements in your lab manual and choose the appropriate description.

1. a. Es profesor.	b. Es estudiante.
2. a. Es botones.	b. Es inspector de aduanas.
3. a. Eres artista.	b. Eres huésped.
4. a. Son jugadoras de fútbol.	b. Son programadoras.
5. a. Es ingeniero.	b. Es botones.
6. a. Son turistas.	b. Son empleados.

2 **Transformar** Change each sentence from the present tense to the present progressive. Repeat the correct answer after the speaker. (*6 items*)

modelo

Adriana confirma su reservación.
Adriana está confirmando su reservación.

3 **Preguntas** Answer each question you hear using the cue in your lab manual and the present progressive. Repeat the correct response after the speaker.

modelo

You hear: ¿Qué hacen ellos?
You see: jugar a los cartas
You say: **Ellos están jugando a las cartas.**

1. hacer las maletas
2. pescar en el mar
3. dormir
4. correr en el parque
5. hablar con el botones
6. comer en el café

4 **Describir** You will hear some questions. Look at the drawing and respond to each question. Repeat the correct answer after the speaker. (*6 items*)

Nombre ______________________ Fecha ______________________

5.3 Comparing **ser** and **estar**

1 **Escoger** You will hear some questions with a beep in place of the verb. Decide which form of **ser** or **estar** should complete each question and circle it.

modelo

You hear: ¿Cómo *(beep)*?
You circle: **estás** because the question is **¿Cómo estás?**

1. es está
2. Son Están
3. Es Está
4. Es Está
5. Es Está
6. Es Está

2 **¿Cómo es?** You just met Rosa Beltrán at a party. Describe her to a friend by using **ser** or **estar** with the cues you hear. Repeat the correct response after the speaker. (*6 items*)

modelo

muy amable
Rosa es muy amable.

3 **¿Ser o estar?** You will hear the subject of a sentence. Complete the sentence using a form of **ser** or **estar** and the cue in your lab manual. Repeat the correct response after the speaker.

modelo

You hear: Papá
You see: en San Juan
You say: Papá está en San Juan.

1. inspector de aduanas
2. la estación del tren
3. a las diez
4. ocupados
5. el 14 de febrero
6. corriendo a clase

4 **¿Lógico o no?** You will hear some statements. Decide if they are **lógico** or **ilógico**.

1. Lógico Ilógico
2. Lógico Ilógico
3. Lógico Ilógico
4. Lógico Ilógico
5. Lógico Ilógico
6. Lógico Ilógico

5 **Ponce** Listen to Carolina's description of her vacation and answer the questions in your lab manual.

1. ¿Dónde está Ponce?
____
2. ¿Qué tiempo está haciendo?
____
3. ¿Qué es el Parque de Bombas?
____
4. ¿Que día es hoy?
____
5. ¿Por qué no va al Parque de Bombas hoy?
____

Nombre ______________________ Fecha ______________________

5.4 Direct object nouns and pronouns

1 **Escoger** Listen to each question and choose the most logical response.

1. a. Sí, voy a comprarlo.
   b. No, no voy a comprarla.
2. a. Joaquín lo tiene.
   b. Joaquín la tiene.
3. a. Sí, los puedo llevar.
   b. No, no te puedo llevar.
4. a. Irene los tiene.
   b. Irene las tiene.
5. a. Sí, te llevamos al partido.
   b. Sí, nos llevas al partido.
6. a. No, vamos a jugarla mañana.
   b. No, vamos a jugarlo mañana.
7. a. Va a conseguirlos mañana.
   b. Va a conseguirlas mañana.
8. a. Pienso visitarla el fin de semana.
   b. Pienso visitarte el fin de semana.

2 **Cambiar** Restate each sentence you hear using a direct object pronoun. Repeat the correct answer after the speaker. (6 *items*)

modelo
Isabel está mirando la televisión.
Isabel está mirándola.

Isabel está mirando la televisión... con Diego.

3 **No veo nada** You just broke your glasses and now you can't see anything. Respond to each statement using a direct object pronoun. Repeat the correct answer after the speaker. (6 *items*)

modelo
Allí está el Museo de Arte e Historia.
¿Dónde? No lo veo.

4 **Preguntas** Answer each question you hear in the negative. Repeat the correct response after the speaker. (6 *items*)

modelo
¿Haces la excursión a El Yunque?
No, no la hago.

Nombre ______________________ Fecha ______________________

5.5 Numbers 101 and higher

1 **Poblaciones** Look at the population figures in the chart and listen to each statement. Then indicate whether the statement is **cierto** or **falso.**

País	Población
Argentina	37.944.000
Chile	15.589.000
Colombia	43.821.000
Cuba	11.275.000
Ecuador	13.112.000
España	39.584.000
Guatemala	11.995.000
México	101.851.000
Perú	26.523.000
Puerto Rico	3.930.000

	Cierto	Falso
1.	❍	❍
2.	❍	❍
3.	❍	❍
4.	❍	❍
5.	❍	❍
6.	❍	❍

2 **Dictado** Listen carefully and write each number as numerals rather than words.

1. ____________ 4. ____________ 7. ____________
2. ____________ 5. ____________ 8. ____________
3. ____________ 6. ____________ 9. ____________

3 **Preguntas** Answer each question you hear using the cue in your lab manual. Repeat the correct response after the speaker.

modelo

You hear: ¿Cuántas personas hay en Chile?
You see: 15.589.000
You say: Hay quince millones, quinientas ochenta y nueve mil personas en Chile.

1. 800 3. 1284 5. 172
2. 356 4. 711 6. unos 43.000

4 **Un anuncio** Listen to this radio advertisement and write the prices for each item listed in your lab manual. Then figure out what the total cost for the trip would be.

Pasaje de avión: ______________________________________

Barco: ______________________________________

Excursiones: ______________________________________

TOTAL: ______________________________________

vocabulario

You will now hear the vocabulary for **Lección 5** found on page 168 of your textbook. Listen and repeat each Spanish word or phrase after the speaker.

Nombre ______________________ Fecha ______________________

contextos

Lección 6

1 **¿Lógico o ilógico?** Listen to each statement and indicate if it is **lógico** or **ilógico**.

1. Lógico Ilógico
2. Lógico Ilógico
3. Lógico Ilógico
4. Lógico Ilógico
5. Lógico Ilógico
6. Lógico Ilógico
7. Lógico Ilógico
8. Lógico Ilógico

2 **Escoger** Listen as each person talks about the clothing he or she needs to buy, then choose the activity for which the clothing would be appropriate.

1. a. ir a la playa b. ir al cine
2. a. jugar al golf b. buscar trabajo (*work*)
3. a. salir a bailar b. ir a las montañas
4. a. montar a caballo b. jugar a las cartas
5. a. jugar al voleibol b. comer en un restaurante elegante
6. a. hacer un viaje b. patinar en línea

3 **Preguntas** Respond to each question saying that the opposite is true. Repeat the correct answer after the speaker. (*6 items*)

modelo

Las sandalias cuestan mucho, ¿no?

No, las sandalias cuestan poco.

4 **Describir** You will hear some questions. Look at the drawing and write the answer to each question.

1. ______________________
2. ______________________
3. ______________________
4. ______________________

Nombre ______________________ Fecha ______________________

pronunciación

The consonants **d** and **t**

Like **b** and **v**, the Spanish **d** can have a hard sound or a soft sound, depending on which letters appear next to it.

¿**D**ónde? vende**r** na**d**ar ver**d**a**d**

At the beginning of a phrase and after **n** or **l**, the letter **d** is pronounced with a hard sound. This sound is similar to the English *d* in *dog*, but a little softer and duller. The tongue should touch the back of the upper teeth, not the roof of the mouth.

Don **d**inero tien**d**a fal**d**a

In all other positions, **d** has a soft sound. It is similar to the English *th* in *there*, but a little softer.

me**d**ias ver**d**e vesti**d**o huéspe**d**

When **d** begins a word, its pronunciation depends on the previous word. At the beginning of a phrase or after a word that ends in **n** or **l**, it is pronounced as a hard **d**.

Don **D**iego no tiene el **d**iccionario.

Words that begin with **d** are pronounced with a soft **d** if they appear immediately after a word that ends in a vowel or any consonant other than **n** or **l**.

Doña **D**olores es **d**e la capital.

When pronouncing the Spanish **t**, the tongue should touch the back of the upper teeth, not the roof of the mouth. In contrast to the English *t*, no air is expelled from the mouth.

traje pan**t**alones **t**arje**t**a **t**ienda

1 **Práctica** Repeat each phrase after the speaker to practice the **d** and the **t**.

1. Hasta pronto.
2. De nada.
3. Mucho gusto.
4. Lo siento.
5. No hay de qué.
6. ¿De dónde es usted?
7. ¡Todos a bordo!
8. No puedo.
9. Es estupendo.
10. No tengo computadora.
11. ¿Cuándo vienen?
12. Son las tres y media.

2 **Oraciones** When you hear the number, read the corresponding sentence aloud, focusing on the **d** and **t** sounds. Then listen to the speaker and repeat the sentence.

1. Don Teodoro tiene una tienda en un almacén en La Habana.
2. Don Teodoro vende muchos trajes, vestidos y zapatos todos los días.
3. Un día un turista, Federico Machado, entra en la tienda para comprar un par de botas.
4. Federico regatea con don Teodoro y compra las botas y también un par de sandalias.

3 **Refranes** Repeat each saying after the speaker to practice the **d** and the **t**.

1. En la variedad está el gusto.
2. Aunque la mona se vista de seda, mona se queda.

4 **Dictado** You will hear four sentences. Each will be said twice. Listen carefully and write what you hear.

1. ______________________________
2. ______________________________
3. ______________________________
4. ______________________________

estructura

6.1 The preterite tense of regular verbs

1 **Identificar** Listen to each sentence and decide whether the verb is in the present or the preterite tense. Mark an **X** in the appropriate column.

modelo

You hear: Alejandro llevó un suéter marrón.
You mark: an **X** under *preterite.*

	Present	Preterite
Modelo	______	X
1.	______	______
2.	______	______
3.	______	______
4.	______	______
5.	______	______
6.	______	______
7.	______	______
8.	______	______

2 **Cambiar** Change each sentence from the present to the preterite. Repeat the correct answer after the speaker. (*8 items*)

modelo

Compro unas sandalias baratas.
Compré unas sandalias baratas.

3 **Preguntas** Answer each question you hear using the cue in your lab manual. Repeat the correct response after the speaker.

modelo

You hear: ¿Dónde conseguiste tus botas?
You see: en la tienda Lacayo
You say: Conseguí mis botas en la tienda Lacayo.

1. $26,00 2. ayer 3. Marta 4. no 5. no 6. sí

4 **¿Estás listo?** Listen to this conversation between Matilde and Hernán. Make a list of the tasks Hernán has already done in preparation for his trip and a list of the tasks he still needs to do.

Tareas completadas	Tareas que necesita hacer
______	______
______	______
______	______
______	______
______	______

Nombre ______________________ Fecha ______________________

6.2 Indirect object pronouns

1 **Escoger** Listen to each question and choose the most logical response.

1. a. Sí, le mostré el abrigo.
   b. Sí, me mostró el abrigo.
2. a. No, no le presté el suéter azul.
   b. No, no te prestó el suéter azul.
3. a. Voy a comprarles ropa interior.
   b. Vamos a comprarle ropa interior.
4. a. Sí, está preguntándoles el precio.
   b. Sí, está preguntándole el precio.
5. a. Nos costaron veinte dólares.
   b. Les costaron veinte dólares.
6. a. Sí, le traigo un sombrero.
   b. Sí te traigo un sombrero.

2 **Transformar** Cecilia has been shopping. Say for whom she bought these items using indirect object pronouns. Repeat the correct answer after the speaker. (6 *items*)

modelo

Cecilia compró una bolsa para Dora.
Cecilia le compró una bolsa.

3 **Preguntas** Answer each question you hear using the cue in your lab manual. Repeat the correct response after the speaker.

modelo

You hear: ¿Quién está esperándote?
You see: Mauricio
You say: **Mauricio está esperándome.**

1. sí
2. $50,00
3. no
4. su traje nuevo
5. Antonio
6. bluejeans

4 **En el centro comercial** Listen to this conversation and answer the questions in your lab manual.

1. ¿Quién es Gustavo?

____

2. ¿Qué está haciendo Gustavo?

____

3. ¿Qué le preguntó Gustavo a José?

____

4. ¿Por qué le prestó dinero José?

____

5. ¿Cuándo va a regalarle (*to give*) la falda a Norma?

____

6.3 Demonstrative adjectives and pronouns

1 **En el mercado** A group of tourists is shopping at an open-air market. Listen to what they say, and mark an **X** in the column for the demonstrative adjective you hear.

modelo

You hear: Me gusta mucho esa bolsa.
You mark: an **X** under *that*.

	this	that	these	those
Modelo	______	X	______	______
1.	______	______	______	______
2.	______	______	______	______
3.	______	______	______	______
4.	______	______	______	______

2 **Cambiar** Form a new sentence using the cue you hear. Repeat the correct answer after the speaker. (*6 items*)

modelo

Quiero este suéter. (chaqueta)
Quiero esta chaqueta.

3 **Transformar** Form a new sentence using the cue you hear. Repeat the correct answer after the speaker. (*6 items*)

modelo

Aquel abrigo es muy hermoso. (corbatas)
Aquellas corbatas son muy hermosas.

4 **Preguntas** Answer each question you hear in the negative using a form of the demonstrative pronoun **ése**. Repeat the correct response after the speaker. (*8 items*)

modelo

¿Quieres esta blusa?
No, no quiero ésa.

5 **De compras** Listen to this conversation. Then read the statements in your lab manual and decide whether they are **cierto** or **falso**.

	Cierto	Falso
1. Flor quiere ir al almacén Don Guapo.	❍	❍
2. Enrique trabaja en el almacén Don Guapo.	❍	❍
3. El centro comercial está lejos de los chicos.	❍	❍
4. Van al almacén que está al lado del Hotel Plaza.	❍	❍

vocabulario

You will now hear the vocabulary for **Lección 6** found on page 198 of your textbook. Listen and repeat each Spanish word or phrase after the speaker.

Nombre ______________________ Fecha ______________________

contextos

Lección 7

1 **Describir** For each drawing, you will hear two statements. Choose the one that corresponds to the drawing.

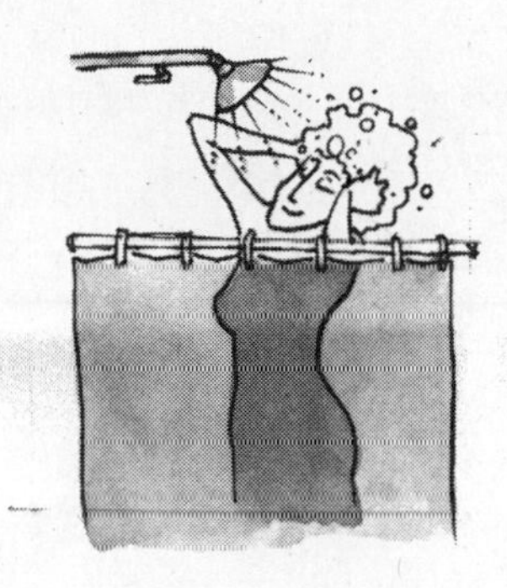

1. a. b.

2. a. b.

3. a. b.

4. a. b.

2 **Preguntas** Clara is going to baby-sit your nephew. Answer her questions about your nephew's daily routine using the cues in your lab manual. Repeat the correct response after the speaker.

modelo

You hear: ¿A qué hora va a la escuela?
You see: 8:30 A.M.
You say: ***Va a la escuela a las ocho y media de la mañana.***

1. 7:00 A.M.
2. se lava la cara
3. por la noche
4. champú para niños
5. 9:00 P.M.
6. después de comer

3 **Entrevista** Listen to this interview. Then read the statements in your lab manual and decide whether they are cierto or falso.

	Cierto	Falso
1. Sergio Santos es jugador de fútbol.	❍	❍
2. Sergio se levanta a las 5:00 A.M.	❍	❍
3. Sergio se ducha por la mañana y por la noche.	❍	❍
4. Sergio se acuesta a las 11:00 P.M.	❍	❍

Nombre ______________________ Fecha ______________________

pronunciación

The consonants **r** and **rr**

In Spanish, **r** has a strong trilled sound at the beginning of a word. No English words have a trill, but English speakers often produce a trill when they imitate the sound of a motor.

ropa **r**utina **r**ico **R**amón

In any other position, **r** has a weak sound similar to the English *tt* in *better* or the English *dd* in *ladder*. In contrast to English, the tongue touches the roof of the mouth behind the teeth.

gusta**r** du**r**ante p**r**ime**r**o c**r**ema

The letter **rr**, which only appears between vowels, always has a strong trilled sound.

piza**rr**a co**rr**o ma**rr**ón abu**rr**ido

Between vowels, the difference between the strong trilled **rr** and the weak **r** is very important, as a mispronunciation could lead to confusion between two different words.

ca**r**o ca**rr**o pe**r**o pe**rr**o

1 **Práctica** Repeat each word after the speaker, focusing on the **r** and **rr** sounds.

1. Perú
2. Rosa
3. borrador
4 madre
5. comprar
6. favor
7. rubio
8. reloj
9. Arequipa
10. tarde
11. cerrar
12. despertador

2 **Oraciones** When you hear the number, read the corresponding sentence aloud, focusing on the **r** and **rr** sounds. Then listen to the speaker and repeat the sentence.

1. Ramón Robles Ruiz es programador. Su esposa Rosaura es artista.
2. A Rosaura Robles le encanta regatear en el mercado.
3. Ramón nunca regatea… le aburre regatear.
4. Rosaura siempre compra cosas baratas.
5. Ramón no es rico pero prefiere comprar cosas muy caras.
6. ¡El martes Ramón compró un carro nuevo!

3 **Refranes** Repeat each saying after the speaker to practice the **r** and the **rr**.

1. Perro que ladra no muerde.
2. No se ganó Zamora en una hora.

4 **Dictado** You will hear seven sentences. Each will be said twice. Listen carefully and write what you hear.

1. ______________________
2. ______________________
3. ______________________
4. ______________________
5. ______________________
6. ______________________
7. ______________________

Nombre ______________________ Fecha ______________________

estructura

7.1 Reflexive verbs

1 **Describir** For each drawing, you will hear two statements. Choose the one that corresponds to the drawing.

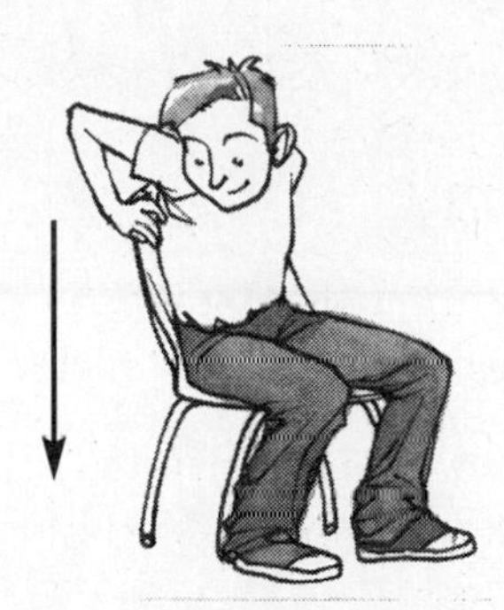

1. a. b.

2. a. b.

3. a. b.

4. a. b.

2 **Preguntas** Answer each question you hear in the affirmative. Repeat the correct response after the speaker. (*7 items*)

modelo

¿Se levantó temprano Rosa?

Sí, Rosa se levantó temprano.

3 **¡Esto fue el colmo** (*the last straw*)**!** Listen as Julia describes what happened in her dorm yesterday. Then choose the correct ending for each statement in your lab manual.

1. Julia se ducha en cinco minutos porque...
   a. siempre se levanta tarde. b. las chicas de su piso comparten un cuarto de baño.
2. Ayer la chica nueva...
   a. se quedó dos horas en el baño. b. se preocupó por Julia.
3. Cuando salió, la chica nueva...
   a. se enojó mucho. b. se sintió (*felt*) avergonzada.

7.2 Indefinite and negative words

1 **¿Lógico o ilógico?** You will hear some questions and the responses. Decide if they are **lógico** or **ilógico**.

	Lógico	Ilógico		Lógico	Ilógico
1.	❍	❍	5.	❍	❍
2.	❍	❍	6.	❍	❍
3.	❍	❍	7.	❍	❍
4.	❍	❍	8.	❍	❍

2 **¿Pero o sino?** You will hear some sentences with a beep in place of a word. Decide if **pero** or **sino** should complete each sentence and circle it.

modelo

You hear: Ellos no viven en Lima *(beep)* Arequipa.
You circle: **sino** because the sentence is **Ellos no viven en Lima sino Arequipa.**

1.	pero	sino	5.	pero	sino
2.	pero	sino	6.	pero	sino
3.	pero	sino	7.	pero	sino
4.	pero	sino	8.	pero	sino

3 **Transformar** Change each sentence you hear to say the opposite is true. Repeat the correct answer after the speaker. (*6 items*)

modelo

Nadie se ducha ahora.
Alguien se ducha ahora.

4 **Preguntas** Answer each question you hear in the negative. Repeat the correct response after the speaker. (*6 items*)

modelo

¿Qué estás haciendo?
No estoy haciendo nada.

5 **Entre amigos** Listen to this conversation between Felipe and Mercedes. Then decide whether the statements in your lab manual are **cierto** or **falso**.

	Cierto	Falso
1. No hay nadie en la residencia.	❍	❍
2. Mercedes quiere ir al Centro Estudiantil.	❍	❍
3. Felipe tiene un amigo peruano.	❍	❍
4. Mercedes no visitó ni Machu Picchu ni Cuzco.	❍	❍
5. Felipe nunca visitó el Perú.	❍	❍
6. Mercedes no quiere volver jamás al Perú.	❍	❍

7.3 Preterite of **ser** and **ir**

1 **Escoger** Listen to each sentence and indicate whether the verb is a form of **ser** or **ir**.

1. ser ir
2. ser ir
3. ser ir
4. ser ir
5. ser ir
6. ser ir
7. ser ir
8. ser ir

2 **Cambiar** Change each sentence from the present to the preterite. Repeat the correct answer after the speaker. (*8 items*)

modelo

Uds. van en avión.

Uds. fueron en avión.

3 **Preguntas** Answer each question you hear using the cue in your lab manual. Repeat the correct response after the speaker.

modelo

You hear: ¿Quién fue tu profesor de química?

You see: el Sr. Ortega

You say: El Sr. Ortega fue mi profesor de química.

1. al mercado al aire libre
2. muy buenas
3. no
4. fabulosa
5. al parque
6. difícil

4 **¿Qué hicieron** (*did they do*) **anoche?** Listen to this telephone conversation and answer the questions in your lab manual.

1. ¿Adónde fue Carlos anoche?

 ______

2. ¿Cómo fue el partido? ¿Por qué?

 ______

3. ¿Adónde fueron Katarina y Esteban anoche?

 ______

4. Y Esteban, ¿qué hizo (*did he do*) allí?

 ______

Nombre ______________________ Fecha ______________________

7.4 **Gustar** and verbs like **gustar**

1 **Escoger** Listen to each question and choose the most logical response.

1. a. Sí, me gusta. b. Sí, te gusta.
2. a. No, no le interesa. b. No, no le interesan.
3. a. Sí, les molestan mucho. b. No, no les molesta mucho.
4. a. No, no nos importa. b. No, no les importa.
5. a. Sí, le falta. b. Sí, me falta.
6. a. Sí, les fascina. b. No, no les fascinan.

2 **Cambiar** Form a new sentence using the cue you hear. Repeat the correct answer after the speaker. (*6 items*)

modelo

A ellos les interesan las ciencias. (a Ricardo)

A Ricardo le interesan las ciencias.

3 **Preguntas** Answer each question you hear using the cue in your lab manual. Repeat the correct response after the speaker. (*8 items*)

modelo

You hear: ¿Qué te encanta hacer?

You see: patinar en línea

You say: **Me encanta patinar en línea.**

1. la familia y los amigos
2. sí
3. las computadoras
4. $2,00
5. el baloncesto y el béisbol
6. no
7. no / nada
8. sí

4 **Preferencias** Listen to this conversation. Then fill in the chart with Eduardo's preferences and answer the question in your lab manual.

Le gusta	No le gusta

¿Que van a hacer los chicos esta tarde? ______________________

____

vocabulario

You will now hear the vocabulary for **Lección 7** found on page 230 of your textbook. Listen and repeat each Spanish word or phrase after the speaker.

contextos

Lección 8

1 **Identificar** Listen to each question and mark an **X** in the appropriate category.

modelo

You hear: ¿Qué es la piña?
You mark: an **X** under **fruta.**

	carne	pescado	verdura	fruta	bebida
Modelo	______	______	______	X	______
1.	______	______	______	______	______
2.	______	______	______	______	______
3.	______	______	______	______	______
4.	______	______	______	______	______
5.	______	______	______	______	______
6.	______	______	______	______	______
7.	______	______	______	______	______
8.	______	______	______	______	______

2 **Describir** Listen to each sentence and write the number of the sentence below the drawing of the food or drink mentioned.

a. ____________________

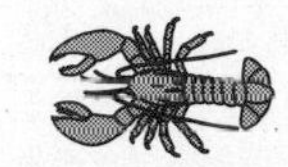

b. ____________________

c. ____________________

d. ____________________

e. ____________________

f. ____________________

g. ____________________

h. ____________________

i. ____________________

j. ____________________

3 **En el restaurante** You will hear a couple ordering a meal in a restaurant. Write the items they order in the appropriate categories.

	SEÑORA	SEÑOR
Primer plato		
Plato principal		
Verdura		
Bebida		

Nombre ______________________ Fecha ______________________

pronunciación

ll, ñ, c, and z

Most Spanish speakers pronounce the letter **ll** like the *y* in *yes*.

pollo llave ella cebolla

The letter **ñ** is pronounced much like the *ny* in *canyon*.

mañana señor baño niña

Before **a, o,** or **u,** the Spanish **c** is pronounced like the *c* in *car*.

café colombiano cuando rico

Before **e** or **i,** the Spanish **c** is pronounced like the s in *sit*. In parts of Spain, **c** before **e** or **i** is pronounced like the *th* in *think*.

cereales delicioso conducir conocer

The Spanish **z** is pronounced like the *s* in *sit*. In parts of Spain, **z** before a vowel is pronounced like the *th* in *think*.

zeta zanahoria almuerzo cerveza

1 Práctica Repeat each word after the speaker to practice pronouncing **ll**, **ñ**, **c**, and **z**.

1. mantequilla
2. cuñado
3. aceite
4. manzana
5. español
6. cepillo
7. zapato
8. azúcar
9. quince
10. compañera
11. almorzar
12. calle

2 Oraciones When the speaker pauses, repeat the corresponding sentence or phrase, focusing on **ll**, **ñ**, **c**, and **z**.

1. Mi compañero de cuarto se llama Tonio Núñez. Su familia es de la ciudad de Guatemala y de Quetzaltenango.
2. Dice que la comida de su mamá es deliciosa, especialmente su pollo al champiñón y sus tortillas de maíz.
3. Creo que Toño tiene razón porque hoy cené en su casa y quiero volver mañana para cenar allí otra vez.

3 Refranes Repeat each saying after the speaker to practice **ll**, **ñ**, **c**, and **z**.

1. Las aparencias engañan.
2. Panza llena, corazón contento.

4 Dictado You will hear five sentences. Each will be said twice. Listen carefully and write what you hear.

1. ______________________________________
2. ______________________________________
3. ______________________________________
4. ______________________________________
5. ______________________________________

Nombre ____________________ Fecha ____________________

estructura

8.1 Preterite of stem-changing verbs

1 **Identificar** Listen to each sentence and decide whether the verb is in the present or the preterite tense. Mark an **X** in the appropriate column.

modelo

You hear: Pido bistec con papas fritas.
You write: an **X** under *Present.*

	Present	*Preterite*
Modelo 1.	X	
2.		
3.		
4.		
5.		
6.		
7.		
8.		

2 **Cambiar** Change each sentence you hear substituting the new subject given. Repeat the correct response after the speaker. (*6 items*)

modelo

Tú no dormiste bien anoche. (Los niños)
Los niños no durmieron bien anoche.

3 **Preguntas** Answer each questions you hear using the cue in your lab manual. Repeat the correct response after the speaker.

modelo

You hear: ¿Qué pediste?
You see: pavo asado con papas y arvejas
You say: Pedí pavo asado con papas y arvejas.

1. Sí
2. No
3. leche
4. Sí
5. No
6. la semana pasada

4 **Un día largo** Listen as Ernesto describes what he did yesterday. Then read the statements in your lab manual and decide whether they are **cierto** or **falso**.

	Cierto	Falso
1. Ernesto se levantó a las seis y media de la mañana.	❍	❍
2. Se bañó y se vistió.	❍	❍
3. Los clientes empezaron a llegar a la una.	❍	❍
4. Almorzó temprano.	❍	❍
5. Pidió pollo asado con papas.	❍	❍
6. Después de almorzar, Ernesto y su primo siguieron trabajando.	❍	❍

8.2 Double object pronouns

1 **Escoger** The manager of **El Gran Pavo** Restaurant wants to know what items the chef is going to serve to the customers today. Listen to each question and choose the correct response.

1. a. Sí, se las voy a servir. b. No, no se los voy a servir.
2. a. Sí, se la voy a servir. b. No, no se lo voy a servir.
3. a. Sí, se los voy a servir. b. No, no se las voy a servir.
4. a. Sí, se los voy a servir. b. No, no se las voy a servir.
5. a. Sí, se la voy a servir. b. No, no se lo voy a servir.
6. a. Sí, se lo voy a servir. b. No, no se la voy a servir.

2 **Cambiar** Repeat each statement, replacing the direct object noun with a pronoun. (6 *items*)

modelo
María te hace ensalada.
María te la hace.

3 **Preguntas** Answer each question using the cue you hear and object pronouns. Repeat the correct response after the speaker. (5 *items*)

modelo
¿Me recomienda Ud. los mariscos? (Sí)
Sí, se los recomiendo.

4 **Una fiesta** Listen to this conversation between Eva and Marcela. Then read the statements in your lab manual and decide whether they are **cierto** or **falso**.

	Cierto	Falso
1. Le van a hacer una fiesta a Sebastián.	❍	❍
2. Le van a preparar langosta.	❍	❍
3. Le van a preparar una ensalada de mariscos.	❍	❍
4. Van a tener vino tinto, cerveza, agua mineral y té helado.	❍	❍
5. Clara va a comprar cerveza.	❍	❍
6. Le compraron un cinturón.	❍	❍

Nombre Fecha

8.3 Saber and conocer

1 **¿Saber o conocer?** You will hear some sentences with a beep in place of the verb. Decide which form of **saber** or **conocer** should complete each sentence and circle it.

modelo
You hear: (Beep) cantar.
You circle: **Sé** because the sentence is **Sé cantar.**

1. Sé	Conozco	3. Sabemos	Conocemos	5. Sé	Conozco
2. Saben	Conocen	4. Sé	Conozco	6. Sabes	Conoces

2 **Cambiar** Listen to the following statements and say that you do the same activities. Repeat the correct answer after the speaker. (*5 items*)

modelo
Julia sabe nadar.
Yo también sé nadar.

3 **Preguntas** Answer each question using the cue you hear. Repeat the correct response after the speaker. (*6 items*)

modelo
¿Conocen tus padres Antigua? (Sí)
Sí, mis padres conocen Antigua.

4 **Mi compañera de cuarto** Listen as Jennifer describes her roommate. Then read the statements in your lab manual and decide whether they are **cierto** or **falso**.

	Cierto	Falso
1. Jennifer conoció a Laura en la escuela primaria.	❍	❍
2. Laura sabe hacer muchas cosas.	❍	❍
3. Laura sabe hablar alemán.	❍	❍
4. Laura sabe preparar comida mexicana.	❍	❍
5. Laura sabe patinar en línea.	❍	❍
6. Laura conoce a algunos muchachos simpáticos.	❍	❍

5 **La mejor comida** Listen to this conversation between Jorge and Rosalía. Then choose the correct answers to the questions in your lab manual.

1. ¿Por qué conoce Jorge muchos restaurantes?
   a. Es aficionado a los restaurantes.
   b. Él es camarero.
2. ¿Qué piensa Rosalía de la buena comida?
   a. Piensa que la gente no necesita ir a un restaurante para comer bien.
   b. Piensa que la gente encuentra la mejor comida en un restaurante.
3. ¿Dónde están Jorge y Rosalía?
   a. Están en la universidad.
   b. Están trabajando.
4. ¿Sabe Rosalía dónde está el restaurante?
   a. Sí, lo sabe.
   b. No lo conoce.

8.4 Comparisons and superlatives

1

Escoger You will hear a series of descriptions. Choose the statement in your lab manual that expresses the correct comparison.

1. a. Yo tengo más dinero que Rafael.
   b. Yo tengo menos dinero que Rafael.
2. a. Elena es mayor que Juan.
   b. Elena es menor que Juan.
3. a. Enrique come más hamburguesas que José.
   b. Enrique come tantas hamburguesas como José.
4. a. La comida de la Fonda es mejor que la comida del Café Condesa
   b. La comida de la Fonda es peor que la comida del Café Condesa.
5. a. Las langostas cuestan tanto como los camarones.
   b. Los camarones cuestan menos que las langostas.
6. a. El pavo es más caro que la salchicha.
   b. El pavo no es tan caro como la salchicha.

2

Comparar Look at each drawing and answer the question you hear with a comparative statement. Repeat the correct response after the speaker.

1.

2.

3.

3

Al contrario You are babysitting Anita, a small child, who starts boasting about herself and her family. Respond to each statement using a comparative of equality. Then repeat the correct answer after the speaker. (*6 items*)

modelo

Mi mamá es más bonita que tu mamá.
Al contrario, mi mamá es tan bonita como tu mamá.

4

Preguntas Answer each question you hear using the absolute superlative. Repeat the correct response after the speaker. (*6 items*)

modelo

La comida de la cafetería es mala, ¿no?
Sí, es malísima.

8.5 Pronouns after prepositions

1 **Cambiar** Listen to each statement and say that the feeling is not mutual. Use a pronoun after the preposition in your response. Then repeat the correct answer after the speaker. (*6 items*)

modelo
Carlos quiere desayunar con nosotros.
Pero nosotros no queremos desayunar con él.

2 **Preguntas** Answer each question you hear using the appropriate pronoun after the preposition and the cue in your lab manual. Repeat the correct response after the speaker.

modelo
You hear: ¿Almuerzas con Alberto hoy?
You see: No
You say: **No, no almuerzo con él hoy.**

1. Sí
2. Luis
3. Sí
4. Sí
5. No
6. Francisco

3 **Preparativos** (*Preparations*) Listen to this conversation between David and Andrés. Then answer the questions in your lab manual.

1. ¿Qué necesitan comprar para la fiesta?
____
2. ¿Con quién quiere Alfredo ir a la fiesta?
____
3. ¿Por qué ella no quiere ir con él?
____
4. ¿Con quién va Sara?
____
5. ¿Para quién quieren comprar algo especial?
____

vocabulario

You will now hear the vocabulary for **Lección 8** found on page 268 of your textbook. Listen and repeat each Spanish word or phrase after the speaker.

Nombre ____________________ Fecha ____________________

contextos

Lección 9

1 **¿Lógico o ilógico?** You will hear some statements. Decide if they are **lógico** or **ilógico.**

1. Lógico	Ilógico	5. Lógico	Ilógico
2. Lógico	Ilógico	6. Lógico	Ilógico
3. Lógico	Ilógico	7. Lógico	Ilógico
4. Lógico	Ilógico	8. Lógico	Ilógico

2 **Escoger** For each drawing, you will hear three statements. Choose the one that corresponds to the drawing.

1. a.  b. c.

2. a. b. c.

3. a. b. c.

4. a. b. c.

3 **Una celebración** Listen as Sra. Jiménez talks about a party she has planned. Then answer the questions in your lab manual.

1. ¿Para quién es la fiesta?
____

2. ¿Cuándo es la fiesta?
____

3. ¿Por qué hacen la fiesta?
____

4. ¿Quiénes van a la fiesta?
____

5. ¿Qué van a hacer los invitados en la fiesta?
____

Nombre ______________________ Fecha ______________________

pronunciación

The letters **h**, **j**, and **g**

The Spanish **h** is always silent.

helado | **h**ombre | **h**ola | **h**ermosa

The letter **j** is pronounced much like the English *h* in *his*.

José | **j**ubilarse | de**j**ar | pare**j**a

The letter **g** can be pronounced three different ways. Before **e** or **i**, the letter **g** is pronounced much like the English *h*.

a**g**encia | **g**eneral | **G**il | **G**isela

At the beginning of a phrase or after the letter **n**, the Spanish **g** is pronounced like the English *g* in *girl*.

Gustavo, **g**racias por llamar el domin**g**o.

In any other position, the Spanish **g** has a somewhat softer sound.

Me **g**radué en a**g**osto.

In the combinations **gue** and **gui**, the **g** has a hard sound and the **u** is silent. In the combination **gua**, the **g** has a hard sound and the **u** is pronounced like the English *w*.

Guerra | conse**gui**r | **gua**ntes | a**gua**

1 **Práctica** Repeat each word after the speaker to practice pronouncing **h**, **j**, and **g**.

1. hamburguesa
2. jugar
3. oreja
4. guapa
5. geografía
6. magnífico
7. espejo
8. hago
9. seguir
10. gracias
11. hijo
12. galleta
13. Jorge
14. tengo
15. ahora

2 **Oraciones** When you hear the number, read the corresponding sentence aloud. Then listen to the speaker and repeat the sentence.

1. Hola. Me llamo Gustavo Hinojosa Lugones y vivo en Santiago de Chile.
2. Tengo una familia grande; somos tres hermanos y tres hermanas.
3. Voy a graduarme en mayo.
4. Para celebrar mi graduación mis padres van a regalarme un viaje a Egipto.
5. ¡Qué generosos son!

3 **Refranes** Repeat each saying after the speaker to practice pronouncing **h**, **j**, and **g**.

1. A la larga, lo más dulce amarga.
2. El hábito no hace al monje.

4 **Dictado** Victoria is talking to her friend Mirta on the phone. Listen carefully and write what she says during the pauses. The entire passage will then be repeated so that you can check your work.

____

____

____

____

Nombre ______________________ Fecha ______________________

estructura

9.1 Dar and decir

1 **Identificar** Listen to each sentence and mark an **X** in the column for the subject of the verb.

modelo

You hear: ¿Me das unas galletas?
You mark: an **X** under **tú.**

	yo	tú	él	nosotros	ellos
Modelo	______	X	______	______	______
1. ______	______	______	______	______	______
2. ______	______	______	______	______	______
3. ______	______	______	______	______	______
4. ______	______	______	______	______	______
5. ______	______	______	______	______	______
6. ______	______	______	______	______	______
7. ______	______	______	______	______	______
8. ______	______	______	______	______	______

2 **Preguntar** Answer each question you hear using the cues in your lab manual. Repeat the correct response after the speaker.

modelo

You hear: ¿Me das dinero para pagar la cuenta?
You see: sí
You say: **Sí, te doy dinero para pagar la cuenta.**

1. Francisco
2. dulces
3. nunca
4. sí
5. nosotros
6. no

3 **Chismes** (*Gossip*) Listen to the conversation and then select the best response for the questions in your lab manual.

1. ¿Qué dice Marta que es mentira?
a. Que se comprometieron Julia y Héctor. b. Que ella no se lleva bien con Julia.

2. ¿Por qué Marta no le da a Jorge las notas?
a. Porque las notas del año pasado ya no sirven. b. Porque Marta da malos consejos.

3. ¿Es una sorpresa para Marta la información que Sara le da?
a. No, no es una sorpresa. Ella ya compró una revista. b. Sí, es una sorpresa.

9.2 Irregular preterites

1

Escoger Listen to each question and choose the most logical response.

1. a. No, no conduje hoy. b. No, no condujo hoy.
2. a. Te dije que tengo una cita con Gabriela esta noche. b. Me dijo que tiene una cita con Gabriela esta noche.
3. a. Estuvimos en la casa de Marta. b. Estuvieron en la casa de Marta.
4. a. Porque tuvo que estudiar. b. Porque tiene que estudiar.
5. a. Lo supieron la semana pasada. b. Lo supimos la semana pasada.
6. a. Los pusimos en la mesa. b. Los pusieron en la mesa.
7. a. No, sólo tradujimos un poco. b. No, sólo traduje un poco.
8. a. Sí, le di $20,000. b. Sí, le dio $20,000.

2

Cambiar Change each sentence from the present to the preterite. Repeat the correct answer after the speaker. (*8 items*)

modelo

Él pone el flan sobre la mesa.
Él puso el flan sobre la mesa.

3

Preguntas Answer each question you hear using the cue in your lab manual. Substitute object pronouns for the direct object when possible. Repeat the correct answer after the speaker.

modelo

You hear: ¿Quién condujo el auto?
You see: yo
You say: **Yo lo conduje.**

1. Gerardo
2. Mateo y Yolanda
3. nosotros
4. muy buena
5. ¡Felicitaciones!
6. mi papá

4

Completar Listen to the dialogue and write the missing words in your lab manual.

______ (1) por un amigo que los Márquez ______ (2) a visitar a su hija. Me ______ (3) que ______ (4) desde Antofagasta y que se ______ (5) en el Hotel Carrera. Les ______ (6) una llamada (*call*) anoche pero no ______ (7) el teléfono. Sólo ______ (8) dejarles un mensaje. Hoy ellos me ______ (9) y me ______ (10) si mi esposa y yo teníamos tiempo para almorzar con ellos. Claro que les ______ (11) que sí.

9.3 Verbs that change meaning in the preterite

1 **Identificar** Listen to each sentence and mark and **X** in the column for the subject of the verb.

modelo

You hear: ¿Cuándo lo supiste?
You mark: an **X** under **tú.**

	yo	tú	ella	nosotros	ellos
Modelo	______	X	______	______	______
1. ______	______	______	______	______	______
2. ______	______	______	______	______	______
3. ______	______	______	______	______	______
4. ______	______	______	______	______	______
5. ______	______	______	______	______	______
6. ______	______	______	______	______	______
7. ______	______	______	______	______	______
8. ______	______	______	______	______	______

2 **Preguntas** Answer each question you hear using the cue in your lab manual. Substitute object pronouns for the direct object when possible. Repeat the correct response after the speaker.

modelo

You hear: ¿Conocieron ellos a Sandra?
You see: sí
You say: Sí, la conocieron.

1. sí 2. en la casa de Ángela 3. el viernes 4. no 5. no 6. anoche

3 **¡Qué lástima!** (*What a shame!*) Listen as José talks about some news he recently received. Then read the statements and decide whether they are **cierto** or **falso**.

	Cierto	Falso
1. Supieron de la muerte ayer.	❍	❍
2. Se sonrieron cuando oyeron las noticias (*news*).	❍	❍
3. Carolina no se pudo comunicar con la familia.	❍	❍
4. Francisco era (*was*) joven.	❍	❍
5. Mañana piensan llamar a la familia de Francisco.	❍	❍

4 **Relaciones amorosas** Listen as Susana describes what happened between her and Pedro. Then answer the questions in your lab manual.

1. ¿Por qué no pudo salir Susana con Pedro? ______________________
2. ¿Qué supo por su amiga? ______________________
3. ¿Cómo se puso ella cuando Pedro llamó? ______________________
4. ¿Qué le dijo Susana a Pedro? ______________________

9.4 ¿Qué? and ¿cuál?

1 **¿Lógico o ilógico?** You will hear some questions and the responses. Decide if they are **lógico** or **ilógico**.

1. Lógico	Ilógico	5. Lógico	Ilógico
2. Lógico	Ilógico	6. Lógico	Ilógico
3. Lógico	Ilógico	7. Lógico	Ilógico
4. Lógico	Ilógico	8. Lógico	Ilógico

2 **Preguntas** You will hear a series of responses to questions. Using **¿qué?** or **¿cuál?**, form the question that prompted each response. Repeat the correct answer after the speaker. (*8 items*)

modelo

Santiago de Chile es la capital de Chile.
¿Cuál es la capital de Chile?

3 **De compras** Look at Marcela's shopping list for Christmas and answer each question you hear. Repeat the correct response after the speaker. (*6 items*)

Raúl	2 camisas, talla 17
Cristina	blusa, color azul
Pepe	bluejeans y tres pares de calcetines blancos
Abuelo	cinturón
Abuela	suéter blanco

4 **Escoger** Listen to this radio commercial and choose most logical response to each question.

1. ¿Qué hace Fiestas Mar?
a. Organiza fiestas. b. Es una tienda que vende cosas para fiestas. c. Es un club en el mar.
2. ¿Para qué tipo de fiesta no usaría Fiestas Mar?
a. Para una boda. b. Para una fiesta de sorpresa. c. Para una cena con los suegros.
3. ¿Cuál de estos servicios no ofrece Fiestas Mar?
a. Poner las decoraciones. b. Proveer (*provide*) el lugar. c. Proveer los regalos.
4. ¿Qué tiene que hacer el cliente si usa Fiestas Mar?
a. Tiene que preocuparse por la lista de invitados. b. Tiene que preocuparse por la música.
c. Tiene que preparar la comida.
5. Si uno quiere contactar Fiestas Mar, ¿qué debe hacer?
a. Debe escribirles un mensaje electrónico. b. Debe llamarlos. c. Debe ir a Casa Mar.

vocabulario

You will now hear the vocabulary for **Lección 9** found on page 296 of your textbook. Listen and repeat each Spanish word or phrase after the speaker.

Nombre ______________________ Fecha ______________________

contextos

Lección 10

1 **Identificar** You will hear a series of words. Write each one in the appropriate category.

modelo

You hear: el hospital
You write: el **hospital** under **Lugares.**

Lugares	Medicinas	Condiciones y síntomas médicos
el hospital		

2 **Describir** For each drawing, you will hear two statements. Choose the one that corresponds to the drawing.

1. a. b.

2. a. b.

3. a. b.

4. a. b.

Nombre ______________________ Fecha ______________________

pronunciación

c (before a consonant) and q

In Lesson 8, you learned that, in Spanish, the letter **c** before the vowels **a, o,** and **u** is pronounced like the *c* in the English word *car*. When the letter **c** appears before any consonant except **h,** it is also pronounced like the *c* in *car*.

clínica bici**cl**eta **cr**ema do**ct**ora o**ct**ubre

In Spanish, the letter **q** is always followed by a **u**, which is silent. The combination **qu** is pronounced like the *k* sound in the English word *kitten*. Remember that the sounds **kwa, kwe, kwi, kwo,** and **koo** are always spelled with the combination **cu** in Spanish, never with **qu**.

querer par**qu**e **qu**eso **qu**ímica mante**qu**illa

1 **Práctica** Repeat each word after the speaker, focusing on the **c** and **q** sounds.

1. quince
2. querer
3. pequeño
4 equipo
5. conductor
6. escribir
7. contacto
8. increíble
9. aquí
10. ciclismo
11. electrónico
12. quitarse

2 **Oraciones** When you hear the number, read the corresponding sentence aloud. Then listen to the speaker and repeat the sentence.

1. El Dr. Cruz quiso sacarle la muela.
2. Clara siempre se maquilla antes de salir de casa.
3. ¿Quién perdió su equipaje?
4. Pienso comprar aquella camisa porque me queda bien.
5. La chaqueta cuesta quinientos cuarenta dólares, ¿no?
6. Esa cliente quiere pagar con tarjeta de crédito.

3 **Refranes** Repeat each saying after the speaker to practice the **c** and **q** sounds.

1. Ver es creer. [1]
2. Quien mal anda, mal acaba. [2]

4 **Dictado** You will hear five sentences. Each will be said twice. Listen carefully and write what you hear.

1. ____
2. ____
3. ____
4. ____
5. ____

____

Seeing is believing. [1]
He who lives badly, ends badly. [2]

Nombre ______________________ Fecha ______________________

estructura

10.1 The imperfect tense

1 **Identificar** Listen to each sentence and circle the verb tense you hear.

1. a. present b. preterite c. imperfect
2. a. present b. preterite c. imperfect
3. a. present b. preterite c. imperfect
4. a. present b. preterite c. imperfect
5. a. present b. preterite c. imperfect
6. a. present b. preterite c. imperfect
7. a. present b. preterite c. imperfect
8. a. present b. preterite c. imperfect
9. a. present b. preterite c. imperfect
10. a. present b. preterite c. imperfect

2 **Cambiar** Form a new sentence using the cue you hear. Repeat the correct answer after the speaker. (*6 items*)

modelo

Iban a casa. (Eva)

Eva iba a casa.

3 **Preguntas** A reporter is writing an article about funny things people used to do when they were children. Answer her questions, using the cues in your lab manual. Then repeat the correct response after the speaker.

modelo

You hear: ¿Qué hacía Miguel de niño?

You see: ponerse pajitas (*straws*) en la nariz

You say: **Miguel se ponía pajitas en la nariz.**

1. quitarse los zapatos en el restaurante
2. vestirnos con la ropa de mamá
3. sólo querer comer dulces
4. jugar con un amigo invisible
5. usar las botas de su papá
6. comer con las manos

4 **Completar** Listen to this description of Ángela's medical problem and write the missing words in your lab manual.

______(1) Ángela porque ______(2) día y noche. ______(3) que ______(4) un resfriado, pero se ______(5) bastante saludable. Se ______(6) de la biblioteca después de poco tiempo porque les ______(7) a los otros estudiantes. Sus amigas, Laura y Petra, siempre le ______(8) que ______(9) alguna alergia. Por fin, decidió hacerse un examen médico. La doctora le dijo que ella ______(10) alérgica y que ______(11) muchas medicinas para las alergias. Finalmente, le recetó unas pastillas. Al día siguiente (*following*), Ángela se ______(12) mejor porque ______(13) cuál era el problema y ella dejó de estornudar después de tomar las pastillas.

Nombre ______________________ Fecha ______________________

10.2 Constructions with **se**

1 **Escoger** Listen to each question and choose the most logical response.

1. a. Ay, se te quedó en casa.
   b. Ay, se me quedó en casa.
2. a. No, se le olvidó llamarlo.
   b. No, se me olvidó llamarlo.
3. a. Se le rompieron jugando al fútbol.
   b. Se les rompieron jugando al fútbol.
4. a. Ay, se les olvidaron.
   b. Ay, se nos olvidaron.
5. a. No, se me perdió.
   b. No se le perdió.
6. a. Se nos rompió.
   b. Se le rompieron.

2 **Preguntas** Answer each question you hear using the cue in your lab manual and the impersonal **se**. Repeat the correct response after the speaker.

modelo

You hear: ¿Qué lengua se habla en Costa Rica?
You see: español
You say: **Se habla español.**

1. a las seis
2. gripe
3. en la farmacia
4. en la caja
5. en la Oficina de Turismo
6. tomar el autobús #3

3 **Letreros** (*Signs*) Some or all of the type is missing on the signs in your lab manual. Listen to the speaker and write the appropriate text below each sign. The text for each sign will be repeated.

____
____
____

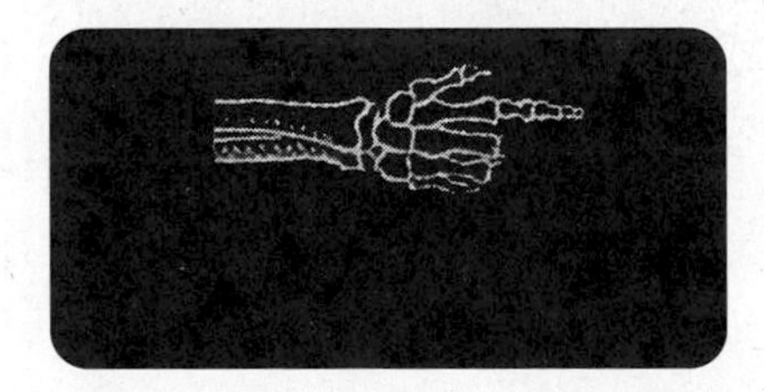

____
____
____

____
____
____

____
____
____

Nombre ______________________ Fecha ______________________

10.3 Adverbs

1 **Completar** Listen to each statement and circle the word or phrase that best completes it.

1. a. casi	b. mal	c. ayer
2. a. con frecuencia	b. además	c. ayer
3. a. poco	b. tarde	c. bien
4. a. a menudo	b. muy	c. menos
5. a. así	b. apenas	c. tranquilamente
6. a. bastante	b. a tiempo	c. normalmente

2 **Cambiar** Form a new sentence by changing the adjective in your lab manual to an adverb. Repeat the correct answer after the speaker.

modelo

You hear: Juan dibuja.
You see: fabuloso
You say: **Juan dibuja fabulosamente.**

1. regular
2. rápido
3. feliz
4. constante
5. general
6. fácil

3 **Preguntas** Answer each question you hear in the negative, using the cue in your lab manual. Repeat the correct response after the speaker.

modelo

You hear: ¿Salió bien la operación?
You see: mal
You say: **No, la operación salió mal.**

1. lentamente
2. tarde
3. muy
4. nunca
5. tristemente
6. poco

4 **Situaciones** You will hear four brief conversations. Choose the phrase that best completes each sentence in your lab manual.

1. Mónica...
   a. llegó tarde al aeropuerto.
   b. casi perdió el avión a San José.
   c. decidió no ir a San José.

2. Pilar...
   a. se preocupa por la salud de Tomás.
   b. habla con su médico.
   c. habla con Tomás sobre un problema médico.

3. La Sra. Blanco...
   a. se rompió la pierna hoy.
   b. quiere saber si puede correr mañana.
   c. se lastimó el tobillo hoy.

4. María está enojada porque Vicente...
   a. no va a recoger (*to pick up*) su medicina.
   b. no recogió su medicina ayer.
   c. no debe tomar antibióticos.

Nombre ______________________ Fecha ______________________

10.4 Time expressions with **hacer**

1 **¿Cuánto tiempo hace?** Look at the clocks and figure out how much time has elapsed. Then listen to each statement and decide if it is **cierto** or **falso**.

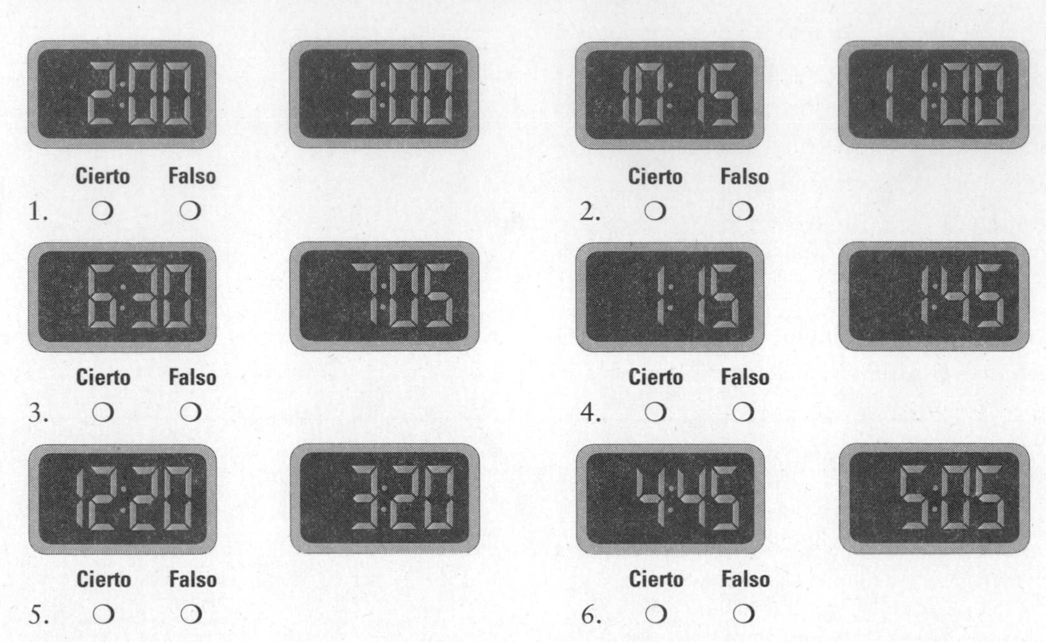

2 **Preguntas** Answer each question you hear using the cues in your lab manual. Repeat the correct response after the speaker.

modelo

You hear: ¿Cuánto tiempo hace que te hicieron la operación?
You see: dos años
You say: **Hace dos años que me hicieron la operación.**

1. tres días
2. diez días
3. cuatro meses
4. un par de días
5. un año
6. dos semanas

3 **Un chisme** Listen to this piece of gossip and answer the questions in your lab manual.

1. ¿Cuánto tiempo hace que se casaron el príncipe Carlos y la princesa Margarita?
____
2. ¿Cuánto tiempo hace que el rey (*the king*) sufrió un ataque al corazón?
____
3. ¿Cuánto tiempo hace que la princesa Margarita visita al doctor?
____
4. ¿Qué quiere saber esta reportera?
____

vocabulario

You will now hear the vocabulary for **Lección 10** found on page 326 of your textbook. Listen and repeat each Spanish word or phrase after the speaker.

contextos

Lección 11

1 **Asociaciones** Circle the word or words that are not logically associated with each word you hear.

1. la impresora	el semáforo	el *fax*
2. guardar	imprimir	chocar
3. la carretera	el motor	el sitio Web
4. los frenos	el ratón	el aceite
5. el parabrisas	el bulevar	el mecánico
6. el kilómetro	el centímetro	el disco
7. el archivo	la televisión	la llanta
8. el módem	la policía	la velocidad

2 **¿Lógico o ilógico?** You will hear some statements. Decide if they are **lógico** or **ilógico**.

	Lógico	Ilógico		Lógico	Ilógico
1.	❍	❍	5.	❍	❍
2.	❍	❍	6.	❍	❍
3.	❍	❍	7.	❍	❍
4.	❍	❍	8.	❍	❍

3 **Identificar** For each drawing in your lab manual, you will hear two statements. Choose the statement that best corresponds to the drawing.

1. a. b.

2. a. b.

3. a. b.

4. a. b.

Nombre ______________________ Fecha ______________________

pronunciación

c (before e or i), s, and z

In Latin America, **c** before **e** or **i** sounds much like the *s* in *sit*.

medi**ci**na   **ce**lular   cono**ce**r   pa**ci**ente

In parts of Spain, **c** before **e** or **i** is pronounced like the *th* in *think*.

condu**ci**r   poli**cí**a   ve**z**   velo**ci**dad

The letter **s** is pronounced like the *s* in *sit*.

subir   be**s**ar   **s**onar   impre**s**ora

In Latin America, the Spanish **z** is pronounced like the s in *sit*.

cabe**z**a   nari**z**   abra**z**ar   embara**z**ada

The **z** is pronounced like the *th* in *think* in parts of Spain.

zapatos   **z**ona   pla**z**a   bra**z**o

1

Práctica Repeat each word after the speaker to practice pronouncing **s**, **z**, and **c** before **i** and **e**.

1. funcionar
2. policía
3. receta
4. sitio
5. disco
6. zapatos
7. zanahoria
8. marzo
9. comenzar
10. perezoso
11. quizás
12. operación

2

Oraciones When you hear the number, read the corresponding sentence aloud. Then listen to the speaker and repeat the sentence.

1. Vivió en Buenos Aires en su niñez pero siempre quería pasar su vejez en Santiago.
2. Cecilia y Zulaima fueron al centro a cenar al restaurante Las Delicias.
3. Sonó el despertador a las seis y diez pero estaba cansado y no quiso oírlo.
4. Zacarías jugaba al baloncesto todas las tardes después de cenar.

3

Refranes Repeat each saying after the speaker to practice pronouncing **s**, **z**, and **c** before **i** and **e**.

1. Zapatero, a tus zapatos. [1]
2. Primero es la obligación que la devoción. [2]

4

Dictado You will hear a friend describing Azucena's weekend experiences. Listen carefully and write what you hear during the pauses. The entire passage will be repeated so that you can check your work.

____

____

____

____

____

____

____

Mind your P's and Q's. (lit. *Shoemaker, to your shoes.*) [1]

Business before pleasure. [2]

Nombre ____________________ Fecha ____________________

estructura

11.1 The preterite and the imperfect

1 **Identificar** Listen to each statement and identify the verbs in the preterite and imperfect. Write them in the appropriate column.

modelo

You hear: ¿Cuando arrancó el carro, llovía fuertemente.
You write: **arrancó** under *preterite*, and **llovía** under *imperfect*.

	preterite	*imperfect*
Modelo	**arrancó**	**llovía**
1.		
2.		
3.		
4.		
5.		
6.		
7.		
8.		

2 **Responder** Answer the questions using the cues in your lab manual. Substitute direct object pronouns for the direct object nouns when appropriate. Repeat the correct response after the speaker.

modelo

You hear: ¿Por qué no llamaste a Soledad la semana pasada?
You see: teléfono estar descompuesto
You say: *Porque el teléfono estaba descompuesto.*

1. ir al cine
2. no tener las llaves
3. ya tenerlo
4. sábado
5. no haber mucho tráfico
6. haber aceite en la carretera
7. en la calle
8. no, llevarla conmigo

3 **¡Qué día!** Listen as Mercedes tells a friend about her day. Then read the statments in your lab manual and decide whether they are **cierto** or **falso**.

	Cierto	Falso
1. Mercedes tenía mucha experiencia con la computadora.	❍	❍
2. Mercedes no encontró nada interesante en Internet.	❍	❍
3. A Mercedes le dolía la cabeza porque tenía gripe.	❍	❍
4. Mercedes decidió escuchar un disco compacto.	❍	❍
5. Mercedes necesita tomar una clase de computación.	❍	❍
6. Mercedes imprimió unas páginas de un sitio Web.	❍	❍

Nombre ______________________ Fecha ______________________

11.2 Por and para

1 **Escoger** You will hear some sentences with a beep in place of a preposition. Decide if **por** or **para** should complete each sentence.

modelo

You hear: El teclado es (*beep*) la computadora de Nuria.
You mark: an **X** under **para.**

	por	para
Modelo	______	X
1.	______	______
2.	______	______
3.	______	______
4.	______	______
5.	______	______
6.	______	______
7.	______	______
8.	______	______

2 **La aventura** (*adventure*) Complete each phrase about Jaime with **por** or **para** and the cue in your lab manual. Repeat each correct response after the speaker.

modelo

You hear: Jaime estudió
You see: médico
You say: **Jaime estudió para médico.**

1. unos meses
2. hacer sus planes
3. mil dólares
4. hacer turismo
5. la ciudad
6. su mamá
7. pesos
8. las montañas

3 **Los planes** Listen to the telephone conversation between Antonio and Sonia and then select the best response for the questions in your lab manual.

1. ¿Por dónde quiere ir Sonia para ir a Bariloche?
   a. Quiere ir por Santiago de Chile.
   b. Va a ir por avión.
2. ¿Para qué va Sonia a Bariloche?
   a. Va para esquiar.
   b. Va para comprar esquíes.
3. ¿Por qué tiene que ir de compras Sonia?
   a. Para comprar una bolsa.
   b. Necesita un abrigo por el frío.
4. ¿Por qué quiere ir Antonio con ella hoy?
   a. Quiere ir para estar con ella.
   b. Quiere ir para comprar un regalo.

Nombre ______________________ Fecha ______________________

11.3 Reciprocal reflexives

1 **Escoger** Listen to each question and, in your lab manual, choose the most logical response.

1. a. Hace cuatro años que nos conocimos.
   b. Se vieron todos los fines de semana.
2. a. Nos besamos antes de salir a trabajar.
   b. Sandra me dijo que no se besaron.
3. a. Nos llevamos mal sólo el último año.
   b. Se llevaron mal siempre.
4. a. Sí, nos saludaban con un abrazo y un beso.
   b. Nos saludaron desde lejos.
5. a. Casi nunca me miraban.
   b. Creo que se miraban con mucho amor.
6. a. Sólo nos ayudamos para el examen.
   b. Se ayudan a menudo.
7. a. Creo que se hablan todas las noches.
   b. Le hablan mucho porque tienen celulares.
8. a. Cuando se casaron se querían mucho.
   b. Cada día nos queremos más.

2 **Responder** Answer each question in the affirmative. Repeat the correct answer after the speaker. (*6 items*)

modelo

¿Se abrazaron tú y Carolina en la primera cita?

Sí, nos abrazamos en la primera cita.

3 **Los amigos** Listen to a description of a friendship and then, in your lab manual, choose the phrase that best completes each sentence.

1. Desde los once años, los chicos ______________ con frecuencia.
   a. se veían   b. se ayudaban   c. se besaban
2. Samuel y Andrea ______________ por la amistad (*friendship*) de sus madres.
   a. se escribían   b. se entendían   c. se conocieron
3. Las madres de Andrea y Samuel ______________ .
   a. se ayudaban   b. se conocían bien   c. se odiaban
4. Andrea y Samuel no ______________ por un tiempo por un problema.
   a. se conocieron   b. se hablaron   c. se ayudaron
5. Después de un tiempo, ______________ .
   a. se besaron   b. se pidieron perdón   c. se odiaron
6. La separación sirvió para enseñarles que ______________ .
   a. se querían   b. se hablaban mucho   c. se conocían bien
7. No es cierto. Andrea y Samuel no ______________ .
   a. se casaron   b. se entendían bien   c. se querían
8. Los dos amigos ______________ por un tiempo.
   a. se besaban   b. se comprometieron   c. se llevaron mal

11.4 Stressed possessive adjectives and pronouns

1 **Identificar** Listen to each statement and mark an **X** in the column identifying the possessive pronoun you hear.

modelo

You hear: Ya arreglaron todos los coches pero el tuyo no.
You write: an **X** under *yours.*

	mine	*yours*	*his/hers*	*ours*	*theirs*
Modelo	________	X	________	________	________
1.	________	________	________	________	________
2.	________	________	________	________	________
3.	________	________	________	________	________
4.	________	________	________	________	________
5.	________	________	________	________	________
6.	________	________	________	________	________
7.	________	________	________	________	________
8.	________	________	________	________	________

2 **Transformar** Restate each sentence you hear, using the cues in your lab manual. Repeat the correct answer after the speaker.

modelo

You hear: ¿De qué año es el carro suyo?
You see: mine
You say: ¿De qué año es el carro mío?

1. his
2. ours
3. yours (fam.)
4. theirs
5. mine
6. hers

3 **Cierto o falso** You will hear two brief conversations. Listen carefully and then indicate whether the statements in your lab manual are **cierto** or **falso**.

Conversación 1	Cierto	Falso
1. Los de la primera conversación comparten sus cosas mejor que los de la segunda.	❍	❍
2. Está claro que los de la primera conversación van a ir a la universidad.	❍	❍
3. Los de la primera conversación van a vivir juntos.	❍	❍
Conversación 2		
4. Las personas que hablan o se mencionan en la segunda conversación no saben compartir sus cosas.	❍	❍
5. En la segunda conversación, Adela y su prima hacen planes para sus estudios.	❍	❍
6. En la segunda conversación, Julián necesita la calculadora para sus estudios.	❍	❍

vocabulario

You will now hear the vocabulary for **Lección 11** found on page 358 of your textbook. Listen and repeat each Spanish word or phrase after the speaker.

contextos

Lección 12

1 **Describir** Listen to each sentence and write the number of the sentence below the drawing of the household item mentioned.

a. ______________ b. ______________ c. ______________

d. ______________ e. ______________ f. ______________

g. ______________ h. ______________

2 **Identificar** You will hear a series of words. Write the word that does not belong in each series.

1. ______________ 4. ______________ 7. ______________
2. ______________ 5. ______________ 8. ______________
3. ______________ 6. ______________

3 **Quehaceres domésticos** Your children are complaining about the state of things in your house. Respond to their complaints by telling them what household chores they should do to correct the situation. Repeat the correct response after the speaker. *(6 items)*

modelo

La ropa está arrugada (*wrinkled*).
Debes planchar la ropa.

4 **En la oficina de la agente inmobiliaria** Listen to this conversation between Mr. Fuentes and a real estate agent. Then read the statements in your lab manual and decide whether they are **cierto** or **falso**.

	Cierto	Falso
1. El Sr. Fuentes quiere alquilar una casa.	❍	❍
2. El Sr. Fuentes quiere vivir en las afueras.	❍	❍
3. Él no quiere pagar más de 900 balboas al mes.	❍	❍
4. Él vive solo (*alone*).	❍	❍
5. La casa de apartamentos tiene ascensor.	❍	❍
6. El apartamento tiene lavadora.	❍	❍

Nombre ______________________ Fecha ______________________

pronunciación

The letter x

In Spanish, the letter **x** has several sounds. When the letter **x** appears between two vowels, it is usually pronounced like the *ks* sound in *eccentric* or the *gs* sound in *egg salad*.

con**exi**ón　　**exa**men　　sa**xo**fón

If the letter x is followed by a consonant, it is pronounced like *s* or *ks*.

e**xp**licar　　se**xt**o　　e**xc**ursión

In Old Spanish, the letter **x** had the same sound as the Spanish **j**. Some proper names and some words from native languages like Náhuatl and Maya have retained this pronunciation.

Don Qui**x**ote　　**X**imena　　Te**x**as

1 **Práctica** Repeat each word after the speaker, focusing on the **x** sound.

1. éxito
2. reflexivo
3. exterior
4. excelente
5. expedición
6. mexicano
7. expresión
8. examinar
9. excepto
10. exagerar
11. contexto
12. Maximiliano

2 **Oraciones** When you hear the number, read the corresponding sentence aloud. Then listen to the speaker and repeat the sentence.

1. Xavier Ximénez va de excursión a Ixtapa.
2. Xavier es una persona excéntrica y se viste de trajes extravagantes.
3. Él es un experto en lenguas extranjeras.
4. Hoy va a una exposición de comidas exóticas.
5. Prueba algunos platos exquisitos y extraordinarios.

3 **Refranes** Repeat each saying after the speaker to practice the **x** sound.

1. Ir por extremos no es de discretos.[1]
2. El que de la ira se deja vencer, se expone a perder.[2]

4 **Dictado** You will hear five sentences. Each will be said twice. Listen carefully and write what you hear.

1. ______________________________
2. ______________________________
3. ______________________________
4. ______________________________
5. ______________________________

Prudent people don't go to extremes. [1]
He who allows anger to overcome him, risks losing. [2]

estructura

12.1 Relative pronouns

1 **Escoger** You will then hear some sentences with a beep in place of the relative pronoun. Decide whether **que**, **quien**, or **lo que** should complete each sentence and circle it.

modelo

You hear: (*Beep*) me gusta de la casa es el jardín.
You circle: **Lo que** *because the sentence is* **Lo que me gusta de la casa es el jardín.**

1. que quien lo que
2. que quien lo que
3. que quien lo que
4. que quien lo que
5. que quien lo que
6. que quien lo que
7. Que Quien Lo que
8. que quien lo que
9. que quien lo que
10. que quien lo que

2 **Completar** You will hear some incomplete sentences. Choose the correct ending for each sentence.

1. a. con que trabaja tu amiga.
   b. que se mudó a Portobelo.
2. a. que vende muebles baratos.
   b. que trabajábamos.
3. a. a quienes escribí son mis primas.
   b. de quien te escribí.
4. a. con que barres el suelo.
   b. que queremos vender.
5. a. lo que deben.
   b. que deben.
6. a. que te hablo es ama de casa.
   b. en quien pienso es ama de casa.

3 **Preguntas** Answer each question you hear using a relative pronoun and the cues in your lab manual. Repeat the correct response after the speaker.

modelo

You hear: ¿Quiénes son los chicos rubios?
You see: mis primos / viven en Colón
You say: Son mis primos que viven en Colón.

1. chica / conocí en el café
2. el cliente / llamó ayer
3. chico / se casa Patricia
4. agente / nos ayudó
5. vecinos / viven en la casa azul
6. chica / trabajo

4 **Un robo** (*theft*) There has been a theft at the Rivera's house. The detective they have hired has gathered all the family members in the living room to reveal the culprit. Listen to his conclusions. Then complete the list of clues (**pistas**) in your lab manual and answer the question.

Pistas

1. El reloj que ______
2. La taza que ______
3. La almohada que ______

Pregunta

¿Quién se llevó las cucharas de la abuela y por qué se las llevó? ______

______

Nombre ______________________ Fecha ______________________

12.2 Formal (**Ud.** and **Uds.**) commands

1 **Identificar** You will hear some sentences. If the verb is a formal command, circle **Sí**. If the verb is not a command, circle **No**.

modelo

You hear: Saque la basura.
You circle: **Sí** *because* **Saque** *is a formal command.*

1. Sí No
2. Sí No
3. Sí No
4. Sí No
5. Sí No
6. Sí No
7. Sí No
8. Sí No
9. Sí No
10. Sí No

2 **Cambiar** A physician is giving a patient advice. Change each sentence you hear from an indirect command to a formal command. Repeat the correct answer after the speaker. *(6 items)*

modelo

Ud. tiene que dormir ocho horas cada noche.
Duerma ocho horas cada noche.

3 **Preguntas** Answer each question you hear in the affirmative using a formal command and a direct object pronoun. Repeat the correct response after the speaker. *(8 items)*

modelo

¿Cerramos las ventanas?
Sí, ciérrenlas.

4 **Más preguntas** Answer each question you hear using a formal command and the cue in your lab manual. Repeat the correct response after the speaker. *(6 items)*

modelo

You hear: ¿Debo llamar al Sr. Rodríguez?
You see: no / ahora
You say: *No, no lo llame ahora.*

1. no
2. a las cinco
3. sí / aquí
4. no
5. el primer día del mes
6. que estamos ocupados

5 **Direcciones** Julia is going to explain how to get to her home. Listen to her instructions, then number the instructions in your lab manual in the correct order. Two items will not be used.

__________ a. entrar al edificio que está al lado del Banco Popular
__________ b. tomar el ascensor al cuarto piso
__________ c. buscar las llaves debajo de la alfombra
__________ d. ir detrás del edificio
__________ e. bajarse del metro en la estación Santa Rosa
__________ f. subir las escaleras al tercer piso
__________ g. caminar hasta el final del pasillo

12.3 The present subjunctive

1

Escoger You will hear some sentences with a beep in place of a verb. Decide which verb should complete each sentence and circle it.

modelo

You hear: Es urgente que (*beep*) al médico.
You see: vas vayas
You circle: **vayas** *because the sentence is* **Es urgente que vayas.**

1. tomamos tomemos
2. conduzcan conducen
3. aprenda aprende
4. arreglas arregles
5. se acuestan se acuesten
6. sabes sepas
7. almorcemos almorzamos
8. se mude se muda

2

Cambiar You are a Spanish instructor, and it's the first day of class. Tell your students what it is important for them to do using the cues you hear. *(8 items)*

modelo

hablar español en la clase
Es importante que Uds. hablen español en la clase.

3

Transformar Change each sentence you hear to the subjunctive mood using the expression in your lab manual. Repeat the correct answer after the speaker.

modelo

You hear: Pones tu ropa en el armario.
You see: Es necesario
You say: Es necesario que pongas tu ropa en el armario.

1. Es mejor
2. Es urgente
3. Es malo
4. Es importante
5. Es bueno
6. Es necesario

4

¿Qué pasa aquí? Listen to this conversation. Then choose the phrase that best completes each sentence in your lab manual.

1. Esta conversación es entre...
   a. un empleado y una cliente.
   b. un hijo y su madre.
   c. un camarero y la dueña de un restaurante.
2. Es necesario que Mario...
   a. llegue temprano.
   b. se lave las manos.
   c. use la lavadora.
3. Es urgente que Mario...
   a. ponga las mesas.
   b. quite las mesas.
   c. sea listo.

Nombre _______________ Fecha _______________

12.4 Subjunctive with verbs of will and influence

1 **Identificar** Listen to each sentence. If you hear a verb in the subjunctive, mark **Sí**. If you don't hear the subjunctive, mark **No**.

1. Sí No
2. Sí No
3. Sí No
4. Sí No
5. Sí No
6. Sí No

2 **Transformar** Some people are discussing what they or their friends want to do. Say that you don't want them to do those things. Repeat the correct response after the speaker. *(6 items)*

modelo

Esteban quiere invitar a tu hermana a una fiesta.
No quiero que Esteban invite a mi hermana a una fiesta.

3 **Situaciones** Listen to each situation and make a recommendation using the cues in your lab manual.

modelo

You hear: Sacamos una "F" en el examen de química.
You see: estudiar más
You say: **Les recomiendo que estudien más.**

1. ponerte un suéter
2. quedarse en la cama
3. regalarles una tostadora
4. no hacerlo
5. comprarlas en la Casa Bonita
6. ir a La Cascada

4 **¿Qué hacemos?** Listen to this conversation and answer the questions in your lab manual.

1. ¿Qué quiere el Sr. Barriga que hagan los chicos?

____

2. ¿Qué le pide el chico?

____

3. ¿Qué les sugiere el señor a los chicos?

____

4. ¿Qué tienen que hacer los chicos si no consiguen el dinero?

____

5. Al final, ¿en qué insiste el Sr. Barriga?

____

vocabulario

You will now hear the vocabulary for **Lección 12** found on page 392 of your textbook. Listen and repeat each Spanish word or phrase after the speaker.

Nombre ______________________ Fecha ______________________

contextos

Lección 13

1 ¿Lógico o ilógico?

¿Lógico o ilógico? You will hear some brief conversations. Indicate if they are **lógico** or **ilógico**.

1. Lógico Ilógico
2. Lógico Ilógico
3. Lógico Ilógico
4. Lógico Ilógico
5. Lógico Ilógico
6. Lógico Ilógico

2 Eslóganes

Eslóganes You will hear a some slogans created by environmentalists. Write the number of each slogan next to the ecological problem it addresses.

_____ a. la contaminación del aire
_____ b. la deforestación
_____ c. la extinción de animales
_____ d. la contaminación del agua
_____ e. la lluvia ácida
_____ f. la basura en las calles

3 Preguntas

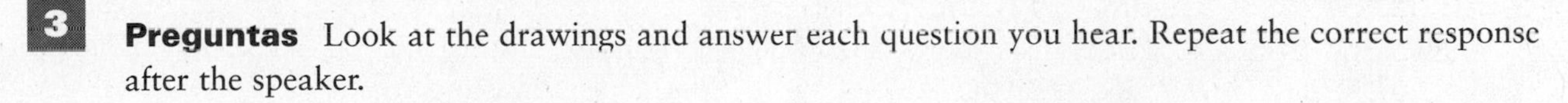

Preguntas Look at the drawings and answer each question you hear. Repeat the correct response after the speaker.

1.

2.

3.

4.

4 Completar

Completar Listen to this radio advertisement and write the missing words in your lab manual.

Para los que gustan del ______(1)______, la agencia Eco-Guías los invita a viajar a la ______(2)______ amazónica. Estar en el Amazonas es convivir (*to coexist*) con la ______(3)______. Venga y ______(4)______ los misterios del ______(5)______. Admire de cerca las diferentes ______(6)______ y ______(7)______ mientras navega por un ______(8)______ que parece mar. Duerma bajo un ______(9)______ lleno de ______(10)______. Piérdase en un ______(11)______ de encanto (*enchantment*).

Nombre ______ Fecha ______

pronunciación

l, ll, and y

In Spanish, the letter **l** is pronounced much like the *l* sound in the English word *lemon.*

cie**l**o **l**ago **l**ata **l**una

In Lesson 8, you learned that most Spanish speakers pronounce the letter **ll** like the *y* in the English word *yes*. The letter **y** is often pronounced in the same manner.

estre**ll**a va**ll**e ma**y**o pla**y**a

When the letter **y** occurs at the end of a syllable or by itself, it is pronounced like the Spanish letter **i**.

le**y** mu**y** vo**y** **y**

1 **Práctica** Repeat each word after the speaker focusing on the **l, ll,** and **y** sounds.

1. lluvia
2. desarrollar
3. animal
4. reciclar
5. llegar
6. pasillo
7. limón
8. raya
9. resolver
10. pantalla
11. yogur
12. estoy
13. taller
14. hay
15. mayor

2 **Oraciones** When you hear the number, read the corresponding sentence aloud. Then listen to the speaker and repeat the sentence.

1. Ayer por la mañana Leonor se lavó el pelo y se maquilló.
2. Ella tomó café con leche y desayunó pan con mantequilla.
3. Después su yerno vino a su casa para ayudarla.
4. Pero él se cayó en las escaleras del altillo y se lastimó la rodilla.
5. Leonor lo llevó al hospital.
6. Allí le dieron unas pastillas para el dolor.

3 **Refranes** Repeat each saying after the speaker to practice pronouncing the **l, ll,** and **y** sounds.

1. Quien no oye consejo, no llega a viejo.[1]
2. A caballo regalado, no le mires el diente.[2]

4 **Dictado** You will hear five sentences. Each will be said twice. Listen carefully and write what you hear.

1. ______
2. ______
3. ______
4. ______
5. ______

He who doesn't listen to advice, doesn't reach old age. [1]
Don't look a gift horse in the mouth. [2]

Nombre ______________________ Fecha ______________________

estructura

13.1 The subjunctive with verbs of emotion

1 **Escoger** Listen to each statement and, in your lab manual, choose the most logical response.

1. a. Ojalá que se mejore pronto.
   b. Me alegro de que esté bien.
2. a. Espero que podamos ir a nadar mañana.
   b. Es una lástima que ya no lo podamos usar.
3. a. Me sorprende que venga temprano.
   b. Siento que se pierda la película.
4. a. Temo que el río esté contaminado.
   b. Me alegro de que vea bien.
5. a. Es ridículo que el gobierno controle cuando nos bañemos.
   b. Me gusta cepillarme los dientes.
6. a. Es triste que la gente cuide la césped.
   b. Me molesta que no hagamos nada para mejorar la situación.

2 **Transformar** Change each sentence you hear to the subjunctive mood using the expression in your lab manual. Repeat the correct answer after the speaker.

modelo

You hear: Cada año hay menos árboles en el mundo.
You see: Es una lástima
You say: **Es una lástima que cada año haya menos árboles en el mundo.**

1. Es triste
2. Es extraño
3. Es terrible
4. Es ridículo
5. Es una lástima
6. Me molesta

3 **Preguntas** Answer each question you hear using the cues in your lab manual. Repeat the correct response after the speaker.

modelo

You hear: ¿De qué tienes miedo?
You see: nosotros / no resolver la crisis de energía
You say: **Tengo miedo de que nosotros no resolvamos la crisis de energía.**

1. Ricardo / estudiar ecología
2. muchas personas / no preocuparse por el medio ambiente
3. tú / hacer un viaje a la selva
4. el gobierno / controlar el uso de la energía nuclear
5. los turistas / recoger las flores
6. haber / tantas plantas en el desierto

4 **El Club de Ecología** Listen to this conversation. Then read the statements in your lab manual and decide whether they are **cierto** or **falso**.

	Cierto	Falso
1. Carmen se alegra de que la presidenta del club empiece un programa de reciclaje.	❍	❍
2. Héctor espera que Carmen se enoje con la presidenta.	❍	❍
3. Carmen teme que los otros miembros (*members*) quieran limpiar las playas.	❍	❍
4. A Carmen le gusta ir a la playa.	❍	❍
5. A Héctor le sorprende que Carmen abandone (*resigns from*) el club.	❍	❍
6. Carmen cree que la presidenta va a cambiar de idea.	❍	❍

Nombre ______________________ Fecha ______________________

13.2 The subjunctive with doubt, disbelief, and denial

1 **Identificar** Listen to each sentence and decide whether you hear a verb in the indicative or the subjunctive in the subordinate clause. Mark an **X** in the appropriate column.

modelo

You hear: Creo que Nicolás va de excursión.
You mark: *an* **X** *under indicative because you heard* **va**.

	indicative	subjunctive
Modelo	X	
1.		
2.		
3.		
4.		
5.		
6.		
7.		

2 **Cambiar** Change each sentence you hear to the negative. Repeat the correct answer after the speaker. *(7 items)*

modelo

Dudo que haga frío en Bogotá.
No dudo que hace frío en Bogotá.

3 **Te ruego** Listen to this conversation between a father and daughter. Then choose the word or phrase in your lab manual that best completes each sentence.

1. Juanita quiere ir a la selva amazónica para ____.
   a. vivir con ls indios b. estudiar las aves tropicales c. estudiar las plantas tropicales
2. Ella ____ que quiere ir.
   a. está segura de b. no está segura de c. niega
3. Su papá ____ que se enferme con malaria.
   a. está seguro b. teme c. niega
4. Juanita ____ que se enferme.
   a. duda b. no duda c. cree
5. ____ que el papá no quiera que ella vaya.
   a. Es cierto b. No es cierto c. No hay duda de
6. El papá dice que ____ que la selva amazónica es un lugar fantástico.
   a. es improbable b. es imposible c. no cabe duda de
7. ____ Juanita va a la selva amazónica.
   a. Es seguro que b. Tal vez c. No es probable que
8. Juanita ____ que su papá es el mejor papá del mundo.
   a. duda b. no cree c. cree

Nombre ____________________ Fecha ____________________

13.3 Conjunctions that require the subjunctive

1 **¿Lógico o ilógico?** You will hear some sentences. Decide if they are **lógico** or **ilógico**.

1. Lógico Ilógico
2. Lógico Ilógico
3. Lógico Ilógico
4. Lógico Ilógico
5. Lógico Ilógico
6. Lógico Ilógico

2 **Completar** Complete each statement you hear using the cues in your lab manual. Repeat the correct answer after the speaker.

modelo

You hear: Va a haber demasiada basura a menos que...
You see: la gente / reciclar
You say: **Va a haber demasiada basura a menos que la gente recicle.**

1. ser tarde
2. la gente / respetarlas (*respect them*)
3. llover pronto
4. ser reciclados
5. alguien / prestarme dinero
6. (ellos) / servir mariscos

3 **A la entrada del parque** Listen to the park ranger's instructions. Then number the drawings in your lab manual in the correct order.

a. _____

b. _____

c. _____

d. _____

13.4 Familiar (tú) commands

1 Identificar You will hear some sentences. If the verb is a tú command, circle **Sí** in your lab manual. If the verb is not a **tú** command, circle **No**.

modelo

You hear: Ayúdanos a limpiar el parque.
You circle: **Sí** *because* **Ayúdanos** *is a* **tú** *command.*

1. Sí No
2. Sí No
3. Sí No
4. Sí No
5. Sí No
6. Sí No
7. Sí No
8. Sí No
9. Sí No
10. Sí No

2 Cambiar Change each command you hear to the negative. Repeat the correct answer after the speaker. *(8 items)*

modelo

Cómprame una botella de agua.
No me compres una botella de agua.

3 Preguntas Answer each question you hear using an affirmative **tú** command. Repeat the correct response after the speaker. *(7 items)*

modelo

¿Reciclo las latas?
Sí, recicla las latas

4 Consejos prácticos You will hear a conversation among three friends. Using **tú** commands and the ideas presented, write six pieces of advice that someone can follow to help the environment.

1. ______
2. ______
3. ______
4. ______
5. ______
6. ______

vocabulario

You will now hear the vocabulary for **Lección 13** found on page 426 of your textbook. Listen and repeat each Spanish word or phrase after the speaker.

contextos

Lección 14

1 **¿Lógico o ilógico?** You will hear some questions and the responses. Decide if they are **lógico** or **ilógico**.

1. Lógico Ilógico
2. Lógico Ilógico
3. Lógico Ilógico
4. Lógico Ilógico
5. Lógico Ilógico
6. Lógico Ilógico

2 **Hacer diligencias** Look at the drawing in your lab manual and listen to Sofía's description of her day. During each pause, write the name of the place she went. The first one has been done for you.

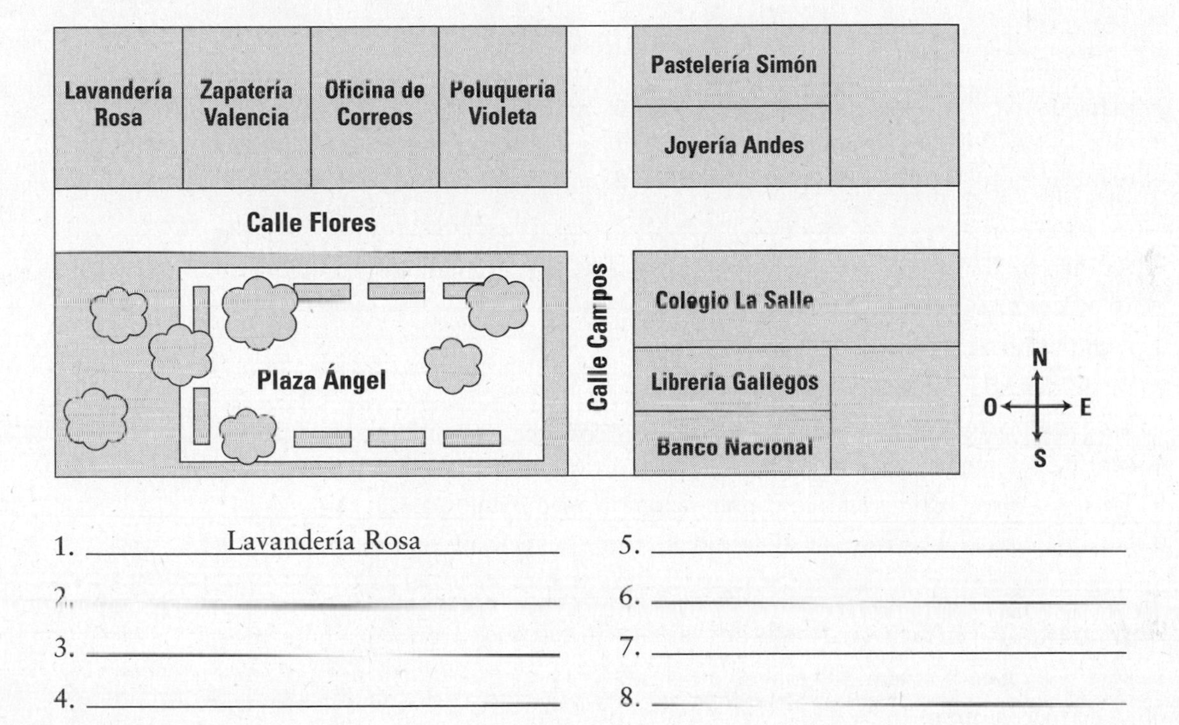

1. Lavandería Rosa
2. ____________________
3. ____________________
4. ____________________
5. ____________________
6. ____________________
7. ____________________
8. ____________________

3 **Preguntas** Look once again at the drawing in activity 2 in your lab manual and answer each question you hear with the correct information. Repeat the correct response after the speaker. *(6 items)*

modelo

La joyería está al norte de la plaza, ¿verdad?
No, la joyería está al este de la plaza.

4 **Perdidos en el centro** Listen to Carlos and Victoria's conversation and answer the questions in your lab manual.

1. ¿Qué buscan Carlos y Victoria? ____________________
2. ¿Quién les da la dirección? ____________________
3. ¿Qué deben hacer en el semáforo? ____________________
4. ¿A cúantas cuadras está del semáforo? ____________________

Nombre ____________________ Fecha ____________________

pronunciación

m and n

The letter **m** is pronounced like the *m* in the English word *made*.

mamá **m**arzo **m**andar **m**esa

The letter **n** is pronounced like the *n* in the English word *none*.

norte **n**adie **n**unca **n**ieto

When **n** is followed by the letter **v**, the **n** is pronounced like the Spanish **m**.

e**nv**iar i**nv**ierno i**nv**itado co**n V**íctor

---

1 **Práctica** Repeat each word or phrase after the speaker to practice pronouncing **m** and **n**.

1. imposible
2. mañana
3. mano
4. manejar
5. número
6. invitar
7. moreno
8. envase
9. enamorado
10. monumento
11. empleado
12. encima
13. matrimonio
14. confirmar
15. con Víctor
16. ningún

---

2 **Oraciones** When you hear each number, read the corresponding sentence aloud. Then listen to the speaker and repeat the sentence.

1. A mí no me gustan nada los mariscos.
2. En el mercado compro naranjas, melocotones y manzanas.
3. Mañana invito a Mario Martín a cenar conmigo.
4. Mario es el mejor mecánico de motocicletas del mundo.
5. También le importa mucho la conservación del medio ambiente.
6. Siempre envía los envases de aluminio al centro de reciclaje en Valencia.

---

3 **Refranes** Repeat each saying after the speaker to practice pronouncing **m** and **n**.

1. Más vale poco y bueno que mucho y malo. [1]
2. Mala hierba nunca muere. [2]

---

4 **Dictado** You will hear a paragraph. Listen carefully and write what you hear during the pauses. The entire paragraph will then be repeated so that you can check your work.

____

____

____

____

____

____

Quality is more important than quantity. [1]

Like a bad penny, it just keeps turning up. (lit. *Bad grass never dies.*) [2]

Nombre ______________________________ Fecha ______________________________

estructura

14.1 The subjunctive in adjective clauses

1 **Identificar** Listen to each statement or question. If it refers to a person, place, or thing that clearly exists or is known, mark an **X** in the **Sí** row. If it refers to a person, place, or thing that either does not exist or whose existence is uncertain, mark an **X** in the **No** row.

modelo

You hear: Buscamos un hotel que tenga piscina.

You mark: an **X** in the **No** row because the existence of the hotel is uncertain.

	Modelo	1.	2.	3.	4.	5.	6.
Sí	____	____	____	____	____	____	____
No	X	____	____	____	____	____	____

2 **Escoger** You will hear some sentences with a beep in place of the verb. Decide which verb best completes each sentence and circle it.

modelo

You hear: Tengo una cuenta corriente que *(beep)* gratis.

You circle: **es** because the existence of the **cuenta corriente** is not in doubt.

1. tiene tenga
2. vende venda
3. vende venda
4. hacen hagan

3 **Cambiar** Change each sentence you hear into the negative. Repeat the correct answer after the speaker. *(6 items)*

modelo

Hay un restaurante aquí que sirve comida venezolana.

No hay ningún restaurante aquí que sirva comida venezolana.

4 **Buscando amistad** Read the ads for pen pals found in your lab manual. Then listen to the four recorded personal ads. In your lab manual, write the name of the person whose written ad best suits each recorded personal ad.

Nombre: Gustavo Carrasquillo
Dirección: Casilla 204, La Paz, Bolivia
Edad: 20 años
Pasatiempos: Ver películas en inglés, leer revistas de política, escalar montañas, esquiar y hacer amistad con jóvenes de todo el mundo. Me pueden escribir en inglés o alemán.

Nombre: Claudia Morales
Dirección: Calle 4–14, Guatemala, Guatemala
Edad: 18 años
Pasatiempos: Ir a conciertos de rock, escuchar la radio, ver películas extranjeras, mandar y recibir correo electrónico.

Nombre: Alicia Duque
Dirección: Avenida Gran Capitán 26, Córdoba, España
Edad: 18 años
Pasatiempos: Ir al cine, a fiestas, bailar, hablar por teléfono y escribir canciones de amor. Pueden escribirme en francés.

Nombre: Antonio Ávila
Dirección: Apartado Postal 3007, Panamá, Panamá
Edad: 21 años
Pasatiempos: Entre mis pasatiempos están escribir cartas a amigos por todas partes del mundo, escuchar la radio, practicar deportes y leer revistas.

Nombre: Rosalinda Guerrero
Dirección: Calle 408 #3, Hatillo, Puerto Rico
Edad: 19 años
Pasatiempos: Navegar por el Internet, leer sobre política, ir a conciertos y visitar museos de arte.

1. ______________________________
2. ______________________________
3. ______________________________
4. ______________________________

Nombre ______________________ Fecha ______________________

14.2 Conjunctions followed by the subjunctive or the indicative

1 **Identificar** Listen to each sentence and mark an **X** in the appropriate column to indicate whether the subordinate clause expresses a future action, a habitual action, or a past action.

modelo

You hear: Voy a ir al banco tan pronto como firmes el cheque.
You mark: an **X** under *future action.*

	future action	*habitual action*	*past action*
Modelo	X	______	______
1.	______	______	______
2.	______	______	______
3.	______	______	______
4.	______	______	______
5.	______	______	______
6.	______	______	______
7.	______	______	______
8.	______	______	______

2 **Cambiar** Change each sentence you hear to a logical compound sentence by adding the correct subordinate clause from the list in your lab manual. Repeat the correct answer after the speaker. *(6 items)*

modelo

You hear: Voy a enviar el paquete.
You choose: en cuanto tenga tiempo
You say: ***Voy a enviar el paquete en cuanto tenga tiempo.***

- cuando hago cola
- después de que vayas al correo
- después de que voy a la peluquería
- en cuanto puedan
- en cuanto tenga tiempo
- hasta que doblaste en la esquina
- tan pronto como pude

3 **¿Dónde se van a encontrar?** Look at the map in your lab manual and listen to Eduardo's directions. Circle the place where he will meet you.

1 Hotel El Dorado
2 Oficina de Correos
3 Café Melia
4 Estación de trenes
5 Supermercado Gigante
6 Panadería La Francesita
7 Banco Orinoco
8 Gimnasio Santander
9 Cine Rex
10 Restaurante Del Mar

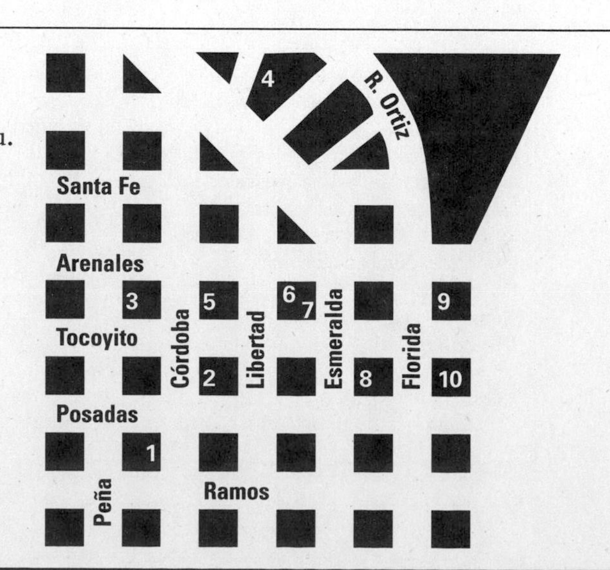

Nombre ______________________ Fecha ______________________

14.3 Nosotros/as commands

1

Identificar Listen to each statement. Mark an **X** in the **Sí** row if it is a command. Mark an **X** in the **No** row if it is not.

modelo

You hear: Abramos la tienda.
You mark: an **X** next to **Sí**.

	Modelo	1.	2.	3.	4.	5.	6.
Sí	X	___	___	___	___	___	___
No	___	___	___	___	___	___	___

2

Cambiar Change each sentence you hear to a **nosotros/as** command. Repeat the correct answer after the speaker. *(8 items)*

modelo

Vamos a visitar la Plaza Bolívar.
Visitemos la Plaza Bolívar.

3

Preguntas Answer each question you hear negatively. Then make another suggestion using the cue in your lab manual and a **nosotros/as** command.

modelo

You hear: ¿Cocinamos esta noche?
You see: Comer en el Restaurante Cambur.
You say: No, no cocinemos esta noche. Comamos en el Restaurante Cambur.

1. jugar a las cartas
2. esquiarla
3. ir a la biblioteca
4. limpiar el sótano

4

¿Cierto o falso? Listen to the Manuel and Elise's conversation. Then read the statements in your lab manual and decide whether they are **cierto** or **falso**.

	Cierto	**Falso**
1. Manuel está muy ocupado.	❍	❍
2. Manuel va a acompañar a Elisa a hacer diligencias.	❍	❍
3. Primero van a ir al correo para comprar sellos.	❍	❍
4. Elisa quiere primero depositar el cheque.	❍	❍
5. Manuel y Elisa van a comprar el postre antes de que vayan al banco.	❍	❍
6. Elisa sugiere cortarse el pelo de último.	❍	❍

14.4 Past participles used as adjectives

1 **Identificar** Listen to each sentence and write the past participle that is being used as an adjective.

modelo

You hear: Los programas musicales son divertidos.
You write: **divertidos**

1. ____________ 5. ____________
2. ____________ 6. ____________
3. ____________ 7. ____________
4. ____________ 8. ____________

2 **Preguntas** It has been a very bad day. Answer each question using the cue in your lab manual. Repeat the correct response after the speaker.

modelo

You hear: ¿Dónde está el libro?
You see: perder
You say: ***El libro está perdido.***

1. romper
2. morir
3. divorciar
4. gastar
5. caer
6. comer
7. abrir
8. dañar
9. vender

3 **¿Cierto o falso?** Look at the drawing in your lab manual and listen to each statement. Indicate whether each statement is **cierto** or **falso**.

	Cierto	Falso
1.	❍	❍
2.	❍	❍
3.	❍	❍
4.	❍	❍
5.	❍	❍
6.	❍	❍

vocabulario

You will now hear the vocabulary for **Lección 14** found on page 458 of your textbook. Listen and repeat each Spanish word or phrase after the speaker.

contextos

Lección 15

1 **Identificar** You will hear a series of words or phrases. Write the word or phrase that does not belong in each group.

1. ____________ 3. ____________ 5. ____________

2. ____________ 4. ____________ 6. ____________

2 **Describir** For each drawing, you will hear a brief description. Indicate whether it is **cierto** or **falso** according to what you see.

1. Cierto Falso

2. Cierto Falso

3. Cierto Falso

4. Cierto Falso

3 **A entrenarse** Listen as Marisela describes her new fitness program. Then list the activities she plans to do each day in your lab manual.

lunes: ____________

martes: ____________

miércoles: ____________

jueves: ____________

viernes: ____________

sábado: ____________

domingo: ____________

pronunciación

ch and **p**

In Spanish, the letter **ch** is pronounced like the *ch* sound in *church* and *chair*.

Co**ch**abamba | no**ch**e | mo**ch**ila | mu**ch**a**ch**o | que**ch**ua

In English, the letter *p* at the beginning of a word is pronounced with a puff of air. In contrast, the Spanish **p** is pronounced without the puff of air. It is somewhat like the *p* sound in *spin*. To check your pronunciation, hold the palm of your hand in front of your mouth as you say the following words. If you are making the **p** sound correctly, you should not feel a puff of air.

La **P**az | **p**eso | **p**iscina | a**p**urarse | **p**roteína

1 **Práctica** Repeat each word after the speaker, focusing on the **ch** and **p** sounds.

1. archivo
2. derecha
3. chau
4. lechuga
5. preocupado
6. operación
7. pie
8. cuerpo
9. computadora
10. chuleta
11. champiñón
12. leche

2 **Oraciones** When you hear the number, read the corresponding sentence aloud. Then listen to the speaker and repeat the sentence.

1. A muchos chicos les gusta el chocolate.
2. Te prohibieron comer chuletas por el colesterol.
3. ¿Has comprado el champán para la fiesta?
4. Chela perdió el cheque antes de depositarlo.
5. Levanto pesas para perder peso.
6. ¿Me prestas el champú?

3 **Refranes** Repeat each saying after the speaker to practice the **ch** and **p** sounds.

1. Del dicho al hecho, hay mucho trecho. [1]
2. A perro flaco todo son pulgas. [2]

4 **Dictado** You will hear eight sentences. Each will be said twice. Listen carefully and write what you hear.

1. ______
2. ______
3. ______
4. ______
5. ______
6. ______
7. ______
8. ______

It's easier said than done. [1]
It never rains, but it pours. [2]

Nombre ______________________ Fecha ______________________

estructura

15.1 The present perfect

1 **Identificar** Listen to each statement and mark an **X** in the column for the subject of the verb.

modelo

You hear: Nunca han hecho ejercicios aeróbicos.
You mark: an **X** under **ellos.**

	yo	tú	él	nosotros	ellos
Modelo	____	____	____	____	X
1.	____	____	____	____	____
2.	____	____	____	____	____
3.	____	____	____	____	____
4.	____	____	____	____	____
5.	____	____	____	____	____
6.	____	____	____	____	____

2 **Transformar** Change each sentence you hear from the present indicative to the present perfect indicative. Repeat the correct answer after the speaker. *(8 items)*

modelo

Pedro y Ernesto salen del gimnasio.
Pedro y Ernesto han salido del gimnasio.

3 **Preguntas** Answer each question you hear using the cue in your lab manual. Repeat the correct answer after the speaker.

modelo

You hear: ¿Ha adelgazado Miguel?
You see: sí / un poco
You say: *Sí, Miguel ha adelgazado un poco.*

1. sí
2. sí
3. no
4. sí
5. no
6. no / todavía

4 **Consejos de una amiga** Listen to this conversation between Eva and Manuel. Then choose the correct ending for each statement in your lab manual.

1. Ellos están hablando de...
   a. que fumar es malo. b. la salud de Manuel. c. los problemas con sus clases.
2. Manuel dice que sufre presiones cuando...
   a. tiene exámenes. b. hace gimnasia. c. no puede dormir y fuma mucho.
3. Eva dice que ella...
   a. estudia durante el día. b. ha estudiado poco. c. también está nerviosa.
4. Eva le dice a Manuel que...
   a. deje de fumar. b. estudie más. c. ellos pueden estudiar juntos.

Nombre ______________________ Fecha ______________________

15.2 The past perfect

1 **¿Lógico o ilógico?** You will hear some brief conversations. Indicate if they are **lógico** or **ilógico**.

1. Lógico Ilógico
2. Lógico Ilógico
3. Lógico Ilógico
4. Lógico Ilógico
5. Lógico Ilógico
6. Lógico Ilógico

2 **Transformar** Change each sentence you hear from the preterite to the past perfect indicative. Repeat the correct answer after the speaker. *(6 items)*

modelo

Marta nunca sufrió muchas presiones.
Marta nunca había sufrido muchas presiones.

3 **Describir** Using the cues in your lab manual, describe what you and your friends had already done before your parents arrived for a visit. Repeat the correct answer after the speaker.

modelo

You see: preparar la cena
You hear: mis amigas
You say: **Mis amigas ya habían preparado la cena.**

1. limpiar el baño y la sala
2. sacar la basura
3. sacudir los muebles
4. poner la mesa
5. hacer las camas
6. darle de comer al gato

4 **Completar** Listen to this conversation and write the missing words in your lab manual. Then answer the questions.

JORGE ¡Hola, chico! Ayer vi a Carmen y no me lo podía creer, me dijo que te ______________ ______________ en el gimnasio. ¡Tú, que siempre ______________ ______________ tan sedentario! ¿Es cierto?

RUBÉN Pues, sí. ______________ mucho de peso y me dolían las rodillas. Hacía dos años que el médico me ______________ que tenía que mantenerme en forma. Y finalmente, hace cuatro meses, decidí hacer gimnasia casi todos los días.

JORGE Te felicito (*I congratulate*), amigo. Yo también ______________ hace un año a hacer gimnasia. ¿Qué días vas? Quizás nos podemos encontrar allí.

RUBÉN ______________ todos los días al salir del trabajo. ¿Y tú? ¿Vas con Carmen?

JORGE Siempre ______________ juntos hasta que compré mi propio carro. Ahora voy cuando quiero. Pero la semana que viene voy a tratar de ir después del trabajo para verte por allí.

1. ¿Por qué es extraño que Rubén esté en el gimnasio?
____
2. ¿Qué le había dicho el médico a Rubén?
____
3. ¿Por qué no va Jorge con Carmen al gimnasio?
____

Nombre ______________________ Fecha ______________________

15.3 The present perfect subjunctive

1 **Identificar** Listen to each sentence and decide whether you hear a verb in the present perfect indicative, the past perfect indicative, or the present perfect subjunctive.

1. a. present perfect b. past perfect c. present perfect subjunctive
2. a. present perfect b. past perfect c. present perfect subjunctive
3. a. present perfect b. past perfect c. present perfect subjunctive
4. a. present perfect b. past perfect c. present perfect subjunctive
5. a. present perfect b. past perfect c. present perfect subjunctive
6. a. present perfect b. past perfect c. present perfect subjunctive
7. a. present perfect b. past perfect c. present perfect subjunctive
8. a. present perfect b. past perfect c. present perfect subjunctive

2 **Completar** Complete each sentence you hear using the cue in your lab manual and the present perfect subjunctive. Repeat the correct response after the speaker.

modelo

You see: usted / llegar muy tarde
You hear: Temo que...
You say: **Temo que usted haya llegado muy tarde.**

1. ella / estar enferma
2. tú/ dejar de fumar
3. ellos / salir de casa ya
4. nosotros / entrenarnos lo suficiente
5. él / ir al gimnasio
6. yo / casarme

3 **En el Gimnasio Cosmos** Listen to this conversation between Eduardo and a personal trainer, then complete the form in your lab manual.

```
GIMNASIO COSMOS
Tel. 52-9023
Datos del cliente
Nombre: ______________________
Edad: ______________________
¿Cuándo fue la última vez que hizo ejercicio? ______________
¿Qué tipo de vida ha llevado últimamente, activa o pasiva? ______
¿Consume alcohol? ______________________
¿Fuma o ha fumado alguna vez? ______________
¿Cuándo fumó por última vez? ______________
¿Desea perder peso? ______________________
¿Conoce a alguien que haya venido al gimnasio? ______________
```

vocabulario

You will now hear the vocabulary for **Lección 15** found on page 486 of your textbook. Listen and repeat each Spanish word or phrase after the speaker.

Nombre ______________________ Fecha ______________________

contextos

Lección 16

1 **Identificar** Listen to each description and then complete the sentence by identifying the person's occupation.

modelo

You hear: La Sra. Ortiz enseña a los estudiantes. Ella es...
You write: **maestra.**

1. ______________ 3. ______________ 5. ______________

2. ______________ 4. ______________ 6. ______________

2 **Anuncios clasificados** Look at the ads and and listen to each statement. Then decide if the statement is **cierto** or **falso**.

EMPRESA INTERNACIONAL
Busca
CONTADOR
Requisitos:
- Tengan estudios de administración de empresas
- Hable español e inglés

Se ofrece:
- Horario flexible
- Salario semanal de 700 córdobas
- Posibilidades de ascenso

Contacto: Sr. Flores
Tel: 492 2043

SE BUSCA DISEÑADOR
- Se ofrece un salario anual de 250.000 córdobas.
- Excelentes beneficios
- Debe tener cinco años de experiencia.

Si está interesado, envíe currículum a
EMPRESA LÓPEZ
Fax 342 2396

	Cierto	Falso		Cierto	Falso		Cierto	Falso
1.	❍	❍	3.	❍	❍	5.	❍	❍
2.	❍	❍	4.	❍	❍	6.	❍	❍

3 **Publicidad** Listen to this radio advertisement and answer the questions in your lab manual.

1. ¿Qué tipo de empresa es Mano a Obra?

____

2. ¿Qué hace esta empresa?

____

3. ¿Cuál es la ocupación del Sr. Mendoza?

____

4. ¿Qué le va a dar la empresa al Sr. Mendoza en un año?

____

5. ¿En qué profesiones se especializa (*specializes*) Mano a Obra?

____

Nombre ______________________ Fecha ______________________

pronunciación

Intonation

Intonation refers to the rise and fall in the pitch of a person's voice when speaking. Intonation patterns in Spanish are not the same those in English, and they vary according to the type of sentence.

In normal statements, the pitch usually rises on the first stressed syllable.

A **mí** me ofrecieron un ascenso. **Ca**da aspirante debe entregar una solicitud.

In exclamations, the pitch goes up on the first stressed syllable.

¡Oja**lá** venga! ¡**Cla**ro que sí!

In questions with yes or no answers, the pitch rises to the highest level on the last stressed syllable.

¿Trajiste el cu**rrí**culum? ¿Es usted arqui**tec**to?

In questions that request information, the pitch is highest on the stressed syllable of the interrogative word.

¿**Cuán**do renunciaste al trabajo? ¿**Cuál** es su número de teléfono?

1

Práctica Repeat each sentence after the speaker, imitating the intonation.

1. ¿Vas a venir a la reunión?
2. ¿Dónde trabajaba anteriormente?
3. ¡Qué difícil!
4. Estoy buscando un nuevo trabajo.
5. Quiero cambiar de profesión.
6. ¿Te interesa el puesto?

2

Oraciones When you hear the number, say the speaker's lines in this dialogue aloud. Then listen to the speaker and repeat the sentences.

1. **REPARTIDOR (*MOVER*)** Trabajo para la Compañía de Transportes Alba. ¿Es usted el nuevo jefe?
2. **JEFE** Sí. ¿Qué desea?
3. **REPARTIDOR** Aquí le traigo los muebles de oficina. ¿Dónde quiere que ponga el escritorio?
4. **JEFE** Allí delante, debajo de la ventana. ¡Tenga cuidado! ¿Quiere romper la computadora?
5. **REPARTIDOR** ¡Perdón! Ya es tarde y estoy muy cansado.
6. **JEFE** Perdone usted, yo estoy muy nervioso. Hoy es mi primer día en el trabajo.

3

Dictado You will hear a phone conversation. Listen carefully and write what you hear during the pauses. The entire conversation will then be repeated so that you can check your work.

PACO ______________________________

____

ISABEL ______________________________

____

PACO ______________________________

____

ISABEL ______________________________

____

PACO ______________________________

Nombre ____________________ Fecha ____________________

estructura

16.1 The future tense

1 **Identificar** Listen to each sentence and mark an **X** in the column for the subject of the verb.

modelo

You hear: Iré a la reunión.
You mark: an **X** under **yo**.

	yo	tú	ella	nosotros	Uds.
Modelo	X				
1.					
2.					
3.					
4.					
5.					
6.					
7.					
8.					

2 **Cambiar** Change each sentence you hear to the future tense. Repeat the correct answer after the speaker.

modelo

Ellos van a salir pronto.
Ellos saldrán pronto.

3 **Preguntas** Answer each question you hear using the cues in your lab manual. Repeat the correct response after the speaker.

modelo

You hear: ¿Con quién saldrás esta noche?
You see: Javier
You say: Yo saldré con Javier.

1. no / nada
2. el lunes por la mañana
3. Santo Domingo
4. esta noche
5. 2:00 P.M.
6. sí
7. de periodista
8. la próxima semana

4 **Nos mudamos** Listen to this conversation between Fernando and Marisol. Then read the statements in your lab manual and decide whether they are cierto or falso.

	Cierto	Falso
1. Marisol y Emilio se mudarán a Granada.	❍	❍
2. Ellos saben cuándo se mudan.	❍	❍
3. Marisol y Emilio harán una excursión a la selva y las playas antes de que él empiece su nuevo trabajo.	❍	❍
4. Fernando no podrá visitarlos en Nicaragua en un futuro próximo.	❍	❍

Nombre ____________________ Fecha ____________________

16.2 The future perfect

1 **¿Lógico o ilógico?** You will hear some brief conversations. Indicate if they are **lógico** or **ilógico**.

	Lógico	Ilógico		Lógico	Ilógico
1.	❍	❍	5.	❍	❍
2.	❍	❍	6.	❍	❍
3.	❍	❍	7.	❍	❍
4.	❍	❍	8.	❍	❍

2 **Cambiar** Change each sentence from the future to the future perfect. Repeat the correct response after the speaker.

modelo

Yo ganaré un millón de dólares.
Yo habré ganado un millón de dólares.

3 **Preguntas** Look at the time line, which shows future events in Sofía's life, and answer each question you hear. Then repeat the correct response after the speaker.

modelo

You hear: ¿Qué habrá hecho Sofía en el año 2005?
You see: 2005 / graduarse
You circle: En el año 2005 Sofía se habrá graduado.

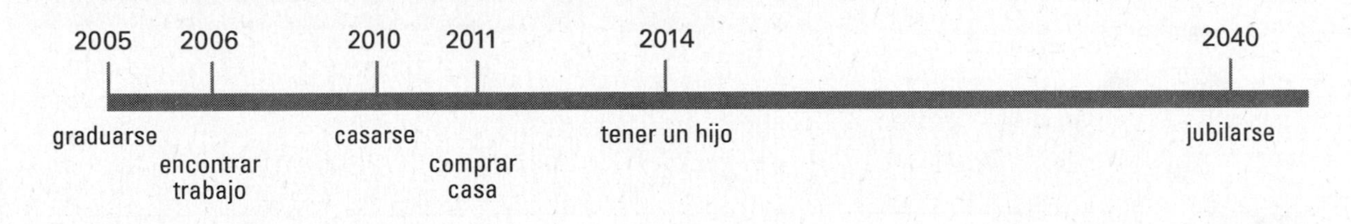

4 **Planes futuros** Listen to this conversation between Germán and Vivian. Then choose the correct answer for each question in your lab manual.

1. ¿Qué va a pasar dentro de un mes?
   a. Se habrá acabado el semestre.
   b. Germán se habrá puesto nervioso.
2. ¿Qué habrá hecho el novio de Vivian?
   a. Se habrá ido de viaje.
   b. Habrá hecho las reservaciones.
3. Normalmente, ¿qué hace Germán durante las vacaciones?
   a. Él trabaja en la empresa de su familia.
   b. Él se va a Santo Domingo.
4. ¿Qué puesto habrá conseguido Germán dentro de dos años?
   a. Él será jefe de arquitectos.
   b. Él será gerente de un banco.
5. ¿Por qué dice Vivian que Germán no debe pensar tanto en el futuro?
   a. Porque ahora necesita preocuparse por los exámenes.
   b. Porque en el futuro no tendrá tiempo para ir de vacaciones.

16.3 The past subjunctive

1 **Identificar** Listen to the following verbs. Mark **Sí** if the verb is in the past subjunctive and **No** if it is in another tense.

1.	Sí	No	7.	Sí	No
2.	Sí	No	8.	Sí	No
3.	Sí	No	9.	Sí	No
4.	Sí	No	10.	Sí	No
5.	Sí	No	11.	Sí	No
6.	Sí	No	12.	Sí	No

2 **Cambiar** Form a new sentence using the cue you hear. Repeat the correct answer after the speaker.

modelo

Marisa quería que yo dejara el trabajo. (mi hermana)
Marisa quería que mi hermana dejara el trabajo.

3 **Completar** Complete each phrase you hear using the cue in your lab manual and the past subjunctive. Repeat the correct response after the speaker.

modelo

You hear: Esperábamos que tú...
You see: seguir otra carrera
You say: **Esperábamos que tú siguieras otra carrera.**

1. ir a renunciar al puesto
2. darte el aumento
3. invertir en su empresa
4. saber la verdad
5. poner un anuncio en los periódicos
6. llegar temprano al trabajo
7. ofrecerles mejores beneficios
8. gastar menos dinero

4 **El mundo de los negocios** Listen to this conversation between two co-workers and answer the questions in your lab manual.

1. ¿Qué le pidió el jefe a Elisa cuando la llamó por teléfono?

____

2. ¿Qué le pidió el jefe a la empleada cuando entró (*entered*) en su oficina?

____

3. ¿Qué le preguntó el jefe a Elisa?

____

4. ¿Qué le contestó Elisa?

____

vocabulario

You will now hear the vocabulary for **Lección 16** found on page 516 of your textbook. Listen and repeat each Spanish word or phrase after the speaker.

Nombre ______________________ Fecha ______________________

contextos

Lección 17

1 **Describir** For each drawing, you will hear a description. Decide whether it is **cierto** or **falso**.

1. Cierto Falso

2. Cierto Falso

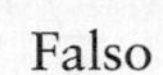

3. Cierto Falso

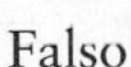

4. Cierto Falso

5. Cierto Falso

6. Cierto Falso

2 **Identificar** You will hear four brief conversations. Choose the word from the list that identifies what they are talking about or where they are.

1. ______________________
2. ______________________
3. ______________________
4. ______________________

a. la orquesta
b. el poema
c. el tejido
d. la cerámica
e. los dibujos animados
f. el concurso

3 **La programación** Listen to this announcement about this afternoon's TV programs. Then answer the questions in your lab manual.

1. ¿Qué canal ofrece estos programas?

____

2. ¿Qué programa empieza a las cuatro de la tarde?

____

3. ¿Qué tipo de programa es *De tú a tú*?

____

4. ¿Quién es Juan Muñoz?

____

5. ¿Qué tipo de película es *Corazón roto*?

____

Nombre ______________________ Fecha ______________________

pronunciación

Syllabification

In Spanish, every syllable has only one vowel or diphthong. If a single consonant (including **ch, ll,** and **rr**) occurs between two vowels, the consonant begins a new syllable.

co-che dra-ma mu-si-cal ma-qui-lla-je pe-rro to-car

When two strong vowels (**a, e, o**) occur together, they are separated into two syllables. Diphthongs are never divided into separate syllables unless there is a written accent mark on the **i** or **u,** which breaks the diphthong.

ar-te-sa-ní-a ma-es-tro his-to-ria tra-ge-dia

If two consonants occur between vowels, they are divided into two syllables, except when the second consonant is **l** or **r**.

al-fom-bra or-ques-ta pu-bli-car ro-mán-ti-co

If three or four consonants occur between vowels, they are separated into syllables between the second and third consonants unless one of the letters is followed by **l** or **r**.

e-jem-plo ins-pec-tor trans-por-te

1 Práctica Listen to the following words and divide each into syllables using slashes.

1. e s c u l p i r
2. c o n c i e r t o
3. i n s t r u m e n t o
4. c o n c u r s o
5. e s t r e l l a
6. a c a m p a r
7. p r e m i o
8. a p l a u d i r
9. b a i l a r í n
10. e x t r a n j e r a
11. p o e s í a
12. ó p e r a
13. a b u r r i r s e
14. c a n t a n t e
15. e n t r a d a

2 Refranes Repeat each saying after the speaker.

1. De músico, poeta y loco, todos tenemos un poco. [1]
2. Tener más hambre que un maestro. [2]

3 Dictado You will hear a conversation. Listen carefully and write what you hear during the pauses. The entire conversation will then be repeated so that you can check your work.

RAMÓN ____

____

CELIA ____

RAMÓN ____

____

CELIA ____

____

RAMÓN ____

We are all part musician, part poet, and part fool. [1]
To be as poor as a churchmouse. [2]

Nombre ______________________ Fecha ______________________

estructura

17.1 The conditional tense

1 **Identificar** Listen to each sentence and decide whether you hear a verb in the future, the conditional, or the imperfect tense.

1. a. future b. conditional c. imperfect
2. a. future b. conditional c. imperfect
3. a. future b. conditional c. imperfect
4. a. future b. conditional c. imperfect
5. a. future b. conditional c. imperfect
6. a. future b. conditional c. imperfect
7. a. future b. conditional c. imperfect
8. a. future b. conditional c. imperfect
9. a. future b. conditional c. imperfect
10. a. future b. conditional c. imperfect

2 **Cambiar** Form a new sentence replacing the **iba a** + *infinitive* construction with the corresponding verb in the conditional. Repeat the correct answer after the speaker.

modelo

Andrea dijo que iba a tocar el piano.
Andrea dijo que tocaría el piano.

3 **Entrevista** You are considering taking a job as the director of a new soap opera, and a reporter wants to know what the new show would be like. Answer his questions using the cues in your lab manual. Then repeat the correct response after the speaker.

modelo

You hear: ¿Cómo se llamaría la telenovela?
You see: **Amor eterno.**
You say: Se llamaría **Amor eterno.**

1. 23
2. San Salvador
3. romántica
4. Hispania y Univisión
5. Sí / muchísimo
6. $500.000

4 **Una exposición** (*A showing*) Cristina is planning an exhibition for her art work. Listen to her ideas and then indicate whether the statements in your lab manual are **cierto** or **falso**.

	Cierto	Falso
1. La fiesta sería al aire libre.	❍	❍
2. Invitaría al director de una revista.	❍	❍
3. Sus amigos podrían llevar algo de comer y beber.	❍	❍
4. Sus compañeros de trabajo vendrían a la fiesta.	❍	❍
5. Presentaría las pinturas de su primo.	❍	❍
6. A Cristina le gustaría publicar un libro sobre su escultura.	❍	❍

Nombre ____________________ Fecha ____________________

17.2 The conditional perfect

1 **Identificar** Listen to each statement and mark an **X** in the column for the subject of the verb.

modelo

You hear: Habrían preferido ir al concierto.
You mark: an **X** under **ellos.**

	yo	tú	él	nosotros	ellos
Modelo	______	______	______	______	X
1.	______	______	______	______	______
2.	______	______	______	______	______
3.	______	______	______	______	______
4.	______	______	______	______	______
5.	______	______	______	______	______
6.	______	______	______	______	______

2 **¿Lógico o ilógico?** You will hear six brief conversations. Indicate if they are **lógico** or **ilógico**.

1. Lógico Ilógico
2. Lógico Ilógico
3. Lógico Ilógico
4. Lógico Ilógico
5. Lógico Ilógico
6. Lógico Ilógico

3 **¿Qué habría pasado?** Look at the program for an art conference that was canceled at the last minute and answer the questions you hear. Repeat the correct response after the speaker.

15F

VI CONFERENCIA ANUAL SOBRE EL ARTE

PROGRAMA DEL DÍA (Martes, 24)

10:00 Café y pasteles para todos
10:15 Presentación de todos los artistas que participan en la conferencia

Conferencias

10:30 El mundo de la televisión: el futuro de los canales públicos. Presentada por Marisa Monleón.
11:00 La artesanía: expresión cultural de los pueblos. Presentada por Roberto González.
11:30 El cuento hispanoamericano. Presentada por Mercedes Román.
12:00 Las canciones populares como formas poéticas. Presentada por Federico Martínez.
12:30 Las bellas artes en El Salvador. Presentada por Francisco Ruiz.

Espectáculos

4:00 Concierto de la Orquesta Tegucigalpa.
5:00 Lectura de poesía hondureña, por el Renato Lafuente

Nombre ______________________ Fecha ______________________

17.3 The past perfect subjunctive

1 **Identificar** Listen to each sentence and decide whether you hear a verb in the conditional, the conditional perfect, or the past perfect subjunctive tense in the subordinate clause.

1. a. conditional	b. conditional perfect	c. past perfect subjunctive
2. a. conditional	b. conditional perfect	c. past perfect subjunctive
3. a. conditional	b. conditional perfect	c. past perfect subjunctive
4. a. conditional	b. conditional perfect	c. past perfect subjunctive
5. a. conditional	b. conditional perfect	c. past perfect subjunctive
6. a. conditional	b. conditional perfect	c. past perfect subjunctive

2 **Escoger** You will hear some sentences with a beep in place of the verb. Decide which verb should complete each sentence and circle it.

modelo

You hear: Yo dudaba que él (*beep*) un buen actor

You circle: **hubiera sido** *because the sentence is*

Yo dudaba que él hubiera sido un buen actor.

1. había vivido	hubiera vivido	5. había empezado	hubiera empezado
2. habíamos bailado	hubiéramos bailado	6. habías estado	hubieras estado
3. había trabajado	hubiera trabajado	7. había conocido	hubiera conocido
4. habías dicho	hubieras dicho	8. había bebido	hubiera bebido

3 **Cambiar** Say that you didn't believe what these people had done using the past perfect subjunctive and the cues you hear. Repeat the correct answer after the speaker.

modelo

Martín / ver el documental

No creía que Martín hubiera visto el documental.

4 **Hoy en el cine** Listen to this talk show and answer the questions in your lab manual.

1. ¿Creyó Olivia que Óscar había ido a la fiesta?

____

2. ¿Era cierto que Óscar había sido invitado a la fiesta?

____

3. ¿Creía Óscar que José Santiago había hecho bien el papel de malo en *Acción final*?

____

4. ¿Cómo habría tenido más éxito la película *El profesor*?

____

vocabulario

You will now hear the vocabulary for **Lección 17** found on page 546 of your textbook. Listen and repeat each Spanish word or phrase after the speaker.

Nombre ______________________ Fecha ______________________

contextos

Lección 18

1 Definiciones You will hear some definitions. Write the letter of the word being defined.

1. ______________ a. el terremoto
2. ______________ b. el impuesto
3. ______________ c. la tormenta
4. ______________ d. la paz
5. ______________ e. la guerra
6. ______________ f. el tornado
7. ______________ g. la encuesta
8. ______________ h. las noticias

2 ¿Lógico o ilógico? Listen to each news item and indicate if it is **lógico** or **ilógico**.

1. Lógico Ilógico
2. Lógico Ilógico
3. Lógico Ilógico
4. Lógico Ilógico
5. Lógico Ilógico
6. Lógico Ilógico
7. Lógico Ilógico

3 Describir Look at the drawing and write the answer to each question you hear.

1. ____
2. ____
3. ____
4. ____

pronunciación

Review of word stress and accentuation

In Lesson 4, you learned that an accent mark is required when a word ends in a vowel, **n** or **s,** and the stress does *not* fall on the next to last syllable.

pren-sa ar-**tí**-cu-lo ca-**fé** hu-ra-**cán** **pú**-bli-co

If a word ends in any consonant other than **n** or **s,** and the stress does *not* fall on the last syllable, it requires an accent mark.

de-**ber** a-**zú**-car **cés**-ped **fá**-cil **mó**-dem

Accent marks are also used in Spanish to distinguish the meaning of one word from another. This is especially important for verbs where the stress often determines the tense and person.

el *(the)* él *(he)* mi *(my)* mí *(me)* tu *(your)* tú *(you)*

compro *(I buy)* compró *(he bought)* pague *(Ud. command)* pagué *(I paid)*

1 **Práctica** Repeat each word after the speaker and add an accent mark where necessary.

1. contaminacion
2. policia
3. voto
4. ejercito
5. declaro
6. dificil
7. rapido
8. sofa
9. todavia
10. opera
11. arbol
12. luche

2 **Oraciones** When you hear the number, read the corresponding sentence aloud, focusing on the word stress. Then listen to the speaker and repeat the sentence.

1. Ramón Gómez informó ayer desde radio Bolívar que había peligro de inundación cerca del río Paraná.
2. Él explicó que toda la población necesitaba prepararse para cualquier cosa (*anything*) que pudiera ocurrir.
3. El ejército, ayudado de la policía, recorrió la región e informó a todos del peligro.

3 **Refranes** Repeat each saying after the speaker to practice word stress.

1. Quien perseveró, alcanzó. [1]
2. A fácil perdón, frecuente ladrón. [2]

4 **Dictado** You will hear a conversation. Listen carefully and write what you hear during the pauses. The entire conversation will be repeated so that you can check your work.

MERCEDES ______

ENRIQUE ______

MERCEDES ______

ENRIQUE ______

______

MERCEDES ______

______

He who perseveres, succeeds. [1]
Pardon one offense and you encourage many. [2]

Nombre ______________________ Fecha ______________________

estructura

18.1 Si clauses

1 **Escoger** You will hear some incomplete sentences. Choose the correct ending for each sentence.

	a.	b.
1.	a. llovía mucho.	b. lloviera mucho.
2.	a. te gustó algún candidato.	b. te hubiera gustado algún candidato.
3.	a. podemos ir de vacaciones juntos.	b. pudiéramos ir de vacaciones juntos.
4.	a. el conductor hubiera tenido cuidado	b. el conductor habría tenido cuidado.
5.	a. yo trabajaré con los pobres.	b. yo trabajaría con los pobres.
6.	a. todos fuéramos ciudadanos responsables.	b. todos éramos cuidadanos responsables.
7.	a. el presidente va a hablar esta tarde.	b. el presidente vaya a hablar esta tarde.
8.	a. me lo pedirás.	b. me lo pidieras.
9.	a. Eva sale con él.	b. Eva salga con él.
10.	a. te habías comunicado con el dueño.	b. te hubieras comunicado con el dueño.

2 **Cambiar** Change each sentence from the future to the conditional. Repeat the correct answer after the speaker.

modelo

Carlos se informará si escucha la radio.
Carlos se informaría si escuchara la radio.

3 **Preguntas** Answer each question you hear using the cue in your lab manual. Repeat the correct response after the speaker.

modelo

You hear: ¿Qué harías si vieras un crimen?
You see: llamar a la policía
You say: **Si yo viera un crimen, llamaría a la policía.**

1. pedir un préstamo
2. ayudar a los pobres
3. buscar un trabajo nuevo
4. quedarse en casa
5. ir a Montevideo
6. hacer un viaje

4 **Un robo** (*A break-in*) Alicia and Fermín's house was burglarized. Listen to their conversation and answer the questions in your lab manual.

1. Según (*According to*) Fermín, ¿qué habría pasado si hubieran cerrado la puerta con llave?

____

2. Según Alicia, ¿qué habría pasado si hubieran cerrado la puerta con llave?

____

3. ¿Qué haría Alicia si tuvieran suficiente dinero?

____

4. ¿Por qué se está poniendo nerviosa Alicia?

____

____

Nombre ______ Fecha ______

18.2 Summary of the uses of the subjunctive

1 **Escoger** You will hear some incomplete sentences. Choose the correct ending for each sentence.

1. a. el terremoto había durado más de dos minutos.
   b. el terremoto durara más de dos minutos.
2. a. escribió sobre el incendio?
   b. escriba sobre el incendio?
3. a. no podían comunicarse con nosotros.
   b. no pudieran comunicarse con nosotros.
4. a. tenemos unos días de vacaciones.
   b. tengamos unos días de vacaciones.
5. a. los resultados de la encuesta están equivocados.
   b. los resultados de la encuesta estén equivocados.
6. a. ver el reportaje sobre el sexismo en los Estados Unidos.
   b. que ven el reportaje sobre el sexismo en los Estados Unidos.
7. a. te habrás enojado.
   b. te habrías enojado.
8. a. donde hay terremotos.
   b. donde haya habido terremotos.

2 **Transformar** Change each sentence you hear to the negative. Repeat the correct answer after the speaker.

modelo

Creía que era muy peligroso.
No creía que fuera muy peligroso.

3 **Preguntas** Answer each question you hear using the cue in your lab manual. Repeat the correct response after the speaker.

modelo

You hear: ¿Qué te pidió el jefe?
You see: escribir los informes
You say: *El jefe me pidió que escribiera los informes.*

1. hacer una encuesta de los votantes (*voters*)
2. mañana
3. tener experiencia
4. no
5. algunas personas no poder votar
6. los trabajadores no declararse en huelga

4 **El noticiero** Listen to this newscast. Then read the statements in your lab manual and indicate whether they are **cierto** or **falso**.

	Cierto	Falso
1. Roberto Carmona habló de los impuestos en su discurso.	❍	❍
2. No le sorprendió a nadie que Carmona anunciara que no se presentaría a las elecciones.	❍	❍
3. Corre el rumor de que Carmona está enfermo.	❍	❍
4. Inés espera que el Partido Liberal encuentre otro candidato pronto.	❍	❍
5. No creen que vayan a convocar (*to hold*) las elecciones en dos días.	❍	❍

vocabulario

You will now hear the vocabulary for **Lección 18** found on page 574 of your textbook. Listen and repeat each Spanish word or phrase after the speaker.

Nombre ________________________ Fecha ________________________

¡Todos a bordo!

Lección 1

Antes de ver el video

1 **¿Qué tal?** In this video segment, Álex, Javier, Maite, and Inés are meeting for the first time as they prepare to leave for a hiking trip. Look at the video still and write down what you think Álex and Javier are saying to each other.

____
____
____
____
____
____
____

Mientras ves el video

2 **Completar** (00:02:18 – 00:04:54) Watch the **¡Todos a bordo!** segment of this video module and complete the gaps in the following sentences.

1. SRA. RAMOS: Hola, don Francisco. ¿Cómo ________________ usted?
2. DON FRANCISCO: Bien, gracias. ¿Y ________________?
3. SRA. RAMOS: ¿________________ hora es?
4. DON FRANCISCO: ________________ las diez.
5. SRA. RAMOS: Tengo ________________ documentos para ustedes.
6. DON FRANCISCO: Y ________________ soy don Francisco, el conductor.
7. SRA. RAMOS: Aquí tienes ________________ documentos de viaje.
8. INÉS: Sí, yo ________________ Inés.
9. JAVIER: ¿Qué tal? Me ________________ Javier.
10. ÁLEX: Mucho ________________, Javier.
11. ÁLEX: ________________ soy Álex.
12. INÉS: ________________ permiso.

3 **¿De dónde son?** (00:04:55 – 00:05:49) Watch the **Resumen** segment of this video module and indicate which country each traveler is from.

Nombre	País *(country)*
1. Inés	________________
2. Maite	________________
3. Javier	________________
4. Álex	________________

Después de ver el video

4 **¿Quién?** Write the name of the person who said each thing.

1. Sí, señora. ______________
2. Soy del Ecuador, de Portoviejo. ______________
3. Oye, ¿qué hora es? ______________
4. Oiga, ¿qué hora es? ______________
5. ¡Adiós a todos! ______________
6. Y tú eres Alejandro Morales Paredes, ¿no? ______________
7. Son todos. ______________
8. Mucho gusto, Javier. ______________
9. De Puerto Rico. ¿Y tú? ______________
10. ¿Javier Gómez Lozano? ______________
11. Buenos días, chicos. ______________
12. Aquí, soy yo. ______________
13. ¡Todos a bordo! ______________
14. ¿Y los otros? ______________
15. ¡Buen viaje! ______________

5 **Ho, ho, hola...** Imagine that you have just met the man or woman of your dreams, who speaks only Spanish! Don't be shy! In the space provided, write down what the two of you would say in your first conversation to get to know each other.

6 **Episodio dos** In the second episode of the video program, the four travelers talk about their classes. What kinds of things do you think they will say to each other?

Nombre ______________________ Fecha ______________________

¿Qué clases tomas?

Lección 2

Antes de ver el video

1 **Impresiones** Based on the impressions you got of the four travelers in Lesson 1, write the names of the classes you think each person is taking and of the classes you think each person is most interested in. Circle the name of the character you think is the most studious, and underline the name of the character you think is the most talkative.

ÁLEX	INÉS	JAVIER	MAITE
________	________	________	________
________	________	________	________
________	________	________	________

Mientras ves el video

2 **¿Quién y a quién?** (00:06:10 – 00:10:14) Watch the **¿Qué clases tomas?** segment of this video module and indicate who asks these questions and to whom each question is directed. One question is directed to two different people.

Preguntas	¿Quién?	¿A quién?
1. ¿Qué tal las clases en la UNAM?	________	________
2. ¿También tomas tú geografía?	________	________
3. ¿Cómo te llamas y de dónde eres?	________	________
4. ¿En qué clase hay más chicos?	________	________
5. ¿No te gustan las computadoras?	________	________

3 **En la UNAM** (00:07:21 – 00:07:47) Watch Álex's flashback about the **Universidad Nacional Autónoma de México.** Write a check mark beside all the people, actions, items, and places shown in this flashback.

chicas ________	hablar ________	grabadora ________
turistas ________	dibujar ________	papel ________
estudiantes ________	estudiar ________	computadoras ________
chicos ________	viajar ________	biblioteca ________

4 **Resumen** (00:10:15 – 00:11:49) Watch the **Resumen** segment of this video module and complete the following sentences.

1. Hay ______________ personas en el grupo.
2. Hay ______________ chicos en el grupo.
3. Hay ______________ chicas en el grupo.
4. Inés toma inglés, historia, arte, sociología y ______________.
5. Maite toma inglés, literatura y ______________.
6. Los chicos son de la Universidad San Francisco de ______________.
7. Javier toma ______________ clases este semestre.
8. Javier toma historia y ______________ los lunes, miércoles y viernes.
9. Javier toma ______________ los martes y jueves.
10. Para Javier, ¡las ______________ no son interesantes!

Nombre _______________ Fecha _______________

Después de ver el video

5 **Corregir** The underlined elements in the following statements are incorrect. Supply the correct words in the blanks provided.

1. Javier tiene (*has*) una computadora.
   ____
2. Álex toma geografía, inglés, historia, arte y sociología.
   ____
3. Maite tiene un amigo en la UNAM.
   ____
4. Inés es de México.
   ____
5. Inés toma una clase de computación.
   ____
6. Álex toma inglés, literatura y periodismo.
   ____
7. Javier toma cinco clases este semestre.
   ____
8. Javier es de Portoviejo.
   ____

6 **Asociar** List the three words or phrases from the box that you associate with each character.

historia, computación, arte	cinco clases	¡Qué aventura!
del Ecuador	dibujar	de Puerto Rico
periodismo	Radio Andina	¡Adiós, Mitad del Mundo!
la UNAM	estudiar mucho	Hola, Ricardo...

1. Álex	**2. Maite**	**3. Inés**	**4. Javier**
________	________	________	________
________	________	________	________
________	________	________	________
________	________	________	________
________	________	________	________

7 **¿Y tú?** Write a brief paragraph that tells who you are, where you are from, where you study (city and name of university), and what classes you are taking this semester.

____
____
____
____
____
____
____

Nombre ______________________ Fecha ______________________

¿Es grande tu familia?

Lección 3

Antes de ver el video

1 **Examinar el título** Look at the title of the video module. Based on the title and the video still below, what do you think you will see in this episode? Use your imagination.

____
____
____
____
____
____
____
____

Mientras ves el video

2 **¿Sí o no?** (00:12:14 – 00:15:23) Indicate whether each statement about the **¿Es grande tu familia?** video segment is correct.

Afirmación	Sí	No
1. Inés tiene una familia muy pequeña.		
2. La cuñada de Inés es una médica italiana.		
3. Javier no tiene hermanos.		
4. El padre de Javier es alto.		
5. El abuelo de Javier tiene setenta y un años.		
6. El abuelo de Javier trabaja mucho.		

3 **La familia de Inés** (00:12:41 – 00:13:29) Check off each person or thing shown in Inés's flashback about her family.

____ a family dinner
____ the skyline of Quito
____ scenes of the Ecuadorian countryside
____ Inés hugging her mother
____ Inés's sister-in-law, Francesca
____ Inés's niece, Graciela
____ Inés's nephew, Vicente
____ Inés's younger brother
____ Inés's older brother
____ Inés's grandparents
____ an infant seated in a high chair
____ the parents of Inés's sister-in-law

4 **Resumen** (00:15:25 – 00:16:35) Watch the **Resumen** segment of this video module and indicate whether each statement is **cierto** or **falso.**

	Cierto	Falso
1. La familia de Inés vive en el Ecuador.	❍	❍
2. Inés tiene una familia pequeña.	❍	❍
3. Javier habla del padre de su papá.	❍	❍
4. Maite cree que el padre de Javier es muy alto.	❍	❍
5. Javier tiene una foto de sus padres.	❍	❍

Nombre ______________________ Fecha ______________________

Después de ver el video

5 **Seleccionar** Select the letter of the word or phrase that best completes each sentence.

1. Vicente es el ____________ de Pablo y de Francesca.
   a. primo b. abuelo c. padre d. sobrino
2. Los ____________ de Pablo viven en Roma.
   a. abuelos b. suegros c. hermanos d. padres
3. El ____________ de Inés es periodista.
   a. padre b. sobrino c. primo d. hermano
4. Inés tiene una ____________ que se llama Margarita.
   a. tía b. abuela c. prima d. suegra
5. ____________ de Javier es ____________.
   a. El abuelo; guapo b. La madre; trabajadora c. El padre; alto d. El hermano; simpático
6. ____________ de Javier es ____________.
   a. La abuela; trabajadora b. El hermano; alto c. El padre; trabajador d. La mamá; bonita
7. ____________ tiene ____________.
   a. Javier; calor b. Maite; frío c. Inés; sueño d. don Francisco; hambre
8. Javier dibuja a ____________.
   a. Inés b. Álex c. don Francisco d. Maite

6 **Preguntas** Answer these questions about the video episode.

1. ¿Quién tiene una familia grande?
   ____
2. ¿Tiene hermanos Javier?
   ____
3. ¿Cómo se llama la madre de Javier?
   ____
4. ¿Cuántos años tiene el sobrino de Inés?
   ____
5. ¿Cómo es el abuelo de Javier?
   ____

7 **Preguntas personales** Answer these questions about your family.

1. ¿Cuántas personas hay en tu familia? ¿Cuál es más grande (*bigger*), tu familia o la familia de Inés? ____
   ____
2. ¿Tienes hermanos/as? ¿Cómo se llaman? ____
   ____
3. ¿Tienes un(a) primo/a favorito/a? ¿Cómo es? ____
   ____
4. ¿Cómo es tu tío/a favorito/a? ¿Dónde vive? ____
   ____

Nombre ______________________ Fecha ______________________

¡Vamos al parque! Lección 4

Antes de ver el video

1 **Álex y Maite** In this video module, the travelers arrive in Otavalo and have an hour of free time before they check in at their hotel. Álex and Maite, who still don't know each other very well, decide to go to the park together and chat. What kinds of things do you think they will see in the park? What do you think they will talk about?

____

____

____

____

____

____

____

Mientras ves el video

2 **Completar** (00:17:00 – 00:21:02) These sentences are taken from the **¡Vamos al parque!** segment of this video module. Watch this segment and fill in the blanks with the missing verbs.

1. ______________ una hora libre.
2. Tenemos que ______________ a las cabañas a las cuatro.
3. ¿Por qué no ______________ al parque, Maite?
4. Podemos ______________ y ______________ el sol.

3 **El Parque del Retiro** (00:18:47 – 00:19:21) Check off all the activities you see people doing in Maite's flashback about this famous park in Madrid.

___ una mujer patina
___ unos jóvenes esquían
___ dos chicos pasean en bicicleta
___ un chico y una chica bailan
___ tres señoras corren
___ un hombre pasea en bicicleta
___ un niño pequeño está con sus padres
___ dos chicos pasean

4 **Resumen** (00:21:03 – 00:22:03) In the **Resumen** segment of this video episode, don Francisco reflects on the fact that he's not as young as he used to be. Fill in each blank in Column A with the correct word from Column B.

A

1. Los jóvenes tienen mucha ______________ .
2. Inés y Javier desean ______________ por la ciudad.
3. Álex y Maite deciden ir al ______________.
4. Maite desea ______________ unas postales en el parque.
5. A veces Álex ______________ por la noche.
6. Álex invita a Maite a ______________ con él.
7. Don Francisco no ______________ deportes.
8. Pero don Francisco sí tiene mucha energía… para leer el periódico y ______________ un café.

B

corre
pasear
tomar
parque
practica
energía
escribir
correr

Nombre ____________________ Fecha ____________________

Después de ver el video

5

¿De dónde es? For items 1-11, fill in the missing letters in each word. For item 12, put the letters in the boxes in the right order to find out the nationality of the young man playing soccer in the park.

1. Álex y Maite van al p _ _ _ _ □.
2. A las cuatro tienen que ir a las _ _ _ □ _ _ _.
3. □ _ r _ _ _ es uno de los pasatiempos favoritos de Maite.
4. Hoy hace mucho s □ _.
5. Inés y Javier van a pasear por la _ _ □ d _ _.
6. Don Francisco lee el _ e _ _ _ _ _ _ _ □.
7. Los cuatro estudiantes tienen una hora l _ _ □ _.
8. Los chicos están en la ciudad de _ □ _ v _ _ _.
9. Álex es muy _ f _ _ _ _ □ _ _ _ a los deportes.
10. Cuando está en _ a _ _ □ _, Maite pasea mucho por el Parque el Retiro.
11. Don Francisco toma un c □ _ _.
12. El joven del parque es ____________________.

6

Me gusta Complete the chart with the activities, pastimes, or sports that you enjoy participating in. Also indicate when and where you do each activity.

Mis pasatiempos favoritos	¿Cuándo?	¿Dónde?

7

Preguntas Answer these questions in Spanish.

1. ¿Son aficionados/as a los deportes tus amigos/as? ¿Cuáles son sus deportes favoritos?

2. ¿Qué hacen tú y tus amigos/as cuando tienen tiempo libre?

3. ¿Qué vas a hacer esta noche? ¿Vas a estudiar? ¿Descansar? ¿Mirar televisión? ¿Ver una película? ¿Por qué? ____________________

Nombre _______________ Fecha _______________

Tenemos una reservación.

Lección 5

Antes de ver el video

1 **¿Qué hacen?** Don Francisco and the travelers have just arrived at the **cabañas**. Based on the video still, what do you think they are they doing right now? What do you think they will do next?

____

____

____

____

____

____

____

____

Mientras ves el video

2 **¿Quién?** (00:22:28 – 00:25:40) Watch the **Tenemos una reservación** segment of this video module and write the name of the person who says each thing.

Afirmación	Nombre
1. ¿Es usted nueva aquí?	______________
2. ¡Uf! ¡Menos mal!	______________
3. Hola, chicas. ¿Qué están haciendo?	______________
4. Y todo está muy limpio y ordenado.	______________
5. Hay muchos lugares interesantes por aquí.	______________

3 **Los hoteles** (00:23:53 – 00:24:09) Watch don Francisco's flashback about Ecuadorian hotels and then place a check mark beside the sentence that best sums it up.

____ 1. No hay muchos hoteles en el Ecuador.
____ 2. Hay muchas cabañas bonitas en la capital del Ecuador.
____ 3. Don Francisco no va a muchos hoteles.
____ 4. Don Francisco tiene muchos hoteles impresionantes.
____ 5. Los hoteles del Ecuador son impresionantes… hay hoteles de todos tipos (*types*).

4 **Resumen** (00:25:41 – 00:27:36) Watch the **Resumen** segment of this video module and fill in the missing words in each sentence.

1. ÁLEX Javier, Maite, Inés y yo estamos en nuestro ______________ en Otavalo.
2. JAVIER Oigan, no están nada mal las ______________, ¿verdad?
3. INÉS Oigan, yo estoy aburrida. ¿______________ hacer algo?
4. MAITE Estoy cansada y quiero ______________ un poco porque (…) voy a correr con Álex.
5. ÁLEX Es muy inteligente y simpática… y también muy ______________.

Después de ver el video

5 **¿Cierto o falso?** Indicate whether each statement about this video episode is **cierto** or **falso**. Then correct each false statement.

	Cierto	Falso
1. Don Francisco y los viajeros llegan a la universidad.	❍	❍
2. Don Francisco habla con una empleada del hotel.	❍	❍
3. Inés y Álex están aburridos.	❍	❍
4. Javier desea ir a explorar la ciudad un poco más.	❍	❍
5. Maite desea descansar.	❍	❍
6. Álex y Maite van a correr a las seis.	❍	❍

6 **Resumir** In your own words, write a short summary of this video episode in Spanish. Try not to leave out any important information.

7 **Preguntas** Answer these questions in Spanish.

1. ¿Te gusta ir de vacaciones? ¿Por qué?
2. ¿Adónde te gusta ir de vacaciones? ¿Por qué?
3. ¿Con quién(es) vas de vacaciones?

Nombre ______ Fecha ______

¡Qué ropa más bonita!

Lección 6

Antes de ver el video

1 **Describir** Look at the video still and describe what you see. Your description should answer these questions: Where is Javier? Who is Javier talking to? What is the purpose of their conversation?

______
______
______
______
______
______
______
______

Mientras ves el video

2 **Ordenar** (00:28:03 – 00:33:06) Watch the **¡Qué ropa más bonita!** segment of this video module and indicate the order in which you heard these lines.

____ 1. Le cuesta ciento cincuenta mil sucres.
____ 2. Me gusta aquella. ¿Cuánto cuesta?
____ 3. La vendedora me lo vendió a muy buen precio.
____ 4. ¡Qué mal gusto tienes!
____ 5. Mejor vamos a tomar un café. ¡Yo invito!
____ 6. Me gusta regatear con los vendedores.

3 **San Juan** (00:29:03 – 00:29:31) Place a check mark beside each thing you see during Javier's flashback about shopping in San Juan.

____ 1. una vendedora
____ 2. un centro comercial
____ 3. unas camisetas
____ 4. un mercado al aire libre
____ 5. un dependiente
____ 6. una tienda de ropa para niños

4 **Resumen** (00:33:07 – 00:34:11) Watch the **Resumen** segment of this video module and indicate whether Inés, Javier, or the Vendedor said each sentence.

______ 1. Bueno, para usted... sólo ciento treinta mil sucres.
______ 2. (...) es muy simpático... ¡y regatea muy bien!
______ 3. Voy a ir de excursión a las montañas y necesito un buen suéter.
______ 4. Hoy (...) visitamos un mercado al aire libre.
______ 5. Mmm... quiero comprarlo. Pero, señor, no soy rico.

Después de ver el video

5 **Completar** Complete the following sentences with the correct words from the word box.

vestido	sombrero	botas
impermeable	caro	montañas
blusa	suéter	rosado
hermana	talla	libre

1. Inés y Javier van de compras a un mercado al aire ______________.
2. Inés quiere comprar algo (*something*) para su ______________ Graciela.
3. Javier compra un ______________ en el mercado.
4. Las bolsas del vendedor son típicas de las ______________.
5. Inés compra una bolsa, una ______________ y un ______________.
6. Javier usa ______________ grande.

6 **Corregir** All of these statements about this video episode are false. Rewrite them and correct the false information.

1. Javier compró un sombrero y una camisa.
____
2. Inés prefiere la camisa gris con rayas rojas.
____
3. Inés compró una blusa para su hermana.
____
4. Javier quiere comprar un traje de baño porque va a la playa.
____

7 **Preguntas** Answer these questions in Spanish.

1. ¿Te gusta ir de compras? ¿Por qué? ______________________________
____
2. ¿Adónde vas de compras? ¿Por qué? ______________________________
____
3. ¿Con quién(es) vas de compras? ¿Por qué? ______________________________
____
4. Imagina que estás en un centro comercial y que tienes mil dólares. ¿Qué vas a comprar? ¿Por qué?
____
____
5. Cuando compras un auto, ¿regateas con el/la vendedor(a)? ______________________________
____

Nombre ______________________ Fecha ______________________

¡Jamás me levanto temprano!

Lección 7

Antes de ver el video

1 **La rutina diaria** In this video module, Javier and Álex chat about their morning routines. What kinds of things do you think they will mention?

____
____
____
____
____
____
____
____

Mientras ves el video

2 **¿Álex o Javier?** (00:34:37 – 00:37:52) Watch the **¡Jamás me levanto temprano!** segment of this video module and put a check mark in the appropriate column to indicate whether each activity is part of the daily routine of Álex or Javier.

	Álex	Javier
1. levantarse tarde	______	______
2. dibujar por la noche	______	______
3. despertarse a las seis	______	______
4. correr por la mañana	______	______
5. escuchar música por la noche	______	______

3 **Ordenar** (00:35:53 – 00:36:12) Watch Álex's flashback about his daily routine and indicate in what order he does the following things.

___ 1. ducharse
___ 2. vestirse
___ 3. levantarse temprano
___ 4. despertarse a las seis
___ 5. afeitarse
___ 6. cepillarse los dientes

4 **Resumen** (00:37:53 – 00:39:11) Watch the **Resumen** segment of this video module and fill in the missing words in these sentences.

1. JAVIER Álex no sólo es mi ______________ sino mi despertador.
2. ÁLEX Me gusta ______________ temprano.
3 ÁLEX Vuelvo, me ducho, ______________ y a las siete y media te ______________.
4. JAVIER Hoy ______________ a un mercado al aire libre con Inés.
5. ÁLEX ______________ levanto a las siete menos cuarto y ______________ por treinta minutos.

Nombre ______________________ Fecha ______________________

Después de ver el video

5 **Preguntas** In Spanish, answer these questions about the video module.

1. ¿Qué está haciendo Álex cuando vuelve Javier del mercado?
2. ¿Le gusta a Álex el suéter que compró Javier?
3. ¿Por qué Javier no puede despertarse por la mañana?
4. ¿A qué hora va a levantarse Álex mañana?
5. ¿A qué hora sale el autobús mañana?
6. ¿Dónde está la crema de afeitar?

6 **Preguntas personales** Answer these questions in Spanish.

1. ¿A qué hora te levantas durante la semana? ¿Y los fines de semana?
2. ¿Prefieres acostarte tarde o temprano? ¿Por qué?
3. ¿Te gusta más bañarte o ducharte? ¿Por qué?
4. ¿Cuántas veces por día (*How many times a day*) te cepillas los dientes?
5. ¿Te lavas el pelo todos los días (*every day*)? ¿Por qué?

7 **Tu rutina diaria** In Spanish, describe your morning routine.

Nombre ______________________ Fecha ______________________

¿Qué tal la comida? Lección 8

Antes de ver el video

1 **En un restaurante** What kinds of things do you do and say when you have lunch at a restaurant?

____
____
____
____
____
____
____
____

Mientras ves el video

2 **¿Quién?** (00:39:36 – 00:44:52) Watch the **¿Qué tal la comida?** segment of this video module and write the name of the person who says each of the following lines.

Afirmación	Nombre
1. ¡Tengo más hambre que un elefante!	______
2. Pero si van a ir de excursión deben comer bien.	______
3. Y de tomar, les recomiendo el jugo de piña, frutilla y mora.	______
4. Hoy es el cumpleaños de Maite.	______
5. ¡Rico, rico!	______

3 **Los restaurantes de Madrid** (00:43:45 – 00:44:04) Watch Maite's flashback about restaurants in Madrid and place a check mark beside the sentence that best summarizes the flashback.

___ 1. Es muy caro salir a cenar en Madrid.

___ 2. A Maite no le gustan los restaurantes de Madrid.

___ 3. Hay una gran variedad de restaurantes en Madrid.

___ 4. Los restaurantes de Madrid son muy elegantes.

4 **Resumen** (00:44:53 – 00:46:32) Watch the **Resumen** segment of this video module and fill in the missing words in these sentences.

1. JAVIER ¿Qué nos ______________ usted?
2. DON FRANCISCO Debo ______________ más a menudo.
3. DOÑA RITA ¿______________ lo traigo a todos?
4. DON FRANCISCO Es bueno ______________ a la dueña del mejor restaurante de la ciudad.
5. ÁLEX Para mí las ______________ de maíz y el ceviche de ______________.

Nombre ______________________ Fecha ______________________

Después de ver el video

5 **Opiniones** Write the names of the video characters who expressed the following opinions, either verbally or through body language.

__________ 1. Don Francisco es un conductor excelente.

__________ 2. El servicio en este restaurante es muy rápido.

__________ 3. Nuestros pasteles son exquisitos.

__________ 4. ¡Caldo de patas! Suena (*It sounds*) como un plato horrible.

__________ 5. Las tortillas de maíz son muy sabrosas. Se las recomiendo.

__________ 6. Las montañas de nuestro país son muy hermosas.

6 **Corregir** Correct these false statements about the **¿Qué tal la comida?** video episode.

1. El Cráter es un mercado al aire libre.
____

2. La Sra. Perales trabaja en el Cráter. Es camarera.
____

3. Maite pide las tortillas de maíz y la fuente de fritada.
____

4. Álex pide el caldo de patas y una ensalada.
____

5. De beber, todos piden té.
____

6. La Sra. Perales dice (*says*) que los pasteles de El Cráter son muy caros.
____

7 **Preguntas personales** Answer these questions in Spanish.

1. ¿Almuerzas en la cafetería de tu universidad? ¿Por qué sí o por qué no? __________
____

2. ¿Cuál es tu plato favorito? ¿Por qué? __________
____

3. ¿Cuál es el mejor restaurante de tu comunidad? Explica (*Explain*) tu opinión. __________
____

4. ¿Cuál es tu restaurante favorito? ¿Cuál es la especialidad de ese restaurante? __________
____

5. ¿Sales mucho a cenar con tus amigos/as? ¿Adónde van a cenar? __________
____

Nombre ______________________ Fecha ______________________

¡Feliz cumpleaños, Maite!

Lección 9

Antes de ver el video

1 **Una fiesta** In this video episode, Sra. Perales and don Francisco surprise Maite with a birthday party. Based on this information, what kinds of things do you expect to see in this episode?

____
____
____
____
____
____
____
____

Mientras ves el video

2 **Ordenar** (00:47:00 – 00:50:40) Watch the **¡Feliz cumpleaños, Maite!** segment of this video module and put the following events in the correct order.

____ 1. Álex recuerda la quinceañera de su hermana.
____ 2. Los estudiantes miran el menú.
____ 3. Javier pide un pastel de chocolate para su cumpleaños.
____ 4. La Sra. Perales trae un flan, un pastel y una botella de vino.
____ 5. Los estudiantes deciden dejarle una buena propina a la Sra. Perales.

3 **La quinceañera** (00:49:28 – 00:49:44) Watch Álex's flashback about his sister's **quinceañera**. Place a check mark in the **Sí** column if the following actions occurred in the flashback; place a check mark in the **No** column if the actions did *not* occur.

Acción	Sí	No
1. Álex canta para su hermana.	____	____
2. Todos se sientan a cenar.	____	____
3. Todos nadan en la piscina.	____	____
4. Varias personas bailan.	____	____

4 **Resumen** (00:50:41 – 00:51:52) Watch the **Resumen** segment of this video module and indicate who says the following lines.

______________ 1. Sra. Perales, mi cumpleaños es el primero de octubre…
______________ 2. Dicen que las fiestas son mejores cuando son una sorpresa.
______________ 3. ¿Hoy es tu cumpleaños, Maite?
______________ 4. Ayer te lo pregunté, ¡y no quisiste decírmelo!

Después de ver el video

5 **Corregir** All of the following statements about this video episode are false. Rewrite them so that they will be correct.

1. Álex le sirve un pastel de cumpleaños a Maite.

2. Don Francisco le deja una buena propina a la Sra. Perales.

3. Maite cumple los diecinueve años.

4. Don Francisco toma una copa de vino.

5. El cumpleaños de Javier es el quince de diciembre.

6. El cumpleaños de Maite es el primero de octubre.

6 **Eventos importantes** In Spanish, list the three events from this video episode that you consider to be the most important, and explain your choices.

7 **Preguntas personales** Answer these questions in Spanish.

1. ¿Vas a muchas fiestas? ¿Qué haces en las fiestas?

2. ¿Qué haces antes de ir a una fiesta? ¿Y después?

3. ¿Cuándo es tu cumpleaños? ¿Cómo vas a celebrarlo?

4. ¿Te gusta recibir regalos en tu cumpleaños? ¿Qué tipo de regalos?

Nombre _______________ Fecha _______________

¡Uf! ¡Qué dolor!

Lección 10

Antes de ver el video

1 **Un accidente** Look at the video still. Where do you think Javier and don Francisco are? What is happening in this scene?

____

____

____

____

____

____

____

____

Mientras ves el video

2 **¿Quién?** (00:52:19 – 00:56:29) Watch the **¡Uf! ¡Qué dolor!** segment of this video module and place a check mark in the correct column to indicate who said each sentence.

Oración	Javier	don Francisco	Dra. Márquez
1. ¡Creo que me rompí el tobillo!	____	____	____
2. ¿Cómo se lastimó el pie?	____	____	____
3. ¿Embarazada? Definitivamente NO.	____	____	____
4. ¿Está roto el tobillo?	____	____	____
5. No te preocupes, Javier.	____	____	____

3 **Clínicas y hospitales** (00:54:20 – 00:54:41) Watch Javier's flashback about medical facilities in Puerto Rico and place a check mark beside the things you see.

____ 1. una paciente

____ 2. una computadora

____ 3. enfermeras

____ 4. un termómetro

____ 5. una radiografía

____ 6. letreros (*signs*)

____ 7. unos edificios

____ 8. unas pastillas

____ 9. un microscopio

____ 10. una inyección

4 **Resumen** (00:56:30 – 00:57:39) Watch the **Resumen** segment of this video module. Then write the name of the person who said each sentence and fill in the missing words.

____________ 1. De niño tenía que ir mucho a una ____________ en San Juan.

____________ 2. ¿Cuánto tiempo ____________ que se cayó?

____________ 3. Tengo que descansar durante dos o tres días porque me ____________ el tobillo.

____________ 4. No está ____________ el tobillo.

____________ 5. Pero por lo menos no necesito el ____________ para dibujar.

Nombre ______________________ Fecha ______________________

Después de ver el video

5 **Seleccionar** In the blanks provided, write the letter of the word or words that best complete each sentence.

1. ___ conoce a una doctora que trabaja en una clínica cercana (*nearby*).
   a. Don Francisco b. Maite c. Álex d. Inés
2. La doctora Márquez le va a ___ unas pastillas a Javier.
   a. vender b. comprar c. recetar d. romper
3. Cuando era ___, ___ se enfermaba mucho de la garganta
   a. niña; la Dra. Márquez b. niño; Javier c. niño; Álex d. niño; don Francisco
4. La doctora Márquez quiere ver si Javier se rompió uno de los huesos ___.
   a. de la pierna b. del pie c. del tobillo d. de la rodilla
5. Una vez ___ se rompió la pierna jugando al ___.
   a. don Francisco; fútbol b. Javier; béisbol c. la Dra. Márquez; baloncesto d. Álex; fútbol
6. ___ se cayó cuando estaba en ___.
   a. Álex; el parque b. Javier; el autobús c. Don Francisco; la clínica d. Javier; el restaurante

6 **Preguntas** Answer the following questions in Spanish.

1. ¿Tiene fiebre Javier? ¿Está mareado?
   ____
2. ¿Cuánto tiempo hace que se cayó Javier?
   ____
3. ¿Cómo se llama la clínica donde trabaja la doctora Márquez?
   ____
4. ¿A quién no le gustaban mucho las inyecciones ni las pastillas?
   ____
5. ¿Va a poder ir Javier de excursión con sus amigos?
   ____

7 **Preguntas personales** Answer these questions in Spanish.

1. ¿Te gusta ir al/a la médico/a? ¿Por qué sí o por qué no? ______________________
   ____
2. ¿Tienes muchas alergias? ¿Eres alérgico/a a algún medicamento? ______________________
   ____
3. ¿Cuándo es importante ir a la sala de emergencias? ______________________
   ____
4. ¿Qué haces cuando tienes fiebre y te duele la garganta? ______________________
   ____

Nombre ______________________ Fecha ______________________

Tecnohombre, ¡mi héroe!

Lección 11

Antes de ver el video

1 **¿Qué pasa?** Look at the video still. Where do you think Inés and don Francisco are? What do you think they are doing, and why?

____

____

____

____

____

____

____

____

Mientras ves el video

2 **¿Qué oíste?** (00:58:05 – 01:03:23) Watch the **Tecnohombre, ¡mi héroe!** segment of this video module and place a check mark beside the items you hear.

____ 1. Lo siento. No está.
____ 2. Con él habla.
____ 3. Con el Sr. Fonseca, por favor.
____ 4. ¡A sus órdenes!
____ 5. ¡Uy! ¡Qué dolor!
____ 6. ¡No me digas!
____ 7. Estamos en Ibarra.
____ 8. Viene enseguida.
____ 9. No puede venir hoy.
____ 10. No veo el problema.

3 **Madrid** (00:58:34 – 00:58:55) Watch Maite's flashback about getting around in Madrid and place a check mark beside the things you see.

____ 1. calles
____ 2. semáforos
____ 3. carros
____ 4. una motocicleta
____ 5. monumentos
____ 6. taxis
____ 7. una mujer policía
____ 8. un taller
____ 9. una ambulancia
____ 10. una gasolinera

4 **Resumen** (01:03:24 – 01:04:30) Watch the **Resumen** segment of this video module. Then write the name of the person who said each line.

______________ 1. Cuando estaba en la escuela secundaria, trabajé en el taller de mi tío.
______________ 2. Y Álex (...) usó su teléfono celular para llamar a un mecánico.
______________ 3. Al salir de Quito los otros viajeros y yo no nos conocíamos muy bien.
______________ 4. Piensa que puede arreglar el autobús aquí mismo.
______________ 5. Es bueno tener superamigos, ¿no?

Nombre ______________________ Fecha ______________________

Después de ver el video

5 **Corregir** All of these statements about the video episode are false. Rewrite them so that they will be true.

1. Don Francisco llamó al señor Fonseca, el mecánico.
2. Maite aprendió a arreglar autobuses en el taller de su tío.
3. Don Francisco descubre que el problema está en el alternador.
4. El mecánico saca una foto de Tecnohombre y la Mujer Mecánica con Maite y don Francisco.
5. El asistente del señor Fonseca está mirando la televisión.
6. El autobús está a unos treinta y cinco kilómetros de la ciudad.

6 **Una carta** Imagine that Maite is writing a short letter to a friend about today's events. In Spanish, write what you think Maite would say in her letter.

7 **Preguntas personales** Answer these questions in Spanish.

1. Cuando tu carro está descompuesto, ¿lo llevas a un(a) mecánico/a o lo arreglas tú mismo/a? ¿Por qué?
2. ¿Conoces a un(a) buen(a) mecánico/a? ¿Cómo se llama?
3. ¿Tienes un teléfono celular? ¿Para qué lo usas?

Nombre ______________________________ Fecha ______________________________

¡Les va a encantar la casa!

Lección 12

Antes de ver el video

1 **En la casa** In this lesson, the students arrive at the house in Ibarra near the area where they will go on their hiking excursion. Keeping this information in mind, look at the video still and describe what you think is going on.

Mientras ves el video

2 **¿Cierto o falso?** (01:04:59 – 01:09:00) Watch the **¡Les va a encantar la casa!** segment of this video module and indicate whether each statement is **cierto** or **falso**.

	Cierto	Falso
1. La señora Vives es la hermana de don Francisco.	❍	❍
2. Hay mantas y almohadas en el armario de la alcoba de los chicos.	❍	❍
3. El guía llega mañana a las siete y media de la mañana.	❍	❍
4. Don Francisco va a preparar todas las comidas.	❍	❍
5. La señora Vives cree que Javier debe poner las maletas en la cama.	❍	❍

3 **En México** (01:05:49 – 01:06:26) Watch Álex's flashback about lodgings in Mexico and place a check mark beside the things you see.

____ 1. balcones
____ 2. puertas
____ 3. apartamentos
____ 4. una bicicleta
____ 5. un perro (*dog*)
____ 6. una vaca (*cow*)

4 **Resumen** (01:09:01 – 01:10:15) Watch the **Resumen** segment of this video module. Then place a check mark beside each event that occurred in the **Resumen**.

____ 1. La señora Vives les dice a los estudiantes que deben descansar.
____ 2. Inés habla de la llegada (*arrival*) de los estudiantes a la casa.
____ 3. Inés dice que va a acostarse porque el guía llega muy temprano mañana.
____ 4. Don Francisco les dice a los estudiantes que les va a encantar la casa.
____ 5. Javier dice que los estudiantes van a ayudar a la señora Vives con los quehaceres domésticos.

Nombre ______________________ Fecha ______________________

Después de ver el video

5 **Seleccionar** Write the letter of the words that best complete each sentence.

1. Don Francisco dice que la casa es ____.
   a. pequeña pero bonita b. pequeña pero cómoda c. cómoda y grande
2. La habitación de los chicos tiene dos camas, una ____ y una ____.
   a. mesita de noche; cómoda b. cafetera; lavadora c. cómoda; tostadora
3. El sofá y los sillones ____ son muy cómodos.
   a. del jardín b. de la sala c. de las alcobas
4. Al fondo del ____ hay un ____.
   a. apartamento; comedor b. edificio; baño c. pasillo; baño
5. Inés le dice a ____ que los estudiantes quieren ayudarla a ____ la comida.
   a. Maite; comprar b. la Sra. Vives; preparar c. don Francisco; comprar

6 **Preguntas** Answer the following questions about this video episode in Spanish.

1. ¿Cómo se llama el guía que viene mañana?

____

____

2. ¿Quién puso su maleta en la cama?

____

____

3. ¿Cómo se llama el ama de casa?

____

____

4. ¿Quién quiere que los estudiantes hagan sus camas?

____

____

5. Según don Francisco, ¿por qué deben acostarse temprano los estudiantes?

____

____

7 **Escribir** Imagine that you are one of the characters you saw in this video episode. Write a paragraph from that person's point of view, summarizing what happened in this episode.

____

____

____

____

____

____

____

Nombre ____________________ Fecha ____________________

¡Qué paisaje más hermoso!

Lección 13

Antes de ver el video

1 **En la casa** In this video episode, Martín takes the students out to see the area where they will go hiking. What do you think the students and Martín talk about when they get to the hiking area?

____

____

____

____

____

____

____

____

Mientras ves el video

2 **Opiniones** (01:10:38 – 01:14:15) Watch the **¡Qué paisaje más hermoso!** segment and place a check mark beside each opinion that was expressed in this video segment.

____ 1. Hay un gran problema de contaminación en la ciudad de México.

____ 2. En las montañas, la contaminación no afecta al río.

____ 3. El aire aquí en las montañas está muy contaminado.

____ 4. No es posible hacer mucho para proteger el medio ambiente.

____ 5. Es importante controlar el uso de automóviles.

3 **Los paisajes de Puerto Rico** (01:11:52 – 01:12:22) Watch Javier's flashback about Puerto Rico's countryside and place a check mark beside the things you see.

____ 1. un río

____ 2. unas montañas

____ 3. un pez

____ 4. una flor

____ 5. unas nubes

____ 6. unos árboles

4 **Resumen** (01:14:16 – 01:15:37) Watch the **Resumen** segment of this video module. Then indicate who made each statement, and complete the statements with the correct words

____________ 1. Martín nos explicó lo que teníamos que hacer para proteger el ____________.

____________ 2. Y sólo deben caminar por el ____________.

____________ 3. No creo que haya ____________ más bonitos en el mundo.

____________ 4. La ____________ es un problema en todo el mundo.

____________ 5. ¡____________ que las comparta conmigo!

Después de ver el video

5 **¿Cierto o falso?** Indicate whether each sentence about this video episode is **cierto** or **falso**. If an item is false, rewrite it so that it will be correct.

	Cierto	Falso
1. Maite dice que su carro contamina mucho el aire.	❍	❍
2. Martín dice que el río no está contaminado cerca de las ciudades.	❍	❍
3. A Maite no le gusta el paisaje.	❍	❍
4. Según Martín, es muy importante cuidar la naturaleza.	❍	❍
5. Martín cree que es importante tocar las flores y las plantas.	❍	❍

6 **Preguntas** Answer the following questions about this video episode in Spanish.

1. ¿Se pueden tomar fotos durante la excursión?
2. Según Javier, ¿cómo son los paisajes de Puerto Rico?
3. ¿Qué deben hacer los estudiantes si ven por el sendero botellas, papales o latas?
4. ¿Qué va a hacer Maite si no puede conducir su carro en Madrid?
5. Según Álex, ¿cómo es el aire de la capital de México?

7 **Describir** List a few things that people can do to protect your community's environment.

Nombre ______________________ Fecha ______________________

Estamos perdidos.

Lección 14

Antes de ver el video

1 **En el centro** In this video episode, Álex and Maite get lost while running errands. What kinds of errands do you think they are running? Based on the video still, what do you think they will do to get their bearings?

____

____

____

____

____

____

____

Mientras ves el video

2 **Ordenar** (01:16:02 – 01:20:02) Watch the **Estamos perdidos** segment of this lesson's video module and number the following events from one to five, according to the order in which they occurred on the video.

____ 1. Maite le describe a Inés los eventos del día.

____ 2. Don Francisco y Martín les dan consejos a los estudiantes sobre la excursión.

____ 3. Álex y Maite se pierden pero un joven les da direcciones.

____ 4. Maite y Álex van al banco y al supermercado.

____ 5. Álex y Maite deciden ir al centro.

3 **Completar** (01:16:02 – 01:20:02) Watch the **Estamos perdidos** segment and complete the following sentences.

1. Estamos conversando sobre la ______________ de mañana.
2. Les ______________ que traigan algo de comer.
3. Hay un ______________ por aquí con cajero automático?
4. Fuimos al banco y al ______________.
5. También buscamos un ______________.

4 **Resumen** (01:20:03 – 01:21:58) Watch the **Resumen** segment of this video module. Then place a check mark beside the events that you saw in the **Resumen**.

____ 1. Maite sugiere que vayan ella y Álex al supermercado para comprar comida.

____ 2. Inés dice que necesita ir al banco y al supermercado.

____ 3. Maite le pregunta al joven si hay un banco en la ciudad con cajero automático.

____ 4. Álex y Maite toman un helado juntos

Nombre ______________________ Fecha ______________________

Después de ver el video

5 **Seleccionar** In the blanks provided, write the letter of the word or words that best completes each sentence.

1. Don Francisco les recomienda a los estudiantes que ____ para la excursión.
   a. compren comida b. traigan refrescos c. lleven ropa adecuada d. compren un mapa
2. Martín les aconseja a los estudiantes que traigan ____.
   a. comida b. unos refrescos c. un teléfono celular d. helado
3. Inés quiere que Maite le compre ____.
   a. un mapa b. unas estampillas c. unas postales d. una cámara
4. Álex y Maite van al banco, al correo y ____.
   a. al supermercado b. a la joyería c. al consultorio d. al cine
5. Antes de volver a la casa Álex y Maite van a una ____.
   a. pescadería b. joyería c. heladería d. panadería
6. Maite piensa que el joven que les dio direcciones es ____.
   a. guapo pero antipático b. alto y guapo c. simpático e inteligente d. guapo y simpático

6 **Escribir** Write a summary of today's events from Maite's point of view.

7 **Las diligencias** Write a short paragraph describing some of the errands you ran last week. What did the errands involve, and what places in your community did you visit while running your errands?

Nombre ______________________ Fecha ______________________

¡Qué buena excursión!

Lección 15

Antes de ver el video

1 **Una excursión** List the types of things you would probably do and say during a hiking trip through a scenic area.

____
____
____
____
____
____
____
____

Mientras ves el video

2 **¿Quién?** (01:22:23 – 01:27:41) Watch the **¡Qué buena excursión!** segment of this video module and indicate who said the following things.

__________ 1. Ya veo que han traído lo que necesitan.
__________ 2. No puedo creer que finalmente haya llegado el gran día.
__________ 3. Increíble, don Efe. Nunca había visto un paisaje tan espectacular.
__________ 4. Nunca había hecho una excursión.
__________ 5. Creo que la Sra. Vives nos ha preparado una cena muy especial.

3 **Un gimnasio en Madrid** (01:23:34 – 01:24:04) Watch Maite's flashback about her gym in Madrid and place a check mark beside the people and things you see.

___ 1. una mujer que hace abdominales (*is doing sit-ups*)
___ 2. un hombre que lleva pantalones cortos rojos
___ 3. un hombre que levanta pesas
___ 4. una mujer que lleva una camiseta roja

4 **Resumen** (01:27:42 – 01:28:50) Watch the **Resumen** segment of this video module. Then number the following events from one to five according to the order in which they occurred in the **Resumen**.

__________ 1. Javier dice que sacó muchísimas fotos.
__________ 2. Inés menciona que Martín es un guía muy bueno.
__________ 3. Inés dice que se alegra de haber conocido a los otros estudiantes.
__________ 4. Martín recomienda que los chicos hagan unos ejercicios de estiramiento.
__________ 5. Maite dice que se divirtió mucho durante la excursión.

Después de ver el video

5 **¿Cierto o falso?** Indicate whether each sentence about this video episode is **cierto** or **falso**. If an item is false, rewrite it so that it will be correct.

	Cierto	Falso
1. Según Álex, es muy bonita el área donde hicieron la excursión.	❍	❍
2. Martín y los estudiantes hacen unos ejercicios de estiramiento después de la excursión.	❍	❍
3. Don Francisco dice que el grupo debe volver a la casa para preparar la cena.	❍	❍
4. Maite va a un gimnasio cuando está en Madrid.	❍	❍
5. Maite va a tener mucho que decirle a su familia cuando regrese a España.	❍	❍

6 **Preguntas personales** Answer the following questions in Spanish.

1. ¿Vas al gimnasio todos los días? ¿Por qué sí o por qué no?
2. ¿Sacas muchas fotos cuando estás de vacaciones? ¿Por qué sí o por qué no?
3. ¿Te gusta comer una cena grande después de hacer ejercicio? Explica por qué.
4. ¿Has visto alguna vez un paisaje tan bonito como el paisaje que vieron Álex, Maite, Javier e Inés? ¿Dónde?
5. ¿Quieres hacer una excursión como la que hicieron los cuatro estudiantes? Explica tu respuesta.

7 **Describir** Write a description of your personal fitness routine. You may write about an imaginary fitness routine if you wish.

Nombre ______________________ Fecha ______________________

¡Es un plan sensacional! Lección 16

Antes de ver el video

1 **Planes para el futuro** In this video episode, the four travelers and don Francisco discuss their future plans. What kinds of things do you think they will mention?

____

____

____

____

____

____

____

____

Mientras ves el video

2 **Planes y profesiones** (01:29:11 – 01:33:44) Watch the **¡Es un plan sensacional!** segment of this video module. Then indicate who made each statement, and fill in the blanks with the missing words.

__________ 1. Martín es el mejor __________ que conozco.

__________ 2. He decidido que (...) voy a establecer mi propia __________ de turismo.

__________ 3. Con su experiencia y talento, __________ un gran éxito.

__________ 4. Me __________ en la tele entrevistando a políticos, científicos, hombres y mujeres de negocios y actores y actrices.

__________ 5. Todo el mundo __________ comprar mis cuadros y llegaré a ser más famoso que Picasso, que Dalí, que Velázquez...

3 **Las profesiones en Puerto Rico** (01:31:38 – 01:32:08) Watch Javier's flashback about interesting professions in Puerto Rico and place a check mark beside the people and things you see.

____ 1. teléfonos celulares

____ 2. un profesor

____ 3. una profesora

____ 4. un médico

____ 5. un policía

____ 6. dos camareros

4 **Resumen** (01:33:45 – 01:35:26) Watch the **Resumen** segment of this video module. Then place a check mark beside the events that you saw in the **Resumen**.

____ 1. Inés dice que Martín fue un guía estupendo.

____ 2. Maite dice que va a ser una pintora muy famosa.

____ 3. Álex dice que él y los otros viajeros van a seguir siendo amigos.

____ 4. Álex dice que va a establecer una compañía especializada en el Internet.

____ 5. Álex escribe sobre la conversación que tuvieron él y sus amigos.

Nombre ______________________ Fecha ______________________

Después de ver el video

5 **Preguntas** In Spanish, answer the following questions about this video episode.

1. ¿Quién dice que va a ser un pintor famoso?
2. ¿Qué quiere hacer Maite en el futuro?
3. ¿Cuáles son los planes de Inés para el futuro?
4. ¿Qué piensa hacer don Francisco?
5. ¿Qué habrá hecho Álex en cinco años?

6 **En tu opinión** In Spanish, answer the following questions about this video episode.

1. En tu opinión, ¿cuál de los personajes (*characters*) va a tener la profesión más interesante? Explica tu respuesta.
2. ¿Cuál de los personajes será el/la más rico/a? Explica tu opinión.
3. ¿Cuál de los personajes será el/la más famoso/a? Explica tu opinión.
4. ¿Cuál de los personajes será el/la más feliz?
5. ¿Cuáles de los personajes van a lograr sus metas (*achieve their goals*)? Explica tu opinión.

7 **Tus planes** Write a description of what your life will be like in five years. Don't forget to mention your family, your friends, your residence, your hobbies, and your occupation.

Nombre ______________________ Fecha ______________________

¡Ahí vienen Romeo y Julieta!

Lección 17

Antes de ver el video

1 **Romeo y Julieta** In this video episode, Álex and Maite go out together. Based on the title of this episode and the video still, what do you think will happen on their date?

____
____
____
____
____
____
____
____

Mientras ves el video

2 **Ordenar** (01:35:56 – 01:40:50) Watch the **¡Ahí vienen Romeo y Julieta!** segment of this video module and number the following events from one to six based on the order in which they occurred in the video.

____ 1. Álex canta (¡pero muy mal!).
____ 2. Álex dice que sus películas favoritas son las de ciencia ficción.
____ 3. Álex y Maite ven que el teatro no abre hasta más tarde.
____ 4. Álex y Maite se besan.
____ 5. Maite dice que le gustaría ser cantante de ópera.
____ 6. Álex menciona que le gusta la poesía de Octavio Paz.

3 **Los espectáculos de México** (01:36:50 – 01:37:37) Watch Álex's flashback about cultural events in Mexico and place a check mark beside the things you see.

____ 1. cantantes
____ 2. una iglesia
____ 3. murales
____ 4. bailarines
____ 5. bailarinas
____ 6. pintores

4 **Resumen** (01:40:51 – 01:42:19) Watch the **Resumen** segment of this video module. Then place a check mark beside the statement that best sums up the **Resumen**.

____ 1. Álex y Maite se besaron en la entrada.
____ 2. Álex y Maite salieron juntos y Álex quiere salir con Maite otra vez.
____ 3. Álex y Maite se divirtieron pero Maite ya no quiere salir con Álex.
____ 4. Álex y Maite se diviertieron y Maite quiere salir con Álex otra vez.
____ 5. Javier e Inés sorprendieron a Álex y a Maite cuando volvieron a la casa.

Nombre ______________________ Fecha ______________________

Después de ver el video

5 **Seleccionar** In the blanks provided, write the letter of the word or words that best completes each sentence.

1. El teatro se abre a las ___.

   a. seis y media b. siete c. siete y media d. siete

2. Maite dice que le gustan mucho las películas ___.

   a. románticas b. de ciencia ficción c. de horror d. de aventuras

3. Álex dice que le gusta mucho leer la poesía de ___.

   a. García Lorca b. Carme Riera c. Octavio Paz d. García Márquez

4. A Álex le gustaría ser ___.

   a. cantante de ópera b. pintor c. poeta d. periodista

5. De no ser periodista, a Maite le gustaría ser ___.

   a. poeta b. actriz c. novelista d. cantante de ópera

6. Cuando Álex y Maite regresan a la casa, ___ los sorprenden a la puerta.

   a. Javier y don Francisco b. Inés y don Francisco c. Javier e Inés d. Javier, Inés y don Francisco

6 **En tu opinión** Answer the following questions in Spanish.

1. ¿Crees que Álex y Maite van a salir juntos cuando vuelvan a Quito? ¿Por qué sí o por qué no?

   ____

   ____

2. Álex y Maite tienen intereses similares, pero ¿son compatibles? Explica tu opinión.

   ____

   ____

3. ¿Crees que Javier e Inés van a ser novios algún día? ¿Por qué sí o por qué no?

   ____

   ____

7 **En tu comunidad** In Spanish, describe a few of the cultural events that occur in your community or area. You may invent cultural events if you wish.

____

____

____

____

____

____

____

____

____

Nombre ______________________ Fecha ______________________

¡Hasta la próxima!

Lección 18

Antes de ver el video

1

¿Qué pasa? Look at the video still. Where do you think the travelers are? Who are they talking to, and what are they talking about?

____

____

____

____

____

____

____

____

Mientras ves el video

2

Completar (01:42:43 – 01:45:33) Watch the **¡Hasta la próxima!** segment of this video module and complete the following sentences.

1. ¿Qué ______________________, don Francisco? ¡Qué ______________________ volver a verlo!
2. Nos ______________________ en clase de ______________________.
3. Me ______________________ hacerles una ______________________ sobre las ______________________ del viaje.
4. A ver... empecemos ______________________, Inés. ¿Cuál ______________________ tu experiencia ______________________?
5. Pero si nuestro ______________________ no ______________________ estado allí con nosotros, seguro que nos ______________________ perdido.

3

¿Qué viste? (01:42:43 – 01:45:33) Watch the **¡Hasta la próxima!** segment of this video module and place a check mark beside the events that you saw.

____ 1. Maite describe la fiesta sorpresa en el restaurante El Cráter.

____ 2. Don Francisco besa a la señora Ramos.

____ 3. Maite le dice a Roberto que Álex es su novio.

____ 4. Álex dice que le gustaría hacer el viaje otra vez.

4

Resumen (01:45:34 – 01:46:34) Watch the **Resumen** segment of this video module. Then number the following events from one to four according to the order in which they occurred in the **Resumen**.

____ 1. Álex y Maite se besan.

____ 2. Don Francisco ve que sus nuevos pasajeros son dos chicas y dos chicos.

____ 3. Javier dice que él y los otros viajeros tuvieron un viaje estupendo.

____ 4. Roberto le pregunta a Álex si le gustaría hacer el viaje otra vez.

Después de ver el video

5 **Preguntas** In Spanish, answer these questions about this video episode.

1. ¿Por qué quiere Roberto escribir un artículo sobre el viaje?

2. Para Inés, ¿cuál fue la mejor parte del viaje?

3. ¿Qué le dice Maite a Roberto sobre el viaje?

4. ¿Qué le menciona Javier a Roberto sobre el viaje?

5. Según Álex, ¿por qué le gustaría hacer el viaje otra vez?

6 **Un artículo** Imagine that you are Roberto's colleague at the school newspaper. Write a brief article about the trip using the information Roberto has collected.

7 **¿Qué va a pasar?** The travelers and don Francisco have just returned to Quito. What do you think the future holds for them? Will Álex and Maite continue dating? Will they get married? Will Javier and Inés start dating? Will the students and don Francisco achieve their career goals?

answers to workbook activities — Lección 1

contextos

1 1. Me llamo Pepe. 2. Nada. 3. Soy de Ecuador. 4. Nos vemos. 5. Muy bien, gracias. 6. El gusto es mío. 7. Encantada. 8. De nada.

2 1. está 2. usted 3. Muy 4. cómo 5. Le 6. gusto 7. es 8. mío 9. eres 10. Soy 11. de 12. Hasta 13. vemos 14. Adiós/Chau

3 1. Qué 2. Hasta 3. Mucho 4. presento 5. Cómo 6. Buenos 7. gusto 8. vemos **Saludos:** ¿Qué pasa?, ¿Cómo estás?, Buenos días. **Despedidas:** Hasta luego, Nos vemos. **Presentaciones:** Mucho gusto., Te presento a Irene., El gusto es mío.

4 1. Estados Unidos 2. México 3. Ecuador 4. Puerto Rico 5. España

5 1. Buenos días. 2. Regular 3. Washington 4. Muchas gracias. 5. ¿De dónde eres? 6. Chau.

estructura

1.1 Estructura

1 **Masculino:** el hombre, el pasajero, el chico, el profesor **Femenino:** la profesora, la chica, la mujer, la conductora, la pasajera

2 1. el 2. la 3. los 4. el 5. las 6. la 7. el 8. el 9. las 10. los

3 1. una capital 2. unos días 3. unos cuadernos 4. un número 5. unas computadoras 6. una escuela 7. un mapa 8. unos programas 9. un autobús 10. unas palabras

4 1. los turistas, unos turistas 2. la foto, una foto 3. el pasajero, un pasajero 4. las maletas, unas maletas

1.2 Estructura

1 1. (*horizontal*) veinticinco 1. (*vertical*) veintidós 2. nueve 3. catorce 4. cero 5. once 6. veinte 7. diez 8. dieciséis 9. siete 10. ocho 11. cuatro 12. trece

2 1. Hay tres diccionarios. 2. Hay doce estudiantes. 3. Hay diez lápices. 4. Hay siete maletas. 5. Hay veinticinco palabras. 6. Hay veintiún países. 7. Hay trece grabadoras. 8. Hay dieciocho pasajeros. 9. Hay quince computadoras. 10. Hay veintisiete pasajeros.

1.3 Estructura

1 1. usted, él 2. ustedes, ellas 3. ustedes, ellos 4. usted, ella 5. tú, él 6. usted, él 7. ustedes, ellas 8. usted, él 9. ustedes, ellos 10. usted, ella

2 1. son 2. somos 3. es 4. es 5. soy 6. es 7. eres 8. son

3 1. son estudiantes. 2. es de Puerto Rico. 3. son conductores. 4. eres estudiante. 5. somos del Ecuador. 6. soy profesora. 7. es de España. 8. son de México.

4 1. Es el diccionario del estudiante. 2. Son los cuadernos de las chicas. 3. Es la mano de Manuel. 4. Son las maletas de la turista. 5. Son los mapas de los profesores. 6. Es el autobús del conductor. 7. Son los lápices de la joven. 8. Es la fotografía de los chicos. 9. Es la computadora de la directora. 10. Es el país de Daniela.

5 1. Lina y María son de Colombia. 2. El profesor es de México. 3. Tú y los jóvenes son de Argentina. 4. Las estudiantes son de Estados Unidos. 5. Ellos son de/del Ecuador. 6. La mujer es de Puerto Rico. 7. Los turistas son de España. 8. Él y yo somos de Chile. 9. Nosotras somos de Cuba. 10. Usted es de Venezuela.

6 1. ¿De quién son los lápices? 2. ¿De dónde es Lilia? 3. ¿Qué es? 4. ¿Quiénes son ellas?

1.4 Estructura

1 1. Son las cinco menos cuarto/quince. 2. Son las doce y siete. 3. Son las ocho menos dos. 4. Son las dos y cuarto/quince. 5. Son las seis y media. 6. Es la una y veinte.

2 1. Son las cuatro menos veinte de la tarde. 2. Son las seis (en punto) de la mañana. 3. Son las nueve y cuarto/quince de la noche. 4. Son las doce del mediodía. 5. Es la una y diez de la tarde. 6. Son las once menos cuarto/quince de la mañana. 7. Son las cinco y cinco de la tarde. 8. Son las doce menos diez de la noche. 9. Es la una y media de la mañana. 10. Son las diez (en punto) de la noche.

3 1. La clase de biología es a las nueve menos cuarto/quince de la mañana. 2. La clase de cálculo es a las once (en punto) de la mañana. 3. El almuerzo es al mediodía/a las doce. 4. La clase de literatura es a las dos (en punto) de la tarde. 5. La clase de yoga es a las cuatro y cuarto/quince de la tarde. 6. El programa especial es a las diez y media (treinta) de la noche.

síntesis

Answers will vary.

panorama

1 1. Cierto. 2. Falso. Hay más hispanos en Texas que en Illinois. 3. Cierto. 4. Falso. La ciudad de Estados Unidos con la mayor población hispana es Los Ángeles. 5. Cierto. 6. Cierto. 7. Falso. Los tacos, las enchiladas y los burritos son platos mexicanos. 8. Cierto. 9. Falso. Un barrio cubanoamericano importante de Miami se llama la Pequeña Habana. 10. Cierto.

2 1. cañaveral 2. tierra de flores 3. montaña 4. de color rojo 5. tormenta de nieve

3 1. San Francisco; 1.5 millones de hispanos 2. Los Ángeles; 6.5 millones de hispanos 3. Chicago; 1.3 millones de hispanos 4. Nueva York; 3.5 millones de hispanos 5. Miami; 1. 8 millones de hispanos

4 1. puertorriqueño 2. mexicano 3. cubano 4. mexicano 5. mexicano

Lección 2

contextos

1 1. cafetería 2. geografía 3. materias 4. laboratorio 5. ciencias 6. clase

2 **Horizontal:** física, español, economía, arte, prueba, clase, ciencias, periodismo, horario, humanidades
Vertical: sociología, tarea, química, biología, inglés

3 1. martes 2. viernes 3. jueves 4. martes 5. miércoles 6. domingo 7. lunes 8. sábado 9. viernes 10. domingo

4 1. ciencias 2. horario 3. examen 4. arte 5. computación 6. laboratorio 7. biblioteca 8. geografía

estructura

2.1 Estructura

1 1. canto, cantas, canta, cantamos, cantan 2. preguntar, preguntas, pregunta, preguntamos, preguntan 3. contestar, contesto, contesta, contestamos, contestan 4. practicar, practico, practicas, practicamos, practican 5. desear, deseo, deseas, desea, desean 6. llevar, llevo, llevas, lleva, llevamos

2 1. viajan 2. hablamos 3. llegan 4. dibujo 5. compra 6. regresan 7. termina 8. buscas

3 1. regresamos 2. toman 3. esperan 4. conversas 5. trabaja 6. busco 7. compran 8. enseña

4 1. Una estudiante desea hablar con su profesora de biología. 2. Mateo baila en la cafetería de la universidad. 3. Los profesores contestan las preguntas de los estudiantes. 4. (Nosotros) Esperamos viajar a Madrid. 5. Ella habla de la economía con su compañera de cuarto. 6. (Yo) Necesito practicar los verbos en español.

5 1. Juanita y Raúl no trabajan en la biblioteca. 2. El conductor no llega al mediodía. 3. No deseo comprar tres cuadernos. 4. El estudiante no espera a la profesora 5. No estudiamos a las seis de la mañana. 6. (Tú) No necesitas usar la computadora.

6 1. Sí, estudio ciencias en la universidad./No, no estudio ciencias en la universidad. 2. Sí, converso mucho con los compañeros de clase./No, no converso mucho con los compañeros de clase. 3. Sí, espero estudiar administración de empresas./No, no espero estudiar administración de empresas. 4. Sí, necesito descansar después de los exámenes./No, no necesito descansar después de los exámenes. 5. Sí, compro los libros en la librería./No, no compro los libros en la librería. 6. Sí, escucho música jazz./No, no escucho música jazz.

2.2 Estructura

1 1. ¿Son Uds. de Puerto Rico?/¿Son de Puerto Rico Uds.? 2. ¿Dibuja el estudiante un mapa?/¿Dibuja un mapa el estudiante? 3. ¿Llegan en autobús los turistas?/¿Llegan los turistas en autobús? 4. ¿Termina la clase a las dos de la tarde?/¿Termina a las dos de la tarde la clase? 5. ¿Trabaja Samuel en la biblioteca?/¿Trabaja en la biblioteca Samuel? 6. ¿Ven los chicos un programa de televisión?/¿Ven un programa de televisión los chicos? 7. ¿Enseña el profesor Miranda la clase de humanidades?/¿Enseña la clase de humanidades el profesor Miranda? 8. ¿Compra Isabel cinco libros de historia?/¿Compra cinco libros de historia Isabel? 9. ¿Estudian Mariana y Javier para el examen?/¿Estudian para el examen Mariana y Javier? 10. ¿Conversan ellas en la cafetería de la universidad?/¿Conversan en la cafetería de la universidad ellas?

2 1. ¿Adónde caminan Paco y Rosa? 2. ¿De dónde es el profesor de español? 3. ¿Cuántos estudiantes hay en la clase? 4. ¿Quién es el compañero de cuarto de Jaime? 5. Dónde es la clase de física? 6. ¿Qué lleva Julia? 7. ¿Cuándo termina el programa de televisión? 8. ¿Por qué estudias/estudia biología?

3 1. ¿Canta Sara en el coro de la universidad?, ¿Canta en el coro de la universidad Sara?, Sara canta en el coro de la universidad, ¿no?, Sara canta en el coro de la universidad, ¿verdad?

2. ¿La estudiante busca el libro de arte?, ¿Busca el libro de arte la estudiante?, ¿Busca la estudiante el libro de arte?, La estudiante busca el libro de arte, ¿verdad? ¿no? 3. ¿La profesora Gutiérrez enseña contabilidad?, ¿Enseña la profesora Gutiérrez contabilidad?, La profesora Gutiérrez enseña contabilidad, ¿no?, La profesora Gutiérrez enseña contabilidad, ¿verdad? 4. ¿Necesitan Uds. hablar con el profesor de economía?, ¿Necesitan hablar con el profesor de economía Uds.?, Uds. necesitan hablar con el profesor de economía, ¿no?, Uds. necesitan hablar con el profesor de economía, ¿verdad?

4 1. Dónde 2. Cuándo 3. De dónde 4. Cuántos 5. Adónde 6. Qué 7. Por qué 8. Quién

2.3 Estructura

1 1. Cristina y Bruno están en el estadio. 2. La profesora y el estudiante están en la clase. 3. La puerta está al lado de/a la derecha de/cerca de la ventana. 4. La mochila está debajo de la pizarra. 5. El pasajero está en el autobús. 6. José Miguel está en el laboratorio.

2 1. Los libros están cerca del escritorio. 2. Uds. están al lado de la puerta. 3. El diccionario está entre las computadoras. 4. Los lápices están sobre el cuaderno. 5. El estadio está lejos de las residencias. 6. Las mochilas están debajo de la mesa. 7. Tú estás en la clase de psicología. 8. El reloj está a la derecha de la ventana. 9. Rita está a la izquierda de Julio.

3 1. está 2. están 3. son 4. es 5. Son 6. estamos

4 1. Estás 2. estoy 3. está 4. está 5. está 6. está 7. está

5 1. estás 2. es 3. eres 4. Soy 5. eres 6. Soy 7. está 8. Está 9. es 10. Es 11. es 12. Son 13. está 14. está

2.4 Estructura

1 1. siete, setenta y seis, setenta y siete, noventa y nueve 2. cinco, cuarenta y tres, treinta y uno, sesenta y dos 3. cuatro, ochenta y tres, cuarenta y siete, cuarenta y cinco 4. tres, cincuenta y dos, cincuenta, setenta y tres 5. ocho, ochenta y ocho, setenta y cinco, cuarenta 6. cinco, sesenta y seis, treinta y ocho, cincuenta y siete 7. cuatro, noventa y dos, sesenta, treinta y tres 8. siete, ochenta, cincuenta y siete, setenta

2 1. Hay sesenta y seis mapas. 2. Hay treinta y una mochilas. 3. Hay cuarenta y tres diccionarios. 4. Hay cincuenta cuadernos. 5. Hay ochenta y cinco plumas. 6. Hay noventa y un lápices. 7. Hay treinta computadoras. 8. Hay setenta y dos grabadoras.

3 1. treinta y cinco 2. cuarenta y tres 3. sesenta y cinco 4. ochenta y dos 5. cuarenta y siete 6. cincuenta y tres

síntesis

Answers will vary.

panorama

1 1. Madrid 2. Salamanca 3. Valencia 4. Barcelona 5. Buñol 6. Sevilla

2 1. Cierto. 2. Cierto. 3. Falso. Las monedas de España son la peseta y el euro. 4. Cierto. 5. Falso. La Tomatina es un festival donde se tiran tomates./La paella es uno de los platos más deliciosos de España. 6. Cierto.

3 1. Mar Cantábrico 2. Pirineos 3. Barcelona 4. Madrid 5. Valencia 6. Sevilla 7. Estrecho de Gibraltar 8. Mar Mediterráneo

4 1. astronauta 2. escritora y periodista 3. director de cine 4. escritor 5. tenista 6. pintor

5 1. Baleares 2. idiomas 3. europea 4. Prado 5. Goya 6. *Las meninas* **Aeropuerto:** Barajas

6 1. la bandera de España 2. la paella 3. el flamenco 4. la Sagrada Familia

Lección 3

contextos

1 1. Juan Carlos y Sofía son los abuelos de Pilar. 2. Pilar es la hija de Ana María y Luis Miguel. 3. Eduardo es el esposo de Raquel. 4. José Antonio y Ramón son los hermanos de Concha. 5. Raquel es la tía de Pilar. 6. Concha, José Antonio y Ramón son los primos de Pilar. 7. Ana María es la cuñada de Raquel. 8. Joaquín es el yerno de Ana María y Luis Miguel.

2 1. hijastra 2. nieto 3. artista 4. novio 5. tíos 6. amiga

3 **Horizontales:** 3. sobrino 4. madrastra 6. nieto 7. cuñado 8. programador 10. abuela 11. familia 12. hermanastro 15. médico 16. hijos 17. gente 18. hijastra **Verticales:** 1. periodista 2. amigos 4. muchachos 5. yerno 8. primo 9. parientes 13. artistas 14. tío

estructura

3.1 Estructura

1 1. La profesora de historia es alta. 2. David y Simón son guapos. 3. El artista es simpático. 4. Esas muchachas son delgadas. 5. El abuelo de Alberto es viejo. 6. La programadora es trabajadora.

2 1. buenos 2. alto, guapo 3. bajas, delgadas 4. morenos, pelirroja 5. inteligentes, trabajadoras 6. simpáticos, tontos

3 1. No, es simpático. 2. No, son rubias. 3. No, es guapa/bonita. 4. No, son jóvenes. 5. No, son buenos. 6. No, es feo.

4 1. Ling y Sammo Hung son de Pekín. Son chinos. 2. Pierre y Marie Lebrun son de Montreal. Son canadienses. 3. Luigi Mazzini es de Roma. Es italiano. 4. Elizabeth Mitchell es de Londres. Es inglesa. 5. Roberto Morales es de Madrid. Es español. 6. Andrés y Patricia Padilla son de Quito. Son ecuatorianos. 7. Paula y Cecilia Robles son de San Juan. Son puertorriqueñas. 8. Conrad Schmidt es de Berlín. Es alemán. 9. Antoinette y Marie Valois son de París. Son francesas. 10. Marta Zedillo es de Guadalajara. Es mexicana.

4 1. buena 2. buen 3. buena 4. buenos 5. mala 6. mal 7. mala 8. malas 9. gran 10. grandes 11. grande 12. gran

3.2 Estructura

1 1. Sí, es su mochila. 2. Sí, es tu clase de español. 3. Sí, son sus papeles. 4. Sí, es su diccionario. 5. Sí, es mi novia. 6. Sí, son nuestros lápices.

2 1. mis 2. su 3. sus 4. tu 5. sus 6. mi

3 1. ¿Cuál es el problema de ella? 2. Trabajamos con la madre de ellos. 3. ¿Dónde están los papeles de Uds.? 4. ¿Son las plumas de ella? 5. ¿Quiénes son los compañeros de cuarto de él? 6. ¿Cómo se llaman los sobrinos de Ud.?

4 1. Mi 2. Sus 3. tu 4. Nuestros 5. su 6. mis 7. su 8. Nuestra

5 1. Son sus sillas. 2. Es tu mochila. 3. Es nuestra mesa. 4. Es mi maleta. 5. Son sus lápices. 6. Es su grabadora.

6 1. Mi padre es alto y moreno. 2. Tus/Sus papeles están en el escritorio. 3. Su escuela es pequeña y vieja. 4. Nuestros amigos son puertorriqueños. 5. Tu tarea está en la mesa. 6. Sus hermanos son simpáticos.

3.3 Estructura

1 1. lees 2. Leo 3. viven 4. vivimos 5. comen 6. como, come 7. debemos 8. deben 9. Escribes 10. escribo

2 1. (Nosotros) Escribimos muchas composiciones en la clase de literatura. 2. Esteban y Luisa aprenden a bailar el tango. 3. ¿Quién no comprende la lección de hoy? 4. (Tú) Debes comprar un mapa de Quito. 5. Ellos no reciben muchas cartas de sus padres. 6. (Yo) Busco una foto de mis primos.

3 1. corres 2. asisto 3. Aprende 4. comprendo 5. comen 6. leemos

4 1. Ellos creen que la lección 3 es fácil. 2. La gente come hamburguesas en la cafetería. 3. Aprendo a hablar, leer y escribir en la clase de español. 4. Escribes en tu diario todos los días. 5. Víctor comparte sus problemas con sus padres. 6. Vivimos en una residencia interesante y bonita.

5 1. Nosotros comemos en la cafetería. Yo abro una ventana. 3. Mirta lee un libro. 4. Los estudiantes aprenden a dibujar.

3.4 Estructura

1 1. vienen 2. Vienes 3. tenemos 4. viene 5. tengo, tiene 6. Tienen 7. tienen 8. viene, vengo 9. venimos 10. tienes 11. tengo 12. vienen

2 1. Los estudiantes tienen miedo de tomar el examen de química. 2. Las turistas tienen prisa por llegar al autobús. 3. Mi madre tiene razón siempre. 4. Vienes a la cafetería cuando tienes hambre. 5. Tengo frío en la biblioteca porque abren las ventanas. 6. Rosaura y María tienen ganas de mirar la televsión. 7. Nosotras tenemos cuidado con el sol. 8. David toma mucha agua cuando tiene sed.

3 1. tienen miedo 2. tener cuidado 3. tengo que 4. tenemos ganas 5. tiene razón 6. tienes (mucha) suerte

síntesis

Answers will vary.

panorama

1 1. Falso. El Ecuador tiene aproximadamente el área de Colorado. 2. Falso. Colombia y Perú limitan con el Ecuador. 3. Cierto. 4. Cierto. 5. Falso. 4.000.000 de ecuatorianos hablan lenguas indígenas. 6. Falso. Rosalía Arteaga fue vicepresidenta del Ecuador. 7. Cierto. 8. Oswaldo Guayasamín fue un pintor, muralista y escultor ecuatoriano famoso.

2 1. Río Esmeraldas 2. Quito 3. Portoviejo 4. Cordillera de los Andes 5. Guayaquil 6. Cuenca 7. Colombia 8. Río Napo 9. Volcán Cotopaxi 10. Perú

3 1. cuidad de Quito 2. volcán Cotopaxi 3. catedral de Guayaquil

4 **Suggested answers:** 1. La moneda del Ecuador se llama sucre. 2. Los ecuatorianos hablan español, quichua y otras lenguas indígenas. 3. Las islas Galápagos son un verdadero tesoro ecológico porque las plantas y animales de las islas son diferentes de las especies que viven en el continente/porque las plantas y animales evolucionaron de una manera diferente. 4. Muchos turistas vienen para visitar las islas Galápagos, hacer *trekking* y escalar montañas. 5. El estilo artístico de Guayasamín es expresivo. 6. Los indígenas hacen los tejidos. 7. Ellos tejen bolsas, cinturones y tapices. 8. No, cada pueblo usa colores, figuras y diseños diferentes.

repaso lecciones 1-3

1 1. son 2. está 3. son 4. Soy, estás 5. está 6. está

2 **Carmen:** médica, cincuenta y uno, ecuatoriana **Gloria:** artista, treinta y dos **David:** conductor, cuarenta y cinco, canadiense **Ana:** treinta y siete, española

3 1. ¿Cómo está usted, Sra. Rodríguez? 2. El/La estudiante llega a la gran biblioteca a las cinco y media (treinta) de la tarde. 3. Hay quince cuadernos sobre el escritorio. 4. El nieto de Inés aprende español en la escuela. 5. La conductora del autobús no es antipática. 6. El abuelo de Lisa tiene setenta y dos años.

4 1. La clase de contabilidad es a las doce menos cuarto/quince de la mañana. ¿Es a las doce menos cuarto/quince de la mañana la clase de contabilidad?/¿Es la clase contabilidad a las doce menos cuarto/quince de la mañana? 2. Su tía favorita tiene treinta y cinco años. ¿Tiene treinta y cinco años su tía favorita?/¿Tiene su tía favorita treinta y cinco años? 3. Tu profesor de biología es de México. ¿Es de México tu profesor de biología?/¿Es tu profesor de biología de México? 4. La biblioteca está cerca de la residencia estudiantil. ¿Está cerca de la residencia estudiantil la biblioteca?/¿Está la biblioteca cerca de la residencia estudiantil?

5 1. Pequeña Habana 2. mexicano 3. España 4. quichua

6 Answers will vary.

Lección 4

contextos

1 1. el tenis 2. la natación 3. el golf 4. el ciclismo 5. el esquí 6. el fútbol americano

2 1. trabajar 2. descansar 3. películas 4. museo 5. tenis 6. aficionado/a

3 **Deportes:** fútbol, béisbol, baloncesto **Lugares:** restaurante, montañas, gimnasio **Personas:** aficionado/a, jugador(a), excursionista

4 1. escala 2. jugador 3. equipo 4. practica 5. escribe 6. esquí 7. fin de semana 8. bucean 9. leo 10. visitamos

estructura

4.1 Estructura

1 1. Vamos 2. vamos 3. van 4. voy 5. voy 6. voy 7. vamos 8. voy 9. va 10. va 11. vamos

2 1. Mi primo va a casa de mis/sus abuelos los fines de semana. 2. Los estudiantes van a la librería a comprar unos cuadernos. 3. (Tú) Vas a la residencia estudiantil a buscar la mochila. 4. (Yo) Voy al estadio a practicar hockey. 5. (Nosotras) Vamos al museo de ciencias en autobús. 6. Mario y tú van mucho al cine.

3 1. Ana va al laboratorio hoy. 2. Mis amigos van a bailar mañana. 3. Voy a la clase de música a las once menos cuarto. 4. José va a viajar a Boston en septiembre. 5. Voy a leer el correo electrónico en la residencia estudiantil. 6. El novio de Silvia va a nadar en la piscina. 7. El autobús número diez va al parque municipal. 8. Voy a trabajar en la biblioteca los sábados.

4 1. La familia García va a ir al parque. 2. Los jugadores van a ganar el partido. 3. Los excursionistas van a escalar montañas. 4. Gisela va a leer su correo electrónico. 5. (Tú) Vas a decidir ir al laboratorio de química. 6. Mis compañeros de clase y yo vamos a visitar la biblioteca del Congreso en Washington, D.C. 7. El profesor de historia va a preparar un examen difícil. 8. (Yo) Voy a escribir postales a mi novio/a.

4.2 Estructura

1 1. piensa 2. pierde 3. vuelve 4. repiten 5. dormimos 6. cierran 7. muestra 8. Recuerdo 9. Quieres 10. encuentro

2 1. Vicente y Francisco juegan al vóleibol los domingos. 2. Adela y yo empezamos a tomar clases de tenis. 3. Uds. vuelven de Cancún el viernes. 4. Los jugadores de béisbol recuerdan el importante partido. 5. La profesora repite las palabras de vocabulario. 6. El excursionista prefiere escalar la montaña de noche. 7. Sigo el plan de estudios. 8. Miguel puede salir a las seis. 9. Silvina y Carlos siguen la ruta correcta. 10. Cierras los libros y te vas a dormir.

3 1. No, no queremos patinar en línea con ustedes. 2. No, (ellas) no consiguen los libros que necesitan. 3. No, no prefiero jugar al fútbol a nadar en la piscina. 4. No, (mis sobrinos) no duermen en casa de mi abuela. 5. No, no jugamos al baloncesto en la universidad. 6. No, no pienso que la clase de química orgánica es difícil. 7. No, no encuentro el programa de computadoras en la librería. 8. No, no volvemos a casa los fines de semana. 9. No, no puedes tomar el autobús a las once de la noche. 10. No, no entienden la tarea de psicología.

4 1. empiezan 2. dormimos 3. entiendes 4. pienso 5. vuelvo 6. prefiero 7. Quiero 8. conseguimos 9. podemos 10. jugamos

4.3 Estructura

1 1. Oigo 2. Pongo 3. Hago 4. Traigo 5. Veo 6. Salgo 7. Supongo 8. Traigo

2 1. Salgo 2. traigo 3. Supongo 4. pongo 5. hago 6. Oigo, veo/Veo, oigo

3 1. Sí, salgo mucho a bailar con mis amigas. 2. Sí, veo a los jugadores de béisbol practicar para el partido. 3. Sí, hago la tarea en el centro de computación. 4. Sí, pongo la computadora portátil sobre el escritorio en clase. 5. Sí, oigo música clásica con mi compañera de cuarto.

4 1. Salgo a las seis de la mañana. 2. Traigo la bicicleta a la universidad. 3. Hago un plato mexicano delicioso. 4. Supongo que María tiene razón. 5. Pongo las revistas sobre la mesa. 6. Veo muchas películas. 7. Oigo a las chicas que tocan la guitarra. 8. Pongo las mochilas debajo de la mesa.

5 Hago mis tareas todas las tardes y salgo por las noches a bailar o a comer en un restaurante cerca de la universidad. Los fines de semana, voy a mi casa a descansar, pero traigo mis libros. En los ratos libres, oigo música o veo una película en el cine. Si hay un partido de fútbol, pongo la televisión y veo los partidos con mi papá. Hago algo de comer y pongo la mesa.

4.4 Estructura

1 1. Sí, en Soria hace buen tiempo. 2. No, en Teruel hace sol/está despejado. 3. No, en Girona llueve/hace mal tiempo. 4. No, en Murcia está despejado/hace sol. 5. No, en Cáceres hace sol/está despejado. 6. En Salamanca hace sol/está despejado/hace buen tiempo. 7. Sí, hace viento cerca de Castellón. 8. En Almería hace sol/está despejado/hace buen tiempo. 9. No, en Las Palmas está despejado/hace buen tiempo/hace sol. 10. No, en Lleida hace mal tiempo/llueve.

2 1. Nieva. 2. Está nublado./Hace mal tiempo./Llueve. 3. Hace viento./Hace buen tiempo./Hace calor./Hace sol. 4. Hay niebla./Hay contaminación. 5. Hace calor./Hace sol./Hace buen tiempo. 6. Hace calor. 7. Hace buen tiempo./Hace fresco./Hace sol./Hace calor. 8. Hace frío. 9. Llueve./Hace mal tiempo. 10. Hace frío./Llueve. 11. Llueve./Hace mal tiempo. 12. Hace frío.

síntesis

Answers will vary.

panorama

1 1. emigración 2. económico 3. Guadalajara 4. Benito Juárez 5. Yucatán 6. turistas 7. muralista 8. autorretratos

2 1. Falso. El área de México es de casi tres veces el área de Texas. 2. Falso. Octavio Paz es un poeta célebre mexicano. 3. Cierto. 4. Falso. Hay mucho crecimiento en la población del D.F./El crecimiento de la población es de los más altos del mundo. 5. Falso. Frida Kahlo y Diego Rivera eran pintores que se interesaban por la gente sencilla. 6. Cierto. 7. Falso. Los turistas van al D.F. a ver las ruinas de Tenochtitlan. 8. Falso. El Día de los muertos es costumbre comer pan y dulces en forma de calaveras y de esqueletos.

3 1. sur 2. más de 20 millones 3. náhuatl, idiomas mayas 4. Diego Rivera 5. azteca 6. muertos

4 1. La tercera ciudad de México en población es Monterrey. 2. La moneda mexicana es el peso. 3. El Distrito Federal atrae a miles de inmigrantes y turistas. 4. Muchos turistas vienen a ver las ruinas de Tenochtitlan. 5. El D.F. tiene una población mayor que la de Nueva York o cualquier capital europea. 6. Ese día la gente come pan y dulces/en forma de calaveras y de esqueletos.

5 1. Las cinco ciudades más importantes de México son la ciudad de México, Guadalajara, Monterrey, Puebla y Ciudad Juárez. 2. Seis mexicanos célebres son Benito Juárez, Octavio Paz, Elena Poniatowska, Julio César Chávez, Frida Kahlo y Diego Rivera. 3. Los Estados Unidos, Belice y Guatemala hacen frontera con México. 4. El Río Bravo del Norte es un río importante de México. 5. Dos sierras importantes de México son la Sierra Madre Oriental y la Sierra Madre Occidental. 6. Ciudad Juárez es una ciudad mexicana importante que está en la frontera con los EE.UU. 7. La ciudad de México fue fundada en el siglo dieciséis.

Lección 5

contextos

1 1. un huésped 2. la estación de tren/del metro 3. al aeropuerto 4. el pasaje, el equipaje 5. el/la botones 6. una agencia de viajes 7. la aduana 8. una llave 9. una pensión 10. el pasaporte

2 1. la habitación 2. el huésped 3. el empleado 4. la llave 5. la huésped 6. la maleta/el equipaje 7. el botones 8. el ascensor

3 1. febrero 2. marzo 3. diciembre 4. mayo 5. julio 6. enero

4 1. Puedo pescar en el mar/el océano/la playa. 2. Los aviones están en el aeropuerto. 3. Espero el metro en la estación del metro. 4. La primavera sigue al invierno. 5. Mucha gente va a la playa en el verano./En el verano mucha gente va a la playa. 6. Las clases empiezan en el otoño./En el otoño empiezan las clases.

5 1. pasajes 2. pasaportes 3. equipaje 4. sacar fotos 5. aeropuerto 6. taxi 7. confirmar 8. agente de viajes 9. hacer turismo 10. playa 11. llegada 12. hotel

estructura

5.1 Estructura

1 1. a. trabaja mucho 2. b. va a venir un huracán 3. a. nieva mucho y no pueden salir 4. c. no saben la respuesta 5. b. su novio es simpático, inteligente y guapo 6. a. vamos a pasar el verano con ellos

2 1. estamos, aburridos/as 2. está, cómodo 3. están equivocados 4. está, cansada 5. está desordenada 6. está cerrada 7. está, sucio 8. está contento/feliz/alegre 9. está triste 10. están abiertas

3 1. estoy feliz/contento 2. estás triste 3. estoy seguro 4. estamos cómodos 5. están abiertas 6. está desordenado 7. estamos ocupados 8. estoy cansado 9. estoy aburrido 10. estoy preocupado/nervioso 11. estoy enamorado 12. estoy contento/feliz

4 1. Vicente y Mónica están cansados. 2. Estamos equivocados/as. 3. El pasajero está nervioso. 4. Paloma está enamorada. 5. Los abuelos de Irene están contentos. 6. No estoy seguro/a.

5.2 Estructura

1 1. está buscando 2. están comiendo 3. Estoy empezando 4. están viviendo 5. está trabajando 6. Estás jugando 7. están teniendo 8. está abriendo 9. Estamos pensando 10. está estudiando

2 1. está leyendo el periódico 2. están jugando al fútbol 3. está paseando en bicicleta 4. está sacando una foto 5. están paseando/caminando 6. Estoy tomando el sol 7. está patinando en línea 8. Estás nadando

5.3 Estructura

1 1. es, g. 2. están, l. 3. está, k. 4. está, m. 5. es, b. 6. está, j. 7. es, e. 8. Estoy, n. 9. es, c. 10. Es, d.

2 1. está, es 2. es, estoy 3. está, es 4. es, están 5. está, es 6. está, es

3 1. El escritorio está limpio y ordenado. 2. El restaurante japonés es excelente. 3. La puerta del auto está abierta. 4. Marc y Delphine son franceses. 5. Estoy cansada de trabajar. 6. Paula y yo estamos buscando un apartamento. 7. La novia de Guillermo es muy simpática. 8. La empleada del hotel está ocupada. 9. Uds. están en la ciudad de San Juan. 10. Eres José Javier Fernández.

4 1. son 2. están 3. Están 4. son 5. están 6. son 7. están 8. está 9. es 10. está 11. es 12. es 13. estamos 14. estamos

5.4 Estructura

1 1. lo 2. la 3. las 4. lo 5. la 6. los 7. las 8. la 9. lo 10. los

2 1. Preferimos reservarla./La preferimos reservar. 2. Ana y Alberto pueden pedirlas./Ana y Alberto las pueden pedir. 3. Rosario tiene que coseguirlo./Rosario lo tiene que conseguir. 4. Vas a perderlo si no terminas a las cinco./Lo vas a perder si no terminas a las cinco.

5. Mis abuelos deben tenerlas en su casa./Mis abuelos las deben tener en su casa. 6. La chica piensa tomarlo por la mañana./La chica lo piensa tomar por la mañana.

5.5 Estructura

1 1. cien mil 2. ciento diez mil 3. dos millones ciento diez mil 4. cien millones de 5. veinte millones de 6. trescientas setenta y cuatro 7. tres millones quinientos ochenta y cuatro mil cien 8. siete mil millones de 9. cuatrocientos noventa millones de 10. quinientos millones de

2 1. Hay doscientos setenta y cinco millones de habitantes en los Estados Unidos. 2. Hay ochocientos veintisiete pasajeros en el aeropuerto. 3. Hay veinticinco mil trescientos cincuenta estudiantes en la universidad. 4. Hay tres millones novecientos treinta mil puertorriqueños que viven en Puerto Rico. 5. Hay cincuenta y seis mil cuatrocientos sesenta dólares en su cuenta de banco. 6. Hay quinientos treinta mil turistas en la ciudad en el verano.

síntesis

Answers will vary.

panorama

1 1. Falso. El área de Puerto Rico es menor que la de Connecticut. 2. Falso. Aproximadamente la cuarta parte de la población puertorriqueña habla inglés. 3. Falso. La fortaleza del Morro custodiaba la bahía de San Juan. 4. Falso. La música salsa tiene raíces puertorriqueñas y cubanas. 5. Cierto. 6. Cierto.

2 1. San Juan/la capital 2. federales 3. Roberto Clemente 4. Puerto Rico 5. radiotelescopio 6. estado libre asociado

3 **Ciudades:** San Juan, Arecibo, Bayamón, Fajardo, Mayagüez, Ponce **Ríos:** Río Grande de Añasco, Río Loíza **Islas:** Culebra, Vieques **Puertorriqueños célebres:** Luis Muñoz Rivera, Roberto Clemente, Luis Rafael Sánchez, Ricky Martin

4 1. No, no las usan. 2. Sí, lo habla. 3. Sí, las sacan. 4. Sí, la tocan. 5. No, no las estudian. 6. No, no los pagan.

5 1. el Observatorio de Arecibo 2. El Morro 3. la Plaza de Arecibo 4. El Condado de San Juan

Lección 6

contextos

1 1. corbatas, cinturones, trajes de hombre, pantalones de hombre 2. sandalias, botas, guantes, abrigos 3. cinturones, bolsas, faldas, vestidos, blusas, gafas de sol 4. calcetines, medias, trajes de baño 5. cuarto 6. tercer 7. primer/segundo 8. tercer

2 1. un traje de baño 2. un impermeable 3. gafas de sol/lentes de sol/gafas oscuras 4. zapatos de tenis 5. centro comercial 6. tarjeta de crédito

3 1. El chocolate es marrón/café. 2. Las bananas son amarillas/verdes 3. Las naranjas son anaranjadas. 4. La bandera de Estados Unidos es roja, blanca y azul. 5. Cuando está nublado, las nubes son grises./Las nubes son grises cuando está nublado. 6. Los bluejeans son azules. 7. Muchos aviones son blancos. 8. Las palabras de los libros son negras.

4 1. los pantalones 2. la corbata 3. la falda 4. la chaqueta 5. la camiseta 6. la camisa 7. los zapatos 8. el cinturón 9. las sandalias 10. la blusa

estructura

6.1 Estructura

1 1. encontró 2. recibió 3. terminaron 4. preparó 5. Recorrí 6. escucharon 7. viajaron 8. Debemos 9. Regresaste 10. vivieron

2 1. Ramón escribió una carta al director del programa. 2. Mi tía trabajó como dependienta en un gran almacén. 3. Comprendí el trabajo de la clase de biología. 4. La familia de Daniel vivió en Argentina. 5. Virginia y sus amigos comieron en el café de la librería. 6. Los ingenieros terminaron la construcción de la tienda en junio. 7. Siempre llevaste ropa muy elegante. 8. Los turistas caminaron por la playa cuando salió el sol. 9. Corrimos por el estadio antes del partido.

3 1. No, mi primo Andrés ya viajó a Perú. 2. No, ya busqué una tienda de computadoras en el centro comercial. 3. No, ya encontramos muchas rebajas en el centro. 4. No, María ya llevó las sandalias anoche. 5. No, Mónica y Carlos ya regatearon con el vendedor. 6. No, mi abuela ya paseó por la playa.

4 1. ¿Pagaste una compra con una tarjeta de crédito?, Sí, pagué una compra con una tarjeta de crédito./No, no pagué una compra con una tarjeta de crédito. 2. ¿Practicaste un deporte?, Sí, practiqué un deporte./No, no practiqué un deporte. 3. ¿Buscaste un libro en la biblioteca?, Sí, busqué un libro en la biblioteca./No, no busqué un libro en la biblioteca. 4. ¿Llegaste tarde a clase?, Sí, llegué tarde a clase./No, no llegué tarde a clase. 5. ¿Empezaste a escribir un trabajo?, Sí, empecé a escribir un trabajo./No, no empecé a escribir un trabajo.

6.2 Estructura

1 1. Le 2. nos 3. les 4. les 5. nos 6. te 7. le 8. les 9. te 10. me

2 1. Le llevo unos zapatos de tenis. 2. Le compré un impermeable. 3. Nos traen trajes de baño. 4. Les escribimos las cartas de recomendación. 5. Uds. no le buscaron un vestido. 6. Les pides un café. 7. Les conseguimos unas gafas en rebaja. 8. Les buscas un sombrero. 9. No le terminamos el trabajo. 10. Le compro unos lentes de contacto.

3 1. Vas a pedirles dinero para los libros a tus padres. 2. Les quiero comprar unos guantes a mis sobrinos. 3. Clara le va a vender sus patines en línea. 4. Los clientes pueden pagarnos con tarjeta de crédito.

4 1. les 2. le 3. le 4. les 5. le 6. le 7. les 8. Les

5 1. No, no le escribió un correo electrónico. 2. No, no nos trae las maletas a la habitación. 3. No, no les venden los lentes. 4. No, no me compra botas. 5. No, no nos mostraste el traje nuevo que compraste. 6. No, no te busqué la revista en la librería.

6.3 Estructura

1 1. estos 2. ese 3. Aquella 4. este 5. Esas 6. estos

Lección 6

2 1. No, (Gloria) va a comprar esos pantalones. 2. No, llevé estos zapatos de tenis. 3. No, quiero ver estas medias. 4. No, (David) usa aquella chaqueta negra. 5. No, (Silvia) decidió comprar ese sombrero. 6. No, me mostró el vestido aquel dependiente.

3 1. éstas/ésas/aquéllas 2. éstos/ésos/aquéllos 3. ésta/ésa/aquélla 4. éstos/ésos/aquéllos 5. éste/ése/aquél 6. éstas/ésas/aquéllas

4 1. esta 2. ésta 3. ésa 4. Ésa 5. aquella 6. aquélla 7. este 8. Éste 9. ésos

síntesis

Answers will vary.

panorama

1 1. Alicia 2. Obispo 3. taínos 4. Valdés 5. caña 6. tabaco 7. Castro 8. ballet 9. salsa 10. UNESCO

2 1. Los taínos también vivieron en Puerto Rico, la República Dominicana, Haití, Trinidad, Jamaica y partes de las Bahamas y la Florida. 2. La bandera cubana es roja, blanca y azul. 3. Fidel Castro es primer ministro y jefe de las fuerzas armadas de Cuba. 4. La carrera de Celia Cruz comenzó en los años cincuenta en Cuba.

3 1. Palacio de Capitanes Generales 2. Santiago de Cuba 3. quinta 4. Ballet Nacional de Cuba 5. caña de azúcar 6. cigarros cubanos 7. escaparse de los españoles 8. Celia Cruz

4 1. Celia Cruz 2. Alicia Alonso 3. Fidel Castro 4. José Martí 5. Zoé Valdés 6. Carlos Finlay

5 1. ...once millones doscientos setenta y cinco mil habitantes en la isla de Cuba. 2. ...dos millones doscientos setenta y ocho mil habitantes en La Habana. 3. ...mil novecientos ochenta y dos declararon a la Vieja Habana Patrimonio Cultural de la Humanidad. 4. ...cuatrocientos cuarenta y seis mil habitantes en la Habana. 5. ...doscientos noventa y cuatro mil habitantes en Camagüey. 6. ...mil novecientos veintiséis nació Fidel Castro.

repaso lecciones 4-6

1 1. Sí, la hago. 2. No, no los pongo. 3. Sí, los traigo. 4. No, no lo oigo. 5. Sí, las veo. 6. No, no la pongo.

2 1. quiere/piensa 2. comienzas 3. puede/quiere 4. Prefiero/Quiero/Pienso 5. cierran 6. quieren/piensan 7. vuelven 8. piden

3 1. No, te voy a vender ésta./No, voy a venderte ésta. 2. No, vamos a abrirle aquél./No, le vamos a abrir aquél. 3. No, va a llevarles ésas./No, les va a llevar ésas. 4. No, les van a enseñar éstos./No, van a enseñarles éstos.

4 1. Paloma y Carlos son inteligentes y trabajadores. 2. Mariela está cantando una canción bonita. 3. Eres conductor de taxi en la ciudad. 4. Estamos en una cabaña en la playa. 5. Gilberto está preocupado porque tiene mucho trabajo. 6. Roberto y yo somos puertorriqueños de San Juan.

5 Answers will vary.

Lección 7

contextos

1 1. champú 2. baño/cuarto de baño 3. jabón 4. toalla 5. despertador 6. espejo

2 1. en el baño 2. en la habitación 3. en el baño 4. en el baño 5. en la habitación 6. en el baño 7. en el baño 8. en la habitación

3 1. Lupe se cepilla los dientes después de comer. 2. Ángel se afeita por la mañana. 3. Lupe se baña luego de correr. 4. Ángel se ducha antes de salir.

4 1. antes 2. despertarse 3. bailar 4. despertador 5. entonces 6. vestirse

5 Por la mañana Silvia se prepara para salir. Primero se levanta y se ducha. Después de ducharse, se viste. Entonces se maquilla. Antes de salir come algo y bebe un café. Por último se peina y se pone una chaqueta. Durante el día Silvia no tiene tiempo de volver a su casa. Más tarde come algo en la cafetería de la universidad y estudia en la biblioteca. Por la tarde, Silvia trabaja en el centro comercial. Por la noche llega a su casa y está cansada. Más tarde prepara algo de comer y mira la televisión un rato. Antes de acostarse a dormir siempre estudia un rato.

estructura

7.1 Estructura

1 1. se enojan 2. se despide 3. Me acuesto 4. se duchan 5. nos ponemos 6. Te preocupas 7. se lava 8. se pone

2 1. Sí, me cepillé los dientes después de comer. 2. Sí, Julia se maquilla antes de salir a bailar. 3. Sí, nos duchamos antes de entrar en la piscina. 4. Sí, los turistas se ponen sombreros cuando van a la playa. 5. Sí, te afeitaste esta mañana antes de ir al trabajo. 6. Sí, se ponen/nos ponemos los vestidos en la habitación del hotel. 7. Sí, me duermo en el cine cuando veo películas aburridas. 8. Sí, Ana se sienta delante de Federico en clase. 9. Sí, nos quedamos en una pensión en Lima. 10. Sí, me acuerdo de las fotos que sacamos ayer.

3 1. se lava, lava 2. Peino, Me peino 3. Nos quitamos, Quitamos 4. se levantan, levantan

4 1. se levanta/se despierta 2. se lava 3. afeitarse 4. se quedan 5. se preocupa 6. se ponen 7. se enojó 8. se levantó/se despertó 9. maquillarme 10. irme 11. vestirme 12. acordarte

7.2 Estructura

1 1. ningún 2. alguna 3. alguien 4. ningún 5. alguna 6. tampoco

2 1. No, ninguna 2. No, ningún 3. No, nada 4. No, nunca 5. No, nadie, nunca 6. ni, tampoco

3 1. Las dependientas no venden ninguna blusa/ninguna. 2. Nadie va de compras al centro comercial. 3. Nunca me cepillo los dientes antes de salir. 4. No te traigo ningún programa de la computadora/ninguno. 5. Mi hermano no prepara nada de comer. 6. No quiero tomar nada en el café de la librería.

4 1. No, (Alma) no tiene ninguna falda./no tiene ninguna. 2. No, nunca salgo los fines de semana./no salgo nunca los fines de semana. 3. No, (Gregorio) no quiere comer nada. 4. No, no le presté ningún disco de jazz (a César)./no le presté ninguno (a César). 5. No, no podemos/no pueden ni ir a la playa ni nadar en la piscina. 6. No, no encontré ningún cinturón barato en la tienda./no encontré ninguno. 7. No, no buscamos a nadie en la playa. 8. No, no me gusta ninguno de estos trajes./no me gusta ninguno.

5 Rodrigo nunca está leyendo ningún libro. Tampoco le gusta leer el periódico. Nunca lee nada. Nadie le pregunta si leyó ninguna novela de Mario Vargas Llosa. No leyó ningún libro de Vargas Llosa el año pasado. Tampoco leyó ninguna novela de Gabriel García Márquez. Ningún libro le encanta. No le gusta leer ni libros de misterios ni novelas fantásticas.

7.3 Estructura

1 1. fueron, ir 2. fue, ser 3. fuimos, ir 4. fueron, ser 5. Fuimos, ser 6. fue, ir 7. fueron, ir 8. fue, ser 9. Fui, ir 10. fue, ir

2 **Paragraph:** 1. fuimos 2. fue 3. fue 4. fuimos 5. fuimos 6. fue 7. fuimos 8. fuimos 9. fue 10. fuimos 11. fue 12. fui 13. fue 14. fuimos 15. fuimos 16. fue 17. fue 18. Fuiste
Infinitives: 1. ir 2. ser 3. ser 4. ir 5. ir 6. ser 7. ir 8. ir 9. ser 10. ir 11. ser 12. ser 13. ser 14. ir 15. ir 16. ser 17. ser 18. ir

7.4 Estructura

1 1. Te quedan bien las faldas y los vestidos. 2. No les molesta la lluvia. 3. No les gusta estar enojados. 4. Les aburre probarse ropa en las tiendas. 5. Le fascinan las tiendas y los almacenes. 6. Le faltan dos años para terminar la carrera. 7. Nos encanta pescar y nadar en el mar. 8. Me interesan las ruinas peruanas.

2 1. fascina 2. encantan 3. gusta 4. interesan 5. molesta 6. aburren 7. falta 8. encantan

3 1. Le queda bien la blusa cara. 2. Les molestan las canciones populares. 3. No te interesa caminar y correr por la playa. 4. Me gustan aquellas gafas de sol. 5. Les encanta el centro comercial. 6. Nos faltan unas semanas de clase. 7. No les gustan las películas. 8. No les importa buscar unos libros nuestros.

4 1. me encantan 2. le molestan 3. le gusta 4. les falta 5. Te quedan 6. nos fascina 7. le importan 8. me aburren

5 1. Les gustaron las playas del Caribe. 2. Les interesaron las rebajas de verano. 3. Le encantó regatear y gastar poco dinero. 4. Nos faltó encontrar los pasajes para poder irnos.

síntesis

Answers will vary.

panorama

1 1. Lima, Arequipa 2. Iquitos 3. Barranco 4. Machu Picchu 5. camello 6. incas

2 1. Barranco 2. llamas 3. aymará 4. Inti Raymi 5. Andes 6. noroeste 7. Iquitos 8. guanacos 9. nazca 10. Callao Se llega por el **Camino del Inca.**

3 1. Trujillo 2. Iquitos 3. Lima 4. Cuzco 5. Machu Picchu 6. Cuzco

4 1. Falso. Iquitos es un destino popular para los turistas que visitan la selva. 2. Cierto. 3. Falso. La Iglesia de San Francisco es notable por la influencia de la arquitectura árabe. 4. Cierto. 5. Cierto. 6. Falso. Los descendientes de los incas se reúnen en Cuzco para celebrar el solsticio de invierno.

5 1. Ecuador 2. Colombia 3. Río Amazonas 4. Iquitos 5. Brasil 6. Lima 7. Machu Picchu 8. Cuzco 9. Bolivia 10. Lago Titicaca

Lección 8

contextos

1 1. los tomates 2. la sopa 3. las zanahorias 4. el jugo 5. el sándwich 6. las papas fritas 7. los camarones 8. los limones

2 **Verduras:** espárragos, zanahorias, cebollas, champiñones, arvejas, lechuga, maíz, papas, tomates **Productos lácteos:** yogur, leche, queso, mantequilla, margarina **Condimentos:** aceite, vinagre, azúcar, sal, pimienta **Carnes y aves:** bistec, hamburguesas, salchichas, pollo, chuletas de cerdo, jamón, **Pescado y mariscos:** atún, salmón, langosta, camarones **Frutas:** peras, naranjas, bananas, melocotones, limones, uvas, manzanas

3 1. el vino tinto 2. las zanahorias 3. los camarones 4. las uvas

4 1. **Desayuno:** un yogur y un café con leche **Almuerzo:** un sándwich de jamón y queso **Cena:** unas chuletas de cerdo con arroz y frijoles 2. **Desayuno:** huevos fritos y jugo de naranja **Almuerzo:** una hamburguesa y un refresco **Cena:** una langosta con papas y espárragos 3. **Desayuno:** pan tostado con mantequilla **Almuerzo:** un sándwich de atún y té helado **Cena:** un bistec con cebolla y arroz 4. **Desayuno:** cereales con leche **Almuerzo:** una sopa y una ensalada **Cena:** pollo asado con ajo y champiñones y vino blanco

estructura

8.1 Estructura

1 1. Ana y Enrique pidieron unos resfrescos fríos. 2. Mi mamá nos sirvió arroz con frijoles y carne. 3. Tina y yo dormimos en una pensión de Lima. 4. Las flores de mi tía murieron durante el otoño. 5. Uds. se sintieron bien porque ayudaron a las personas.

2 1. repitieron 2. murió 3. Serví 4. pidieron 5. nos dormimos 6. prefirieron

3 1. Anoche mis primos se despidieron de nuestros abuelos en el aeropuerto. 2. Seguí a Camelia por la ciudad en el auto. 3. Uds. prefirieron quedarse en casa. 4. Ellas pidieron un plato de langosta con salsa de mantequilla. 5. Tu esposo les sirvió una ensalada con atún y espárragos. 6. Los dueños consiguieron pescado ayer en el mercado al aire libre.

4 1. Preferimos este restaurante al restaurante italiano. 2. Mis amigos siguieron a Gustavo para encontrar el restaurante. 3. La camarera te sirvió huevos fritos y café con leche. 4. Uds. pidieron ensalada de mariscos y vino blanco. 5. Carlos repitió las papas fritas. 6. Conseguí el menú del restaurante chino.

5 1. conseguí 2. pidió 3. sirvió 4. murió 5. dormí 6. se vistió 7. seguí 8. repitió 9. prefirió 10. me despedí

8.2 Estructura

1 1. La camarera te lo sirvió. 2. Isabel nos las trajo a la mesa. 3. Javier me los pidió anoche. 4. El dueño nos la busca (para seis personas). 5. Tu madre me los consigue. 6. ¿Te lo recomendaron Lola y Paco?

2 1. Se los pidieron. 2. Nos lo buscaron. 3. Se las sirven con el pescado. 4. Se los llevan a la mesa. 5. Me la trajeron. 6. El dueño se la compra. 7. Te los muestran antes de servirlos. 8. La dueña nos la abre.

3 1. Se las escribí a ellos. 2. Se lo recomendó su tío./Su tío se lo recomendó. 3. Nos la va a abrir Sonia./Sonia nos la va a abrir. 4. Se lo sirvió Miguel./Miguel se lo sirvió. 5. Me los llevaron mis amigas./Mis amigas me los llevaron. 6. Se las ofrece a su familia./Roberto se las ofrece.

4 1. Se lo recomendó Rosalía./Rosalía se lo recomendó. 2. Se los sirvió el dueño./El dueño se los sirvió 3. Se los trajo el camarero./El camarero se los trajo. 4. Se lo preguntó al camarero. 5. Se las pidió Tito./Tito se las pidió. 6. Se lo pidió Celia./Celia se lo pidió. 7. Se la repitió el camarero./El camarero se la repitió. 8. Se las dio al dueño.

8.3 Estructura

1 1. conozco 2. conoce 3. Sabes 4. sabe

5. Conocemos 6. saben

2 1. conduce 2. sabes 3. parece 4. conocen 5. ofrecen 6. Traduzco

3 1. Eugenia conoce a mi amiga Frances. 2. Pamela sabe hablar español muy bien. 3. El sobrino de Rosa sabe leer y escribir. 4. José y Laura conocen la ciudad de Barcelona. 5. No sé cuántas manzanas debo comprar. 6. Conoces al dueño del mercado. 7. Elena y María Victoria saben patinar en línea.

8.4 Estructura

1 1. más pequeño que 2. más rápido que 3. tan ricos/deliciosos/sabrosos como 4. más altos que 5. más trabajadora que 6. menos inteligente que 7. tan mala como 8. menos gordos que

2 1. Gloria Estefan es más famosa que mi hermana. 2. Estudiar química orgánica es más difícil que leer una novela. 3. El tiempo en Boston es peor que el tiempo en Florida. 4. Los restaurantes elegantes son menos baratos que los restaurantes de hamburguesas. 5. Mi abuelo es mayor que mi sobrino.

3 1. más que mi padre/más que él 2. más que tú 3. más que David/más que él 4. más que yo 5. menos que tú 6. más que Lorna/más que ella

4 1. Javier y Esteban están cansadísimos. 2. Tu padre es jovencísimo. 3. La profesora es inteligentísima. 4. Las clases son larguísimas. 5. La madre de Irene está felicísima. 6. Estoy aburridísimo.

5 1. Sí, son los más caros de la tienda. 2. Sí, es el mejor del centro comercial. 3. Sí, es la más cómoda de la casa. 4. Sí, son los más nerviosos de la clase. 5. Sí, es la menor de mis amigas.

6 1. Guatemala tiene más habitantes que Puerto Rico. 2. Ramón compró tantas corbatas como Roberto. 3. Yo comí menos que mi hermano./Yo comí menos pasta que mi hermano. 4. Anabel durmió tanto como Amelia./Anabel durmió tantas horas como Amelia. 5. Mi primo toma menos clases que mi amiga Tere.

8.5 Estructura

1 1. ella 2. conmigo 3. tú 4. mí 5. contigo

síntesis

Answers will vary.

panorama

1 1. moneda 2. cuarenta 3. diseño 4. quetzal 5. calendario 6. naturaleza

2 **Suggested answers:** 1. El maíz es un cultivo de mucha importancia en la cultura maya. 2. Miguel Ángel Asturias es un escritor guatemalteco célebre. 3. México, Belice, El Salvador y Honduras limitan con Guatemala. 4. La Antigua Guatemala fue una capital importante hasta 1773, cuando un terremoto la destruyó. 5. El quetzal simboliza la libertad para los mayas porque creían que este pájaro no podía vivir en cautividad. 6. El gobierno mantiene una reserva biológica especial para proteger al quetzal.

3 1. el quetzal 2. los huipiles

4 1. El área de Guatemala es más pequeña que la de Tennessee. 2. Hay más de tres millones de habitantes en la ciudad de Guatemala. 3. Hay menos de cincuenta mil habitantes en Puerto Barrios. 4. La población de Quezaltenango es más grande que la población de Mazatenango. 5. Rigoberta Menchú es menor que Margarita Carrera. 6. La celebración de la Semana Santa en la Antigua Guatemala es la más importante del hemisferio para muchas personas.

5 1. Cierto 2. Falso. La lengua materna de muchos guatemaltecos es una lengua maya. 3. Falso. La civilización de los mayas era muy avanzada. 4. Cierto. 5. Falso. Los quetzales están en peligro de extinción. 6. Cierto.

Lección 9

contextos

1 1. estado civil 2. etapa de la vida 3. estado civil 4. etapa de la vida 5. fiesta 6. etapa de la vida 7. etapa de la vida 8. fiesta 9. estado civil 10. etapa de la vida 11. fiesta 12. estado civil

2 1. el nacimiento 2. la niñez 3. la adolescencia 4. la juventud 5. la madurez 6. la vejez

3 1. la vejez 2. la juventud 3. la niñez 4. la juventud 5. la adolescencia 6. la vejez 7. la juventud 8. la juventud 9. la vejez 10. la adolescencia

4 1. el 26 de enero de 1948 2. viudo 3. vejez/madurez 4. el 26 de enero 5. en 1970 6. con una botella de champán 7. el 11 de marzo de 1973 8. soltera 9. en la juventud 10. el 11 de marzo 11. en 1995 12. el flan de caramelo 13. Caracas 14. en la juventud 15. a los veintiocho años 16. casado 17. tres 18. los dulces

estructura

9.1 Estructura

1 1. Yo doy una gran fiesta todos los meses. 2. Yo les doy muchos consejos a mis amigas. 3. Yo siempre le doy muchos besos a mi novio. 4. Yo les doy muchas rebajas a mis (los) clientes. 5. Yo estoy dando una clase especial de pronunciación. 6. Le doy una gran alegría a mi abuela cada vez que la llamo.

2 1. digo 2. dicen 3. Dices 4. dice 5. dice 6. dicen

3 1. da, se los da 2. digo, Te la digo 3. dieron, se la dieron 4. dice, se los dice 5. dicen, nos las dicen 6. das, Se lo das 7. decimos, Se lo decimos 8. dan, se los dan

9.2 Estructura

1 1. hay 2. Hubo 3. hubo 4. hay 5. Hubo 6. hay

2 1. estuvieron 2. Tuve 3. vino 4. hizo 5. tuvieron 6. puso

3 1. dijeron 2. tradujo 3. condujo 4. trajeron 5. dijimos 6. trajiste

4 1. Antonio le dio un beso a su madre. 2. Los invitados le dieron las gracias a la familia. 3. Tú les diste una sorpresa a tus padres. 4. Rosa y yo le dimos una sorpresa al profesor. 5. Carla nos dio muchos consejos para el viaje.

5 1. Rosalía hizo galletas. 2. Mi tía estuvo en el Perú. 3. Vine a este lugar. 4. Rita y Sara dijeron la verdad. 5. Uds. pusieron la televisión. 6. Ellos produjeron una película. 7. Trajimos una cámara. 8. Tuviste un examen.

6 1. No, ya estuve en la biblioteca ayer. 2. No, Elena y Miguel ya dieron una fiesta el sábado pasado. 3. No, la profesora ya tradujo esa novela el año pasado. 4. No, ya hubo un pastel de limón anoche./ en la cena de anoche. 5. No, ya puse los abrigos sobre la cama. 6. No, ya tuvimos tres hijos.

9.3 Estructura

1 1. pudo 2. conocieron 3. quisieron 4. supo 5. Pudimos 6. quiso

2 1. No pude terminar el libro el miércoles. 2. Inés supo la semana pasada que Vicente es divorciado. 3. Sus amigas quisieron llamarla (por teléfono), pero no pudieron. 4. Susana conoció a los padres de Alberto anoche. 5. Los camareros pudieron servir la cena a las ocho. 6. Tu madre no quiso ir a la casa de tu hermano.

3 1. conoció 2. quiso 3. quiso 4. pudo 5. supieron 6. pudieron

9.4 Estructura

1 1. Qué 2. Qué 3. Cuál 4. cuál 5. Qué 6. Cuáles 7. Qué 8. Cuál

2 1. Cuál 2. Qué 3. Cuántos 4. Dónde 5. Quién 6. Quiénes 7. Cuándo/A qué hora 8. Cuáles 9. Cómo 10. Adónde

3 1. ¿Cuál es la camisa que más te gusta? 2. ¿Qué quieres hacer hoy? 3. ¿Quién es tu profesora de matemáticas? 4. ¿De dónde eres?/¿De dónde es Ud.? 5. ¿Cuáles son tus gafas favoritas? 6. ¿Dónde está el pastel de cumpleaños? 7. ¿A qué hora empieza la fiesta sorpresa? 8. ¿Cuándo cierra el restaurante?
9. ¿Cuántos invitados hay en la lista?
10. ¿Adónde van Uds.?

síntesis

Answers will vary.

panorama

1 **Ciudades más grandes:** Santiago de Chile, Concepción, Villa del Mar **Deportes de invierno:** el esquí, el snowboard, el heli-esquí **Países fronterizos:** Perú, Bolivia, Argentina **Escritores chilenos:** Gabriela Mistral, Pablo Neruda, Isabel Allende

2 1. Falso. Una tercera parte de los chilenos vive en Santiago de Chile. 2. Cierto. 3. Falso. La mayoría de las playas de Chile están en la costa del Océano Pacífico. 4. Cierto. 5. Falso. La isla de Pascua es famosa por los moai, unas estatuas enormes. 6. Cierto. 7. Cierto. 8. Falso. La exportación de vinos ha subido mucho en los últimos años.

3 1. peso chileno 2. héroe 3. holandeses 4. observatorios 5. vino 6. Argentina

4 1. Pablo Neruda 2. Moais de la isla de Pascua

5 1. escribió 2. recibió 3. decidieron 4. comenzó

6 1. ¿Cuántos habitantes hay en Chile? 2. ¿Cuál es la cuarta ciudad de Chile? 3. ¿Qué idiomas se hablan en Chile?/¿Cuáles son los idiomas que se hablan en Chile? 4. ¿Quiénes descubrieron la isla de Pascua?/¿Qué descubrieron los exploradores holandeses? 5. ¿Dónde se puede practicar el heli- esquí?/¿Qué (deporte) se puede practicar en el centro de esquí Valle Nevado? 6. ¿Cuándo comenzó la producción de vino en Chile?

repaso lecciones 7-9

1 1. nos gusta 2. me encantan 3. le molesta 4. les importa 5. te queda 6. les faltan

2 1. No, no debes ponerte/no te debes poner nada elegante esta noche. 2. No, no me enojé con nadie en el restaurante. 3. No, Ana no se probó ningún vestido/ninguno en la tienda. 4. No, Raúl nunca quiere quedarse/se quiere quedar en las fiestas.

3 1. fuimos 2. Fuimos 3. condujo 4. fue 5. hubo 6. Supe 7. rompió 8. quisimos 9. fue 10. pidió 11. dijo 12. sirvió 13. brindamos/brindaron 14. dimos 15. se pudieron 16. traduje 17. repitió 18. estuvieron 19. trajo 20. fuimos 21. pidió 22. se despidieron 23. se puso 24. conseguimos

4 1. Quiso dársela. 2. Se lo di. 3. Se los dijeron. 4. No pudo dárnoslos. 5. Debiste decírselo. 6. Te las dije.

5 1. Guatemala es más pequeño que el Perú. 2. Las líneas de Nazca son tan misteriosas como los moais de la isla de Pascua. 3. Los habitantes de Guatemala hablan más idiomas mayas que los habitantes de Chile. 4. La ciudad de Guatemala es más grande que el puerto de Iquitos. 5. Los peruanos usan las llamas más que los chilenos.

6 Answers will vary.

Lección 10

contextos

1 1. los huesos 2. el corazón 3. la garganta 4. el brazo 5. el estómago 6. la rodilla 7. el tobillo 8. el pie

2 1. la farmacia 2. el dentista 3. la sala de emergencia 4. la clínica/el consultorio 5. el hospital 6. la clínica/el consultorio

3 **Síntoma:** fiebre, dolor de cabeza, tos, estornudos, congestionado **Enfermedad:** resfriado, infección, gripe **Diagnóstico:** radiografía, tomar la temperatura **Tratamiento:** receta, pastilla, operación, poner una inyección, antibiótico, aspirina

4 1. embarazada 2. fiebre 3. infección 4. lastimó 5. alérgica 6. receta 7. radiografía 8. síntomas

5 PACIENTE a. Tengo tos y me duele la cabeza. DOCTORA b. ¿Te dio fiebre ayer? PACIENTE c. Sí, mi esposa me tomó la temperatura. DOCTORA a. ¿Estás muy congestionado? PACIENTE c. Sí, y también me duele la garganta. DOCTORA b. Es una infección de garganta. PACIENTE a. ¿Tengo que tomar un antibiótico? DOCTORA c. Sí, ahora te lo voy a recetar.

estructura

10.1 Estructura

1 1. cenaba 2. cantaba 3. recorrían 4. jugábamos 5. tenía 6. escribías 7. Creíamos 8. buscaban

2 1. Mi abuela era muy trabajadora y amable. 2. Tú ibas al teatro cuando vivías en Nueva York. 3. Ayer había muchísimos pacientes en el consultorio. 4. Veíamos tu casa desde allí. 5. Eran las cinco de la tarde cuando llegamos a San José. 6. Ella estaba muy nerviosa durante la operación.

3 1. No, pero antes hablaba. 2. No, pero antes iba. 3. No, pero antes (la) comía. 4. No, pero antes me traía. 5. No, pero antes conducía.

4 1. Tú escribías cartas (postales). 2. Rolando buceaba en el mar. 3. Pablo y Elena jugaban a las cartas. 4. Lilia y yo tomábamos el sol.

5 1. Antes jugaba al fútbol con mis hermanos. Ahora juego en el equipo de la universidad. 2. Antes escribía las cartas a mano. Ahora escribo el correo electrónico con la computadora. 3. Antes era rubio y gordito. Ahora soy moreno y delgado. 4. Antes tenía a mi familia cerca. Ahora tengo a mi familia lejos. 5. Antes estudiaba en mi habitación. Ahora estudio en la biblioteca. 6. Antes conocía a las personas de mi pueblo. Ahora conozco a personas de todo el país.

10.2 Estructura

1 1. se habla 2. se venden 3. se sirve 4. se recetan 5. se vive 6. se puede

2 1. Se prohíbe fumar. 2. Se venden periódicos. 3. Se habla español. 4. Se necesitan enfermeras. 5. No se debe nadar./Se prohíbe nadar. 6. Se busca un auto usado.

3 1. le 2. les 3. te 4. les 5. les 6. le

4 1. A Marina se le cayó la bolsa. 2. A ti se te olvidó comprarme la medicina. 3. A nosotros se nos quedaron los libros en el auto. 4. A Ramón y a Pedro se les dañó el proyecto.

5 1. Se le perdieron las llaves del auto. 2. Se les olvidó ponerse las inyecciones. 3. Se te cayeron los papeles del médico. 4. Se le rompió la pierna cuando esquiaba. 5. Se me dañó la cámara durante el viaje.

6 1. Se les dañó el coche. 2. Se les rompió la botella de vino. 3. Se me perdieron las llaves de la casa. 4. Se nos quedaron las toallas en la playa. 5. Se le olvidó estudiar para el examen.

10.3 Estructura

1 1. lentamente 2. amablemente 3. frecuentemente 4. alegremente 5. perfectamente 6. constantemente 7. normalmente 8. independientemente

2 1. a menudo 2. a tiempo 3. por lo menos 4. pronto 5. casi 6. bastante

3 1. así 2. bastante 3. menos 4. casi 5. por lo menos 6. a veces

4 1. Es importante conducir inteligentemente. 2. No existe una cura real para el cáncer. 3. El agua del río corría tranquilamente. 4. Germán tiene unos dibujos maravillosos. 5. Claudia y Elena son personas felices. 6. Miguel y Ana se conocieron gradualmente. 7. La comida y el agua son necesidades básicas. 8. Los antibióticos son enormemente importantes en la medicina.

5 1. No, van poco al cine./No, van al cine poco. 2. Sí, llegaron a tiempo. 3. Sí, comía muchas veces en el restaurante chino./Sí, comía en el restaurante chino muchas veces. 4. Sí, estudié bastante para el examen de historia. 5. No, casi nunca comen carne./No, no comen carne casi nunca. 6. No, se enferma de vez en cuando./No, de vez en cuando se enferma.

10.4 Estructura

1 1. Hace cinco minutos que estoy esperando. 2. Hace tres meses que Jaime no llama a Miguel. 3. Hace un año que eres novio de Ana. 4. Hace cuatro días que Uds. no hablan por teléfono. 5. Hace seis meses que Rodrigo toma clases de francés. 6. Hace tres años que estamos casados.

2 1. Lola trabajó en ese consultorio hace dos años. 2. Hace tres meses que María y Laura se graduaron en medicina. 3. Les pusieron las inyecciones a Iván y a Paquito hace seis meses. 4. Hace dos meses que Analisa quedó embarazada. 5. Luis se rompió la pierna cuando esquiaba hace un año. 6. Hace dos horas que conduje en el auto.

3 1. Hace cinco años que voy de vacaciones a la playa./Voy de vacaciones a la playa hace cinco años. 2. Cumplí años hace dos semanas./Hace dos semanas que cumplí años. 3. Hace cuatro años que estudio economía./Estudio economía hace cuatro años. 4. Hace tres años que fuimos a los Juegos Olímpicos./Fuimos a los Juegos Olímpicos hace tres años./Hace tres años que fueron a los Juegos Olímpicos./Fueron a los Juegos Olímpicos hace tres años. 5. Hace seis meses que me dan dolores de cabeza./Me dan dolores de cabeza hace seis meses. 6. Irene y Natalia llegaron hace una hora./Hace una hora que Irene y Natalia llegaron.

síntesis

Answers will vary.

panorama

1 1. Nicaragua 2. Mar Caribe 3. San José 4. Océano Pacífico 5. Panamá

2 1. Falso. Los parques nacionales costarricenses se establecieron para proteger los delicados ecosistemas de la región y la biodiversidad. 2. Cierto. 3. Falso. El café representa más del 15% de las exportaciones anuales de Costa Rica. 4. Cierto. 5. Falso. Costa Rica eliminó el ejército en 1948. 6. Falso. En 1948 Costa Rica hizo obligatoria y gratuita la educación para todos los costarricenses.

3 1. homogénea 2. el colón costarricense 3. ejército 4. cafetera 5. exportaciones 6. democracia, estabilidad

4 1. cataratas 2. montañas 3. cuevas 4. plantas exóticas 5. quetzales 6. monos 7. jaguares 8. armadillos 9. osos perezosos 10. mariposas 11. Provee servicios médicos gratuitos a todos sus ciudadanos y también a los turistas. 12. En 1870 eliminó la pena de muerte. 13. En 1948 eliminó el ejército. 14. En 1948 hizo obligatoria y gratuita la educación para todos los costarricenses.

5 1. se mantiene 2. se estableció 3. se ofrece 4. se empezó 5. se proveen 6. se eliminó

contextos

1 1. la/una calculadora 2. una cámara de video 3. la página principal 4. la contestadora 5. el Internet 6. la televisión por cable

2 1. El conductor del autobús manejaba lentamente por la nieve. 2. La impresora nueva imprimía los documentos muy rápido. 3. El mecánico de Jorge le revisaba el aceite al auto todos los meses. 4. El teléfono celular sonaba en la casa pero nadie lo cogía. 5. El auto viejo no arrancaba cuando llovía. 6. Algunos jóvenes estadounidenses navegaban en el Internet de niños.

3 1. el monitor 2. la pantalla 3. el teclado 4. el ratón 5. el módem 6. la impresora 7. el disco compacto 8. la calculadora

4 1. Se usa la impresora para imprimir. 2. Se usan los frenos del coche para parar. 3. Se usa el *fax* para enviar documentos . 4. Se usa el volante para manejar el carro. 5. Se usa el control remoto para cambiar los canales del televisor. 6. Se usan las llaves del carro para arrancar el carro.

5 1. licencia de conducir 2. subí 3. lleno 4. aceite 5. arrancar 6. camino 7. avenida 8. circulación 9. parar 10. choqué 11. autopista 12. velocidad máxima 13. lento 14. mujer policía 15. multa 16. estacioné

estructura

11.1 Estructura

1 1. escribía 2. chocó 3. cambió 4. Estaba 5. revisaba 6. te quedaste 7. leía 8. funcionaba

2 1. bailaba 2. bailó 3. escribí 4. escribía 5. era 6. fue 7. Hubo 8. había 9. vi 10. veía

3 1. dormían 2. cerró la ventana 3. compró una maleta 4. nos mostraba la foto

4 1. Ayer Clara fue a casa de sus primos, saludó a su tía y comió con ellos. 2. Cuando Manuel vivía en Buenos Aires, conducía muchos kilómetros todos los días. 3. Mientras Carlos leía las traducciones, Blanca traducía otros textos. 4. El doctor terminó el examen médico y me recetó un antibiótico. 5. La niña tenía ocho años y era inteligente y alegre. 6. Rafael cerró todos los programas, apagó la computadora y se fue.

5 1. llegué 2. vivíamos 3. conocimos 4. teníamos 5. vimos 6. podíamos 7. conectó 8. miramos 9. caminábamos 10. dijo

6 1. ¿Dónde estaba María cuando llamé por teléfono? María estaba en la cocina. Lavaba los platos. 2. ¿Dónde estabas cuando Teresa y yo fuimos al cine? Estaba en casa. Leía una revista. 3. ¿Dónde estaba tu hermano cuando empezó a llover? Mi hermano estaba en la calle. Montaba en bicicleta. 4. ¿Dónde estaban Uds. cuando Luisa vino a casa? Estábamos en el estadio. Jugábamos al fútbol. 5. ¿Dónde estaban Ana y Pepe cuando los saludaste? Estaban en el supermercado. Hacían la compra.

7 Estaba pasando el verano en Córdoba, y era un lugar muy divertido. Salía con mis amigas todas las noches hasta tarde. Bailaba con nuestros amigos y nos divertíamos mucho. Durante la semana, trabajaba: daba clases de inglés. Los estudiantes eran alegres y se interesaban mucho por aprender. El día de Navidad conocí a un chico muy simpático que se llamaba Francisco. Me llamó al día siguiente y nos veíamos todos los días. Me sentía enamorada de él. Creía que iba a venir a Boston para estar conmigo. Teníamos que buscar trabajo allí, pero estábamos muy emocionados.

8 Ayer mi hermana y yo fuimos a la playa. Cuando llegamos, era un día despejado con mucho sol, y nosotras estábamos muy contentas. A las doce comimos unos sándwiches de almuerzo. Los sándwiches eran de jamón y queso. Luego descansamos y entonces nadamos en el mar. Mientras nadábamos, vimos a las personas que practicaban el esquí acuático. Parecía muy divertido, así que decidimos probarlo. Mi hermana fue primero, mientras yo la miraba. Luego fue mi turno. Las dos nos divertimos mucho esa tarde.

11.2 Estructura

1 1. por 2. para 3. por 4. para 5. para 6. por 7. para 8. para 9. por 10. por

2 1. por eso 2. por fin 3. por aquí 4. por ejemplo 5. por aquí 6. por eso

3 1. por 2. para 3. para 4. por 5. por 6. para

4 1. Ricardo y Emilia trajeron un pastel para su prima. 2. Los turistas llegaron a las ruinas por barco. 3. Tuve resfriado por el frío. 4. Mis amigas ganaron dinero para viajar a Suramérica. 5. Uds. buscaron a Teresa por toda la playa. 6. El avión salió a las doce para Buenos Aires.

5 1. para 2. para 3. por 4. para 5. para 6. por 7. por 8. por 9. por 10. por 11. para 12. para 13. para 14. por 15. para 16. por 17. por 18. por

11.3 Estructura

1 1. se ven 2. se encuentran 3. se quieren 4. nos saludamos 5. se ayudan 6. se llaman

2 1. se saludan 2. se abrazan 3. se ayudan 4. se besan 5. nos queremos 6. se despiden 7. nos llamamos 8. se encuentran

3 1. Ayer Felipe y Lola se enviaron mensajes por correo electrónico. 2. Raúl y yo nos encontramos en el centro de computación. 3. Mis abuelos se quisieron mucho toda la vida. 4. Los protagonistas de la película se abrazaron y se besaron al final. 5. Esos hermanos se ayudaron a conseguir trabajo.

4 1. se conocieron 2. se ven 3. se encuentran 4. se besaron 5. se dijeron 6. se ayudan 7. se llaman 8. se entienden

5 1. conocieron 2. se conocieron 3. se saludaron 4. saludó 5. ayudaron 6. se ayudaron 7. vieron 8. se vieron

11.4 Estructura

1 1. suyas 2. nuestra 3. suyas 4. suyos 5. suyo 6. nuestro 7. mía 8. tuyo

2 1. mía 2. suya 3. míos 4. suyo 5. nuestra 6. suyos 7. tuyo 8. suyo

3 1. Sí, prefiero usar la mía. 2. Sí, quiero usar el suyo./Sí, quiero usar el nuestro. 3. Sí, guardé los tuyos. 4. Sí, llené el suyo. 5. Sí, manejó el nuestro./ Sí, manejó el suyo. 6. Sí, voy a comprar el tuyo.

4 1. ¿Son de Ud. las gafas? Sí, son mías. 2. ¿Es de Joaquín el estéreo? Sí, es suyo. 3. ¿Es de ellos la impresora? Sí, es suya. 4. ¿Son de Susana esos módems? Sí, son suyos. 5. ¿Es de tu mamá el coche? Sí, es suyo. 6. ¿Son de Uds. estas calculadoras? Sí, son nuestras.

síntesis

Answers will vary.

panorama

1 1. "París de Sudamérica" 2. europeo 3. inmigrantes 4. africanas, italianas, españolas 5. porteños 6. las cataratas de Iguazú

2 1. guaraní 2. Mercedes 3. Patagonia 4. Inglaterra 5. porteños 6. provocativo

3 1. Gato Barbieri 2. Buenos Aires, Córdoba y Rosario 3. Italia, Alemania, España e Inglaterra 4. Jorge Luis Borges 5. la Argentina, el Paraguay y el Brasil 6. Evita Perón/María Eva Duarte de Perón.

4 1. el tango 2. las cataratas de Iguazú

5 1. Falso. La Argentina es el país de habla hispana más grande del mundo. 2. Cierto. 3. Falso. Los idiomas que se hablan en la Argentina son el español y el guaraní. 4. Cierto. 5. Falso. El tango es un baile con raíces africanas, italianas y españolas. 6. Cierto.

6 **Suggested answers:** 1. Buenos Aires se conoce como el "París de Sudamérica" por el estilo parisino de sus calles y edificios. 2. La primera dama de la Argentina hasta el 1952 fue María Eva Duarte de Perón./La primera dama de la Argentina hasta el 1952 fue Evita Perón. 3. Las diferentes culturas de los inmigrantes a la Argentina dejaron una huella profunda en la música, el cine, el arte y la arquitectura de la Argentina. 4. En un principio, el tango era un baile provocativo y violento, pero se hizo más romántico durante los 1940.

contextos

1 1. Joaquín necesita una lavadora. 2. Clara necesita una secadora ahora. 3. Se necesita un lavaplatos. 4. Rita debe poner el agua en el congelador.

2 1. la cocina 2. la sala 3. la alcoba 4. la cocina 5. la alcoba 6. la cocina 7. la alcoba 8. la alcoba

3 1. Ramón sacaba la basura. 2. Rebeca hacía la cama. 3. Mi tío Juan pasaba la aspiradora. 4. Isabel sacudía los muebles.

4 1. sala 2. altillo 3. cocina 4. lavadora 5. pasillo/oficina 6. escalera

5 **Horizontales:** 4. vecino 5. balcón 6. mueble 8. lámpara 10. copa 11. vasos 14. manta
Verticales: 1. escalera 2. pinturas 3. alquilar 7. horno 9. mudarte 12. sofá 13. taza

estructura

12.1 Estructura

1 1. quien 2. que 3. quienes 4. quien/que 5. que 6. que 7. quienes 8. que

2 1. Lo que preparo en la cocina es el almuerzo. 2. Lo que busco en el estante es mi libro favorito. 3. Lo que me gusta hacer en verano es ir al campo. 4. Lo que voy a poner en el balcón es un sofá. 5. Lo que Paco tiene en el armario es mucha ropa. 6. Lo que le voy a regalar a mi hermana es una cafetera.

3 1. que 2. Lo que 3. lo que 4. que

4 1. que 2. lo que 3. quienes 4. que 5. que/quienes 6. quien

5 1. que/quien 2. que 3. Lo que 4. quien 5. que 6. que/quien 7. quienes 8. lo que 9. que 10. quienes 11. que 12. lo que

6 1. Lo que Raúl dijo fue una mentira. 2. Lo que conseguiste fue enojar a Victoria. 3. Lo que Lilia va a comprar es una falda. 4. Lo que ellos preparan es una sorpresa. 5. Lo que a Teo y a mí nos gusta es la nieve.

12.2 Estructura

1 1. Lave 2. Salga 3. Diga 4. beba 5. Venga 6. vuelva 7. coman 8. Oigan 9. pongan 10. Traigan 11. Vean 12. Conduzcan

2 1. Traiga la aspiradora, por favor. 2. Arregle el coche, por favor. 3. Baje al sótano, por favor. 4. Apague la cafetera, por favor. 5. Venga a la casa, por favor.

3 Lea estas instrucciones para casos de emergencia. En caso de emergencia, toque la puerta antes de abrirla. Si la puerta no está caliente, salga de la habitación con cuidado. Al salir, doble a la derecha por el pasillo y baje por la escalera de emergencia. Mantenga la calma y camine lentamente. No use el ascensor durante una emergencia. Deje su equipaje en la habitación en caso de emergencia. Al llegar a la planta baja, salga al patio o a la calle. Luego pida ayuda a un empleado del hotel.

4 1. No se sienten en la cama. 2. Límpielo ahora. 3. No me las laven mañana. 4. Sírvannoslos. 5. No las sacuda antes de ponerlas. 6. Búsquenselas. 7. No lo despierten a las ocho. 8. No se la cambie a veces. 9. No se los pidan a Martín. 10. Díganselo hoy.

12.3 Estructura

1 1. coman 2. estudiemos 3. mire 4. lean 5. escribas 6. pase

2 1. venga 2. ofrezca 3. almuercen 4. traduzca 5. conduzcas 6. ponga 7. traigas 8. vea 9. saquemos 10. hagan

3 1. Mi padre dice que es importante que yo esté contenta con mi trabajo. 2. Rosario cree que es bueno que la gente se vaya de vacaciones más a menudo. 3. Creo que es mejor que Elsa sea la encargada del proyecto. 4. Es importante que les des las gracias por el favor que te hicieron. 5. Él piensa que es malo que muchos estudiantes no sepan otras lenguas. 6. El director dice que es necesario que haya una reunión de la facultad.

4 1. Es importante que Nora piense en las cosas antes de tomar la decisión. 2. Es necesario que entiendas las situación de esas personas. 3. Es bueno que Clara se sienta cómoda en el apartamento nuevo. 4. Es urgente que mi madre me muestre los papeles que llegaron. 5. Es mejor que David duerma antes de conducir la motocicleta. 6. Es malo que los niños (les) pidan tantos regalos a sus abuelos.

5 1. Sí, es necesario que traigan el pasaporte al aeropuerto./Sí, es necesario que traigamos el pasaporte al aeropuerto. 2. Sí, es urgente que hable con la dueña del apartamento. 3. Sí, es bueno que Manuel vaya a visitar a su abuela todas las semanas./Sí, es bueno que Manuel visite a su abuela todas las semanas. 4. Sí, es importante que Ana llame a Cristina para darle las gracias. 5. Sí, es mejor que Clara sepa lo que le van a preguntar en el examen.

12.4 Estructura

1 1. escojas 2. estudie 3. sea 4. viajen 5. salgamos 6. nos quedemos

2 Te sugiero que busques una casa en un barrio seguro. Te recomiendo que escojas un barrio con escuelas buenas. Te insisto en que mires los baños, la cocina y el sótano. Te ruego que compares los precios de varias casas antes de decidir. Te aconsejo que hables con los vecinos del barrio.

3 1. José le ruega que escriba esa carta de recomendación. 2. Les aconsejo que vivan en las afueras de la ciudad. 3. La directora les prohíbe que estacionen frente a la escuela. 4. Me sugieres que alquile un apartamento en el barrio.

4 1. Marina quiere que yo traiga la compra a casa. 2. Sonia y yo preferimos buscar la información por Internet. 3. El profesor desea que nosotros usemos el diccionario. 4. Uds. necesitan escribir una carta al consulado. 5. Prefiero que Manuel vaya al apartamento por mí. 6. Ramón insiste en buscar las alfombras de la casa.

síntesis

Answers will vary.

panorama

1 1. Rubén Blades 2. el Canal de Panamá 3. molas 4. coral

2 1. La moneda de Panamá, que se llama el balboa, es equivalente al dólar estadounidense. 2. El Canal de Panamá, que une a los océanos Atlántico y Pacífico, se empezó a construir en el 1903. 3. La tribu indígena de los cuna, que hace molas, es de las islas San Blas. 4. Panamá, que significa "lugar de muchos peces", es un sitio excelente para el buceo.

3 1. la Ciudad de Panamá 2. Colón 3. Costa Rica y Colombia 4. el Mar Caribe 5. el océano Pacífico 6. el Canal de Panamá 7. las islas San Blas 8. la playa Bluff

4 1. ciudad de Panamá 2. dólar estadounidense 3. el inglés 4. Atlántico y Pacífico 5. molas 6. ecológico **Paragraph for tourist brochure:** Viaje en avión a la ciudad de Panamá, la capital de Panamá. Visite el país centroamericano, donde circulan los billetes del dólar estadounidense. Conozca a los panameños; la lengua natal del 14% de ellos es el inglés. Vaya al Canal de Panamá, que une los océanos Atlántico y Pacífico. Vea las molas que hace la tribu indígena cuna y decore la casa con ellas. Bucee en las playas de gran valor ecológico por la riqueza y diversidad de su vida marina.

5 1. Falso. Panamá es aproximadamente del tamaño de Carolina del Sur. 2. Cierto. 3. Falso. La lengua natal del 14% de los panameños es el inglés. 4. Cierto. 5. Las molas tradicionales antes sólo se usaban como ropa pero hoy día también se usan para decorar las casas.

repaso lecciones 10-12

1 1. ¿Cuánto tiempo hace que trabajas para tu padre en la tienda?; para 2. ¿Cuánto tiempo hace que pasaron por la casa de Javier y Olga?; por 3. ¿Cuánto tiempo hace que compraste una blusa para tu hermana?; para 4. ¿Cuánto tiempo hace que Ana estudia italiano por correspondencia?; por

2 1. usaba 2. viajó 3. llamó, dormía 4. jugaban, hablaban 5. veía, llegó 6. saludaba, estacionó

3 1. Ayúdenlos a traer la compra. 2. Practique el francés. 3. Búsquenme un disco bueno. 4. Dígale lo que desea. 5. No sean malas personas. 6. Salga antes de las cinco.

4 1. Rita prefiere que el apartamento tenga dos baños. 2. Es importante que las mujeres vean al doctor todos los años. 3. La enfermera sugiere que los pacientes hagan ejercicio.

5 1. se ven 2. se empieza 3. se proveen 4. se conoce 5. se establece 6. se escucha 7. se hablan 8. se hacen

6 Answers will vary.

contextos

1 1. cielo 2. desierto 3. volcán 4. valle 5. selva 6. sendero

2 1. Para resolver el problema de la deforestación de los bosques, tenemos que prohibir que se corten los árboles en algunas regiones. 2. Para resolver el problema de la erosión de las montañas, tenemos que plantar árboles y plantas. 3. Para resolver el problema de la falta de recursos naturales, tenemos que reciclar los envases y latas. 4. Para resolver el problema de la contaminación del aire en las ciudades, tenemos que controlar las emisiones de los coches. 5. Para resolver el problema de la lluvia ácida, tenemos que reducir la contaminación del aire.

3 1. conservar 2. evitar 3. mejorar 4. reducir 5. dejar de 6. contaminar

4 1. ambiente 2. animales 3. cráter 4. nube 5. piedras 6. pájaro 7. ecología 8. césped 9. pez 10. luna Todas estas cosas forman parte de la **naturaleza.**

5 1. contaminación 2. resolver 3. respiramos 4. deforestación 5. árboles 6. población 7. mejorar 8. conservar 9. recurso natural 10. reducir/evitar 11. dejar de 12. evitar/reducir/resolver

estructura

13.1 Estructura

1 1. quiten 2. haya 3. estén 4. decidan 5. sea 6. mejore

2 1. Es triste que muchos ríos estén contaminados. 2. Es ridículo que algunas personas eviten reciclar. 3. Es una lástima que los turistas no recojan la basura. 4. Es extraño que la gente destruya el medio ambiente.

3 1. Ojalá que los países conserven sus recursos naturales. 2. Ojalá que este sendero nos lleve al cráter del volcán. 3. Ojalá que la población quiera cambiar las leyes de deforestación. 4. Ojalá que a mi perro le guste ir de paseo por el bosque. 5. Ojalá que las personas reduzcan el uso de los carros en las ciudades. 6. Ojalá que los científicos sepan resolver el problema de la contaminación.

4 1. mi hermana salga los fines de semana 2. (yo) salga bien en el examen 3. la gente contamine el mundo en que vivimos. 4. sus amigos se separen por el sendero 5. tu novio espere mucho al ir de compras 6. las personas usen más agua de la necesaria 7. Roberto no sepa leer 8. los vecinos encuentren animales abandonados

5 1. Rosa se alegra de que sus amigos reciclen los periódicos y los envases. 2. Los turistas se sorprenden de que el país proteja tanto los parques naturales. 3. Tenemos que los cazadores destruyan animales en peligro de extinción. 4. La población siente que las playas de la ciudad estén contaminadas. 5. Las personas esperan que el gobierno desarrolle nuevos sistemas de energía. 6. A mi tía le gusta que mi primo recoja y cuide animales abandonados. 7. Mis vecinos tienen miedo de que el gobierno ponga un aeropuerto cerca.

13.2 Estructura

1 1. sea 2. vayamos 3. sepa 4. llegue 5. vengan 6. pague

2 1. Es probable que haya muchas vacas en los campos de la región. 2. Es posible que el agua de esos ríos esté contaminada. 3. Quizás ese sendero nos lleve al lago. 4. Es imposible que el gobierno proteja todos los peces del océano. 5. Es improbable que la población reduzca el uso de envases. 6. Tal vez el desierto sea un lugar mejor para visitar en invierno.

3 1. es 2. tiene 3. diga 4. debemos 5. puedan 6. quieras 7. busque

4 1. No estoy seguro de que a Mónica le gusten los perros. 2. Es verdad que Ramón duerme muchas horas todos los días. 3. Rita y Rosa niegan que gasten mucho cuando van de compras. 4. No cabe duda de que el aire que respiramos está contaminado. 5. Es obvio que a Martín y a Viviana les encanta viajar. 6. Es probable que tengamos que reciclar todos los envases.

5 1. No es cierto que las matemáticas sean muy difíciles. 2. El presidente no niega que el problema de la contaminación es bastante complicado. 3. Ana duda que él vaya a terminar el trabajo a tiempo. 4. Mis amigos están seguros (de) que esa película es excelente. 5. No cabe duda (de) que el español se usa más y más cada día. 6. No es seguro que Lourdes y yo podamos ir a ayudarte esta tarde. 7. El maestro no cree que Marcos escriba muy bien en francés. 8. No es verdad que Pedro y Virginia nunca coman carne.

13.3 Estructura

1 1. llegue 2. haya 3. ayudes 4. venga 5. invite 6. compres 7. vea 8. dé/des/demos/den 9. lea 10. sugiera

2 1. Rogelio debe salir sin despertar a sus hermanos. 2. Tu padre compró el coche para que (tú) conduzcas al trabajo. 3. Busqué el teléfono en el directorio antes de llamar a la Sra. Vélez. 4. Los López cuidan al perro sin que les dé muchos problemas. 5. Isabel le pidió la dirección para recoger a David y a Vicente. 6. Siempre vamos a casa de Manuel antes de que sus padres lleguen.

13.4 Estructura

1 Haz un molde con madera y tela. Rompe el papel de periódico en trozos pequeños. Pon el papel en un envase con agua caliente. Prepara la pulpa con una licuadora. Vuelve a poner la pulpa en agua caliente. Empieza a poner la pulpa en un molde que deje salir el agua. Quita el molde y deja el papel sobre la mesa. Pon una tela encima del papel. Plancha el papel. Usa el papel.

2 1. Mario, tráeme el libro que te regaló Gema. 2. Natalia, escríbele una carta a tu abuela. 3. Martín, sírveles una copa de vino./sírvenos una copa de vino. 4. Gloria, haz la cama antes de salir. 5. Carmen, no salgas hasta las nueve de la noche. 6. Lilia, enséñame a bailar salsa.

3 Este verano, descubre la naturaleza en un mundo inexplorado. Ve a la selva de Costa Rica y visita los volcanes. Nada en los lagos que se forman dentro de los cráteres. Explora valles escondidos con abundante vegetación. Conoce la región a pie o alquila un vehículo todoterreno. Observa especies en peligro de extinción en el bosque tropical. De noche, duerme bajo las estrellas y bebe agua de los ríos más puros de la selva. Respira el aire puro y disfruta de toda la región.

4 1. Sí, pide una pizza de cena./No, no pidas una pizza de cena. 2. Sí, pasa la aspiradora esta tarde./No, no pases la aspiradora esta tarde. 3. Sí, haz el almuerzo para mañana./No, no hagas el almuerzo para mañana. 4. Sí, busca a tu hermano después de la escuela./No, no busques a tu hermano después de la escuela. 5. Sí, ven a casa después de clase el viernes./No, no vengas a casa después de clase el viernes. 6. Sí, cuida al perro este fin de semana./No, no cuides al perro este fin de semana.

síntesis

Answers will vary.

panorama

1 1. Cierto. 2. Falso. La moneda de Colombia es el peso colombiano. 3. Falso. El Museo del Oro preserva orfebrería de la época precolombina. 4. Cierto. 5. Cierto. 6. Falso. Cartagena se conoce por el Festival de Música del Caribe y el Festival Internacional de Cine.

2 1. Cambia los dólares a pesos colombianos. 2. Conduce desde (Santa Fe de) Bogotá, la capital, hasta Cartagena. 3. En Cartagena, nada en las playas del mar Caribe. 4. En Cartagena, también ve edificios antiguos como iglesias (monasterios, palacios) y mansiones. 5. Vuelve a Bogotá que está en una cordillera de los Andes. 6. Visita el Museo del Oro en Bogotá para ver las piezas de orfebrería de la época precolombina. 7. Conoce los cuentos de Gabriel García Márquez. 8. Escucha los discos de la cantante Shakira.

3 1. Cartagena (de Indias) 2. Cali 3. Bogotá 4. Barranquilla

4 **Suggested answers:** 1. Colombia tiene tres veces el área de Montana. 2. Panamá conecta a Colombia con Centroamérica. 3. Dos artistas colombianos que conozco son Edgar Negret (Gabriel García Márquez) y Shakira. 4. Las tribus indígenas tenían la creencia de que el oro era la expresión física de la energía creadora de los dioses. 5. Gabriel García Márquez publicó su primer cuento en 1947, cuando era estudiante universitario. 6. Las iglesias, monasterios, palacios y mansiones que se conservan en Cartagena son de la época colonial.

contextos

1 1. cajero automático 2. cuenta de ahorros 3. cheque 4. cuenta corriente 5. firmar 6. depositar

2 1. frutería 2. carnicería 3. lavandería 4. banco 5. joyería 6. correo 7. zapatería 8. supermercado

3 1. a plazos 2. al contado 3. con un préstamo 4. gratis 5. a plazos 6. gratis 7. al contado 8. a plazos/al contado 9. con un préstamo 10. al contado

4 1. supermercado 2. pescadería 3. panadería 4. frutería 5. lavandería 6. heladería 7. pastelería 8. joyería 9. carnicería 10. peluquería/salón de belleza

5 1. el estacionamiento (oeste) de la calle Miranda 2. la terminal 3. la Plaza Bolívar 4. la farmacia

estructura

14.1 Estructura

1 1. escriba 2. diga 3. pueda 4. digan 5. tengan 6. usen 7. reconozca 8. funcionen

2 1. sea 2. es 3. hay 4. haya 5. queda 6. quede 7. tenga 8. tiene 9. van 10. vaya

3 1. Ricardo no conoce a ningún chico que estudie medicina. 2. Laura y Diego no cuidan a ningún perro que proteja su casa. 3. Maribel y Lina no tienen ningún pariente que escriba poemas. 4. Los González no usan ningún coche que sea barato. 5. Mi prima no trabaja con nadie/ninguna persona que conozca a su padre. 6. Gregorio no hace ningún plato venezolano que sea delicioso.

4 1. hay un buzón que está en la calle Bolívar 2. no conozco a nadie que sea abogado de inmigración 3. veo a alguien aquí que estudia conmigo en la universidad 4. no hay ninguna panadería que venda pan caliente cerca de aquí 5. tengo una compañera que va a ese gimnasio 6. no sé de nadie en la oficina que haga envíos a otros países

5 1. lo quiere mucho 2. siempre nos digan la verdad 3. tiene muchos museos 4. abra hasta las doce de la noche

14.2 Estructura

1 1. Me voy a poner ese/este abrigo hasta que el jefe me diga algo. 2. Rubén va a buscar a Marta tan pronto como salga de clase. 3. Juan y Susana se van de viaje en cuanto tengan vacaciones. 4. Ellos van a invitarnos a su casa después de que nosotros los invitemos. 5. Ramón va a trabajar aquí hasta que su esposa se gradúe. 6. Tu hermana puede pasar por mi casa cuando quiera.

2 1. C; Hagan sus tareas cuando estén en la biblioteca. 2. H; Por las noches, Isabel y Natalia leen hasta que se acuestan a dormir. 3. H; Todos los viernes, Victoria viaja a Cartagena en cuanto las clases terminan. 4. F; Mónica tiene que ir a la peluquería tan pronto como llegue a la ciudad. 5. C; Vuelve a casa de tu tía después que ella salga del trabajo. 6. P; Antonio se sorprendió cuando supo la respuesta. 7. F; Los amigos de Paco se van a dormir después de que el partido termine. 8. P; Todos buscaron las llaves hasta que Patricia las encontró debajo de la cama.

3 1. Jorge va a llamarme en cuanto sepa la respuesta. 2. Los invitados siempre bailan hasta que termina la fiesta. 3. Rita y yo vamos a tu casa tan pronto como comamos. 4. Vengan al restaurante después de que nosotros veamos la película. 5. Escribiste una novela en cuanto tuviste tiempo libre. 6. Elena y Manuel tienen que cerrar las ventanas cuando llueva.

4 1. salga 2. terminó 3. encontré 4. fue 5. llegues 6. recoja 7. entres 8. vea 9. fui 10. puedas

14.3 Estructura

1 1. Recojamos la casa hoy. 2. Vamos al dentista esta semana. 3. Depositemos el dinero en el banco. 4. Viajemos al Perú este invierno. 5. Salgamos a bailar este sábado. 6. Invitemos a los amigos de Ana.

2 1. Pasemos la aspiradora hoy. No pasemos la aspiradora hoy. 2. Pongamos la televisión. No pongamos la televisión. 3. Compartamos la comida. No compartamos la comida. 4. Hagamos las camas todos los días. No hagamos las camas todos los días

3 1. Compremos zapatos italianos en el centro. 2. Conozcamos la historia del jazz. 3. Vámonos de vacaciones a las montañas. 4. Cortémonos el pelo en la peluquería de la calle Central. 5. Hagamos pasteles para los cumpleaños de nuestras amigas. 6. No salgamos de fiesta todas las noches. 7. Corramos al lado del río todas las mañanas. 8. No gastemos demasiado dinero en la ropa.

4 Llenemos este formulario cuando solicitemos el préstamo. Ahorremos dinero todos los meses hasta que paguemos el préstamo. No cobremos los cheques que nos lleguen; depositémoslos en la cuenta corriente. Depositemos el dinero que nos regalen cuando nos casemos. Pidámosle prestado a mi padre un libro sobre cómo comprar una vivienda. Busquemos un apartamento que esté cerca de nuestros trabajos. No vayamos al trabajo mañana por la mañana; vamos al banco a hablar con un empleado.

14.4 Estructura

1 1. prestada 2. abiertas 3. hecho 4. escritas 5. puesto 6. ahorrado 7. guardados 8. perdidas 9. preferidos 10. torcido

2 1. están resueltos 2. está preparada 3. está vendida 4. está prohibido 5. está confirmada 6. están aburridos

3 1. El pavo está servido. 2. El cuarto está desordenado. 3. La cama está hecha. 4. Las niñas están dormidas.

4 1. escrito 2. hecha 3. abierta 4. muerto 5. cubierta 6. puestos 7. roto 8. desordenado 9. sorprendido 10. resuelto

síntesis

Answers will vary.

panorama

1 1. yanomami 2. Baruj Benacerraf 3. lago Maracaibo 4. los Estados Unidos 5. cosmopolita 6. Parque Central 7. España/la corona española 8. independentista

2 **Artistas venezolanos:** Rómulo Gallegos, Andrés Eloy Blanco, Teresa Carreño **Principales ciudades venezolanas:** Caracas, Maracaibo, Valencia, Maracay, Barquisimeto **Idiomas que se hablan en Venezuela:** español, arahuaco, caribe, yanomami **Países del área liberada por Simón Bolívar:** Venezuela, Colombia, Ecuador, Perú, Bolivia

3 1. un indígena/indio yanomami 2. Teresa Carreño 3. Simón Bolívar 4. José Antonio Sucre

4 **Suggested answers:** 1. Es la moneda de Venezuela. 2. Idioma y cultura que tiene su centro en el sur de Venezuela, en el bosque tropical. Defiende sus tradiciones y costumbres con agresividad. 3. Recibió el Premio Nobel por sus investigaciones en la inmunología y las enfermedades autoinmunes. Nació en Caracas, vivió en París, y ahora reside en los Estados Unidos. 4. El lago más grande de América del Sur. Tiene debajo la mayor concentración de petróleo de Venezuela. 5. Las empresas petroleras venezolanas después de ser nacionalizadas y pasar a ser propiedad del estado. 6. Es la capital de Venezuela. Es una ciudad cosmopolita y moderna con rascacielos y excelentes sistemas de transporte. 7. Es el corazón de la ciudad de Caracas, una zona de centros comerciales, tiendas, restaurantes y clubes. 8. General nacido en Caracas, llamado "El Libertador" porque fue el líder del movimiento independentista sudamericano.

5 1. Lago de Maracaibo 2. Río Orinoco 3. Colombia 4. Caracas 5. Guyana 6. Brasil

Lección 15

contextos

1 1. activo 2. descafeinado 3. débil 4. engordar/aumentar de peso 5. estar a dieta 6. tranquilo 7. sin 8. (estar) en forma

2 1. estiramiento 2. descafeinadas 3. levantar pesas 4. teleadicto 5. Sudar 6. apurarse 7. masaje 8. drogadictos

3 1. hacer ejercicios de estiramiento 2. no consumir bebidas alcohólicas 3. llevar una vida sana 4. apurarse

4 **Positivo para la salud:** dieta equilibrada, hacer gimnásia, tomar vitaminas, hacer ejercicios de estiramiento, entrenarse, comer comida sin grasa, llevar vida sana, buena nutrición, levantar pesas **Negativo para la salud:** fumar, llevar vida sedentaria, sufrir muchas presiones, colesterol, comer en exceso, consumir mucho alcohol, ser un teleadicto, ser un drogadicto

5 1. Ponte a dieta. 2. Levanta pesas. 3. Haz ejercicios aeróbicos. 4. Deja de fumar. 5. Entrénate. 6. Come alimentos con más calorías/Come más.

6 1. proteínas 2. minerales 3. grasas 4. vitaminas 5. proteínas 6. grasas 7. vitaminas/minerales 8. vitaminas/minerales

estructura

15.1 Estructura

1 1. Gloria y Samuel han comido comida francesa. 2. (Yo) He visto la última película de ese director. 3. Pablo y tú han leído novelas de García Márquez. 4. Liliana ha tomado la clase economía. 5. (Nosotros) Hemos ido a esa discoteca antes. 6. (Tú) Has escrito un mensaje eléctronico al profesor.

2 1. Roberto y Marta han jugado a las cartas. 2. Víctor ha escuchado música. 3.(Tú) Has escrito cartas/una carta. 4. Ricardo ha dormido. 5. (Yo) He buceado. 6. Claudia y yo hemos tomado el sol.

3 1. (Tú) Has conocido a varios venezolanos este año. 2. (Yo) He viajado por todos los Estados Unidos. 3. ¿(Uds.) Han ido al museo de arte de Boston? 4. Virginia ha hecho trabajos muy buenos. 5. Los estudiantes han asistido a tres conferencias de ese autor. 6. Mi madre y yo hemos puesto la mesa todos los días.

4 1. Pedro y Natalia todavía no nos han dado las gracias. 2. Los estudiantes todavía no han contestado la pregunta. 3. Mi amigo Pablo todavía no ha hecho ejercicio. 4. Esas chicas todavía no han levantado pesas. 5. Tú todavía no has estado a dieta. 6. Rosa y yo todavía no hemos sufrido muchas presiones.

15.2 Estructura

1 1. había sido 2. había mirado 3. había comido 4. había pasado 5. habíamos encontrado 6. habíamos ido 7. había visto 8. había ido 9. habían quedado 10. había tenido 11. había lastimado 12. me había preocupado 13. había estado

2 1. Tu novia nunca antes había ido al gimnasio por la mañana. 2. Carmen nunca antes había corrido en la maratón de la ciudad. 3. Nunca antes había visitado los países de América del Sur. 4. Los estudiantes nunca antes habían escrito trabajos de veinte páginas. 5. Armando y Cecilia nunca antes habían esquiado en los Andes. 6. Luis y yo nunca antes habíamos tenido un perro en casa. 7. Nunca antes habías conducido el coche de tu papá. 8. Ramón y tú nunca antes nos habían preparado la cena.

3 1. Cuando Lourdes llamó a Carla, Carla ya había salido. 2. Cuando tu hermano volvió a casa, ya habías terminado de cenar. 3. Cuando llegué a la escuela, la clase ya había empezado. 4. Cuando Uds. nos buscaron en casa, ya habíamos salido. 5. Cuando salimos a la calle, ya había empezado a nevar. 6. Cuando ellos fueron a las tiendas, las tiendas ya habían cerrado. 7. Cuando Lilia y Juan encontraron las llaves, Raúl ya se había ido. 8. Cuando preparaste el almuerzo, yo ya había comido.

4 Ya había empezado a jugar como jugador de golf

profesional. Ya había ganado millones de dólares. Ya había sido el campeón más joven del Masters de golf. Ya había establecido muchos récords importantes. Ya había sido la primera persona de origen negro o asiático en ganar un campeonato. Ya había estudiado en la universidad de Stanford.

15.3 Estructura

1 1. de que este haya sido mi mejor año. 2. que el ejercicio le haya aliviado el estrés. 3. que hayamos sufrido muchas presiones. 4. que el gobierno haya estudiado el problema. 5. que (Uds.) hayan sido muy buenos amigos siempre. 6. que (yo) haya hecho todo lo que pude.

2 1. Es terrible que muchas niñas jóvenes hayan estado a dieta. 2. Es triste que Uds. no hayan llevado una vida sana hasta ahora. 3. Es una lástima que los jugadores no hayan hecho ejercicios de estiramiento. 4. Es probable que nosotros hayamos aumentado de peso este verano. 5. Es ridículo que algunos doctores del hospital hayan fumado en público. 6. Me alegro de (que) mi esposo no haya engordado más. 7. Siento que nunca hayas aliviado el estrés en tu trabajo. 8. No creo que tú y tu amiga se hayan mantenido en buena forma.

3 Me alegro de que Ligia Elena se haya separado de Luis Javier. Me alegro de que la boda de Gema y Fernando haya sido tan elegante. Me alegro de que Ricardo haya conocido a Diana Carolina. Me alegro de que Alejandro y Leticia hayan ganado la lotería. Me alegro de que los padres de Juliana hayan encontrado la carta de amor. Me alegro de que me hayas contado lo que pasó ayer. Me alegro de que hayamos podido ver esta telenovela.

síntesis

Answers will vary.

panorama

1 1. España y Francia 2. mestizos 3. altiplano 4. peso boliviano 5. el español, el aimará y el quechua 6. lago Titicaca 7. la zampoña y la quena 8. "Ciudad de los dioses" 9. los indígenas aimará/los aimará 10. La Puerta del Sol

2 1. Cierto. 2. Falso. Jesús Lara fue un escritor boliviano. 3. Falso. Bolivia no tiene costas (en el mar). 4. Falso. El lago Titicaca es el segundo lago más grande de América del Sur. 5. Falso. Según la mitología inca, los hijos del Dios Sol fundaron un imperio. 6. Cierto. 7. Falso. El charango es una pequeña guitarra andina./La quena es un tipo de flauta. 8. Cierto.

3 1. quechua y aimará 2. La Paz 3. Santa Cruz de la Sierra 4. Víctor Paz Estenssoro 5. andina 6. los Kjarkas

4 1. criollos 2. Cochabamba 3. quechua 4. Casazola 5. zampoña 6. totora 7. ceremonial 8. Kalasasaya

repaso lecciones 13-15

1 1. Jorge espera que su madre consiga un trabajo pronto. 2. No negamos que la clase de matemáticas es difícil. 3. Es imposible que una casa nueva cueste tanto dinero. 4. Uds. se alegran de que la fiesta se celebre cerca de su casa. 5. Es una lástima que Laura no pueda venir con nosotros.

2 1. ¡Comamos en casa! ¡No comamos en casa! 2. ¡Estudia por las noches! ¡No estudies por las noches! 3. ¡Visitemos a la abuela! ¡No visitemos a la abuela! 4. ¡Compra un coche nuevo! ¡No compres un coche nuevo! 5. ¡Limpiemos la casa! ¡No limpiemos la casa!

3 1. se vaya 2. suena 3. sea 4. oyó 5. llames 6. dé

4 1. ha dado 2. habíamos pasado 3. haya estudiado 4. han leído 5. había oído 6. hayan estado

5 1. hechos 2. reflejadas 3. escrita 4. Nacido 5. convertido 6. conectado 7. llamado 8. mantenido 9. compartida 10. fundado

6 Answers will vary.

Lección 16

contextos

1 1. Hay tres puestos. 2. Los sueldos varían según la experiencia. 3. Los beneficios que ofrece la empresa son seguro de salud, plan de jubilación 401(k) y dos semanas de vacaciones. 4. Los aspirantes deben enviar un currículum y una carta de presentación. 5. El Sr. Martínez es el entrevistador. 6. No, el anuncio no dice que hay que llenar una solicitud.

2 1. anuncio 2. puesto 3. empresa 4. currículum 5. entrevistadora 6. salario/sueldo 7. beneficios 8. obtener 9. entrevista 10. aspirante 11. renunciar 12. profesión 13. éxito

3 1. reunión 2. pintor 3. bombera 4. currículum 5. renunciar 6. puesto

4 1. el/la diseñador(a) 2. el/la psicólogo/a 3. el/la abogado/a 4. el/la reportero/a 5. el/la maestro/a 6. el/la científico/a

5 1. carpintero/a 2. pintor/a 3. peluquero/a 4. bombero/a

estructura

16.1 Estructura

1 1. Jugaremos/Jugarán al fútbol el jueves. 2. Habrá treinta personas en la clase. 3. Vendré a las nueve. 4. El jefe de Delia será Esteban./Esteban será el jefe. 5. Juan saldrá dentro de una hora. 6. Muchos amigos estarán en la fiesta.

2 1. Rosa irá todos los días al gimnasio. ¿Y Uds.? Nosotros también iremos todos los días al gimnasio. 2. Vendremos a la universidad el lunes. ¿Y tú? Yo también vendré a la universidad el lunes. 3. Carlos y Eva pondrán la televisión esta noche. ¿Y Lina? Lina también pondrá la televisión esta noche. 4. Traeré una botella de vino a la fiesta. ¿Y Pablo? Pablo también traerá una botella de vino a la fiesta. 5. Tu madre preparará un pavo para la cena. ¿Y nosotros? Nosotros/Uds. también prepararemos/prepararán un pavo para la cena. 6. Tú harás la tarea en la biblioteca. ¿Y ellos? Ellos también harán la tarea en la biblioteca.

3 1. Será la una de la tarde. 2. Estarán en casa. 3. Nevará hoy. 4. ¿Tendrá clase ahora? 5. Irán al cine luego. 6. Estaremos enfermos.

4 1. Lilia irá a tu casa tan pronto como la llames. 2. Viajaré a Europa cuando tenga dinero. 3. Uds. comprarán un coche en cuanto el nuevo modelo salga. 4. Podrás usar la computadora cuando Claudia se vaya. 5. Ricardo pondrá la música después de que los invitados lleguen. 6. Cuando vengas a mi casa, verás las fotos. 7. Buscaremos trabajo tan pronto como nos graduemos. 8. En cuanto Elsa termine el trabajo, su jefe le pagará.

16.2 Estructura

1 1. No, Gloria ya habrá encontrado un trabajo cuando se gradúe. 2. No, ya le habré comprado un abrigo a Sonia cuando me paguen. 3. No, ya José habrá escrito una novela cuando se jubile. 4. No, ya Pepe habrá hecho la cama cuando llegue la visita. 5. No, ya habremos/habrán bebido esta botella de vino cuando tengamos/tengan una fiesta. 6. No, ya habrás/habré olvidado a tu exnovia cuando te vayas de vacaciones.

2 1. ¿Lo habrá leído? 2. ¿La habrá comido? 3. ¿La habrá comprado? 4. ¿Lo habrá hecho? 5. ¿Lo habrán dicho? 6. ¿Lo habrán encontrado?

16.3 Estructura

1 1. hicieran 2. estudiara 3. fueras 4. escribiéramos 5. tuviera 6. fuera 7. se llevara 8. supieran 9. conociera 10. se entrevistaran

2 1. Era ridículo que los gerentes te pagaran tan poco dinero. 2. Lourdes esperaba que sus hijos obtuvieran un buen puesto. 3. Nosotros temíamos que el carro se dañara. 4. Queríamos que tú dijeras siempre la verdad. 5. Les aconsejé que escribieran su currículum con mucha atención. 6. Marta sintió que (nosotros) tuviéramos que esperarla.

3 1. el ascenso de Miguel fuera justo 2. todos los participantes supieran usar las computadoras 3. las reuniones no sirvieran para nada 4. Rosa tuviera que ahorrar mucho dinero para invertirlo 5. la videoconferencia fuera un desastre 6. los maestros recibieran salarios demasiado bajos

4 1. consiguieras 2. tuviera 3. fue 4. fuera 5. hiciste 6. afectara 7. tuviera 8. necesitaban

síntesis

Answers will vary.

panorama

1 1. América Central 2. volcanes, terremotos 3. huellas 4. igualdad, justicia 5. Solentiname 6. Casa de los Tres Mundos 7. Zapatera 8. Nicaragua

2 1. Honduras 2. Océano Atlántico 3. Managua 4. Lago (de) Nicaragua 5. Océano Pacífico 6. Costa Rica

3 1. Managua 2. córdoba 3. español 4. Rubén Darío 5. Violeta Barrios de Chamorro 6. Daniel Ortega 7. Gioconda Belli 8. Ernesto Cardenal

4 1. Cierto. 2. Falso. La Fortaleza Ozama fue la primera fortaleza construida en las Américas. / La Fortaleza Ozama es la más vieja de las Américas. 3. Falso. Cuba y México fueron los primeros países hispanos en tener una liga de béisbol. 4. Cierto. 5. Cierto. 6. Falso. Entre 1930 y 1961, el merengue se popularizó en las ciudades y empezó a adoptar un tono más urbano.

5 1. español, francés criollo 2. Juan Pablo Duarte 3. Calle de las Damas 4. Caribe 5. Sammy Sosa 6. tambora 7. orquestas 8. Juan Luis Guerra

6 1. el merengue 2. el béisbol

Lección 17

contextos

1 1. ópera 2. obra de teatro 3. programa de entrevistas 4. dibujos animados 5. poema 6. película 7. ballet 8. canción

2 1. de vaqueros 2. de ciencia ficción 3. de horror 4. de acción/de aventuras

3 1. dramaturgo/a 2. director(a) 3. escritor(a) 4. músico/a 5. estrella de cine 6. poeta 7. escultor(a) 8. bailarín/bailarina 9. compositor(a) 10. cantante

4 1. festival 2. clásica 3. folklórica 4. extranjeros 5. moderna 6. esculturas 7. poemas 8. artesanía

estructura

17.1 Estructura

1 1. comería 2. se quedarían 3. publicarían 4. se aburrirían 5. gustaría 6. apreciarían 7. dormiría 8. tocaríamos 9. escribirías 10. molestaría

2 Leería artículos de revista sobre la autora. Estudiaría los cuentos de la autora. Pensaría en lo que quiero saber. Prepararía las preguntas antes de la entrevista. Me vestiría de forma profesional. Llegaría temprano a casa de la autora. Grabaría la entrevista. Le daría las gracias a la autora. Al llegar a casa, transcribiría la entrevista. Entonces escribiría el artículo. Se lo mostraría a la autora antes de publicarlo. Corregiría el texto con cuidado. Me sentiría muy orgullosa de mi trabajo.

3 1. ¿Me traería una copa de vino, por favor? 2. ¿Llamarías a Marcos esta tarde, por favor? 3. ¿Me encontraría un pasaje más barato, por favor? 4. ¿Pedirías una toalla más grande, por favor? 5. ¿Vendría a trabajar el sábado y el domingo, por favor? 6. ¿Me buscarías en mi casa a las ocho, por favor?

4 1. ¿Se saldría para ver una obra de teatro? 2. ¿Pondría los boletas en mi cartera? 3. ¿Tendría otras cosas que hacer? 4. ¿Los invitaría el director?

5 1. Yo pensaba que el museo y el teatro estarían cerrados los domingos. 2. Lisa y David dijeron que ese canal presentaría el documental ahora. 3. Marta creía que sus estrellas de cine favoritas salirían en una nueva película. 4. Lola dijo que Ramón nunca habría el papel de Romeo.

17.2 Estructura

1 1. Miguel habría ido al cine pero tuvo que quedarse estudiando. 2. Habría llamado a Marcela pero no conseguí su número de teléfono. 3. Antonio y Alberto habrían tocado bien en el concierto pero practicaron poco. 4. Habrías venido a mi casa pero no encontraste la dirección. 5. Uds. habrían conocido a mi novia pero llegaron demasiado tarde. 6. Mis amigos y yo habríamos comido en tu casa pero no nos dio hambre.

2 Habríamos participado en un programa de entrevistas. Habría sido un programa divertido. Mi prima nos habría conseguido boletos para un espectáculo de baile. Nos habríamos quedado en casa de mis tíos. Habría conocido al novio de mi prima. Mis tíos nos habrían mostrado la ciudad. Habríamos visitado la Estatua de la Libertad. Habríamos visto a muchos turistas estadounidenses y extranjeros. Habría llamado a mis padres para contarles todo. Habría habido un festival en la calle. Habríamos bailado salsa y merengue en una discoteca. El novio de mi prima nos habría mostrado el documental que hizo. Habríamos escuchado a algunos artistas recitar poemas en un café.

17.3 Estructura

1 1. Mis padres se alegraron de que mi hermano se hubiera graduado. 2. Marisol dudó que Uds. hubieran ido a la fiesta solas. 3. Yo no estaba segura de que tú te hubieras despertado. 4. Todos esperaban que las clases ya se hubieran acabado. 5. La clase empezó sin que nosotros hubiéramos hablado con el profesor. 6. Fue una lástima que yo no hubiera invitado a Roberto.

2 1. Quizás hubiera sido mejor esperar a que me llamaran. 2. Ojalá Ramón hubiera estado allí para ver el espectáculo. 3. Tal vez (nosotros) nos hubiéramos perdido si no tuviéramos el mapa. 4. Ojalá hubieras oído lo que dijeron Mariano y Javier. 5. Quizás los estudiantes hubieran comprado más lápices antes. 6. Tal vez yo hubiera ido de viaje con Uds. el año pasado.

3 1. hubieras podido 2. hubieras quedado 3. hubieras estado 4. hubiera gustado 5. hubiera querido 6. hubieras conocido 7. hubiéramos divertido 8. hubieras decidido

4 1. No, no era verdad que el examen hubiera sido muy difícil. 2. No, Raquel no estaba segura de que él hubiera tomado vino. 3. No, no era cierto que todas las clases se hubieran llenado. 4. No, no era obvio que hubiéramos limpiado la casa. 5. No, no estaba seguro de que Uds. hubieran comido/nosotros hubiéramos comido. 6. No, no era cierto que hubieras sido el último en llegar.

síntesis

Answers will vary.

panorama

1 1. Claribel Alegría 2. Pacífico 3. La Libertad 4. surfing 5. El Trifinio 6. Guatemala, Honduras, El Salvador 7. árboles 8. sorpresas

2 1. Falso. El Salvador es el país centroamericano más pequeño y el más densamente poblado. 2. Cierto. 3. Cierto. 4. Falso. La playa de La Libertad se ha convertido en un gran centro de surfing. 5. Falso. El bosque nuboso de Montecristo tiene una humedad relativa del 100 por ciento. 6. Cierto.

3 1. el aeropuerto de Ilopango 2. las ruinas de Tazumal

4 **Suggested answers:** 1. Los jicaque, los miskito y los paya son pequeños grupos indígenas que han mantenido su cultura sin influencias exteriores y que no hablan español. 2. En Honduras se habla el español, el miskito y el garífuna. 3. Argentina Díaz Lozano es una escritora hondureña. 4. La cultura maya construyó la ciudad de Copán. 5. Las canchas de Copán eran para el juego de pelota. 6. La Standard Fruit Company intervino en la política hondureña por el poder económico que tenía en el país.

5 1. tercera ciudad de Honduras 2. juez y presidente de Honduras 3. sitio arqueológico maya y sitio arqueológico más importante de Honduras 4. templo que se encuentra en Copán 5. pintor primitivista hondureño 6. grupo de pintores que se enfocaban en lo más concreto de la vida diaria que los rodeaban, con énfasis en los detalles

6 1. Tegucigalpa 2. ciudades principales hondureñas 3. lempira 4. idiomas de Honduras 5. Roberto Sosa 6. Nueva Orleans

Lección 18

contextos

1 1. la tormenta 2. el ejército 3. la huelga 4. el candidato 5. el discurso 6. la violencia 7. el choque

2 1. luchar 2. prensa 3. libertad 4. impuesto 5. derechos 6. acontecimiento

3 1. diario 2. SIDA 3. dictadura 4. candidato/a 5. impuesto 6. medios de comunicación

4 **Suggested answers:** 1. Es posible que ocurra una guerra. 2. Pueden hacer una encuesta. 3. Es probable que pida un impuesto/más impuestos. 4. Pueden hablar con su representante. 5. Es posible que ocurra una inundación. 6. Pueden hacer/irse de huelga.

5 1. noticiero 2. elecciones 3. candidatos 4. discursos 5. prensa 6. medios de comunicación 7. encuestas 8. votar 9. elegir 10. noticias

estructura

18.1 Estructura

1 1. adelgazarían, comieran 2. consiguiera, ganaría 3. invitara, saldría 4. lavaríamos, pasara 5. tuvieras, podrías 6. vendría, estuviéramos 7. iría, tuvieran 8. quisieran, viajaríamos 9. buscarían, encontraran 10. pudieran, comprarían

2 1. Si buscaras las llaves en la habitación, las encontrarías enseguida. 2. La madre de Rodrigo llamaría al médico si él estuviera enfermo. 3. Si Uds. saludaran a Rosa y a Ramón, ellos serían muy simpáticos. 4. Si Luis me esperara, iría con él al festival de música folklórica. 5. Ana y Elena limpiarían la cocina y el baño si estuvieran sucios. 6. Viajaría a Uruguay con Uds. si me pagaran el dinero.

3 1. Habría venido a la conferencia si hubiera visto el programa. 2. Habrían ido a la fiesta si no hubieran tenido trabajo. 3. Habría comprado la falda hoy si hubiera tenido dinero. 4. Habríamos enviado la carta si hubiéramos comprado estampillas. 5. Habría ido al doctor si hubiera estado enferma. 6. Habrían estado en la lista si hubieran llamado a la profesora./Habríamos estado en la lista si hubiéramos llamado a la profesora. 7. Habrían llamado a Sara si ella hubiera querido venir. 8. Habría ido al baile con Uds. si supiera bailar.

4 1. Si quieres comer en mi casa, llámame. 2. Si Luisa se enferma, su novio la lleva al doctor. 3. Si todos los ciudadanos votan, el gobierno va a ser mejor. 4. Si Ana y tú estudian, (Uds.) aprobarán el examen. 5. Si nos levantamos tarde, no vamos a llegar al discurso. 6. Si hay una huelga en la empresa, (yo) siempre participo.

18.2 Estructura

1 1. Cuando vengas a buscarme, tráeme la mochila. 2. Nuestros primos nos llamaron después de que su madre se casó. 3. Ricardo y Elena quieren que ella los llame en cuanto llegue. 4. Uds. se quitaron los abrigos tan pronto como pudieron. 5. Ricardo va a correr en el parque hasta que se canse. 6. Después de que vayamos al cine, quiero comer algo.

2 1. Laura y Germán esperan que la tormenta no cause daños. 2. Los trabajadores temen perder sus derechos. 3. Nosotros tenemos miedo a conducir en la ciudad. 4. Gisela y tú se alegran de que Ricardo no sea antipático. 5. Tú esperas terminar el trabajo antes de irte de vacaciones. 6. Daniel teme que sus padres vendan la casa en donde nació.

3 1. trabaja 2. sepan 3. hable 4. tiene 5. cocine 6. dibujamos

4 1. Quiero elegir un candidato que sea inteligente y sincero. 2. La empresa iba a contratar un empleado que tuviera experiencia. 3. Norma y tú van a comprar una casa que esté en buen estado. 4. Iván quería casarse con una chica que lo quisiera mucho. 5. Vamos a darle empleo a una señora que sepa cocinar. 6. Ellos estaban buscando una persona que conociera a Sergio.

5 1. No, no es verdad que los terremotos puedan pronosticarse. 2. No, mi esposo/a no niega que va a votar por ese candidato. 3. No, no estoy seguro de que el problema de la violencia se pueda resolver. 4. No, no es cierto que haya habido muchas huelgas este año. 5. No, los candidatos no dudan que la paz siempre ha sido lo más importante. 6. No, no es obvio que hayamos sido las autoras de la carta.

6 1. funciona 2. cuestan 3. haga 4. quiera 5. responden 6. puede 7. esté 8. elija 9. tiene 10. conecte 11. tome 12. necesite

7 1. ¿Qué habría pasado si Francisco hubiera llegado tarde? Si Francisco hubiera llegado tarde, no habría votado. 2. ¿Qué habría pasado si Mariela te hubiera dicho eso? Si Mariela me hubiera dicho eso, yo no habría aceptado el trabajo. 3. ¿Qué habría pasado si Uds. hubieran sido discriminados? Si hubiéramos sido discriminados, habríamos luchado contra el sexismo. 4. ¿Qué habría pasado si ellos hubieran visto al criminal? Si ellos hubieran visto al criminal, habrían declarado en su contra.

síntesis

Answers will vary.

panorama

1 **Suggested answers:** 1. El 90% de los paraguayos habla la lengua guaraní, que se usa con frecuencia en canciones, poemas, periódicos y libros. 2. El Teatro Guaraní se dedica a preservar la lengua y la cultura guaraníes. 3. Los encajes paraguayos se llaman ñandutí porque en guaraní significa telaraña y se llaman así porque imitan su trazado. 4. Muchos turistas visitan la represa gracias a su cercanía a las famosas Cataratas de Iguazú, y vienen atraídos por lo imponente de la construcción. 5. El río Paraná y el río Paraguay sirven de frontera entre Paraguay y Argentina. 6. El río Paraná tiene unos 3.200 km navegables, y por esta ruta pasan barcos de más de 5.000 toneladas que pueden ir desde el estuario del Río de la Plata hasta la ciudad de Asunción.

2 **Verticales: estuario al final del río Paraná:** Río de la Plata **central hidroeléctrica:** Itaipú **zona poco poblada del Paraguay:** Gran Chaco **un idioma del Paraguay:** guaraní **guitarrista paraguayo:** Barrios **río con 3.200 km navegables:** Paraná **encaje artesanal paraguayo:** ñandutí **una mujer de Paraguay:** paraguaya **Horizontales: lugar originario del ñandutí:** Itaguá **capital de Paraguay:** Asunción **cuarta ciudad del Paraguay:** Lambaré **país que hace frontera con Paraguay:** Argentina

3 1. Río de la Plata 2. Punta del Este 3. carne de res 4. mate 5. fútbol 6. treinta 7. Carnaval 8. Desfile de las Llamadas

4 1. Falso. Montevideo es una ciudad cosmopolita e intelectual. 2. Cierto. 3. Falso. El mate es una bebida de origen indígena que está muy presente en Uruguay. 4. Cierto. 5. Falso. Uno de los mejores carnavales de Sudamérica se celebra en Montevideo. 6. Falso. En el Desfile de las Llamadas participan bailarines y bailarinas.

5 1. Río Uruguay 2. Río de la Plata 3. Argentina 4. Brasil 5. Océano Atlántico 6. Punta del Este

repaso lecciones 16-18

1 1. Manuel conseguirá un trabajo antes de que compres el coche. Manuel habrá conseguido un trabajo cuando compres el coche. 2. El candidato cumplirá sus promesas antes de que Ana vote por él. El candidato habrá cumplido sus promesas cuando Ana vote por él. 3. Lola y yo pintaremos el apartamento antes de que ellos se muden. Lola y yo habremos pintado el apartamento cuando ellos se muden. 4. Uds. terminarán el trabajo antes de que todos lleguen a la oficina. Uds. habrán terminado el trabajo cuando todos lleguen.

2 1. yo habría aprendido más 2. tuvieran más experiencia 3. hubieras terminado 4. no pasaría nada malo 5. la cocina no estaría tan sucia 6. ganáramos más dinero 7. tenían ganas 8. los dibujos saldrían mejor

3 1. viviera 2. haya estado 3. viajara 4. visite 5. lleve 6. vaya 7. hayamos visto 8. podamos 9. tuviera 10. viajaría 11. hubieran tenido 12. disfrutáramos 13. trabajáramos 14. habría venido 15. muera 16. tengamos

4 Answers will vary.

answers to laboratory activities Lección 1

contextos

1 1. *Leave-taking* 2. *Introduction* 3. *Greeting* 4. *Greeting* 5. *Leave-taking* 6. *Introduction*

2 a. 2 b. 3 c. 1

pronunciación

3 1. Gonzalo Salazar. 2. Ximena Díaz. 3. Cecilia Herrera. 4. Francisco Lozano. 5. Jorge Quintana. 6. María Inés Peña.

estructura

1.1 Estructura

1 1. *feminine* 2. *masculine* 3. *feminine* 4. *masculine* 5. *masculine* 6. *masculine* 7. *feminine* 8. *feminine*

4 **un** diccionario, **un diario, unos** cuadernos, **una** grabadora, **un** mapa de **México, unos** lápices

1.2 Estructura

1 **Juego 1:** *The following numbers should be marked*: 3, 5, 25, 6, 17, 12, 21
Juego 2: *The following numbers should be marked*: 0, 30, 10, 2, 16, 19, 28, 22

3 1. 19 + 11 = 30 2. 15 – 5 = 10 3. 8 + 17 = 25 4. 21 – 12 = 9 5. 3 + 13 = 16 6. 14 + 0 = 14

1.3 Estructura

1 1. nosotros 2. yo 3. tu 4. el 5. ellos 6. nosotros

3 1. b 2. a 3. b 4. a 5. a 6. b

5 1. Se llama Roberto Salazar. 2. Se llama Adriana Morales. 3. Es de California/Es de los Estados Unidos. 4. Es de San Juan, Puerto Rico. 5. Roberto es estudiante. 6. Adriana es profesora.

1.4 Estructura

1 1. Cierto 2. Falso 3. Cierto 4. Falso 5. Falso 6. Cierto

3 1. 12:00 P.M. 2. 9:15 A.M. 3. 8:30 A.M. 4. 3:45 P.M. 5. 10:50 A.M. 6. 1:55 P.M.

contextos

1 1. Falso 2. Cierto 3. Cierto 4. Falso 5. Falso 6. Cierto

pronunciación

4 JUAN Buenos días. Soy Juan Ramón Montero. Aquí estamos en la Universidad de Sevilla con Rosa Santos. Rosa es estudiante de ciencias. Rosa, tomas muchas clases, ¿no? **ROSA** Sí, me gusta estudiar. **JUAN** ¿Te gusta la clase de biología? **ROSA** Sí, es muy interesante.

estructura

2.1 Estructura

1 1. él 2. ellos 3. tú 4. yo 5. nosotros 6. tú 7. ellos 8. nosotros

4 1. estudiamos 2. estudia 3. desea 4. tomo 5. cantar 6. bailar 7. canto 8. caminan 9. cantan

2.2 Estructura

1 1. a 2. b 3. a 4. a 5. a 6. b 7. a 8. b

3 1. Lógico 2. Ilógico 3. Ilógico 4. Lógico 5. Ilógico 6. Lógico

4 1. Está en Madrid (España). 2. Ofrecen español, historia de arte y literatura. 3. Practican el español día y noche. 4. Viajan a Toledo y Salamanca.

2.3 Estructura

1 1. Falso 2. Falso 3. Cierto 4. Falso 5. Cierto 6. Cierto 7. Cierto 8. Falso

3 1. está 2. es 3. es 4. Somos 5. está 6. eres 7. están 8. Son

2.4 Estructura

1 1. 585-9115 2. 476-4460 3. 957-0233 4. 806-5991 5. 743-7250 6. 312-3374 7. 281-4067 8. 836-5581

3 **Para:** Carmen **De parte de:** Antonio Sánchez **Teléfono:** 785-6259 **Mensaje:** Hay un problema con la computadora. Él está en la residencia.

Lección 3

contextos

1 1. b 2. a 3. a 4. a 5. a 6. b 7. b 8. b

3 a. 4 b. 3 c. 1 d. 2

pronunciación

4 1. Carlos Crespo es mi medio hermano. 2. El padre de Carlos es Emilio Crespo. 3. Es italiano. 4. Mi padre es Arturo Molina. 5. Carlos estudia administración de empresas. 6. Yo estudio ciencias. 7. Diana es la novia de Carlos. 8. Somos compañeras y amigas.

estructura

3.1 Estructura

4 bonita, simpática, inteligente, tonto, simpático, trabajador, alta, morena, vieja, buena

5 1. Falso 2. Falso 3. Cierto 4. Falso 5. Cierto 6. Cierto 7. Falso

3.2 Estructura

1 1. *our* 2. *his* 3. *my* 4. *their* 5. *your* (familiar) 6. *her* 7. *my* 8. *our*

2 1. a 2. a 3. b 4. b 5. b 6. a 7. a 8. b

3.3 Estructura

1 1. nosotros 2. él 3. ellos 4. yo 5. tú 6. ellos

4 a. 2 b. 4 c. 1 d. 3

3.4 Estructura

4 1. b 2. b 3. a 4. a 5. b 6. a

5 1. Falso 2. Cierto 3. Falso 4. Cierto 5. Falso 6. Falso

contextos

1 1. b 2. f 3. e 4. c 5. g 6. d

2 1. b 2. b 3. a 4. a

3 1. parque 2. centro 3. Ciudad 4. domingos 5. familias 6. deportes 7. baloncesto 8. ciclismo 9. pasean 10. museos 11. Monumento

pronunciación

4 1. México es un país muy grande. 2. Los mexicanos son simpáticos y trabajadores. 3. Muchos turistas visitan Acapulco y Cancún. 4. Cancún está en la península de Yucatán. 5. Yo soy aficionada a los deportes acuáticos. 6. En mi tiempo libre me gusta nadar y bucear.

estructura

4.1 Estructura

1 1. nosotros 2. él 3. tú 4. ellos 5. yo 6. él

4 1. Falso 2. Cierto 3. Cierto 4. Falso 5. Falso 6. Cierto

4.2 Estructura

1 1. preferir 2. encontrar 3. pensar 4. seguir 5. perder 6. recordar 7. cerrar 8. empezar

3 1. Puedo ver el Ballet Folklórico en el Palacio de Bellas Artes. 2. El concierto en Chapultepec empieza a la una de la tarde. 3. El Museo de Arte Moderno cierra a las seis. 4. México y Guatemala juegan en la Copa Internacional de Fútbol el viernes. 5. El campeonato de baloncesto comienza a las siete y media.

4.3 Estructura

1 1. b 2. a 3. b 4. b

4 1. la televisión 2. jugar al tenis 3. traen/van a traer 4. repite, oye (bien) 5. a las cuatro

4.4 Estructura

1 1. b 2. b 3. a 4. b 5. a 6. b 7. a

3 **México, D. F.:** Va a estar nublado.; 28° **Querétaro:** Hay niebla.; 23° **Yucatán:** Llueve.; 32° **Chihuahua:** Hace buen tiempo. Está despejado.; 31°

Lección 5

contextos

1 1. la cabaña 2. julio 3. la cama 4. enero 5. confirmar 6. la playa 7. la pensión 8. verano

2 1. b 2. a 3. b 4. a

3 1. Falso 2. Falso 3. Falso 4. Cierto 5. Cierto

pronunciación

4 1. Noventa turistas van en barco por el Caribe. 2. Visitan muchos lugares bonitos. 3. Los viajeros bailan, comen y beben. 4. Ellos vuelven de su viaje el viernes.

estructura

5.1 Estructura

1 1. b 2. a 3. b 4. b

4 1. b 2. a 3. a 4. b

5.2 Estructura

1 1. a 2. b 3. a 4. a 5. b 6. a

5.3 Estructura

1 1. está 2. Están 3. Es 4. Es 5. Está 6. Está

4 1. Ilógico 2. Lógico 3. Ilógico 4. Ilógico 5. Ilógico 6. Lógico

5 1. Ponce está en Puerto Rico. Está cerca del mar Caribe. 2. Está lloviendo. 3. El Parque de Bombas es un museo. 4. Hoy es martes. 5. No va al Parque de Bombas hoy porque está cerrado.

5.4 Estructura

1 1. b 2. a 3. a 4. b 5. a 6. b 7. a 8. b

5.5 Estructura

1 1. Cierto 2. Falso 3. Falso 4. Cierto 5. Falso 6. Cierto

2 1. 534 2. 389 3. 1.275 4. 791 5. 2.164.000 6. 956 7. 15.670 8. 142 9. 694

4 **Pasaje de avión:** $619 **Barco:** $708 **Excursiones:** $225 **Total:** $1552

Lección 6

contextos

1 1. Lógico 2. Lógico 3. Ilógico 4. Lógico 5. Lógico 6. Ilógico 7. Ilógico 8. Lógico

2 1. a 2. b 3. b 4. a 5. a 6. a

4 1. Diana es la cliente. 2. No, no venden ropa para hombres en la tienda. (No, sólo venden ropa para mujeres.) 3. Va a comprar una falda y una blusa. 4. Puedes (Ud. puede) comprar guantes, pero no puedes (puede) comprar calcetines.

pronunciación

4 1. Teresa y David toman el autobús al centro comercial. 2. Teresa desea comprar una chaqueta y un cinturón rosado. 3. David necesita una corbata verde y unos pantalones cortos. 4. Van a una tienda de ropa donde encuentran todo.

estructura

6.1 Estructura

1 1. *Preterite* 2. *Present* 3. *Preterite* 4. *Present* 5. *Present* 6. *Preterite* 7. *Preterite* 8. *Preterite*

4 **Tareas completadas:** Compró el pasaje de avión. Encontró su pasaporte. Preparó la maleta. Decidió no llevar la mochila. **Tareas que necesita hacer:** Necesita confirmar la reservación para el hotel con la agente de viajes. Necesita leer el (su) libro sobre Cuba.

6.2 Estructura

1 1. b 2. a 3. a 4. b 5. a 6. b

4 1. Gustavo es el novio de Norma. 2. Está comprándole (Le está comprando) una falda a Norma. 3. Le preguntó qué talla usa Norma. (Le preguntó la talla de Norma.) 4. Le prestó dinero porque la falda es cara. 5. Va a regalarle (Le va a regalar) la falda esta noche.

6.3 Estructura

1 1. *this* 2. *that* 3. *these* 4. *that*

5 1. Falso 2. Falso 3. Cierto 4. Cierto

Lección 7

contextos

1 1. b 2. b 3. a 4. a

3 1. Falso 2. Falso 3. Cierto 4. Cierto

pronunciación

4 1. Ramiro y Roberta Torres son peruanos. 2. Ramiro es pelirrojo, gordo y muy trabajador. 3. Hoy él quiere jugar al golf y descansar, pero Roberta prefiere ir de compras. 4. Hay grandes rebajas y ella necesita un regalo para Ramiro. 5. ¿Debe comprarle una cartera marrón o un suéter rojo? 6. Por la tarde, Ramiro abre su regalo. 7. Es ropa interior.

estructura

7.1 Estructura

1 1. a 2. b 3. a 4. b

3 1. a 2. b 3. b

7.2 Estructura

1 1. Ilógico 2. Lógico 3. Lógico 4. Ilógico 5. Lógico 6. Ilógico 7. Lógico 8. Lógico

2 1. sino 2. pero 3. sino 4. sino 5. pero 6. sino 7. pero 8. pero

5 1. Cierto 2. Cierto 3. Falso 4. Cierto 5. Cierto 6. Falso

7.3 Estructura

1 1. ir 2. ser 3. ir 4. ir 5. ir 6. ser 7. ser 8. ir

4 1. Carlos fue al estadio 2. El partido fue estupendo porque su equipo favorito ganó. 3. Katarina y Esteban fueron al cine. 4. Esteban se durmió durante la película.

7.4 Estructura

1 1. a 2. a 3. a 4. a 5. b 6. b

4 **Le gusta:** nadar (la natación), ir de excursión al campo, el cine **No le gusta:** el tenis, el sol, ir de compras
Pregunta: Los chicos van a quedarse (se van a quedar) en casa esta tarde.

Lección 8

contextos

1 1. pescado 2. bebida 3. verdura 4. pescado 5. carne 6. fruta 7. carne 8. bebida

2 a. 4 b. 6 c. 9 d. 1 e. 7 f. 3 g. 10 h. 2 i. 8 j. 5

3 SEÑORA **Primer plato:** ensalada de lechuga y tomate **Plato principal:** hamburguesa con queso **Verdura:** papas fritas **Bebida:** agua mineral SEÑOR **Primer plato:** sopa de verduras **Plato principal:** pollo asado **Verdura:** arvejas y zanahorias **Bebida:** agua mineral

pronunciación

4 1. Catalina compró mantequilla, chuletas de cerdo, refrescos y melocotones en el mercado. 2. Ese señor español quiere almorzar en un restaurante francés. 3. El mozo le recomendó los camarones con arroz. 4. En mi casa empezamos la comida con una sopa. 5. Guillermo llevó a Alicia al Café Azul anoche.

estructura

8.1 Estructura

1 1. *Present* 2. *Present* 3. *Preterite* 4. *Present* 5. *Present* 6. *Preterite* 7. *Preterite* 8. *Preterite*

4 1. Falso 2. Cierto 3. Falso 4. Falso 5. Cierto 6. Cierto

8.2 Estructura

1 1. b 2. a 3. a 4. b 5. b 6. a

4 1. Cierto 2. Falso 3. Cierto 4. Falso 5. Falso 6. Falso

8.3 Estructura

1 1. Conozco 2. Saben 3. Conocemos 4. Conozco 5. Sé 6. Sabes

4 1. Falso 2. Cierto 3. Falso 4. Falso 5. Cierto 6. Cierto

5 1. a 2. a 3. b 4. a

8.4 Estructura

1 1. b 2. a 3. b 4. a 5. b 6. b

8.5 Estructura

3 1. Necesitan comprar jamón, pan, salchicha y queso. 2. Alfredo quiere ir a la fiesta con Sara. 3. Ella no quiere ir con él porque está enojada. 4. Sara va con Andrés. 5. Quieren comprar algo especial para Alfredo.

contextos

1 1. Ilógico 2. Lógico 3. Lógico 4. Ilógico 5. Ilógico 6. Lógico 7. Lógico 8. Ilógico

2 1. c 2. b 3. a 4. c

3 1. La fiesta es para Martín, su hijo. 2. La fiesta es el viernes a las ocho y media. 3. Es el cumpleaños de Martín. (Martín cumple veintiún años.) 4. La familia y los amigos de Martín van a la fiesta. 5. Los invitados van a cenar, a bailar y a comer pastel.

pronunciación

4 Mirta, sabes que el domingo es el aniversario de bodas de Héctor y Ángela, ¿no? Sus hijos quieren hacerles una fiesta grande e invitar a todos sus amigos. Pero a Ángela y a Héctor no les gusta la idea. Ellos quieren salir juntos a algún restaurante y después relajarse en casa.

estructura

9.1 Estructura

1 1. nosotros 2. tú 3. yo 4. ellos 5. él 6. yo 7. ellos 8. él

3 1. b 2. a 3. b

9.2 Estructura

1 1. a 2. b 3. a 4. a 5. b 6. b 7. b 8. a

4 1. Supe 2. vinieron 3. dijo 4. condujeron 5. quedaron 6. hice 7. contestaron 8. pude 9. llamaron 10. preguntaron 11. dije

9.3 Estructura

1 1. nosotros 2. ella 3. yo 4. tú 5. ellos 6. yo 7. ellos 8. ella

3 1. Falso 2. Falso 3. Cierto 4. Cierto 5. Falso

4 1. Porque tuvo un examen hoy. 2. Supo que Pedro salió con Mónica anoche. 3. Se puso muy enojada. 4. Le dijo que no quiso salir más con él.

9.4 Estructura

1 1. Ilógico 2. Lógico 3. Ilógico 4. Lógico 5. Ilógico 6. Ilógico 7. Lógico 8. Lógico

4 1. a 2. c 3. c 4. a 5. b

Lección 10

contextos

1 **Lugares:** la sala de emergencia, la farmacia, el consultorio **Medicinas:** la aspirina, la pastilla, el antibiótico **Condiciones y síntomas médicos:** la infección, el resfriado, la gripe, la fiebre

2 1. b 2. b 3. a 4. b

pronunciación

4 1. Esta mañana Cristina se despertó enferma. 2. Le duele todo el cuerpo y no puede levantarse de la cama. 3. Cree que es la gripe y va a tener que llamar a la clínica de la universidad. 4. Cristina no quiere perder otro día de clase, pero no puede ir porque está muy mareada. 5. Su compañera de cuarto va a escribirle un mensaje electrónico a la profesora Crespo porque hoy tienen un examen en su clase.

estructura

10.1 Estructura

1 1. c 2. b 3. c 4. a 5. a 6. c 7. b 8. c 9. a 10. b

4 1. Sufría 2. estornudaba 3. Pensaba 4. tenía 5. sentía 6. iba 7. molestaba 8. decían 9. tenía 10. era 11. había 12. sentía 13. sabía

10.2 Estructura

1 1. b 2. a 3. a 4. b 5. a 6. a

3 **Under the sign with the arrow:** (3.) Se sale por la derecha. **Under the sign with the skeletal hand:** (4.) ¡No se puede hacer radiografías a mujeres embarazadas! Favor de informar a la enfermera si piensa que está embarazada. **Under the Agencia Real sign:** (1.) Se venden casas y apartamentos. Precios razonables. **Under the no smoking sign:** (2.) ¡Nos preocupamos por su salud! Se prohíbe fumar en el hospital.

10.3 Estructura

1 1. c 2. a 3. b 4. a 5. c 6. b

4 1. b 2. c 3. a 4. b

10.4 Estructura

1 1. Cierto 2. Falso 3. Falso 4. Cierto 5. Cierto 6. Falso

3 1. El príncipe Carlos y la princesa Margarita se casaron hace ocho años./Hace ocho años que el príncipe Carlos y la princesa Margarita se casaron. 2. El rey sufrió un ataque al corazón hace un año./Hace un año que el rey sufrió un ataque al corazón. 3. Hace dos meses que la princesa Margarita visita al doctor. 4. Esta reportera quiere saber si la princesa Margarita desea estar embarazada./Esta reportera quiere saber si la princesa Margarita está embarazada.

Lección 11

contextos

1 1. el semáforo 2. chocar 3. el sitio Web 4. el ratón 5. el parabrisas, el mecánico 6. el disco 7. el archivo, la llanta 8. el módem

2 1. Ilógico 2. Lógico 3. Ilógico 4. Ilógico 5. Lógico 6. Lógico 7. Ilógico 8. Lógico

3 1. a 2. b 3. a 4. a

pronunciación

4 El sábado pasado Azucena iba a salir a bucear con Francisco. Se subió al carro e intentó arrancarlo, pero no funcionaba. El carro tenía gasolina y, como revisaba el aceite con frecuencia, sabía que tampoco era eso. Decidió tomar un autobús cerca de su casa. Se subió al autobús y comenzó a relajarse. Debido a la circulación llegó tarde, pero se alegró de ver que Francisco estaba esperándola.

estructura

11.1 Estructura

1 1. subió, quería 2. vio, estaba 3. llegó, eran 4. conocieron, llevaban 5. chocó, estábamos 6. compré, era 7. pusieron, íbamos 8. llevó, funcionaban

3 1. Falso 2. Falso 3. Falso 4. Cierto 5. Cierto 6. Falso

11.2 Estructura

1 1. para 2. para 3. por 4. por 5. por 6. por 7. para 8. por

3 1. a 2. a 3. a 4. b

11.3 Estructura

1 1. a 2. b 3. a 4. a 5. b 6. a 7. a 8. b

3 1. a 2. c 3. b 4. b 5. b 6. a 7. a 8. c

11.4 Estructura

1 1. *mine* 2. *yours* 3. *his* 4. *theirs* 5. *ours* 6. *mine* 7. *yours* 8. *hers*

3 1. Falso 2. Falso 3. Falso 4. Falso 5. Cierto 6. Falso

Lección 12

contextos

1 a. 3 b. 7 c. 2 d. 8 e. 6 f. 1 g. 4 h. 5

2 1. el armario 2. el tenedor 3. el cartel 4. la pared 5. el alquiler 6. el cubierto 7. la servilleta 8. la vivienda

4 1. Falso 2. Cierto 3. Falso 4. Falso 5. Cierto 6. Falso

pronunciación

4 1. Doña Ximena vive en una casa de apartamentos en el extremo de la Ciudad de México. 2. Su apartamento está en el sexto piso. 3. Ella es extranjera. 4. Viene de Extremadura, España. 5. A Doña Ximena le gusta ir de excursión y le fascina explorar lugares nuevos.

estructura

12.1 Estructura

1 1. que 2. quien 3. que 4. lo que 5. quien 6. que 7. Lo que 8. que 9. quien 10. lo que

2 1. b 2. a 3. a 4. b 5. a 6. b

4 **Pistas:** 1. El reloj que estaba roto 2. La taza que estaba sucia (estaba en el lavaplatos) 3. La almohada que tenía dos pelos (pelirrojos) **Pregunta:** La tía Matilde se llevó las cucharas de la abuela porque necesitaba dinero.

12.2 Estructura

1 1. No 2. Sí 3. Sí 4. No 5. Sí 6. Sí 7. No 8. No 9. No 10. Sí

5 a. 2 b. *blank* c. 5 d. *blank* e. 1 f. 3 g. 4

12.3 Estructura

1 1. tomemos 2. conduzcan 3. aprenda 4. arregles 5. se acuesten 6. sepas 7. almorcemos 8. se mude

4 1. c 2. b 3. a

12.4 Estructura

1 1. Sí 2. No 3. Sí 4. No 5. No 6. Sí

4 1. El Sr. Barriga quiere que los chicos le paguen el alquiler. 2. Le pide que les dé más tiempo. 3. Les sugiere que pidan dinero a sus padres y que Juan Carlos encuentre otro trabajo pronto. 4. Los chicos tienen (van a tener) que mudarse. 5. Al final, el Sr. Barriga insiste en que le paguen el alquiler mañana por la mañana.

contextos

1 1. Lógico 2. Ilógico 3. Lógico 4. Ilógico 5. Lógico 6. Lógico

2 a. 4 b. 1 c. 5 d. 3 e. 6 f. 2

4 1. ecoturismo 2. selva 3. naturaleza 4. descubra 5. bosque tropical 6. plantas 7. pájaros 8. río 9. cielo 10. estrellas 11. mundo

pronunciación

4 1. Sonia Valenzuela es de Barranquilla, Colombia. 2. A ella le importa mucho la ecología. 3. Todos los años ella viaja miles de millas para pedirle a la gente que no destruya la selva. 4. No importa que llueva o haya sol, Sonia lleva su mensaje. 5. Le dice a la gente que la tierra es suya y que todos deben protegerla para controlar la deforestación.

estructura

13.1 Estructura

1 1. a 2. b 3. b 4. a 5. a 6. b

4 1. Falso 2. Falso 3. Falso 4. Cierto 5. Cierto 6. Falso

13.2 Estructura

1 1. *Subjunctive* 2. *Subjunctive* 3. *Indicative* 4. *Indicative* 5. *Subjunctive* 6. *Subjunctive* 7. *Indicative*

3 1. b 2. a 3. b 4. a 5. b 6. c 7. a 8. c

13.3 Estructura

1 1. Lógico 2. Ilógico 3. Lógico 4. Ilógico 5. Ilógico 6. Lógico

3 a. 2 b. 1 c. 4 d. 3

13.4 Estructura

1 1. No 2. No 3. Sí 4. Sí 5. Sí 6. No 7. No 8. Sí 9. No 10. Sí

4 1. Recicla el papel. 2. Compra productos reciclados. 3. Conduce un automóvil eléctrico. 4. Lava la ropa con agua fría. 5. Apaga las luces, la televisión y la computadora. 6. Escribe cartas al gobierno sobre los problemas ecológicos.

Lección 14

contextos

1 1. Lógico 2. Lógico 3. Ilógico 4. Lógico 5. Ilógico 6. Lógico

2 1. Lavandería Rosa 2. Peluquería Violeta 3. Oficina de Correos 4. Banco Nacional 5. Joyería Andes 6. Librería Gallegos 7. Pastelería Simón 8. Zapatería Valencia

4 1. Buscan el correo. 2. Un cartero les da la dirección. 3. Deben doblar a la derecha. 4. Está a tres cuadras del semáforo.

pronunciación

4 Bienvenidos a Venezuela. En un momento vamos a tomar el moderno metro a un centro comercial en Sábana Grande. Mañana, vamos a conocer muchos monumentos magníficos y el lugar de nacimiento de Simón Bolívar. Martes, viajamos a Mérida, una ciudad muy hermosa en las montañas. Miércoles, navegamos en el mar cuarenta millas a la maravillosa isla Margarita.

estructura

14.1 Estructura

1 1. No 2. No 3. Sí 4. No 5. Sí 6. No

2 1. tenga 2. venda 3. vende 4. hagan

4 1. Claudia Morales 2. Alicia Duque 3. Rosalinda Guerrero 4. Gustavo Carrasquillo

14.2 Estructura

1 1. *habitual action* 2. *future action* 3. *past action* 4. *future action* 5. *future action* 6. *past action* 7. *habitual action* 8. *future action*

3 (7.) Banco Orinoco

14.3 Estructura

1 1. Sí 2. No 3. Sí 4. Sí 5. No 6. No

4 1. Falso 2. Cierto 3. Falso 4. Cierto 5. Falso 6. Falso

14.4 Estructura

1 1. hecho 2. cubierto 3. rotos 4. abierta 5. perdido 6. acompañado 7. dolido 8. muerto

3 1. Falso 2. Falso 3. Falso 4. Cierto 5. Falso 6. Falso

contextos

1 1. la droga 2. descafeinado 3. merendar 4. apurarse 5. la grasa 6. disfrutar

2 1. Cierto 2. Falso 3. Cierto 4. Cierto

3 **lunes:** 6:00 clase de ejercicios aeróbicos **martes:** correr con Sandra y Fernando **miércoles:** 6:00 clase de ejercicios aeróbicos **jueves:** correr con Sandra y Fernando **viernes:** 7:00 hacer gimnasia con el monitor **sábado:** 6:00 clase de ejercicios aeróbicos **domingo:** correr con Sandra y Fernando

pronunciación

4 1. Anoche, Pancho y yo fuimos a ver una película. 2. Cuando volvíamos, chocamos con el coche de una señora de ochenta años. 3. Enseguida llegó la policía al lugar. 4. La señora estaba bien pero, por su edad, nos apuramos y llamamos a una ambulancia para ella. 5. Pancho sólo se lastimó la pierna y a mí me dolía la cabeza. 6. En la sala de emergencia en el hospital, nos dijeron que no teníamos ningún proble ma. 7. Por suerte, todo salió bien. 8. Bueno, Pancho se quedó sin coche por unos días, pero eso no es tan importante.

estructura

15.1 Estructura

1 1. nosotros 2. él 3. yo 4. tú 5. ellos 6. él

4 1. b 2. a 3. a 4. c

15.2 Estructura

1 1. Ilógico 2. Ilógico 3. Lógico 4. Lógico 5. Ilógico 6. Lógico

4 **Conversación:** JORGE ¡Hola, chico! Ayer vi a Carmen y no me lo podía creer, me dijo que te **había visto** en el gimnasio. ¡Tú, que siempre **habías sido** tan sedentario! ¿Es cierto? **RUBÉN** Pues, sí. **Había aumentado** mucho de peso y me dolían las rodillas. Hacía dos años que el médico me **había dicho** que tenía que mantenerme en forma. Y finalmente, hace cuatro meses, decidí hacer gimnasia casi todos los días. **JORGE** Te felicito, amigo. Yo también **he empezado** hace un año a hacer gimnasia. ¿Qué días vas? Quizás nos podemos encontrar allí. **RUBÉN** **He ido** todos los días al salir del trabajo. ¿Y tú? ¿Vas con Carmen? **JORGE** Siempre **habíamos ido** juntos hasta que compré mi propio carro. Ahora voy cuando quiero. Pero la semana que viene voy a tratar de ir después del trabajo para verte por allí. **Preguntas:** 1. Es extraño porque (Rubén) siempre había sido (tan) sedentario. 2. El médico le había dicho (a Rubén) que tenía que mantenerse en forma. 3. Jorge no va al gimnasio con Carmen porque compró su propio carro./Jorge no va al gimnasio con Carmen porque ha comprado su propio carro.

15.3 Estructura

1 1. a 2. c 3. b 4. c 5. a 6. b 7. c 8. a

3 **Nombre:** Eduardo Sierra **Edad:** 37 años **Preguntas:** **¿Cuándo fue la última vez que hizo ejercicio?** En 1997. **¿Qué tipo de vida ha llevado últimamente: activa o pasiva?** Vida pasiva **¿Consume alcohol?** Sí, un poco. **¿Fuma o ha fumado alguna vez?** Sí. **¿Cuándo fumó por última vez?** Hace una semana. **¿Desea perder peso?** Sí, un poco. **¿Conoce a alguien que haya venido al gimnasio?** Sí, su hermano es cliente.

Lección 16

contextos

1 1. abogado 2. peluquera 3. cocinero 4. psicóloga/consejera 5. reportero/periodista 6. arqueóloga

2 1. Cierto 2. Falso 3. Falso 4. Cierto 5. Cierto 6. Falso

3 1. Es una empresa (agencia) de trabajo (empleo). 2. Ayuda a los clientes a obtener (conseguir) entrevistas y ofertas de empleo. 3. El Sr. Mendoza es electricista. 4. La empresa le va a dar un aumento de sueldo. 5. No se especializa en ninguna profesión. Tiene ofertas de empleo para todas las profesiones.

pronunciación

3 PACO ¡Aló! Deseo hablar con la gerente. ISABEL Lo siento. En este momento la Sra. Morales está en una reunión. ¿Puedo ayudarle en algo? PACO Creo que sí. ¿Sabe cúando voy a poder hablar con ella? ¡Es importante! ISABEL La verdad es que no lo sé. Si quiere, puede llamar en una hora. ¿Quiere que le deje una nota? PACO Mire, no se preocupe. Vuelvo a llamar en una hora. Gracias.

estructura

16.1 Estructura

1 1. Uds. 2. ella 3. yo 4. tú 5. nosotros 6. yo 7. ella 8. Uds.

4 1. Falso 2. Falso 3. Cierto 4. Cierto

16.2 Estructura

1 1. Ilógico 2. Lógico 3. Lógico 4. Lógico 5. Ilógico 6. Ilógico 7. Lógico 8. Lógico

4 1. a 2. b 3. a 4. a 5. b

16.3 Estructura

1 1. Sí 2. No 3. No 4. Sí 5. Sí 6. No 7. Sí 8. No 9. No 10. Sí 11. No 12. Sí

4 1. El jefe le pidió que fuera (viniera) a su oficina. 2. Le pidió que cerrara la puerta y que se sentara. 3. Le preguntó si quería renunciar a su puesto. 4. Le dijo que no se preocupara porque ella quería cambiar de trabajo y tenía una oferta muy buena.

contextos

1 1. Cierto 2. Falso 3. Cierto 4. Falso 5. Cierto 6. Falso

2 1. f 2. d 3. a 4. c

3 1. El Canal 3 ofrece estos programas. 2. Los dibujos animados empiezan a las cuatro de la tarde. 3. *De tú a tú* es un programa de entrevistas. 4. Juan Muñoz es un escritor famoso. 5. *Corazón roto* es una película romántica.

pronunciación

1 1. es / cul / pir 2. con / cier / to 3. ins / tru / men / to 4. con / cur / so 5. es / tre / lla 6. a / cam / par 7. pre / mio 8. a / plau / dir 9. bai / la / rín 10. ex / tran / je / ra 11. po / e / sí / a 12. ó / pe / ra 13. a / bu / rrir / se 14. can / tan / te 15. en / tra / da

3 RAMÓN ¡Celia! Date prisa que llegamos tarde. Siempre igual...Oye, ¿se puede saber qué estás haciendo ahora? CELIA Tranquilo, Ramón, tranquilo... ¿Por qué estás tan nervioso? Todo va a ir bien. RAMÓN Supongo que sí. Pero, venga, rápido. Quiero llegar antes que los otros músicos. CELIA ¿Y para qué? ¿Para ponerte peor? Eres tan talentoso, pero siempre haces lo mismo el primer día de cada espectáculo. Mira, o vas al psicólogo para superar esos nervios o cambias de profesión. RAMÓN Ah, sí, tienes razón. Mejor me relajo un poco antes de salir.

estructura

17.1 Estructura

1 1. b 2. a 3. a 4. c 5. b 6. a 7. c 8. b 9. c 10. b

4 1. Falso 2. Cierto 3. Cierto 4. Falso 5. Cierto 6. Falso

17.2 Estructura

1 1. tú 2. él 3. nosotros 4. ellos 5. tú 6. nosotros

2 1. Ilógico 2. Lógico 3. Lógico 4. Ilógico 5. Ilógico 6. Lógico

17.3 Estructura

1 1. b 2. c 3. b 4. c 5. a 6. a

2 1. hubiera vivido 2. hubiéramos bailado 3. había trabajado 4. hubieras dicho 5. había empezado 6. hubieras estado 7. hubiera conocido 8. había bebido

4 1. No, Olivia no creyó que Óscar hubiera ido a la fiesta. 2. No era cierto que Óscar hubiera sido invitado. 3. No, Óscar no creía que José Santiago hubiera hecho bien el papel. (No, Óscar creía que José Santiago había hecho mal el papel.) 4. *El profesor* habría tenido más éxito si la hubieran puesto en más cines.

Lección 18

contextos

1 1. f 2. c 3. e 4. g 5. b 6. a 7. h 8. d

2 1. Ilógico 2. Lógico 3. Lógico 4. Lógico 5. Ilógico 6. Ilógico 7. Lógico

3 1. Se llama Emilio Herrera. 2. La locutora del Canal 4 está informando sobre el acontecimiento. 3. El candidato está dando un discurso. 4. El candidato quiere que los ciudadanos voten por él.

pronunciación

1 1. contaminación 2. policía 3. *No accent mark is necessary.* 4. ejército 5. declaró 6. difícil 7. rápido 8. sofá 9. todavía 10. ópera 11. árbol 12. luché

4 MERCEDES Buenos días, Enrique. ENRIQUE ¿Buenos días? ¿Es que no has leído el periódico? MERCEDES ¿Qué ha pasado? ENRIQUE Léelo tú misma. Abre la sección de actualidades: racismo, discriminación, violencia. No sé qué va a pasar con el mundo. Los medios de comunicación siempre traen malas noticias. MERCEDES Enrique, últimamente estás preocupándote demasiado. Toda esa tensión que muestras es síntoma del estrés. Tienes que hacer más deporte.

estructura

18.1 Estructura

1 1. a 2. b 3. a 4. a 5. b 6. a 7. a 8. b 9. a 10. b

4 1. Según Fermín, si hubieran cerrado la puerta con llave, no habrían entrado tan fácilmente. 2. Según Alicia, si hubieran cerrado la puerta con llave, habrían entrado por la ventana. 3. Si tuvieran suficiente dinero, Alicia compraría una casa en un barrio menos peligroso. (Alicia se mudaría a un barrio menos peligroso si tuvieran suficiente dinero.) 4. Alicia se está poniendo nerviosa porque la policía no ha llegado y no quiere llegar tarde al trabajo.

18.2 Estructura

1 1. a 2. a 3. b 4. b 5. a 6. a 7. b 8. a

4 1. Falso 2. Falso 3. Cierto 4. Cierto 5. Falso

answers to video activities

Lección 1

1 Answers will vary.

2 1. está 2. usted 3. Qué 4. Son 5. unos 6. yo 7. los 8. soy 9. llamo 10. gusto 11. Yo 12. Con

3 1. Ecuador 2. España 3. Puerto Rico 4. México

4 1. Álex 2. Inés 3. Maite 4. Sra. Ramos 5. Sra. Ramos 6. Sra. Ramos 7. Sra. Ramos 8. Álex 9. Javier 10. Sra. Ramos 11. Sra. Ramos 12. Javier 13. don Francisco 14. don Francisco 15. Sra. Ramos

5 Answers will vary.

6 Answers will vary.

Lección 2

1 Answers will vary.

2 1. Álex; Ricardo 2. Inés; Maite 3. Maite; Inés, Javier 4. Maite; Inés 5. Álex; Javier

3 chicas; estudiantes; chicos; hablar; estudiar; papel; computadoras; biblioteca

4 1. cuatro 2. dos 3. dos 4. geografía 5. periodismo 6. Quito 7. tres 8. arte 9. computación 10. computadoras

5 1. Álex 2. Inés 3. Álex 4. Ecuador 5. Javier 6. Maite 7. Inés 8. San Juan

6 1. Alex: la UNAM; ¡Qué aventura!; Hola, Ricardo 2. Maite: periodismo; Radio Andina, ¡Adios, Mitad del Mundo! 3. Inés: del Ecuador; cinco clases; estudiar mucho 4. Javier: historia, computación, arte; dibujar; de Puerto Rico

7 Answers will vary.

Lección 3

1 Answers will vary.

2 1. No 2. Sí 3. Sí 4. Sí 5. No 6. Sí

3 *a family dinner; Inés's sister-in-law, Francesca; Inés's nephew, Vicente; Inés's older brother; Inés's grandparents*

4 1. Cierto 2. Falso 3. Falso 4. Falso 5. Cierto

5 1. d 2. b 3. d 4. a 5. c 6. d 7. b 8. a

6 1. Inés tiene una familia grande. 2. No, Javier no tiene hermanos. 3. La madre de Javier se llama Margarita. 4. El sobrino de Inés tiene diez años. 5. El abuelo de Javier es simpático y trabajador.

7 Answers will vary.

Lección 4

1 Answers will vary.

2 1. Tienen 2. ir 3. vamos 4. hablar; tomar

3 dos chicos pasean en bicicleta; un chico y una chica bailan; un hombre pasea en bicicleta; un niño pequeño está con sus padres; dos chicos pasean

4 1. energía 2. pasear 3. parque 4. escribir 5. corre 6. correr 7. practica 8. tomar

5 1. parque 2. cabañas 3. Correr 4. sol 5. ciudad 6. periódico 7. libre 8. Otavalo 9. aficionado 10. Madrid 11. café 12. ecuatoriano

6 Answers will vary.

7 Answers will vary.

Lección 5

1 Answers will vary.

2 1. don Francisco 2. Maite 3. Álex 4. Inés 5. Javier

3 Los hoteles del Ecuador son impresionantes... hay hoteles de todos tipos.

4 1. hotel 2. cabañas 3. Quieren 4. descansar 5. bonita

5 1. Falso. Llegan a las cabañas 2. Cierto 3. Falso. Inés y Javier están aburridos. 4. Cierto 5. Cierto 6. Cierto

6 Answers will vary.

7 Answers will vary.

Lección 6

1 Answers will vary.

2 1. *four* 2. *three* 3. *five* 4. *two* 5. *six* 6. *one*

3 un centro comercial; unas camisetas; una tienda de ropa para niños

4 1. Vendedor 2. Inés 3. Javier 4. Inés 5. Javier

5 1. libre 2. hermana 3. suéter 4. montañas 5. blusa; sombrero 6. talla

6 1. Javier compró un suéter. 2. Javier prefiere la camisa gris con rayas rojas. 3 Inés compró una bolsa para su hermana. 4. Javier quiere comprar un suéter porque va a las montañas.

7 Answers will vary.

Lección 7

1 Answers will vary.

2 1. Javier 2. Javier 3. Álex 4. Álex 5. Javier

3 1. *three* 2. *six* 3. *two* 4. *one* 5. *five* 6. *four*

4 1. amigo 2. levantarme 3. me visto; te despierto 4. fui 5. Me; corro

5 1. Álex está leyendo su correo electrónico cuando vuelve Javier del mercado. 2. Sí. Álex piensa que es ideal para las montañas. 3. Javier no puede despertarse por la mañana porque no duerme por la noche. 4. Álex va a levantarse a las siete menos cuarto. 5. El autobús sale a las ocho y media. 6. La crema de afeitar está en el baño.

6 Answers will vary.

7 Answers will vary.

Lección 8

1 Answers will vary.

2 1. Javier 2. Sra. Perales 3. Sra. Perales 4. don Francisco 5. Maite

3 Hay una gran variedad de restaurantes en Madrid.

4 1. recomienda 2. visitarla 3. Se 4. conocer 5. tortillas; camarón

5 1. Sra. Perales 2. Álex; don Francisco 3. Sra. Perales 4. Álex 5. Sra. Perales 6. Sra. Perales

6 1. El Cráter es un restaurante. 2. La Sra. Perales es la dueña del restaurante. 3. Maite pide un caldo de patas y lomo a la plancha. 4. Álex pide las tortillas de maíz y el ceviche de camarón. 5. De beber, todos piden jugo de piña, frutilla y mora. 6. La Sra. Perales dice que los pasteles de El Cráter son muy ricos.

7 Answers will vary.

Lección 9

1 Answers will vary.

2 1. *three* 2. *one* 3. *five* 4. *two* 5. *four*

3 1. No 2. No 3. No 4. Sí

4 1. Javier 2. Maite 3. Inés 4. Álex

5 1. La Sra. Perales y el camarero le sirven un pastel de cumpleaños a Maite. 2. Los estudiantes le dejan una buena propina a la Sra. Morales. 3. Maite cumple los veintitrés años. 4. Los estudiantes toman vino. El conductor no puede tomar vino. 5. El cumpleaños de Javier es el primero de octubre. 6. El cumpleaños de Maite es el 22 de junio.

6 Answers will vary.

7 Answers will vary.

Lección 10

1 Answers will vary.

2 1. Javier 2. Dra. Márquez 3. Javier 4. Javier 5. don Francisco

3 una paciente; una computadora; enfermeras; una radiografía; letreros; unos edificios; un microscopio

4 1. Javier; clínica 2. Dra. Márquez; hace 3. Javier; duele 4. Dra. Márquez; roto 5. Javier; tobillo

5 1. a 2. c 3. d 4. b 5. a 6. b

6 1. No, Javier no tiene fiebre. Sí, está un poco mareado. 2. Hace más de una hora que se cayó Javier. 3. La clínica donde trabaja la doctora Márquez se llama Clínica Villa Flora./Se llama Clínica Villa Flora. 4. No le gustaban mucho a don Francisco las inyecciones ni las pastillas./A don Francisco no le gustaban mucho las inyecciones ni las pastillas. 5. Sí, Javier va a poder ir de excursión con sus amigos.

7 Answers will vary.

Lección 11

1 Answers will vary.

2 Con él habla.; Con el Sr. Fonseca, por favor.; ¡A sus órdenes!; ¡No me digas!; Viene enseguida.; No veo el problema.

3 calles; semáforos; carros; una motocicleta; monumentos; taxis; una mujer policía; una ambulancia

4 1. Inés 2. Javier 3. Javier 4. Álex 5. Javier

5 1. Álex llamó al Sr. Fonseca. 2. Inés aprendió a arreglar autobuses en el taller de su tío. 3. Inés descubre que el problema está en el alternador. 4. Javier saca la foto. 5. El asistente del Sr. Fonseca está escuchando la radio. 6. El autobús está a unos veinte kilómetros de la ciudad.

6 Answers will vary.

7 Answers will vary.

Lección 12

1. Answers will vary.
2. 1. Falso 2. Cierto 3. Falso 4. Falso 5. Falso
3. balcones; puertas; apartamentos; una bicicleta; una vaca
4. Inés habla de la llegada de los estudiantes a la casa.; Inés dice que va a acostarse porque el guía llega muy temprano mañana.; Javier dice que los estudiantes van a ayudar a la señora Vives con los quehaceres domésticos.
5. 1. c 2. a 3. b 4. c 5. b
6. 1. El guía se llama Martín. 2. Javier puso su maleta en la cama. 3. La Sra. Vives es el ama de casa. 4. Don Francisco quiere que los estudiantes hagan sus camas. 5. Según don Francisco, los estudiantes deben acostarse temprano porque el guía viene muy temprano.
7. Answers will vary.

Lección 13

1. Answers will vary.
2. Hay un gran problema de contaminación en la ciudad de México.; En las montañas, la conta-minación no afecta al río.; Es importante controlar el uso de automóviles.
3. un río; unas montañas; una flor; unas nubes; unos árboles
4. 1. Maite; medio ambiente 2. Martín; sendero 3. Inés; lugares 4. Martín; contaminación 5. Maite; Espero
5. 1. Falso. Maite dice que su carro es muy pequeño y no contamina mucho. 2. Falso. Martín dice que el río está contaminado cerca de las ciudades. 3. Falso. Maite piensa que el paisaje es muy hermoso. 4. Cierto 5. Falso. Martín dice que los estudiantes no deben tocar las flores y las plantas.
6. 1. Sí, se pueden tomar fotos durante la excursión. 2. Según Javier, los paisajes de Puerto Rico son hermosos. 3. Deben recogerlos. 4. Va a usar el metro. 5. Según Álex, el aire de la capital de México está muy contaminado.
7. Answers will vary.

Lección 14

1. Answers will vary.
2. 1. *five* 2. *one* 3. *three* 4. *four* 5. *two*
3. 1. excursión 2. aconsejo 3. banco 4. correo 5. supermercado
4. Maite sugiere que vayan ella y Álex al supermercado para comprar comida.; Maite le pregunta al joven si hay un banco en la ciudad con cajero automático.; Álex y Maite toman un helado juntos.
5. 1. c 2. a 3. b 4. a 5. c 6. d
6. Answers will vary.
7. Answers will vary.

Lección 15

1. Answers will vary.
2. 1. Martín 2. Javier 3. Javier 4. Maite 5. don Francisco
3. una mujer que hace abdominales; un hombre que lleva pantalones cortos rojos; un hombre que levanta pesas
4. 1. *three* 2. *one* 3. *five* 4. *two* 5. *four*
5. 1. Falso. Según Javier, es muy bonita el área donde hicieron la excursión. 2. Falso. Hicieron los ejercicios de estiramiento antes de la excursión. 3. Falso. Don Francisco dice que el grupo debe volver a la casa porque la Sra. Vives les ha preparado una cena especial. 4. Cierto 5. Cierto
6. Answers will vary.
7. Answers will vary.

Lección 16

1. Answers will vary.
2. 1. don Francisco; guía 2. don Francisco; compañía 3. Javier; será 4. Maite; verán 5. Javier; querrá
3. teléfonos celulares; una profesora; un médico; un policía; dos camareros
4. Inés dice que Martín fue un guía estupendo.; Álex dice que él y los otros viajeros van a seguir siendo amigos.; Álex escribe sobre la conversación que tuvieron él y sus amigos.
5. 1. Javier dice que va a ser un pintor famoso. 2. Quiere ser periodista y tener su propio programa de entrevistas. 3. Inés quiere ser arqueóloga. 4. Don Francisco va a establecer su propia compañía de turismo. 5. En cinco

años Álex habrá establecido una compañía especializada en el Internet.

6 Answers will vary.

7 Answers will vary.

Lección 17

1 Answers will vary.

2 1. *five* 2. *two* 3. *one* 4. *six* 5. *four* 6. *three*

3 cantantes; una iglesia; murales; bailarines, bailarinas

4 Álex y Maite se divirtieron y Maite quiere salir con Álex otra vez.

5 1. c 2. a 3. c 4. c 5. d 6. c

6 Answers will vary.

7 Answers will vary.

Lección 18

1 Answers will vary.

2 1. tal; gusto 2. conocimos; periodismo 3. gustaría; entrevista; experiencias 4. contigo; fue; favorita 5. guía; hubiera; habríamos

3 Maite describe la fiesta sorpresa en el restaurante El Cráter.; Maite le dice a Roberto que Álex es su novio.; Álex dice que le gustaría hacer el viaje otra vez.

4 1. *three* 2. *four* 3. *one* 4. *two*

5 1. Roberto quiere escribir un artículo sobre el viaje porque está cansado de escribir sobre el crimen y la política. 2. Para Inés, la mejor parte del viaje fue la excursión que hicieron a las montañas. 3. Maite le dice a Roberto que la Sra. Perales le hizo una fiesta de sorpresa. 4. Javier menciona el día en que Inés resolvió el problema con el autobús. 5. Álex dice que le gustaría hacer el viaje otra vez porque viajar es una buena manera de conocer mejor a las personas y de hacer amigos.

6 Answers will vary.

7 Answers will vary.

Photography Credits

Corbis Images: **22** (m) Elke Stolzenberg, (tr) Patrick Ward, (b) Tony Arruza. **95** (l) Michael and Patricia Fogden, (r) Owen Franken. **106** (l)Bettmann, (r) Wolfgang Kaehler. **134** (l)Pablo Corral, (r) Owen Franken. **194** (l) Tony Arruza, (r) AFP. **203** (l) Tony Arruza (r) Lynda Richardson.

PhotoDisc: **60** (l)